ERHARD C. J. WEBER

Jagd
RUMÄNISCHE
Fahrten

Leopold Stocker Verlag

Graz – Stuttgart

Titelbild: Adolf Schilling, Pfungstadt
Vignettenzeichnung: Jörg Mangold, Pocking
Die Bilder im Textteil wurden freundlicherweise vom Autor zur Verfügung gestellt.

Bibliografische Information Der Deutschen Bibliothek
Die Deutsche Bibliothek verzeichnet diese Publikation in der Deutschen Nationalbibliografie; detaillierte bibliografische Daten sind im Internet über
http://dnb.ddb.de abrufbar.

Hinweis:
Dieses Buch wurde auf chlorfreiem Papier gedruckt.
Die zum Schutz vor Verschmutzung verwendete Einschweißfolie ist aus Polyethylen chlor- und schwefelfrei hergestellt. Diese umweltfreundliche Folie verhält sich grundwasserneutral, ist voll recyclingfähig und verbrennt in Müllverbrennungsanlagen völlig ungiftig.

ISBN 3-7020-1039-4
Printed in Austria
Layout: werbegraphik-design Gernot Ziegler, 8054 Graz
Druck: Druckerei Theiss GmbH, 9431 St. Stefan

Inhalt

Für Panthelina, meiner geliebten „Ordonnanz" und meinem allzeit be- währten „Learjet mit Härtenachweis" unter den Jägersfrauen, der ich die schönsten Stunden meines Lebens verdanke.

Zum Geleit

Bücher bekannter Jagdliteraten ziert zumeist die einleitende Widmung eines prominenten Zeitgenossen, wobei dieser in der Regel salbungsvoll die wertvollen Verdienste des Autors um das Weidwerk und dessen Jünger preist. Ich hingegen war und bin nur ein fröhlicher Jägersmann, der auch keine nennenswerten Meriten für die Allgemeinheit aufzuweisen hat. Also muß ich mir das Vorwort zu meinem Buch selbst schreiben – macht auch nichts!

Seit meiner Kindheit, ja, so weit ich mich überhaupt zurückerinnern kann, stand in unserer Familie die Jagd wie selbstverständlich im Mittelpunkt des Geschehens; bei den meisten meiner Freunde war dies nicht anders. Blattzeit und Hirschbrunft, Saujagd und Fasanentreiben bildeten Fixpunkte im Jahresablauf – wie der Christbaum zu Weihnachten oder das österliche Fasten. Der höchst vorsichtige Umgang mit der Jagdwaffe wurde unsereinem schon von Kindesbeinen an eingebleut, und zwar nach dem ebenso simplen wie umfassenden Motto: „Im Ernstfall kann auch eine ungeladene Brunnenröhre losgehen!" Damit ist zum Thema Sicherheit eigentlich schon alles Erforderliche gesagt.

Kein vernünftiger Mensch kam auf den Gedanken, die Berechtigung zur Jagd grundsätzlich in Zweifel zu ziehen: in einem solchen Fall hätte man wohl postwendend die Ehegattin des Betreffenden mit der Frage konfrontiert, was sie denn neuerdings ihrem Holden ins Essen gebe …

Neben der heimatlichen Revierhege sowie mancherlei geselliger Veranstaltungen waren Jagdreisen ins Ausland sozusagen die Rosinen im Kuchen des Weidwerks; sie wurden von den Mitgliedern unserer Korona stets genau geplant und frohen Mutes unternommen. Wiewohl maßhaltend und verantwortungsbewußt, jagten wir also jahrzehntelang im Grunde genommen einfach deshalb, weil wir dabei eine tiefe Freude empfanden – und damit punktum. Auch mir persönlich war meine kostbare Freizeit für destruktive Selbstzweifel schlichtweg zu kostbar. Denn, wie sinnierte bereits die fromme Helene: „Oh!" – sprach der Jean – „Es ist ein Graus! Wie schnell ist doch das Leben aus!"

Heutzutage soll all dies – aber nur scheinbar! – seltsamerweise ganz anders sein: Obwohl die Jagd den Homo sapiens seit dessen Urzeiten bislang redlich ernährt hat, wird diese grundnatürliche Tätigkeit auf einmal von ebenso selbsternannten wie ungerufenen Propheten in Bausch und Bogen verteufelt. Scheinheilige und jedenfalls höchst inkompetente Pharisäer tabuisieren grundlos ganze Kapitel der menschlichen Geschichte sowie das ewige Naturgesetz von „Stirb und Werde!" Nicht einmal das meines Erachtens höchste jagdliche Kulturgut, unsere edlen Hunde, bleibt hiervon verschont. Plötzlich soll der älteste Jagdhelfer und treueste Freund des Menschen zum obligatorischen Wesenstest gebracht werden – und muß in der Eisenbahn einen erniedrigenden Maulkorb (!) tragen. Zum Glück bin wenigstens ich persönlich auf

letzteres – an sich energieschonendes, somit umweltfreundliches – Transportmittel nicht angewiesen.

Mein edler DK-Rüde „Tim", der durch nunmehr schon sieben lange Jahre seine makellosen Manieren überall ausnahmslos unter Beweis gestellt hat, würde sich schön bedanken, wollte ich ihm plötzlich völlig grundlos den Fang zubinden! Diese Maßnahme wäre bei so manchen modernen Heilsboten viel eher angebracht …

Charismatische Weltverbesserer in der Politik waren mir schon immer suspekt; meist sollen nur altbewährte Strukturen zerstört und anarchische Mißstände geschaffen werden. Diese ermöglichen es dann ihren Urhebern, selbst im Trüben zu fischen, und schlußendlich läuft der ganze Humbug in Wahrheit nur darauf hinaus, daß munter sprudelnde Subventionsquellen von dubiosen Initiativen oder „Bünden" kräftig angezapft werden.

Und wie reagiert die angeblich so autoritäre Jägerschaft auf derlei subversive Agitation? Statt selbstbewußt „Fahne zu zeigen" und energisch Kontra zu geben, kommen so manche Jagdkollegen und leider auch deren Funktionäre „mit dem Zylinder unter dem Türspalt" dahergekrochen! In vorauseilender Demutshaltung stammeln sie vordergründig irgendeinen Unsinn von „Wildschadensminimierung" oder „Raubtier-surrogat". Falsch, liebe Weidgenossen und Weidgenossinnen, völlig falsch!

Viel richtiger ist es, selbstbewußt zu bekennen: „Jawohl, meine Damen und Herren, wir jagen – und zwar sehr wohl mit gutem Recht auch deshalb, weil wir Freude daran haben! Wem das nicht paßt, der ist selbst schuld, schließlich wird zum Weidwerk ja niemand gezwungen! Lassen Sie uns gefälligst in Ruhe, und sammeln Sie meinetwegen Briefmarken – dabei werden wir Sie auch nicht stören! –" Solch starke Worte sind die einzig wirksame Medizin gegen derlei penetrante männliche wie weibliche Besen-ritter(innen) – selbiger Vergleich drängt sich ja bei gegebener Optik oft unwillkürlich auf. Liebe Jagdfreunde, Sie werden staunen, wie schnell – durch derlei ungewohnt forsche Töne irritiert – die sattsam bekannten Ökopolemiker von der Jagd ablassen und sich weniger wehrhaften Opfergruppen zuwenden werden!

Also – lassen wir uns um Himmels willen die Freude an der Jagd nicht vermiesen, hierzu besteht nicht der geringste Grund! Speziell die deutsche Jägerschaft leistet in ihrer mustergültigen Organisationsstruktur, um die uns die ganze Welt beneidet, permanent einen weit größeren Beitrag zum Schutz und zur Erhaltung der Natur, als sämtliche „Alternativen" zusammengenommen jemals bewerkstelligen werden.

Darauf können wir mit Recht stolz sein. Wir Jäger sollen, ja müssen diese Tatsache auch immer wieder durch deutliches und couragiertes Auftreten in der Öffentlichkeit zum Ausdruck bringen. Der Erfolg wird auf Sicht gewiß nicht ausbleiben: „Wie sorglich blickt das Aug' umher! Wie freut man sich, wenn der und der, noch nicht versunken oder matt, den Kopf vergnügt heroben hat!"

Allerdings kann nur derjenige kräftig austeilen, der selbst keine jagdethischen Leichen im Keller gelagert hat. Gerade in Zeiten wie diesen müssen wir peinlichst genau auf Sauberkeit in den eigenen Reihen achten. Dies gilt in besonderem Maß für Jagdreisen ins Ausland, wo wir automatisch stellvertretend für die gesamte deutsche Jägerschaft auftreten. Wer glaubt, es stehe ihm frei, in fernen Revieren „die jagdliche Sau rauszu-

lassen", unterliegt einem gewaltigen Irrtum und muß schnellstens energisch in die Schranken gewiesen werden. Hier ist die vielstrapazierte Selbstreinigungskraft der Jägerschaft wahrhaft gefordert.

Als Leitsatz all meines Weidwerkens halte ich mir tunlichst vor Augen: „Wir Jäger sind nur Gäste in der Natur und als solche bei einer wahrhaft hochgestellten, noblen und großzügigen Herrschaft eingeladen!" Demgemäß haben wir uns stets entsprechend ordentlich zu verhalten. Anläßlich einer festlichen Abendgesellschaft spucken wir ja schließlich auch nicht der gastfreundlichen Dame des Hauses ins Dekolleté oder pinkeln in den Sektkübel! Das obengenannte Motto erscheint mir eine recht brauchbare Verhaltensmaßregel für alle jagdlichen Aktivitäten, wir sollten sie uns immer vor Augen halten.

Im großen und ganzen beherzigte die Korona meiner Jagdfreunde bei unseren Unternehmungen durchwegs diesen Grundsatz, wenngleich im Überschwang der Passion schon einmal ein „Ausrutscher" passierte – ich selbst sei da keineswegs ausgenommen! Wie überall im Leben, so gilt auch auf der Jagd die weise Erkenntnis: „Tugend will, man soll sie holen, ungern ist sie gegenwärtig; Laster ist auch unbefohlen – dienstbereit stets fix und fertig!"

Letztlich entscheiden wohl die innere Einstellung und der gute Wille; auch wir Jäger sind nur allzuoft schwache Menschen, gegen Versuchung wie Sünde keineswegs gefeit. Wenn daher mancher (schein-)heilige Purist und Jagdpapst angesichts unserer Taten im Rahmen der nachstehend beschriebenen „Rumänischen Jagdfahrten" stirnrunzelnd mit erhobenem Zeigefinger drohen sollte, so nehme ich mir die Freiheit und halte ihm keck „Die Schändliche" von Altmeister Wilhelm Busch entgegen:

> *Sie ist ein reizendes Geschöpfchen,*
>
> *Mit allen Wassern wohl gewaschen;*
>
> *Sie kennt die süßen Sündentöpfchen*
>
> *Und liebt es, häufig draus zu naschen.*
>
> *Da bleibt den sittlich Hochgestellten*
>
> *Nichts weiter übrig, als mit Freuden*
>
> *Auf diese Schandperson zu schelten*
>
> *Und sie mit Schmerzen zu beneiden.*

Nun ist es aber wirklich genug der philosophischen Gedanken: Kommen Sie mit mir, liebe Leser, ich lade Sie ein zu einer vergnüglichen „armchair safari" in die Jagdgefilde des Grafen Dracula und seiner Hintersassen. Machen Sie es sich mit einem gepflegten Glas Rotwein auf Ihrem Lieblingsplatz bequem, und lassen Sie die Träume Ihrer Phantasie aus deren Alltagszwinger herausspazieren.

Unsere gemeinsame Jagdreise nach Rumänien beginnt: An der Grenze treffen wir den cleveren Dolmetscherfreund Octavian, und in den Revieren warten schon die jagdlichen Lokalmatadore: Nessu und der alte Johann, Cyrile Vasilja und der elegante Maec, Jagdchefingenieur Victor Stefanitza & Co. sowie all deren gastfreundliche Kollegen. Weidmannsheil und viel Spaß an unserer Expedition ins Land am Karpatenbogen!

Natal/Südafrika, 2004 *Erhard C. J. Weber*

Premiere im Retezat

Frühsommer 1990. E., genannt „Panthelina", und ich sitzen im Wiener Café Imperial. Wir haben gerade eine Ehekrise hinter uns gebracht und lecken sozusagen unsere seelischen Wunden. Im Grunde genommen ist die bildhübsche E. die beste aller Ehefrauen und dazu noch eine phantastische Jagdbegleiterin: nervenstark, humorvoll und sportlich sowie ausgestattet mit einem radarähnlichen Instinkt für jegliches Wild – auch bei schwierigsten Sichtbedingungen. Obwohl sie selbst nicht schießt, stellt Panthelina im Ansprechen und Erfassen jagdlicher Situationen manch einen in Ehren ergrauten Berufsjäger weit in den Schatten – seit langem sind wir ein in Europas Revieren weithin bekanntes Duo.

Unsere eifrig diskutierten Reisepläne für den kommenden Herbst kreisen um ein wahrhaft abenteuerliches Jagdvorhaben: **Rumänien** hieß das Zauberwort! Eigentlich eine rechte Narretei, hatte doch der bislang allmächtige „Conducatore" Nicolae Ceausescu samt Ehegattin Elena erst vor kurzem – ausgerechnet zum Weihnachtsfest 1989 weltweit im Fernsehen übertragen – ein unrühmliches Ende gefunden. Seitdem war das Karpatenland noch keineswegs zur Ruhe gekommen.

„Gerade jetzt müssen wir fahren, die besten Reviere sind heuer sicherlich noch nicht überjagt!" ereiferte ich mich. „Es werden uns alle für verrückt halten – aber im Grunde hat uns das noch nie sonderlich gestört!" konterte E. lakonisch, „Und überhaupt – wohin und worauf soll es denn eigentlich gehen?"

Eine gute Frage – immerhin waren uns die Klassiker der Karpatenliteratur, so etwa August v. Spieß, Graf Palffy, Deszö v. Iklody, Graf Csekonics, Dr. Philipowicz und etliche andere mehr, ziemlich geläufig. Klingende Namen wie das Caliman-Gebirge, Cirlibaba oder Bistrita lockten mit Hirsch, Bär und Sau. Speziellen Reiz bot jedoch eine besondere Attraktion: In den rumänischen Südkarpaten zogen die stärksten Gams der Welt ihre Fährten, wie uns alte Rumänien-Veteranen aus dem Kreis unserer Jagdfreunde schon oft erzählt hatten – und das in einer atemberaubend schönen Gebirgswelt. Berühmt war die Gamsjagd in zwei ziemlich isolierten Bergmassiven an der Grenze zu Altrumänien: nämlich im ehemals königlichen Hofjagdrevier Retezat sowie im Fogaras, der Wirkungsstätte des legendären Alexander v. Florstedt.

Mein Lebenshirsch war bereits im Vorjahr in Südungarn gefallen, und auch meine bisherige Schwarzwildstrecke konnte sich sehen lassen; dies einschließlich einiger echter Hauptschweine. Schon in früher Jugend hatte ich zwar Gelegenheit, auf den Alpengams zu weidwerken, und war seit damals von der Gebirgsjagd fasziniert, aber wirklich starke Gamskrucken fehlten noch an meiner Trophäenwand. Also auf in die Hochgebirge der Südkarpaten, zu den kapitalen rumänischen Gams, von denen ich schon so viel gehört und oft geträumt hatte! Vom Jahre 1974 bis vor wenigen Monaten waren sie für

ausländische Jäger absolut unerreichbar gewesen. Wer weiß, vielleicht ergab sich dort zudem auch eine Gelegenheit auf Bär oder Sau? Die Entscheidung stand fest!

„Welchen Reisetermin stellst du dir denn vor? Haben wir überhaupt aktuelle Kontakte dorthin?" – in E.'s blauen Augen blitzte bereits die jagdliche Abenteuerlust!

Wir hatten. Mein alter Freund Robert, mehr Jagdkamerad als Vermittler, hatte sofort nach Bekanntwerden der Wiederöffnung Rumäniens für den Jagdtourismus direkt in Bukarest vorgesprochen – dies zu einem Zeitpunkt, da in einigen Teilen des Landes noch auf Menschen geschossen wurde! Aber „wer zuerst kommt, mahlt zuerst", und so konnte sich der schlaue Robert gleich für die Saison 1990 das „Rosinenkontingent" an verfügbaren Abschüssen sichern. Für mich waren drei bis vier Gams, Sauen nach Belieben und Möglichkeit sowie über Wunsch sogar ein Braunbär freigegeben.

Ich sollte im Retezat weidwerken, wo uns die staatliche „Silvexim" das ehemalige Revier des Grafen Kendeffy zuteilte. Darin befanden sich laut Landkarte unter anderem die mächtigen Felsmassive „Slavcei" und „Galbena". In den zwanziger und dreißiger Jahren des abgelaufenen Jahrhunderts hatte die Prinzessin Valerie Hohenlohe-Öhringen dieses Jagdgebiet in Pacht; es wurde in der klassischen Karpatenliteratur mehrfach als landschaftlich besonders reizvolles Gamsrevier gerühmt. Weiters wollte Freund Robert zuvor noch eine andere Gruppe bewährter Jagdkunden aus Österreich – quasi als „Versuchskarnickel" – dorthin entsenden. Wir durften somit vorab einen Lagebericht aus erster Hand erwarten. Jägerherz, was willst du mehr!

So nahm unsere Rumänienjagdreise langsam erfreulicherweise konkrete Gestalt an, und nun galt es, einige grundsätzliche Punkte klarzustellen:

Erstens wollte ich diese Expedition – und eine solche würde es wohl werden – mit meiner Frau E. allein unternehmen, weil angesichts der zu erwartenden Schwierigkeiten jeder weitere, nicht hundertprozentig „eingespielte" Teilnehmer eine unkalkulierbare Belastung darstellen konnte. Hochgebirgsjagd war nun einmal in der Regel Einzeljagd.

Zweitens mußten wir uns konditionell intensiv vorbereiten, unsere Ausrüstung einschließlich Proviant sehr sorgfältig zusammenstellen und jede nur erdenkliche Information über unser Jagdgebiet eingehend studieren.

Drittens war schließlich ein Kompromiß hinsichtlich der Jagdzeit geboten: Laut Gesetz mußte in Rumänien das Millionenheer der Weideschafe bis 15. September von den Almen abgetrieben sein; das war wichtig, weil Schafe die Jagd erfahrungsgemäß ungemein störten. In den Karpaten findet die Gamsbrunft für gewöhnlich Ende Oktober bis Ende November statt, also wesentlich früher als in den Alpen. Dieser Zeitraum erschien mir aber für unser spezielles Jagdvorhaben zu spät: die Bären hatten dann ihr Winterlager bereits bezogen, und überdies war das Wetter oft schon sehr unbeständig. Also legte ich als Abfahrtstermin den 28. September 1990 fest, zumal mir ohnedies mehr an kapitalen Krucken als an einem außergewöhnlichen Gamsbart lag. Wann hatte der Stadtmensch von heute schon Gelegenheit, einen solchen zu tragen – und auf der Jagd selbst war ein Saubart jedenfalls strapazierfähiger.

Panthelina übernahm es, beim Automobilklub ÖAMTC Erkundigungen zur Lage in Rumänien einzuholen. Sie kehrte leicht ernüchtert wieder: „Die glauben, wir spinnen! Alle Stellen, einschließlich Botschaft und Außenamt, raten dringend von Reisen nach

Rumänien ab. Keine Zusatzversicherungen verfügbar. Rückholdienst gibt es nicht einmal bei schweren Unfällen oder Erkrankungen. Im Land sind weder Sprit noch Nahrungsmittel erhältlich, alles hungert. Es herrschen dort katastrophale Straßen- und Verkehrsverhältnisse. Außerdem droht angeblich eine Konterrevolution!"

Nachdem zumindest letztere Ereignisse – soweit angesagt – bekanntlich kaum stattfinden, ließen uns auch die anderen Hiobsbotschaften ziemlich kalt. Dann eben Abenteuer ohne Netz, nichts wurde so heiß gegessen, wie es gekocht wurde! Wir hatten uns die geplante Hochgebirgsjagdreise ins postrevolutionäre Rumänien ohnehin nicht als Betriebsausflug von Hofratswitwen vorgestellt.

„Weißt Du, liebe Panthelina, alles hat auch seine gute Seite: wenigstens werden wir nicht mit Massen anderer Mitjäger konfrontiert und können die urige Landschaft ungestört ganz allein genießen", trachtete ich meinen Ehegespons und jagdlichen Kopiloten zu besänftigen. E. lächelte nur resigniert, immerhin kannte sie mich lange genug. Um es gleich vorwegzunehmen: Rückblickend betrachtet, haben sich die Unkenrufe der städtischen Bürokraten tatsächlich als übertrieben erwiesen. Gewiß, wir hatten einige heikle Situationen und noch mehr Überraschungen zu meistern, aber diese waren zumeist auf eigene Unachtsamkeit zurückzuführen.

Zumindest auf dem Lande trafen wir keine Hungerleidenden an, und Bürgerfrieden herrschte auch.

Doch vorerst waren wir noch lange nicht in den Jagdgefilden unserer Wünsche, sondern steckten mitten in den umfangreichen Vorbereitungen für die geplante Expedition.

Da war zunächst einmal die Frage der Fahrzeugwahl. Damals besaß ich noch keinen eigenen Geländewagen, und mir erschien der kleine, wendige 3er-BMW meiner Frau geeigneter und unauffälliger als meine große Limousine. Also war zumindest dieser Punkt geklärt, wenngleich mit deutlichen Einbußen an Stauraum.

Über die zweckentsprechenden Jagdwaffen brauchte ich mir nicht lange Gedanken machen: Der bewährte Mauserrepetierer Mod. 66 Diplomat im ebenso leistungsstarken wie schnellen Kaliber .300 Weatherby Magnum sollte vom Gams bis zum stärksten Keiler oder gar Bären ausreichen. Als Zweitwaffe kam meine gute alte Ferlacher Bockdoppelbüchse 9,3 x 74 R – die rumänischen Jäger nannten sie nostalgisch „Expreß" – mit auf die Reise; auf zahllosen Saujagden erprobt, würde sie mich auch auf getriebene Bären nicht im Stich lassen. Ich hatte mir nämlich ausbedungen, nur bei Tag auf Meister Petz zu jagen, keinesfalls jedoch zur Nachtzeit am Luder. Letztere Jagdart, wiewohl vielfach betrieben, erschien mir persönlich auf ein derart edles Wild nicht angebracht und auch zu erlebnisarm – chacun a son gout! Noch konnte ich nicht ahnen, daß es gerade mit der „Expreß" zu einem dramatischen Zwischenfall kommen sollte. Komplettiert wurde unser Arsenal schließlich durch einen Stahlschlagstock der italienischen Militärpolizei zum Schutz gegen zweibeiniges Raubzeug während der langen Reise.

Der einschlägigen Literatur war zu entnehmen, daß wir täglich im Gebirge weite Strecken zu Fuß zurückzulegen haben würden. Dies bedeutete anstrengende Märsche durch schwieriges Gelände, wie Latschenhänge, Geröllhalden oder Schneefelder, sowie fallweise wohl auch etwas Felskletterei. Geeignetem Schuhwerk kam daher besondere Bedeutung zu. Ich war diesbezüglich schon hervorragend ausgerüstet, meine gute

Panthelina jedoch nicht. Die zahllosen Bergstiefel aller Art, wie sie heute jeder Jagdausstatter anbietet, fehlten damals noch am Markt.

Also wanderten E. und ich eines schönen Tages zwecks Schuhankaufs zu einem mir empfohlenen Hochalpinschuster in Wien. Es entwickelte sich in der Folge eine Szene, die jedem Panoptikum zur Ehre gereicht hätte. Besagter Meister, offensichtlich selbst ein zünftiger Bergfex, fragte nach unserem Begehren, und ich erklärte ihm die Lage: Hochgebirgsjagd in den Südkarpaten, schwierigstes Gelände – kurzum, meine Frau benötige das beste Schuhmaterial, das gerade noch verfügbar sei. Mit todernster Miene griff der Experte nach einem Modell, welches wohl schon am Nanga Parbat seine Feuerprobe bestanden hatte. Ich sehe die Treter heute noch vor mir: tiefschwarzes Leder, selbstverständlich aus einem Stück gearbeitet, überknöchelhoch, handgenäht, Spezialvibramsohle, für Steigeisen geeignet, bocksteif und – sauschwer! E. erblaßte, als sie die Prachtstücke in der Hand hielt.

Aber was sein muß, mußte sein! Nach der ersten Anprobe dehnte der Meister sachkundig noch da und dort das steife Leder, weiters verabreichte er uns Spezialleisten, mehrere Paare gewirkter Wollsocken – jeder Eskimo hätte sich gefreut – sowie reichlich Pflegematerial. Schließlich wurden wir gnädig verabschiedet – nicht ohne den eindringlichen Hinweis, daß diese Wunderwerke der Schuhmacherkunst vor ihrem Einsatz unbedingt gründlich „eingegangen" werden müßten.

E.'s zaghafte Gehversuche fanden am Teppichboden unserer Wohnung statt: sie erinnerten fatal an die erste Landung eines Menschen am Mond und endeten bereits nach kurzer Zeit mit schmerzhaften Blasen. Wo, um alles in der Welt, ging man mitten im Hochsommer im Nahbereich von Wien derartiges Schuhwerk ein? Natürlich am Schneeberg, dem Hausberg der Wiener Nachwuchsalpinisten! Also sah uns der nächste Augustsonntag schon frühmorgens in diesem Gelände. E.'s empfindliche Füße waren mit Hirschtalg wohl versorgt. Um bei der herrschenden Hitze unsere Aktion nicht von vornherein infolge von Überanstrengung scheitern zu lassen, schlug ich vor, den rund 2.000 Meter hohen Gipfel zunächst bequem mit der Zahnradbahn zu erklimmen. Dann wollten wir zwecks Training abwärtswandern. Dieser Ratschlag erwies sich als schwerer Fehler: Ich hatte nicht daran gedacht, daß Gelenke, aber auch Füße, bergab wesentlich mehr strapaziert werden als bergauf. Während mir meine altgedienten Bergstiefel keinerlei Beschwerden verursachten, war das Ergebnis der Wanderung bei E. in ihren neuen Prachtschuhen niederschmetternd: offene Blutblasen rundum, der Knöchelrist beinahe bis auf die Sehnen durchgescheuert – die letzten Kilometer wankte Panthelina auf bloßen Eskimosocken, die Schuhe in der Hand …

Es dauerte lange, bis E. sich mit der Neuerrungenschaft einigermaßen anfreunden konnte, ganz ist ihr dieses Kunststück nie gelungen. Soweit zum Thema Schuhe.

Weniger schmerzhaft gestaltete sich das Kapitel zünftige Bekleidung, speziell Hosen: Auf Empfehlung des Alpenvereins machten wir in einem Wiener Außenbezirk jenen Hosenschneider alten Schlages ausfindig, welcher dereinst schon mehrere Himalajaexpeditionen ausgestattet hatte. Sein eigenes Hobby war – der geneigte Leser wird es schon erraten haben – natürlich das Bergsteigen. Der Mann erwies sich als kooperativ: die hinterste Ecke seines kleinen Stofflagers barg einige Ballen schweren

englischen Rippcords, aus denen er uns beiden – nach meiner genauen Anordnung – zweckdienliche Kniebundhosen, Modell „Karpaten", schneiderte. Sehr weit, mit doppeltem Hosenboden, seitlicher Quetschfalte und geräumigen, außen aufgesetzten Taschen. Diese Beinkleider waren zwar nicht gerade der letzte Schrei der Pariser Haute Couture, sie haben sich aber vorzüglich bewährt.

Die weiter erforderliche Oberbekleidung war von früheren Jagdzügen her in unserem eigenen Fundus reichlich vorhanden; dort fanden sich auch massive Bergstecken.

Selbst der Lebensmittelhändler kam noch auf seine Kosten: Eingedenk der Warnungen des ÖAMTC orderte E. unglaubliche Mengen an Expeditionsproviant, unter anderem meinerseits fast schon vergessene Naturalien wie Grieß oder Haferflocken.

Freund Robert erledigte mittlerweile den unvermeidlichen Papierkram. Neben Visa und Waffenpermits erhielten wir auch ein hochoffizielles Einladungsschreiben der staatlichen Monopolstelle für den rumänischen Jagdtourismus „Silvexim". Zuletzt wurde der Bukarester Sprachstudent Octavian als angeblich jagderprobter Dolmetscher engagiert. Was konnte bei so viel Vorsorge noch schiefgehen – glaubten wir zumindest!

Mitte September kehrten dann die jagdlichen „Versuchskaninchen" wohlbehalten aus Rumänien zurück. Hellauf begeisterte Weidmänner präsentierten stolz kapitale Gamskrucken und berichteten erstaunliche Dinge: Von einem riesigen Kraftwerksbau war da die Rede, über dessen Staumauer der abenteuerliche Anfahrtsweg zum Jagdhaus führte, von urigen Revierverhältnissen sowie ganztägigen Aufstiegen durch Mischwald, endlose Latschenfelder und enorme Geröllhalden – weit hinauf in das Reich der Karpatengams. Dort oben sei es prachtvoll schön, eine traumhaft naturbelassene Bergwelt, nur eben ein bißchen sehr mühsam zu erreichen. „Aber die rumänischen Jäger sind schwer in Ordnung und helfen euch schon!" besänftigte uns einer der Heimkehrer, „Die meiste Erfahrung und das Sagen hat der alte Nessu, an den müßt ihr euch halten." Aha, so war das also. „Was gibt's denn sonst so an Schwierigkeiten?" unternahm E. mit gespielt naiver Miene einen diplomatischen Vorstoß. Die Weidgenossen hielten sich verdächtig bedeckt: „Ist sehr verschieden, werdet ihr schon selbst feststellen. Im Jagdhaus ist's saukalt, ihr müßt die Burschen ständig zum Holzmachen anhalten, weiters auch beim Kochen selbst mitmischen, mit eigenem Proviant und so", schilderte ein Kärntner reichlich kryptisch.

Kälte im September, Holzmangel mitten im Urwald? „Ah was, unsere Panthelina macht das schon, die hat Auslandsjagderfahrung und sorgt dafür, daß mein Freund nicht verhungert!" verscheuchte Robert aufkommende Besorgnis im Keim und prostete uns zu: „Weidmannsheil!" Mit dem „Freund" war ich gemeint – es hatte sich schon herumgesprochen, daß ich beim Essen „etwas heikel" sei. „Na dann Prost, Pepi-Tant'!" – wie ein leider allzu früh verstorbener Jagdkumpan aus unserer Stammtischrunde zu sagen pflegte!

Am vorletzten Abend vor unserer Abreise in Graf Draculas Gefilde trafen wir beim Heurigen in Grinzing nochmals die alten Rumänienjäger aus der Ära vor 1974. Freund B. horchte auf, als der Name „Nessu" fiel: „Was, den gibt es tatsächlich noch, das ist ein Pirschführer der absoluten Spitzenklasse, der hat damals unserem Schulmeister zu seinem Bären verholfen!" Sogleich erzählte er uns die tragikomische Geschichte von

einem mitjagenden Volksschullehrer, dessen Lebenstraum es war, einmal einen Braunbären zu erlegen. Da angesichts der beschränkten Finanzmittel des Pädagogen der in Frage kommende Meister Petz ein bestimmtes Punktelimit keinesfalls überschreiten durfte, war diese Bärenjagd jahrelang erfolglos geblieben. Doch unverdrossen reiste besagter Lehrer – ansonsten ein Alleinjäger – bei jeder sich bietenden Mitfahrgelegenheit wieder nach Rumänien, dem Land seines jagdlichen Wunschtraumes. „Da hat dann am letzten Tag der letzten dieser Expeditionen Nessu eingegriffen und eine Bärentreibjagd organisiert", berichtete B., „ich bezog meinen Stand als Nachbar des Schulmeisters und konnte das folgende Drama genau beobachten. Kaum hatte das Treiben begonnen, da rollte schon eine große schwarze Kugel mit rasender Geschwindigkeit den uns gegenüberliegenden Hang herunter – direkt auf unseren Bärenjäger zu. Der fackelte nicht lange, und auf seinen Schuß hin überschlug sich der Braunbär – denn um einen solchen handelte es sich tatsächlich – mehrmals wie ein Hase; in der Talsohle blieb er schließlich mit weit ausgestreckten Branten verendet am Rücken liegen. Als wir nähertraten, wurde der Bär immer größer, und schließlich lag beinahe ein Rekordexemplar mit über 550 Punkten vor uns. Um Kilometer zu groß – eine Tragödie! Aber was konnte man schon machen, der Bär war mausetot und der Lehrer leichenblaß. Nessu trat hinzu, erkannte sofort die Situation und gratulierte zunächst ungerührt mit einem kräftigen Weidmannsheil. Dann labte er sich und den gar nicht mehr so glücklichen Erleger aus der vorsorglich mitgeführten Wodkapulle. Trotz aller Bemühungen beim Punktieren ging die Sache schließlich übel aus: Der Lehrer mußte seine Eigentumswohnung verkaufen, und seine Frau ließ sich scheiden!" Soweit – laut Freund B. – zu Nessu und den speziellen Gefahren, die in Rumäniens Jagdgründen lauern.

Am langersehnten 28. September 1990 war dann tatsächlich alles bereit zur Fahrt ins große Jagdabenteuer. Mein Urlaub begann schon am Vortag, und gemeinsam packten wir mit Akribie unser äußerst umfangreiches Expeditionsgepäck in E.'s kleines bayrisches Wägelchen. Schlußendlich stand nachmittags in der Garage kein Auto, sondern ein gutsortierter rollender Kolonialwarenladen: Kaum daß Panthelina und ich auf den Vordersitzen selbst noch Platz fanden. „Wenn bloß die Zöllner gnädig sind und uns nicht den ganzen Krempel an der Grenze auspacken lassen!" dachte ich im stillen bei mir. E. plagten offenbar ähnliche Befürchtungen: Vorsorglich hatte sie sich schon mit Zigaretten, Schokolade und Underbergfläschchen, aber auch kleinen DM-Scheinen, für das zu erwartende Korruptionsgefecht aufmunitioniert. Als erfahrene „Langstreckenjockeys" wollten wir die rund 850 Kilometer lange Reise gegen 2 Uhr morgens antreten und in den Tag hineinfahren. Unserer Schätzung nach würden wir dann etwa bei Tagesanbruch die ungarisch-rumänische Grenze erreichen. Der erste Streckenabschnitt von Wien über Budapest nach Szeged, der berühmten Salamimetropole, war mir aus zahllosen früheren Jagdfahrten nach Ungarn wohlvertraut. Ab dort waren es dann – laut Straßenkarte – nur mehr 52 Kilometer in Richtung Osten bis zum Grenzübergang Nagylak/Nadlac, der Pforte in die rumänische „terra incognita".

Also begaben wir uns abends bereits entsprechend frühzeitig zur Ruhe. Aus unserem schönen Zeitplan wurde aber nichts: Ich war ob der Dinge, die da kommen sollten, derart aufgekratzt, daß sich der Schlaf nicht und nicht einstellen wollte. Unruhig wälzte ich

mich von einer Seite auf die andere, drehte das Licht auf und studierte zum hundertsten Male Wegbeschreibung sowie Jagdvertrag, obwohl ich beides längst auswendig kannte. Gegen 22 Uhr hatte E. schließlich Erbarmen mit ihrem jagdnärrischen Ehemann: „Komm, daraus wird ja doch nichts mehr; wir stehen auf, trinken einen Tee und starten!" lautete ihr erlösendes Signal. Bald danach fuhren wir in die stockdunkle Nacht – das große Abenteuer hatte begonnen!

Die erste Etappe verlief erwartungsgemäß problemfrei: Zügig durchquerten wir das nächtliche Wien, und auch an der österreichisch-ungarischen Grenze in Nickelsdorf gab es nur einen ganz kurzen Aufenthalt. E. als mein Kopilot trachtete neben mir doch noch ein bißchen Schlaf zu bekommen, immerhin sollte sie mich später beim Chauffieren vielleicht ablösen. Mosonmagyarovar, Györ und dann die Autobahnauffahrt, Tatabanya, alles wohlbekannte Gefilde. Der flotte BMW 325i zog munter dahin, und schon waren wir in Budapest. Auch hier schlief alles tief und fest, so wie meine Beifahrerin. Über die Elisabethbrücke überquerte ich die Donau und bog dann gleich scharf gegen Süden Richtung Szeged ab. Ein kurzer Tankstopp mit Kaffee aus dem Automaten, und weiter ging es unter funkelndem Sternenhimmel durch die klare Herbstnacht. Wir passierten Szeged und machten an der letzten ungarischen Station nochmals halt: volltanken, alles durchchecken und wohlweislich ein gewisses Örtchen aufsuchen!

Dann wurde es ernst: Dem verwitterten Richtungspfeil „Nadlac-Romania" folgten wir auf eine schlaglochübersähte Nebenstraße und stießen alsbald auf den Stau einer gigantischen LKW-Kolonne. Da war etwas los! Hunderte Fernlastzüge warteten hier offenbar schon seit Tagen auf die Zollabfertigung. In stockdunkler Nacht kampierten die Fahrer am offenen Lagerfeuer einfach auf der Straße, unmittelbar neben ihren Fahrzeugen; die Stimmung war allgemein gereizt. Dazwischen bewegten sich scharenweise suspekt aussehende Fußgänger, offenbar Zigeuner. Kein Mensch wußte, woher sie kamen und wohin sie zu dieser Nachtzeit wollten. Kurzum, ein Bild wie Wallensteins Lager – nur nicht im Wiener Burgtheater, sondern live an der Grenze zum berüchtigten Rumänien! Damit hatten wir nicht gerechnet, das konnte ja heiter werden!

E. war längst hellwach, und gemeinsam sondierten wir die Lage. Der Monsterstau hatte die schmale Zufahrtsstraße zur Grenzstation schon auf ungarischer Seite in einen einspurigen Engpaß verwandelt, den aus der Gegenrichtung kommende Fahrzeuge immer wieder blockierten; es spielten sich wilde Szenen ab. Aber wir befänden uns nicht in Osteuropa, hätten nicht geschäftstüchtige Schlaumeier die Profitchancen längst erkannt, die dieses Chaos eröffnete. Aus dem Nichts der Dunkelheit tauchte bald ein jüngerer Mann undefinierbarer Herkunft auf, deutete auf sein mitgeführtes Fahrrad und radebrechte „Fünfzig Deutschmark!" Ich überließ die Verhandlung gerne der nervenstarken E.; als junge Frau mit Charme tat sie sich hierbei auch viel leichter. Tatsächlich geleitete uns der ungerufene, aber hochwillkommene Lotse über lehmige Feldwege kilometerweit bis direkt vor den ungarischen Grenzbalken, kassierte seine Maut und war blitzschnell wieder verschwunden. Ohne auf die wütenden Proteste der hinter uns Wartenden zu achten, preßte ich unser wendiges Gefährt in die Kolonne hinein, E. mit Jagdhut auf blondem Lockenkopf gestikulierte wild mit ihrem gewinnendsten Lächeln – und wir hatten die erste Krise siegreich überwunden!

Mein Schlagstock brauchte gar nicht erst zum Einsatz zu gelangen; vermutlich hätte er uns ohnedies kaum viel geholfen.

Die ungarische Grenzabfertigung erfolgte rasch und problemlos, es wurden nicht einmal die Gewehrnummern kontrolliert. Die Beamten warfen bloß einen kurzen Blick auf meine ordnungsgemäßen Waffen-Transitvisa, dann stempelten sie die Pässe ab, und schon waren wir aus der rotweißgrünen Paprikarepublik entlassen. Wir passierten einen kurzen Streifen Niemandsland. Danach nahmen uns bereits die rumänischen Zöllner samt Grenzpolizei in Empfang: gutaussehende Burschen in schneidigen Uniformen, das mußte man ihnen lassen. Der obligaten Abnahme der Reisepässe und sonstiger Begleitdokumente folgte allerdings eine Hiobsbotschaft, denn sie wußten mit uns absolut nichts anzufangen: Jagdgäste mit Gewehren nach Rumänien? Das gab es nicht, das konnte nicht sein, nein, ganz ausgeschlossen! Angesichts dieser kategorischen Ablehnung halfen auch weder Zigaretten noch Schokolade. Ein Offizier wurde geholt, auch er elegant und höflich, aber ebenso bestimmt und eindeutig: Es durften keine bewaffneten Jagdgäste nach Rumänien einreisen. Mit Engelszungen argumentierten wir in „rumänisiertem Italienisch", die uns gegenüberstehende Obrigkeit konterte in gebrochenem Englisch. Unter dramatischen Gesten verwies ich bühnenreif auf mein rumänisches Waffenvisum und das offizielle Schreiben der staatlichen „Silvexim", E. sekundierte mir nach besten Kräften – allein, es half alles nichts: Keine Waffen nach Rumänien! Interessiert betrachtete der Offizier – offenbar selbst ein Jäger – meine schönen Gewehre, die ich erwartungsfroh bereits zur Nummernkontrolle ausgepackt hatte; er schenkte mir ein anerkennendes Lächeln, das war aber auch schon alles. Wir waren der Verzweiflung nahe, unser gesamter Zeitplan geriet ins Wanken, sollten wir doch um 10 Uhr vormittags in Deva unseren Dolmetscher treffen sowie irgendeinen Jagdinspektor abholen. Die Entfernung dorthin betrug noch gut 200 Kilometer, dies auf sehr fragwürdigen Straßen! Zum Glück hatten wir anläßlich früherer Jagdreisen in den Osten – speziell aus der Begegnung mit den damals als rabiat berüchtigten Zöllnern der ehemaligen Tschechoslowakei – unsere Lektion gut gelernt: Es war völlig zwecklos und kontraproduktiv, gegenüber Grenzorganen des Ostblocks massiv aufzutreten, man zog unweigerlich den kürzeren!

Inzwischen dämmerte am Horizont schon der neue Tag herauf, doch die Fronten blieben unverändert, sah man davon ab, daß beim rumänischen Zoll offenbar ein Schichtwechsel bevorstand.

Doch auch diese Umbesetzung brachte keinerlei Besserung unserer Lage, ganz im Gegenteil: ein weiblicher Offizier übernahm augenscheinlich das Kommando. „Die sind die allerschlimmsten, mit denen komme ich gar nicht zurecht, jetzt mußt du dir etwas einfallen lassen", kommentierte Panthelina bekümmert die neue Situation. Ich wies nochmals unseren kompletten Satz offizieller rumänischer Dokumente einschließlich des besagten Einladungsbriefes vor, doch die Frau Oberleutnant – oder welchen Rang auch immer sie bekleidet haben mag – zeigte sich völlig unbeeindruckt. Dann stellte ich das um 6 Uhr morgens gänzlich absurde Ansinnen, man möge doch mit dem Ministerium in Bukarest telefonieren. Aber die rumänischen Offiziellen waren aus einem anderen Holz geschnitzt als ihre ungarischen Kollegen, bei denen mir dieser Trick einmal

gelungen war – also auch Fehlanzeige. Frau Offizier verfügte über noch weniger Fremdsprachenkenntnisse als ihr Vorgänger, was die Kommunikation nicht gerade erleichterte. Vor einem massiven direkten Bestechungsversuch mit Geld scheute ich zurück, ein solcher erschien mir unter den gegebenen Umständen zu riskant, auch waren bereits zu viele Beamte in unser Problem involviert. Irgendwie bekam ich im Unterbewußtsein den Eindruck, daß die Zöllner am ehesten noch mit einem möglichst hochoffiziellen weiteren Schriftstück umzustimmen sein würden. E., die ebenfalls mit ihrem Latein am Ende war, meinte hiezu resigniert: „Dann zeig ihnen eben irgendeinen deutschen Wisch, was kann es schon schaden." Einer plötzlichen Eingebung folgend, wies ich meine zufällig mitgeführte niederösterreichische Jagdkarte mit damals immerhin bereits 23 eingeklebten Verlängerungsabschnitten vor. Mit dem Finger auf meine Brust zeigend, setzte ich höchstmöglichen Pathos in meine Stimme und erklärte würdevoll: „Inspector Venatul Generale Austriacu! Comprendere?" E. konnte ob diesem Unsinn ein Lachen kaum unterdrücken, aber das Wunder geschah: Frau Oberleutnant wurde von einer Sekunde auf die andere sichtlich beflissen, eilte zum Telefon und rief wohl irgendeinen ihrer Vorgesetzten an. Dann ging plötzlich alles sehr schnell: Wir wurden äußerst zuvorkommend abgefertigt, niemand wollte auch nur die Gewehre sehen, und wir waren durch – als Jäger in Rumänien!

Später erklärte unser mit allen Wassern gewaschener sowie mit sämtlichen Unsitten des postrevolutionären Rumänien vertrauter Dolmetscher Octavian – ein junger Überlebenskünstler mit goldenem Herzen und großer Loyalität – grinsend, wir hätten schlicht und einfach den falschen Grenzübergang gewählt: Für Touristen und Jäger war das etwas weiter nördlich gelegene Zollamt Gyula/Varsand eingerichtet und zuständig. Die Spezialität „unseres" Zollamtes Nadlac bestand hingegen darin, Fernlastzüge so lange mit der Abfertigung hinzuhalten und „schmoren" zu lassen, bis die Fahrer oder deren Arbeitgeber bereit waren, ein ordentliches „Bakschisch" zu bezahlen. Bevorzugte Opfer: Kühl-LKWs mit verderblichem Ladegut …

Demzufolge war auch der Job eines Zollbeamten in Nadlac außerordentlich begehrt und seinerseits wiederum nur durch bestimmte „Zuwendungen" an höhere Stellen zu erlangen. Ich weiß bis heute nicht, ob diese Deutung wirklich den Tatsachen entsprach, aber es war durchaus vorstellbar in jener verrückten Zeit, als sich ganz Osteuropa im Umbruch befand.

Unsere zahlreichen Berater hatten vergessen, uns vorab entsprechend zu informieren – oder sie wußten selbst nichts von dieser schon sehr speziellen Behördenstruktur. In naiver Unkenntnis der Dinge glaubten wir jedenfalls, ein Zollamt sei wie das andere, und haben einfach die kürzeste Route gewählt. Wie sagte doch so treffend der Kärntner Jagdkollege noch in Wien, nach etwaigen Schwierigkeiten befragt: „Ihr werdet schon alles früh genug selbst feststellen!"

Nachdem die Wirren des Zollamtes Nadlac solcherart glücklich überwunden waren, fuhren wir im Glanz der aufgehenden Sonne durch die flache Weidelandschaft des südwestlichen Rumänien in Richtung Arad. Die Gegend erinnerte mich stark an die Hutweiden des burgenländischen Seewinkels, nur wirkte sie trotz des strahlenden Spätherbstmorgens irgendwie düster. Zu groß war der Kontrast zum benachbarten

Ungarn: Während der vergangenen Jahrzehnte hatte der dortige „Gulaschkommunismus" der Bevölkerung immerhin einen bescheidenen Wohlstand ermöglicht. Hier jedoch herrschte der Archipel GULAG pur. Das Weideland wirkte ungepflegt, die wenigen Felder waren verrottet, und beim Durchfahren der armseligen Dörfer trafen wir fast nur alte, schlecht gekleidete sowie sichtlich verhärmte Einwohner an; diese abgestumpften Menschen nahmen von uns kaum Notiz. Die rauh asphaltierte Landstraße war überbreit und ohne Bankett; unübersehbare Spuren von Panzerketten machten deutlich, daß es sich hier um ein militärisches Aufmarschgebiet zur nahen Grenze handelte. Die Beziehungen zwischen Ungarn und Rumänien waren traditionell gespannt, man denke nur an das wechselvolle Schicksal Siebenbürgens im Verlaufe des letzten Jahrhunderts. Es herrschte kaum Verkehr, wir mußten nur manchmal anhalten, wenn große Schafherden auf die Weide getrieben wurden.

Eine riesige, gelbschwarze Dunstglocke zeigte schon von weitem an, daß wir uns Arad näherten. Diese fast 800jährige Stadt mit ihren zahlreichen Kirchen war einstmals das religiöse Zentrum der Provinz. Als nunmehrige Industriestadt vermittelte sie einen geradezu niederschmetternden Eindruck: Halbverfallene Hochhausbauten, die Erdgeschosse, wo sich früher Geschäftsläden befunden haben mochten, verlassen und mit Brettern vernagelt, überall Einschußlöcher aller Kalibergrößen. Im Bereich der Hauptdurchzugstraße hatte irgend jemand sogar sämtliche Kanaldeckel (!) gestohlen, die offen gähnenden Löcher zwangen mich zu einer gefährlichen Slalomfahrt. Straßenbahnschienen ragten auf unbefestigten Gleiskörpern einfach hoch aus dem Fahrbahnniveau heraus. Ab und zu begegneten wir einer schrottreifen Zuggarnitur jenes Typs, wie ihn uns in Wien die Amerikaner nach dem Zweiten Weltkrieg gnädig überlassen hatten. Menschentrauben hingen aus offenen Waggontüren – insgesamt ein trostloses, bedrückendes Bild vom Erbe der rumänischen Variante des „paradiesischen" Kommunismus.

Froh, das triste Arad hinter uns gelassen zu haben, folgten wir dem Flußtal der Mures weiter ostwärts in Richtung Deva. Hier änderte sich das Landschaftsbild: die schier endlosen flachen Weiden wurden abgelöst von einem bewaldeten Mittelgebirge, wo Buchen und Eichen vorherrschten. Weiters kündeten ausgedehnte Obstplantagen vom milden Klima der Region. Nunmehr kam verstärkt LKW-Verkehr auf, so daß wir uns auf der engen Serpentinenstraße beim Überholen recht vorsehen mußten. In dieser Gegend trafen wir auch auf die ersten Ziegeunerfuhrwerke; es waren dies die typischen pferdebespannten Plachenwagen, in denen die Zigeuner – mit Kind und Kegel hausend – sprichwörtlich durch die Lande zogen. Zur Nachtzeit stellten diese Fuhrwerke eine echte Unfallgefahr dar, weil sie von ihren Bewohnern in der Regel völlig ungesichert und vor allem unbeleuchtet einfach am Straßenrand geparkt wurden. Damals waren die Zigeuner in Rumänien flächendeckend vertreten, jedoch statistisch kaum erfaßt.

Vor Deva – nach flotter Fahrt waren wir wieder „in der Zeit" – kam der gefürchtete erste Tankstopp auf rumänischem Boden. Eine kilometerlange Warteschlange einheimischer „Dacia", der rumänischen Version des Renault R 12, hielt vor der vorsintflutlichen einzigen Zapfsäule. Die Fahrer schoben ihre Vehikel händisch vor, offenbar, weil deren Elektrik das ständige Anstarten andernfalls nicht überlebt hätte.

Glücklicherweise trafen wir auf ein Auto mit bundesdeutschem Kennzeichen, dessen Besitzer hierzulande auf Verwandtenbesuch weilte und uns riet, einfach vorzufahren. „Wenn das nur gutgeht, die werden uns lynchen!" lauteten unsere begreiflichen Bedenken. Aber nichts dergleichen geschah. Wir hielten dem Tankwart sofort DM-Scheine unter die Nase, und das wirkte augenblicklich; sein sichtlicher Appetit auf Westdevisen überwog alle patriotischen Gefühle. Anstandslos bekamen wir 40 Liter des kostbaren und offenbar kontingentierten Sprits eingefüllt, das reichte vorerst.

Erleichtert rollten wir bei klarem, allerdings recht kaltem Wetter in Deva ein; noch um 10 Uhr vormittags zeigte das Thermometer im Schatten wenig mehr als 0 Grad!

Für unser Rendezvous in Deva, einer Bezirksstadt mit rund 80.000 Einwohnern, hatten wir von Freund Robert genaue Anweisungen erhalten: „Ab 10 Uhr wartet euer Dolmetscher Octavian, ein Student mit schwarzen Haaren, im Café des Hotel „Dacia" im Zentrum der Stadt; er wird euch während der gesamten Jagdreise begleiten und alles erklären!" So weit, so gut. Besagtes Etablissement erwies sich als der übliche, herabgekommene Hochhausbau, im ungeheizten „Café" spielten finster aussehende Schwarzmarktschieber, angetan mit Hut und Mantel, Karten. E. blieb für alle Fälle als Bewachung im geparkten Auto, indessen ich mich an der Rezeption nach Octavian erkundigte. Alsbald erschien letzterer, etwas verschlafen grinsend – er war mir auf Anhieb sympathisch. Ich sollte mich in ihm auch nicht getäuscht haben: Octavian – Enkelsohn eines Admirals der ehemals königlichen rumänischen Marine – begleitete uns in der Folge noch auf etlichen Jagdfahrten; er erwies sich stets als angenehmer sowie verläßlicher, immer lustiger und hilfsbereiter Kamerad. Der bedauernswerte Bursche hatte die vergangene Nacht auf der Anreise im Zug aus Bukarest verbracht und war verständlicherweise ebenso übermüdet wie wir. Irgendwie brachten wir ihn samt seiner kleinen Reisetasche noch im Fond des BMW unter und fuhren gleich weiter zu Ing. Lupas, dem Jagdinspektor. In einer kleinen Privatwohnung am Stadtrand von Deva erwartete uns eine interessante Erscheinung: Ing. Lupas, ein höflicher und gepflegter Herr schon in den Sechzigern, war ursprünglich hochrangiger Inspektionsbeamter der rumänischen Jagdverwaltung gewesen. Unter Ceausescu wurde er als „politisch unzuverlässig" kaltgestellt und fristete fortan ein eher kümmerliches Dasein. Nach der jüngsten Revolution, als nun der Jagdtourismus wieder in Schwung gebracht werden sollte, erinnerte man sich seiner höheren Ortes als einen der wenigen überlebenden Fachleute auf diesem Gebiet. Ing. Lupas, als Gamsexperte international bekannt, wurde schleunigst reaktiviert und sollte uns jetzt ins Retezat begleiten. Seine überaus gastfreundliche Ehegattin bot charmant Kaffee, Likör und Kuchen an, dies trotz der herrschenden Lebensmittelknappheit. Überhaupt fühlten wir uns in eine längst versunkene Welt versetzt, wie sie einst der gehobene Beamtenstand Rumäniens wohl stolz repräsentiert haben mag: Die Wände der kleinen Wohnung schmückten durchwegs kapitale Jagdtrophäen, aber auch Heiligenbilder sowie Nippesfiguren aller Art. Das geschnitzte oder intarsierte Mobilar stammte augenscheinlich noch aus der Donaumonarchie. Alles war blitzsauber und ordentlich arrangiert. Obwohl sicherlich selbst nicht auf Rosen gebettet, servierte die Hausfrau auf edlem Porzellan und aus geschliffenem Bleikristall. Man wußte, was sich gehört!

Ing. Lupas, der unübersehbar in der Armee gedient hatte, war bereits im Jagdgewand und reisefertig. Ein eigenes Gewehr sah ich nicht, wohl aber ein gutes Fernglas, Spektiv sowie eine Zeiss-Ikon-Fotokamera, alles aus deutscher Vorkriegsfertigung. Vor der Tür wartete Lupas' uralter Dacia; in diesen stieg Octavian jetzt um, und unser kleiner Jagdkonvoi setzte sich in Richtung Retezat in Bewegung.

Leider lehnte ich E.'s Angebot zu einem Fahrerwechsel trotz meiner Müdigkeit ab, dies sollte sich später noch bitter rächen. Bald verließen wir das Tal der Mures und bogen nach Süden, Richtung Hateg, auf eine Nebenstraße ab. Auch hier gab es noch überall qualmende Schwerindustrie und keine Spur von einer Hochgebirgslandschaft, welche die stärksten Gams der Welt beherbergen sollte! In der Kleinstadt Hateg zeigte uns Ing. Lupas das ehemalige Jagdschloß des Grafen Kendeffy; das rosarote Gebäude mit seinen zahlreichen Türmchen schien mir erstaunlich gut erhalten zu sein. Einige Kilometer nach Hateg zweigte unser Führungsauto in eine recht schmale Schotterstraße ab, und plötzlich standen sie vor uns, die hochaufragenden Gipfel des Retezat! Andächtig bestaunten wir das gewaltige Felsmassiv mit seinen vorgelagerten Waldbergen, durchschnitten vom klammähnlichen Flußtal des in schäumender Gischt dahinbrausenden Riul Mare. Das Ziel unserer jagdlichen Sehnsucht war nahe!

Typisch für die Gigantonomie des eben gestürzten Conducatore, wurde damals das idyllische Gebirgstal des Riul Mare durch eine riesige Baustelle verunziert: man war – immerhin seit rund 15 Jahren! – im Begriff, das zweitgrößte Staukraftwerk der Welt zu errichten. Wie Bienenwaben an die steilen Felswände geklebt, befand sich noch unterhalb der Staumauer ein ausgedehntes Arbeitercamp samt Bauleitungsbaracke, Werkstätten und sonstigen Einrichtungen eines derartigen Großvorhabens. Tag und Nacht brachten Hunderte überbreite Muldenkipper Schottermaterial von weit her die enge Talstraße herauf. Man hatte indes noch nicht begonnen, das Staubecken auch zu füllen; der Grund hiefür war unerfindlich, erschien uns doch das enorme Bauwerk soweit fertiggestellt. Um es gleich vorwegzunehmen: Als ich Jahre später wieder in diese Gegend kam, zeigte sich das Staubecken unverändert staubtrocken, nur fand ich die Baustelle und das Camp erstaunlicherweise völlig verlassen vor. Auf meine verwunderte Frage hin erhielt ich eine überraschende Erklärung: Es waren den verantwortlichen Technikern nachträglich Bedenken hinsichtlich der Festigkeit sowie Dichtigkeit der ganzen Anlage gekommen, und um eine Katastrophe gewaltigen Ausmaßes zu vermeiden, hat man das gesamte Vorhaben kurzerhand abgebrochen! Ältere Leser werden sich noch an das Desaster um das österreichische Atomkraftwerk Zwentendorf erinnern, welches seinerzeit nach Fertigstellung das gleiche Schicksal ereilte.

Doch zurück ins Jahr 1990: Damals fügte dieser unselige Kraftwerksbau uns persönlich indirekt groben Schaden zu. Naturgemäß hatte der intensive Schwerverkehr der ursprünglichen Forststraße schwer zugesetzt, und die riesigen Muldenkipper verloren auch immer wieder Ladegut. In meinem Bestreben, Lupas' munter bergauf tuckerndem Dacia zu folgen, schätzte ich – übermüdet, wie ich war – einen solchen Steinbrocken falsch ein und nahm ihn forsch zwischen die Reifen – ein häßliches Knirschen sowie eine breite Ölspur waren die Folgen. Schöne Bescherung! Die Ölwanne unseres braven BMW hatte einen tiefen Riß, der Bordcomputer gab Alarm, und bald war das kostbare

Schmiermittel zur Gänze ausgeronnen. Nun war guter Rat teuer, zumal sich auch der kurze Herbsttag bereits bedenklich der Dämmerung zuneigte. Keinesfalls durften wir das Auto hier einfach stehenlassen, es würde in Kürze ausgeschlachtet werden. Der zu Hilfe gerufene Werkmeister zeigte sich zwar überaus zuvorkommend, konnte aber die Speziallegierung der Ölwanne mit Eigenmitteln nicht schweißen. Immerhin bot er an, unser weidwundes Wägelchen in einem versperrbaren Schuppen der Bauleitung sicherzustellen, was auch mit vereinten Kräften schiebend erfolgte.

Doch unser Ziel, das Jagdhaus „Cabana Rotunda", war noch rund zwanzig Kilometer weit entfernt, und überhaupt, was sollte mit unserer umfangreichen Ausrüstung geschehen? Mittlerweile war es nahezu dunkel und empfindlich kalt geworden.

Wieder half unser neuer Freund, der Häuptling der Kraftwerksbauer: Im Schein von Taschenlampen luden wir Unmengen von Gepäck in einen Kleinbus um, den uns der Bauleiter freundlicherweise zur Verfügung stellte. Hierbei mußten wir uns höllisch auf der Hut sein, um die uns sofort bestürmenden Horden bettelnder Kinder halbwegs davon abzuhalten, uns völlig auszuplündern. Ein paar Bonbons und Schokoladeriegel halfen da nur kurzfristig. Endlich war die Umpackerei geschafft, die Schuppentür zu und das Vorhängeschloß gut versperrt. In neuer Zusammensetzung kletterte unser Jagdkonvoi die steilen Serpentinen weiter bergan. Als wir die Staumauer auf ihrer breiten Dammkrone überquerten, leuchteten schon längst Mond und Sterne vom klaren Karpatenhimmel. Trotz meiner Müdigkeit und Nervenanspannung umfing mich eine unbeschreibliche Stimmung – endlich waren wir am Ort meiner Jägerträume, in den berühmten Hochkarpaten!

Vorsichtig passierten wir noch die weit herausragenden Gleise einer Waldbahn, welche laut Bericht von Freund Robert dem Auto unserer Vorgänger zum Verhängnis geworden waren. Riesige Urwaldtannen, im Scheinwerferlicht nur schemenhaft erkennbar, flankierten unseren Weg, und schließlich erreichten wir das allgemein bewirtschaftete Jagdhaus „Cabana Rotunda". Wir waren an unserem Ziel angelangt!

Sogleich traten aus der Dunkelheit zahlreiche dienstbare Geister, um uns beim Ausladen zu helfen. Wir hatten nur einen Wunsch: Quartier nehmen und schlafen!

Ersteres erwies sich zunächst noch als etwas problematisch: das uns zugesicherte „Gästezimmer 1. Klasse mit Bad" war bereits von einem alten Parteibonzen samt Freundin belegt, und dieser wollte partout nicht einsehen, daß sich die Zeiten auch für ihn geändert hatten. Aber mit tatkräftiger Unterstützung von Hüttenwirt und Jagdpersonal, dank E.'s lautstarker Proteste sowie vor allem der pfiffigen Übersetzung unseres Octavian – er stellte uns kurzerhand als hochwichtige Regierungsgäste vor – wurde auch diese letzte Krise überwunden; das Politikerpärchen logierte alsbald „2. Klasse". „Du packst jetzt nur die nötigsten Dinge zum Übernachten aus, und ich kümmere mich darum, daß wir noch eine heiße Suppe bekommen; morgen sehen wir dann weiter", lautete die überaus vernünftige Devise der praktisch veranlagten E., die auch sogleich mit Knorrsäckchen, Salz und – für alle Fälle – etwas Brandy in Richtung Küche entschwand. An dieses Abendessen kann ich mich kaum mehr erinnern, jedenfalls fielen wir danach recht schnell in die zwar ungewohnt kühlen, aber dennoch behaglichen Federbetten. Die morgige Tagwache war erst für 9 Uhr angesagt.

Der 29. September 1990 weckte uns frühzeitig mit empfindlicher Kälte im Zimmer, aber auch strahlendem Sonnenschein, der durch die bereiften Fenster drang; es versprach, ein herrlicher Tag zu werden. Nun hatten wir erstmals Gelegenheit, unser Quartier bei Tageslicht in Augenschein zu nehmen. Das Zimmer war altmodisch-gemütlich in Holz möbliert, bei hinreichender Fütterung sorgte ein Kachelofen für angenehme Wärme. Weniger feudal präsentierte sich das anschließende Badezimmer: hier hatten Frostaufbrüche bleibende Schäden hinterlassen, Warmwasser war „gut, aber aus". Kein Problem, „Katzenwäsche mit kalter Dusche soll gut sein für den Teint!" lautete der Kommentar der jagdharten Panthelina. Ich richtete noch schnell mein „Zauberzeug" für den ersten Pirschgang her, und dann stiegen wir hinunter ins Erdgeschoß zum ersten gemeinsamen Frühstück mit der gesamten Mannschaft.

Ing. Lupas und Octavian stellten uns das Jagdpersonal für die nächsten Tage vor: verwitterte Gestalten in grünen Uniformen und Gummigaloschen (!), mit sympathisch offenem Blick in den sonnengebräunten, neugierigen Gesichtern. Erster Eindruck: gut!

Unter den anwesenden Jägern suchte ich sogleich den legendären Nessu und hatte ihn auch bald gefunden: der stämmige Alte mit dem buschigen grauen Haar und den listigen Augen, das mußte er sein – er war es auch. Dieser Doyen der Berufsjäger, von allen anderen sichtlich respektiert, wurde unser „Chefpirschführer" während der folgenden Tage und Wochen. Meine beachtlichen Jagderfolge im Retezat verdankte ich damals in erster Linie ihm. Sein unermüdlicher Einsatz und geradezu unglaublicher Jagdinstinkt, gepaart mit enormer Erfahrung, zeichneten den Senior aus. Nessu hat mir sein wahres Alter nie verraten – vielleicht wußte er es auch selbst nicht – aber er war zu dieser Zeit bestimmt schon an die Siebzig. Angeblich hatte er vor vielen Jahren einmal sogar den spanischen König Juan Carlos zur Jagd geführt. Seine Kondition war mehr als beachtlich: wie spielerisch, ohne sichtbare Anstrengung, erklomm er die steilsten Hänge und schleppte dabei noch unseren Tagesproviant einschließlich der Getränke in seinem Rucksack mit. Wenn mich – als den um Jahrzehnte Jüngeren – die Kräfte verließen, nahm er ungefragt auch noch meinen Rucksack und sogar mein Gewehr auf den Buckel; ich habe mich mehrmals geradezu geschämt, doch Nessu winkte stets ab. Dabei sprach seine eiserne gesundheitliche Konstitution jeglichen medizinischen Prognosen Hohn, denn er rauchte Unmengen schrecklicher Zigaretten (filterlos, Marke „Bahndamm, Sorte Nord") und trank tagtäglich bei der dem Abendessen folgenden Berufsjägerbesprechung eine ganze Flasche Wodkafusel!

Nach dem frugalen Frühstück – es gab reichlich Brot, Butter, Speck, Käse, Paprika und Gurken – von Nahrungsmittelmangel keine Spur, ließ Ing. Lupas die Parole für den ersten Jagdtag übersetzen: „Zur Akklimatisierung gehen wir uns erst einmal etwas ein. Aber wenn passendes Wild in Anblick kommt, dann – bitte schön – schießen! Frei sind Gams, Bär, Hirsch, Sau, Wolf und Wildkatze; der Luchs ist geschont." Wahrlich, eine reiche Palette an jagdlichen Möglichkeiten, ich konnte unseren Abmarsch schon kaum erwarten! Nur E., in ihren neuen Schuhen, blickte etwas skeptisch in die Gegend, insbesondere, als sich Ing. Lupas neben der üblichen Ausrüstung auch noch einen Höhenmesser um den Hals hängte. Aber tapfer schnappte sich meine erprobte Begleiterin einen Bergstock, und es ging los.

Bevor wir in den von der Jagdverwaltung zur Verfügung gestellten, knallrot lackierten „Aro"-Geländewagen stiegen, hatten wir Gelegenheit, unsere Behausung von außen in Augenschein zu nehmen. Die „Cabana Rotunda" war in der Zeit nach dem Ersten Weltkrieg in zweistöckiger Massivbauweise errichtet worden. Das Haus diente zunächst den Mitgliedern des „Karpatenvereines" – vergleichbar unserem Alpenverein – als bewirtschaftetes Ausgangsdomizil für deren Bergtouren. Fallweise werden wohl auch schon damals Jagdgäste hier übernachtet haben. Ceausescu selbst hat hier meines Wissens nie Quartier bezogen, das Gelände schien ihm dem Vernehmen nach zu unübersichtlich und daher kaum bewachbar. Lediglich der irakische Außenminister kam während der Ära des Conducatore einmal als Staatsgast ins Retezat; dessen Gamsjagd blieb jedoch erfolglos – wahrscheinlich hatte der ungewohnte Lärm seines Reisehubschraubers das Wild gestört und vertrieben.

Nun wurde die „Cabana Rotunda", auf etwa 1.000 Meter Seehöhe, im Zentrum des „Parcul National Retezat" gelegen, wieder für die alten Zwecke genutzt. Inmitten uralter Nadelwaldbestände erhob sich der geschwungene Bau – daher der Name – auf einer ebenen Bergwiese, ein naher Gebirgsbach sorgte für stets herrlich frisches Wasser.

Soweit zur Geschichte dieses alten Jagdhauses, welches sicherlich viel erzählen könnte.

Mit dem „Aro" fuhren wir auf einer Waldstraße einige Kilometer taleinwärts, dann wurde der Chauffeur samt Fahrzeug zurückgeschickt; ab 15 Uhr sollte er uns an Ort und Stelle wieder erwarten. Wir aber betraten auf schmalem, kaum sichtbarem Pirschsteig einen traumhaft schönen Urwalddom: ehrwürdiges Nadelaltholz, vorwiegend turmhohe Tannen und Fichten, stark unterwachsen von mannshohem Farnkraut sowie mannigfaltigen Sträuchern. Dazwischen lagen morsche Baumriesen umher, so wie sie gefallen waren, weiters zahlreiche Baumstrünke und Dürrlinge – hier herrschte noch Mutter Natur, es gab keinerlei Forstnutzung.

Unsere Jagdkorona war beachtlich: An der Spitze marschierte – wie konnte es anders sein – natürlich Nessu, dann folgte ich als einziger Gewehrträger und hinter mir in Reihenfolge Panthelina, Octavian sowie Ing. Lupas; ein jüngerer Berufsjäger namens Kostica bildete das Schlußlicht. Zunächst überquerten wir ziemlich halsbrecherisch auf einem bloßen Baumstamm den tief unter uns dahinbrausenden Gebirgsbach. Dann begann der schweigende Aufstieg durch die dicht bewaldeten Vorberge. Unser Revier umfaßte rund 100.000 Hektar, wahrlich ein großes Betätigungsfeld. Dem Vernehmen nach waren, zumindest offiziell, hier keine weiteren Jäger unterwegs; mit Wilderern mußte man damals – kurz nach der Revolution – immer rechnen.

Erneut befiel mich eine schwer zu beschreibende Hochstimmung, ja geradezu Ehrfurcht. Ein langgehegter Traum war Wirklichkeit geworden: Ich befand mich nunmehr tatsächlich selbst am Ort jenes Geschehens, wohin ich meine großen Vorbilder aus der Karpatenliteratur unzählige Male im Geiste begleitet hatte. Die Weiträumigkeit des Revieres und die Großartigkeit dieser Urlandschaft ließen mich schon erahnen, daß es hier gar nicht so leicht sein würde, zu jagdlichem Erfolg zu kommen.

Vorerst pirschten wir andächtig auf einem weichen Polster aus Moos und Baumnadeln dahin, unserem flott ausschreitenden Führer nach besten Kräften folgend. Wild bekamen wir zunächst noch nicht in Anblick. Einmal wies mich Ing. Lupas auf deutliche

Krallenspuren eines Bären an der Rinde einer mächtigen Tanne hin: „Urs – Bär!" Heimlich überzeugte ich mich davon, daß sich wirklich drei Patronen in der Kammer meiner Mauserin befanden; immerhin betrug die Sicht in dem hohen Farnkraut nur wenige Meter, und man wußte ja nie … Später belehrte mich der erfahrene Nessu, daß ein Bär die Annäherung einer Marschkolonne wie der unseren sicher schon frühzeitig wahrgenommen und selbst das Weite gesucht hätte; außerdem wären die Bären hier sehr scheu, weil sie nur äußerst selten mit Menschen in Kontakt kämen.

Nach geraumer Zeit erreichten wir eine kleine Waldlichtung, und da stand sie nun, die berühmte „Koliba" der Karpaten: eine niedrige Rindenhütte, knapp mannshoch und ohne Rauchfang. Nur etwa 1 ½ Gehstunden vom Jagdhaus entfernt, diente speziell diese Koliba wohl nur für Notfälle bei Schlechtwettereinbruch oder dergleichen. Allerdings hätten wir am nächsten Tag beinahe selbst unser Nachtquartier darin bezogen, doch davon später. Nur eine kurze Verschnaufpause, dann ging es weiter: immer bergauf und bergauf, durch zunehmend steileres Gelände. Zwar befanden wir uns noch im geschlossenen Waldbereich, doch hatten kleinwüchsige Fichten sowie zum Teil auch schon eingestreute Latschen die Baumriesen der Talregion längst abgelöst, das Terrain wurde zusehends felsig und zerklüftet.

Erneut eine kleine Rast: Am Gegenhang sollte sich eine Bärenhöhle befinden, wir erkannten jedoch nur ein ziemlich verwachsenes Felsloch. Ing. Lupas konsultierte seinen antiken, aber präzisen Höhenmesser: „Exakt 1.730 Meter Seehöhe", berichtete er. Für einen „Spaziergang zum Akklimatisieren" waren wir schon ganz schön ins Schwitzen geraten, und die Mittagssonne brannte zusehends auf uns herab.

Schließlich gelangten wir auf eine almähnliche Hochfläche, dicht übersät mit Preiselbeersträuchern. Erst jetzt hatten wir richtigen Ausblick auf das atemberaubende Panorama der vor uns aufragenden Südkarpaten: zunächst noch schier endlose Latschenfelder, dahinter Felsgipfel um Felsgipfel bis zum Horizont und dazwischen Kare sowie tiefeingeschnittene Täler – das war die Heimat der stärksten Gams der Welt! Erstaunlicherweise entdeckten wir so hoch heroben aber auch zahlreiche Saufährten, offenbar schätzten Wildschweine gleichfalls die üppige Beerenäsung.

Natürlich war es Nessu, der mit freiem Auge den ersten Gams erspähte – auf gut 800 Meter Distanz! Spektive heraus! Es handelte sich um einen mittelalten Bock, nichts für uns und aufgrund einer davor verlaufenden Schlucht ohnedies unerreichbar.

Bald zeigten sich in den höheren Regionen noch weitere „Capra Negra", wie sie die Rumänen nannten, doch waren sie allesamt viel zu weit entfernt und überdies nur Scharlwild. Mir kamen diese Gams vor allem im Wildbret sehr stark vor, womit ich im Vergleich zu den Alpengams auch recht hatte. Zum Ansprechen der Krucken fehlten mir vorerst noch die Karpatenerfahrung und vor allem entsprechende Vergleichswerte.

E. verspürte nun schon sehr deutlich Blasen und Druckstellen in ihren neuen Superschuhen: „Wenn es euch nicht sehr viel ausmacht, möchte ich hier gerne eine längere Rast einlegen und die wunderbare Kulisse genießen; wenn ich etwas Neues sehe, gebe ich euch mit dem Hut Zeichen", signalisierte sie diplomatisch ihr Leiden.

Ja, das war eben noch eine zünftige Jagerei, so ganz ohne Sprechfunk und Handy!

Da Octavian mit seinen profilarmen Basketballschuhen ebenfalls Fußprobleme meldete, stiegen nur Nessu und ich weiter, die restliche Belegschaft machte Picknick. Auch mich plagten bereits Höhenluft sowie die ungewohnte Anstrengung, worauf Nessu meinen Rucksack übernahm. Dann hatten wir eine steile Geröllhalde zu traversieren, die aus Felsbrocken bis zur Größe kleinerer Einfamilienhäuser bestand.

Es war dies wohl ein Relikt aus der letzten Eiszeit. Ich mußte höllisch aufpassen, nicht in eine der zahllosen Spalten zu treten; der alte Nessu mit seinen lächerlichen Gummigaloschen hingegen spazierte darüber hinweg wie auf einem Golfplatz – der schiere Neid konnte einem kommen! Jahre später habe ich derartige Geröllhalden noch viel größerer Dimension im asiatischen Tien Shan kennen und fürchten gelernt. Endlich hatte Nessu seinen imaginären Zielpunkt, einen einzelnen Felskogel, erreicht. Unter unmißverständlichen Anzeichen höchster Vorsicht und Aufmerksamkeit schob er sich, am Bauch kriechend, die letzten Meter vor. Mit gebührendem Respektabstand folgte ich dem großen Meister auf die gleiche Weise. Glücklich oben angekommen, wies Nessu sogleich durch eine Art Kamin auf eine tief unter uns liegende Felsspitze: Dort stand – die Schalen aller vier Läufe eng zusammengestellt – eine hochkapitale Gamsgais! Uns bot sich ein majestätisches Bild, das mich sogleich an das bekannte Stadtwappen von Kitzbühel in Tirol erinnerte. „Nix Bumm – Mama!" lautete die eindeutige Ansage meines rumänischen Mentors. Alles klar, die Gais führte ein Kitz und war somit natürlich tabu. So konnte ich mich durch Fernglas und Spektiv noch minutenlang an dem herrlichen Anblick erfreuen. Erst jetzt erblickte ich schräg unterhalb auf einem Felsband auch das dazugehörige Kitz. Zwar hatte uns die Gais offenbar schon wahrgenommen und pfiff mehrmals vernehmlich, zur Aufgabe ihres strategisch optimalen Standortes schien sie sich hingegen noch nicht entschlossen zu haben.

Unwahrscheinlich hoch ragten die weitausgelegten Krucken der sicherlich alten Gais – Nessu zeichnete mit dem Finger in den spärlichen Sand „115–120" und meinte hiermit Internationale Punkte!

Später, beim Abendessen im Jagdhaus, gestand mir der alte Schlaumeier, ihm sei die alte Gais seit langem bekannt, und er wußte auch, daß sie in diesem Jahr wieder ein Kitz führte. Nessu wollte mir somit am ersten Tag bloß sein Paradeexemplar zeigen und hat mich nur aus diesem Grund dort hinaufgeschliffen! Machte auch nichts, der Anblick allein war die Schinderei wert. Nun traten wir aber den Abstieg an, zumal die Mittagszeit längst überschritten war. Begeistert schilderte ich E. und den anderen Mitjägern unser Erlebnis. Noch stand uns der Rückmarsch bevor, welcher sich dann beträchtlich in die Länge zog. Zumal bergab wurden die Füße und Gelenke bis an ihre Belastungsgrenze strapaziert. Erst beim letzten Dämmerlicht erreichten wir schließlich wieder unseren Ausgangspunkt, wo der Fahrer mit dem „Aro" schon längst wartete. Obwohl ich nicht zu Schuß kam, so war dies doch ein wunderschöner, wenngleich recht anstrengender erster Jagdtag. In der „Cabana Rotunda" glücklich angekommen, äußerte Panthelina daher nur einen vordringlichen Wunsch: Schuhe ausziehen und die malträtierten Füße in ein Schaff voll kaltem Wasser!

Beim Abendessen entwickelte Nessu große Pläne für den nächstfolgenden Tag: auf die Galbena sollte es gehen, eines der mächtigsten Felsmassive im Retezat, rund

2.400 Meter hoch. Ganz früh würden wir aufbrechen und den ganzen Tag unterwegs sein, der „Aro" war bereits für 6 Uhr 30 bestellt. Angesichts dieses Vorhabens schmolz unser Expeditionskorps allerdings beträchtlich dahin: E. litt an Fußweh und Migräne, Octavian, dem man sein ungenügendes Schuhwerk zugute halten mußte, war allgemein marod und Kostica durch anderweitige dienstliche Verpflichtungen verhindert. So würden mich nur die unverwüstlichen „Oldies", Ing. Lupas und Nessu, begleiten. Ein lustiger Hüttenabend beschloß diesen ersten Jagdtag, besonders Nessu kam beim Erzählen groß in Fahrt. Er bestätigte unter anderem auch die von Freund B. in Wien kolportierte Geschichte vom bärenjagenden Volksschullehrer – dieses Geschehen lag schon damals über 20 Jahre zurück.

Am nächsten Morgen machte ich mich noch vor Sonnenaufgang fertig zur großen Pirsch; nur das wirklich Nötigste kam in den Rucksack, meinen Proviant übergab ich vorsichtshalber gleich Nessu. Es war ohnedies nicht viel: Brot und Salami, etwas Isodrink, als bewährte Kraftspender Fruchtschokolade und Rosinen sowie ein ganz kleiner Flachmann voll Cognac. Panthelina ließ es sich nicht nehmen, mir beim Frühstück Gesellschaft zu leisten, danach wollte sie „Ruhe pflegen".

Aufbruch! Die erste Etappe war ident mit der gestrigen Tour, nur der „Aro" wurde erst für 18 Uhr zur Rückfahrt bestellt. Nessu schlug vom Start weg ein höheres Marschtempo ein – immerhin hatten wir ein weites Ziel. Noch am frühen Vormittag erreichten wir den „Picknickplatz", und dann begann der wahre Ernst des Lebens: Forsch drang Nessu auf unsichtbaren Pfaden in ein extrem steiles Latschenfeld ein, nur mit äußerster Mühe konnten ich selbst und hinter mir Ing. Lupas folgen. Schon in der Schule war Geräteturnen nicht gerade meine Stärke gewesen, aber was nun folgte, schlug alle damaligen Mühen um Längen. Etwa in Meterhöhe über dem steil geneigten Erdboden hangelte ich mich mühsam von Latschenast zu Latschenast bergauf, ständig mit dem ohnedies kurzen Mauser 66 oder der Kleidung irgendwo hängenbleibend. Schon bald ging mein Atem schwer, und ich fühlte stechende Schmerzen in der Lunge. Der Schweiß rann trotz aufgekrempelter Hemdsärmel in Strömen, noch war kein Ende der Tortur abzusehen – im Gegenteil, die dichten Latschen verhinderten jegliche Orientierung. Auf diese Weise quälten wir uns mehr als 1 ½ Stunden lang, sie dünkten mir eine Ewigkeit. Endlich kam Licht in Sicht – wir hatten die bloß noch mit Gras bewachsene Felsregion erreicht.

Nessu genehmigte – sichtlich ungern – die zumindest meinerseits dringend benötigte Rast. Ing. Lupas hielt sich bedeckt, war aber ebenfalls froh über eine kurze Pause. Meine Begleiter erläuterten mir gestenreich, daß der ursprünglich gepflegte, ausgeschnittene Pirschsteig durch das große Latschenfeld infolge der langjährigen Unterbrechung des Jagdbetriebes weitgehend zugewachsen war. Diese unliebsame Erscheinung sollte ich später auch noch in anderen rumänischen Gebirgsrevieren vorfinden. Es grenzte ohnehin an ein Wunder, daß der instinktsichere Nessu den richtigen Weg überhaupt gefunden hatte. Übrigens spürten wir in den Latschen wiederholt Sau und Bär, von letzterem auch die charakteristische Preiselbeerlosung.

Die erholsame Rast währte nur kurz, Nessu drängte zum Weitermarsch. Wir stiegen erneut steil bergan, wenngleich durch offenes und somit einfacheres Gelände. Allerdings mußten wir dafür ab nun auf unsere Tarnung bedacht sein; mißtrauische Gams pfiffen ohnedies schon aus allen Richtungen, wenngleich wir sie selbst noch nicht erspähen konnten. Wohl aufgrund der Überanstrengung kam mir der Gedanke, daß ich den Anforderungen der Hochkarpaten vielleicht doch nicht gewachsen war, und meine Wünsche reduzierten sich auf ein bescheidenes Minimum: nur wenigstens eine, noch so geringe, Trophäe wollte ich erbeuten und als Erinnerung an diese grandiose Landschaft heimbringen. Heute war überdies Sonntag, heiliger Hubertus, bitte hilf!

Der so angeflehte Schutzpatron hatte ein – sogar übergroßes – Einsehen mit seinem ebenso passionierten wie ob der eigenen konditionellen Unzulänglichkeit verzweifelten Jünger. Nach etwa einer weiteren Stunde zügiger Pirsch gelangten wir an den Fuß eines fast senkrecht aufragenden Steilhanges, wo Nessu sogleich hinter einigen großen Felsblöcken in Deckung ging und vorsichtig nach oben lugte. Sehr weit entfernt, quasi Ameisen gleich, hatte er ein größeres Gamsrudel erblickt. Da ein Angehen des Wildes von hier unten aus wegen der Wind- und Sichtverhältnisse wenig Erfolg versprach, wollte Nessu den Berg umschlagen, an dessen Rückseite aufsteigen und mir die Gams bergab zudrücken. Ing. Lupas sollte als „Ansprechhilfe" bei mir bleiben, und überdies erhielt ich noch rasch einige Instruktionen: „Zwar ist die Brunft noch nicht im Gange, aber die alten Platzböcke stehen zumeist schon beim Rudel. Sie sind an ihrer dunklen Farbe erkennbar. Jüngere Böcke und Gaisen wirken eher hellbraun bis gelb. Führende Gaisen sind natürlich geschützt, also gut aufpassen, ob ein Kitz dabei ist. Weidmannsheil!" Ing. Lupas übersetzte in gebrochenem Deutsch, zudem verstehen passionierte Jäger einander weltweit auch ohne Dolmetscher.

Schon war der unverwüstliche Nessu hinter der nächsten Ecke verschwunden – um seine bevorstehende Extratour in der prallen Mittagshitze beneidete ich ihn keineswegs.

Im Schatten der erwähnten Felsbrocken richtete ich mich einigermaßen schußfertig ein und harrte der Dinge, die da kommen sollten. Lange Zeit tat sich absolut nichts, und ich hatte einige Mühe, wach zu bleiben. Dann ging alles sehr rasch: Einige schrille Pfiffe und Juchzer – plötzlich erschien Nessu hoch über mir am Horizont des Felskammes. Wild gestikulierend, brachte er ein ganzes Rudel Gams in Schwung, die daraufhin in rasender Fahrt durch eine Felsrinne steil bergab genau mir entgegenflüchteten. Wie sollte man da bloß in Ruhe ansprechen? Ein einzelnes, mir dunkel erscheinendes Stück verhoffte kurz auf einer Felsnase, ich erkannte recht enggestellte Krucken, und Kitz war auch keines in Sicht – also wohl ein Abschußbock! Für langes Spekulieren blieb keine Zeit: Wollte ich nach all der Schinderei überhaupt noch zu einem Karpatengams kommen, dann war jetzt vielleicht die einzigartige Gelegenheit da. Das rechte Knie angewinkelt, den Bergstock in der Linken und mit dem Rücken gegen den Felsen gelehnt, hielt ich im Sitzen auf rund 150 Meter aufs Blatt.

In der unendlichen Weite klang mein Schuß seltsam gedämpft, ich sah ein deutliches Zeichnen, und schon walgte der beschossene Gams, sich in der steilen Geröllrinne mehrmals überschlagend, mir fast vor die Füße. Erst jetzt entsann ich mich wieder des hinter mir rastenden Jagdinspektors, der in der wärmenden Sonne wohl etwas eingenickt war. Gemeinsam traten wir an meine längst verendete Beute heran. Dort erwartete mich eine Überraschung, aber zum Glück kein Mißgeschick: Vor uns lag kein Bock, sondern

eine ziemlich abgekommene, unbestreitbar dunkelgefärbte und „bockkruckig gehakelte" Gamsgais, die zu meiner großen Erleichterung eindeutig nicht führte. Kaum hatte mir Ing. Lupas – über den rasanten Geschehnisablauf noch etwas perplex – sein aufrichtiges „Weidmannsheil!" entboten, da stürmte in langen Sätzen – fast schneller als zuvor die Gams – auch schon Nessu heran. Er gratulierte ebenfalls und überreichte mir sodann, traditionsgerecht mit entblößtem Kopf und Handschlag, auf seinem verwitterten Hut den Latschenbruch.

Nunmehr fanden wir Zeit, das gestreckte Wild näher in Augenschein zu nehmen. Es handelte sich laut Großmeister Nessu um eine 7jährige, schlecht veranlagte, kitzlose Gais, die überdies noch mit einer weiteren Überraschung aufwartete: beide Krucken saßen seitlich schräg geneigt auf dem Schädel. Wie sich später beim Auskochen erwies, hatte die Gais wahrscheinlich durch einen Steinschlag einen Schädelbruch erlitten. Gut möglich, daß sie damals auch innere Verletzungen davongetragen hatte und deshalb nicht führte. Jedenfalls eine interessante Trophäe, mochte sie auch als solche gering sein – mein erster, wahrlich schwer erkämpfter Karpatengams! Ich war selig.

Wir nahmen alle einen Schluck Cognac aus dem Flachmann, und nach der roten Arbeit ging ich davon aus, daß wir nunmehr in gemütlichem Tempo siegreich nach Hause marschieren würden. Allein, der unermüdliche Nessu sah das komplett anders: Er murmelte etwas von „Nix Trophaea, nur Selecio!" und ließ mir dann durch Ing. Lupas ausdeutschen, daß er beim Aufstieg zu seinen eben erst erfolgreich abgeschlossenen Treiberdiensten noch viel weiter oben, schon im Gipfelbereich der Galbena, ein weiteres kopfstarkes Gamsrudel mit einem echten Kapitalbock erspäht habe. Letzterem sollte es nun unverzüglich gelten, wir müßten uns nur etwas beeilen! Bei diesem Wort fuhr mir der Schreck in die Glieder, hatte ich mich doch gerade erst mühsam von den Strapazen erholt; auch Ing. Lupas schien nicht eben begeistert.

„Für heute bin ich eigentlich hoch zufrieden, ein Gams am Tag reicht völlig", versuchte ich den erneut drohenden Gewaltmarsch abzuwenden. Doch Nessu ließ erst gar keine Widerrede aufkommen, er war schon am Einteilen: Ing. Lupas sollte beim erlegten Gams bleiben und hier auf unsere Rückkehr warten, alles andere wäre seine Sache. Sprach's, schnappte sich sogleich auch meinen Rucksack, packte diesen obenauf, und ab ging die Post, wie angekündigt im Eiltempo! Mir blieb gar nichts anderes übrig, als dem wildpassionierten Jagdführer nach besten Kräften nachzulaufen. Eigentlich hatte der Gute ja recht: das Wetter war herrlich, und im Hochgebirge muß man die Feste feiern wie sie fallen. „Wenn dir Diana die Hand reicht, darfst du sie nicht ausschlagen!" lautete eine Belehrung, die ein alter steirischer Berufsjäger mir einstmals blutjungem Anfänger erteilt hatte. Offenbar huldigte auch Nessu diesem an sich richtigen Motto.

Nach kurzem Eilmarsch über die bereits bekannte Hochalm befand ich mich erneut am Eingang zu einem ebenso steilen wie unübersehbar ausgedehnten Latschenfeld. Nun ging die Kraxelei erst richtig los, vom zweiten in den dritten Stock, und das im Schnellgang! Manchmal bedurfte es regelrechter Klimmzüge, um nicht den Anschluß zu verpassen – und Nessu kannte kein Erbarmen mit meinen stadtluftverseuchten Lungen: unaufhaltsam stürmte er himmelwärts.

Nur einmal, als ich deutlich merkbar wirklich nicht mehr weiterkonnte, hielt er kurz an, übernahm ungefragt nunmehr auch noch mein Gewehr und mahnte gestenreich zu höchster Stille. Eigentlich schämte ich mich furchtbar, von dem Alten in seinen Gummigaloschen konditionell so gnadenlos „vorgeführt" zu werden. Aber wer wußte schon, welches Bild dieser Bergfex seinerseits bei unseren ungarischen Hasenstreifen auf den knietiefen Lehmsturzäckern abgegeben hätte?

Alles hat einmal sein Ende, auch das größte Latschenfeld. Plötzlich standen wir im Freien, auf einem grasbewachsenen Hochplateau, schütter bestockt mit irgendwelchen Beerensträuchern – eine richtig gemütliche Obstgartenlandschaft. Allerdings leuchtete das Gipfelmassiv der Galbena noch aus beträchtlicher Entfernung zu uns herüber, dazwischen lag überdies ein größeres Tal. Von Gams weit und breit keine Spur. Nessu ließ sich hierdurch nicht aus der Ruhe bringen, offenbar verfolgte er ein genau durchdachtes Konzept. Ohne daß ich den Sinn dieser Aktion auch nur im entferntesten begriff, wurde ich von meinem Führer in der Deckung eines der etwa kniehohen Beerenbüsche regelrecht „abgelegt", wobei er mich nochmals zu äußerster Ruhe und Aufmerksamkeit ermahnte. Dann entschwand der Hexenmeister kommentarlos. Ich saß hier ganz beschaulich in der späten Nachmittagssonne, um mich herum im weiten Umkreis sehr viel – zugestandenermaßen prachtvolle – Landschaft, nur mit Gamsjagd hatte dies alles meinem Empfinden nach nur wenig gemein.

Doch was nun folgte, war Jagdverstand, nein, bereits Kunst in höchster Vollendung, und ich werde dieses Geschehen, solange ich lebe, stets in dankbarer Erinnerung behalten: Nach Ablauf einer guten Stunde erschien kilometerweit vor mir am Horizont eine Schafherde, es mögen etwa 80 bis 100 Tiere gewesen sein, sie zogen langsam über den sonnenbestrahlten Grat der Galbena in das vor mir liegende Tal herein. Dahinter konnte ich sogar den Schäfer als Silhouette erkennen. Meine erste Reaktion waren Ärger und Erstaunen: wo kamen bloß jetzt, am 30. September und zumal im Nationalpark, diese Biester her? Ich griff zu Glas und Spektiv, da fiel es mir plötzlich wie Schuppen von den Augen: das waren gar keine Schafe, das waren Gams! Und der Schäfer dahinter war in Wahrheit mein Nessu, der dieses gewaltige Rudel nach einem riesigen Umgehungsmanöver genial metergenau auf mich zudrückte. Er bewerkstelligte dies derart geschickt, daß die Gams keineswegs flüchteten, sondern vielmehr ganz kommod, aber zielstrebig, exakt auf mich zuwechselten. Schon hatten sie die Sohle des vor mir liegenden Tales überquert und zogen langsam den sanften Hang zu meinem Hochplateau herauf. Mitten unter den zahlreichen Gams aller Alterklassen entdeckte ich ein kohlschwarzes Stück, das im Wildbret gut doppelt so stark wie die anderen wirkte – der kapitale Platzbock! Nur diesen hatte ich ab nun im Auge zu behalten, und das war gar nicht einmal schwer. Regungslos saß ich auf meinem Rucksack, den Rücken gegen einen Busch gelehnt und vor mir einen weiteren Beerenstrauch als Sichtdeckung. Die schußbereite Mauserin hatte ich auf mein angewinkeltes rechtes Bein aufgelegt, die linke Hand gab mit dem Bergstock den nötigen Seitenhalt. Es war kaum zu glauben, aus kilometerweiter Entfernung erschien das riesige Rudel ganz vertraut präzise an meinem Standort. Die ersten Gams befanden sich bereits auf meiner Höhe, andere folgten nach, ich saß plötzlich buchstäblich inmitten einer Wildherde. Da war auch schon – auf eine

Entfernung von nur knapp 30 Metern – der starke Bock herangekommen. Noch hatte er mich nicht bemerkt. Auf die kurze Distanz wirkten seine weitausgelegten, hohen Krucken überaus mächtig: er bot ein Bild wahrer Kraft und Stärke. Doch nun wurde es Zeit zu handeln, ehe mich die munter vorbeiwechselnden übrigen Gams eräugen oder in den Wind bekommen würden.

Ruhig stand das Fadenkreuz am Stich dieses schwarzen Karpatenritters, ein kurzer Pfiff meinerseits – und er hat den Knall der .300er nicht mehr vernommen. Glücklicherweise beutelten mich Jagdfieber und Erregung ob dieses einmaligen Erlebnisses erst jetzt. Auf den nahen Schuß hin hatten natürlich die eben noch so vertrauten Gams schleunigst die Flucht ergriffen; schon unsichtbar verdeckt, pfiff es hinter mir aus allen Richtungen. Hatte ich das alles wirklich erlebt oder war es nur ein Traum? Erst langsam realisierte ich das ganze Geschehen, und ein mächtiges Glücksgefühl kam auf. Lag doch dort vorne, knapp 30 Schritte vor mir auf bunten Beerensträuchern wie schlafend hingestreckt, wohl der Gamsbock meines Lebens – er ist es auch bis zum heutigen Tage geblieben. Bewußt wartete ich auf Nessu, bevor ich hinzutrat, um meine stolze Beute auch symbolisch endgültig in Besitz zu nehmen. Denn eines stand fest: mein Schuß war keine Kunst – der wahre Meister war derjenige, welcher das Bravourstück zustandegebracht hatte, das Rudel samt seinem kapitalen Herrscher genial punktgenau auf jenen Platz zu lancieren, den er selbst zuvor mit unglaublichem Jagdinstinkt für mich ausgesucht hatte.

Als Nessu, nun begreiflicherweise auch selbst etwas erschöpft, dann herankam, konnte ich nicht anders und fiel dem Alten um den Hals. Mit Recht sichtlich stolz auf die eigene Leistung, leuchteten seine Augen wie zwei Edelsteine, und ich glaube, meine überschwengliche Freude bedeutete ihm wesentlich mehr Lohn als das schon sehr ordentliche Schußgeld, welches er später von mir natürlich ebenfalls erhalten hat.

Obwohl sich der Tag schon bedenklich dem Abend zuneigte und wir schwerbeladen noch einen weiten Rückweg vor uns hatten, hielten wir dem alten Pascha der Karpatengams die gebührende Totenwacht. Nessu zählte 13 Jahresringe, die Bewertung ergab später 116 Internationale Punkte zuzüglich Alterspunkte.

Mein Bock war auch im Wildbret überaus stark und zweifellos am Zenit seines Lebens.

Ohne das zur Gänze abgeschärfte Haupt wog er aufgebrochen und vollkommen ausgeschweißt nicht weniger als 54 Kilogramm, ein Gewicht, das auch für einen Sommergams in den Karpaten außergewöhnlich ist. Trotz des hohen Alters erwies sich übrigens sein Wildbret als äußerst wohlschmeckend und wurde von unserer vielköpfigen Jagdkorona in der Cabana Rotunda mit großem Genuß verspeist.

Doch vorerst waren wir noch keineswegs so weit. Beim Abstieg durch die Latschenregion schulterte Nessu den geschränkten Bock – immerhin rund 60 Kilogramm – wie einen Rucksack, während ich nun den Großteil der Ausrüstung schleppte. Dies nahm beträchtliche Zeit in Anspruch. Als wir endlich beim wartenden Jagdinspektor eintrafen, dämmerte es bereits stark. Da wir nunmehr zwei Gams und unser komplettes Gepäck durch die langgestreckten Wälder der Vorberge zu transportieren hatten, wurde die Technik geändert. Aus Sorge um die Krucken schärften wir beide Gamshäupter zur Gänze ab. Diese kostbare Beute trug ich höchstpersönlich, ebenfalls meine eigenen

Utensilien. Leber sowie Geräusch kamen in die Rucksäcke. Nessu und Ing. Lupas übernahmen es, die solcherart hauptlosen Wildkörper jeweils eine Passage bergab hinunterkollern zu lassen, sie danach im Wald bei Lampenschein wieder aufzuklauben und in die Nähe des erahnten Steiges zu ziehen, worauf diese zeitraubende Prozedur erneut von vorn anfing. Der nächtliche Gewaltmarsch erschien schier endlos, und lediglich das Hochgefühl unseres grandiosen Jagderfolges mobilisierte in mir noch die allerletzten Energiereserven. Neben der allgemeinen Erschöpfung machte sich jetzt auch der Durst unangenehm bemerkbar.

In nahezu völliger Dunkelheit – zum Glück spendete der Halbmond wenigstens etwas Licht – erreichten wir schließlich die vorerwähnte Koliba. Ich war derart erschöpft, daß ich gerade noch mein Gewehr an die Hüttenwand lehnen und die beiden Gamshäupter sowie Fernglas, Spektiv und Rucksack ablegen konnte.

Dann warf ich mich mit voller Montur der Länge nach bäuchlings in den fließenden Gebirgsbach. Meine Begleiter hielten sich etwas mehr zurück, aber auch sie waren am Ende ihrer Kräfte angelangt.

Rund eineinhalb Stunden Gehzeit lagen noch vor uns, und das durch den dichten Wald bei nunmehr völliger Finsternis, weil auch unsere mitgeführte Taschenlampe leer war!

Wir erwogen ernsthaft, zu dritt in der winzigen Koliba zu biwakieren. Eingedenk der Aufregung, die unser Ausbleiben bei den Angehörigen im Jagdhaus zwangsläufig hervorrufen würde, entschlossen wir uns dann doch zum Weitermarsch. In Anbetracht der kühlen Nachtwitterung blieb das Wildbret in der Koliba, es würde anderntags vom Personal abgeholt werden. Mühsam stolperten wir heimwärts, immer wieder vom Steig abkommend und demzufolge reichlich zerschunden. Noch stand uns im Talgrund der Wildbach mit seiner lächerlichen Baumstammbrücke bevor: Mir graute beim bloßen Gedanken an die Überquerung in der Dunkelheit. Doch zum Glück wurden wir zumindest dieser letzten Sorge enthoben: Als der bestellte „Aro"-Chauffeur uns im Jagdhaus als überfällig gemeldet hatte, brach von dort schon ein Suchtrupp mit Fackeln auf und lotste uns dann auch geschickt an einer Furt durch das gefürchtete Gewässer. Nasse Beine waren für uns an diesem Tag wahrlich kein Problemthema mehr. Erst nach 21 Uhr kamen wir todmüde, aber glücklich beim „Aro"-Jeep an, wo uns die bereits besorgt wartende E. und Octavian erleichtert in Empfang nahmen.

In der Cabana Rotunda mußten wir uns zunächst durch das Wechseln der Kleidung rasch „trockenlegen". Beim verspäteten Abendessen hob dann das große Erzählen und Feiern an. Ich konnte meinen Blick von den stilvoll auf Tannenreisig drapierten Gamshäuptern kaum abwenden, und es wurde noch ein recht langer Abend, der allerdings keineswegs „trocken" verlief…

Ungeachtet der Strapazen dieses ereignisreichen Sonntages fand uns der folgende Morgen schon wieder zu neuen Taten bereit, wenngleich nicht mehr unbedingt unter Erfolgsdruck. Aber einerseits mußte ohnedies das Wildbret der beiden Gams abgeholt werden und andererseits waren infolge unserer begeisterten Erzählungen auch E. und Octavian „auf den Geschmack gekommen"; aufgrund des gestrigen Ruhetages verfügten sie zudem über frische Kräfte.

Ich bekam einen neuen Pirschführer zugeteilt: Otto, im Hauptberuf Hüttenwirt und außerdem ebenfalls begeisterter Jäger. Böse Zungen behaupteten, er habe während der vergangenen schweren Jahre mitunter höchst erfolgreich die Verpflegung aus dem Revier „aufgebessert".

Nessu, der Held des gestrigen Tages, sowie Ing. Lupas waren in einer speziellen Mission unterwegs: Es galt, die umfangreichen Vorbereitungen für meine geplante Bärentreibjagd zu treffen. Abends wollten die beiden wieder zurück sein und uns hierüber Bericht erstatten.

Diesmal ging es in ein anderes Revier des riesigen Retezatmassivs: zum Slavcei, einem rund 2.450 Meter hohen Felsenberg. Der Anstieg führte zwar ebenfalls durch ausgedehnte Latschenfelder, doch waren diese nicht so steil wie auf der Galbena. Auch die Steige wirkten weniger verwachsen und mehr begangen, wohl, weil das Gebiet ob seiner landschaftlichen Schönheit auch bei Touristen recht beliebt war. Glücklicherweise trafen wir bei unserer Jagd jedoch auf keinen dieser Naturfreunde. Nach Passieren der Latschenregion eröffnete sich uns im hellen Sonnenschein ein prachtvolles Naturszenario: Umkränzt von den bizarren Zacken der umliegenden Felsgipfel, lag vor uns ein ausgedehntes Hochkar mit zwei großen, tiefdunklen Bergseen, wie man sie auch im österreichischen Dachsteingebiet zahlreich findet. „Meeresaugen" werden sie dort genannt und beherbergen einen wohlschmeckenden Fischreichtum. Speziell die sonst nirgends anzutreffenden „Aalruten" sind bei den Mönchen der umliegenden Klöster seit jeher als Fastenspeise hochbegehrt. Laut Otto, der es ja von Berufs wegen wissen mußte, verhielt es sich hier ähnlich, nur landeten die köstlichen Fische in den Mägen der mehr profanen Landbevölkerung. Am Ufer erblickten wir einen aus Natursteinen errichteten Schafstall, der zu dieser Jahreszeit leerstand. Ihn umgaben kralähnliche Dornenhecken zum Schutz des Viehs vor Großraubwild. Sogar eine Art Zille vervollständigte das idyllische Bild. Im übrigen hatten diese Hochgebirgsseen keinen Abfluß, gespeist wurden sie durch Regen und Schneeschmelze. Die zahlreichen Fische mußten seit Urzeiten dort leben, ihre genetische Erneuerung war mir ein Rätsel.

Aufgrund der Bodenfeuchte gedieh in diesem Hochkar eine üppige Gebirgsflora: Moose und Gräser aller Art, dazu Beerensträucher und vereinzelte Krüppelkiefern. Wir befanden uns auf etwa 2.000 Metern Seehöhe. Dohlen, Kolkraben und Greifvögel belebten den Himmel, sie fanden hier oben offenbar genügend Kleintiernahrung.

Wir picknickten gerade gemütlich im Schatten des steinernen Schafstalles, als plötzlich durch eine der zahlreichen Felsscharten ein kleineres Gamsrudel in das Kar einwechselte. Scharlwild, deutlich waren im Spektiv die munteren Kitze zu sehen. Eine einzelne Gais jedoch stand etwas abseits auf einem Felstobel. Wir erkannten verwaschene Züge und sehr hohe, weitausgelegte Krucken – fast so kapital wie die der „Kitzbüheler" Gais vom ersten Tag. Lange beobachteten wir das sich langsam nähernde Wild, bis wir uns sicher waren: die Alte führte tatsächlich nicht. Dann wurden die Gams jedoch zunehmend unruhig. Offenbar hatten sie uns schon eräugt oder in den Wind bekommen. Aufmunternd nickte Otto mir zu: „Probare!" Es mochten 180 bis 200 Meter Distanz sein, allerdings sehr steil bergauf; an sich kein Problem für die rasante .300 Weatherby Magnum. Mangels einer gut passenden Auflage strich ich an der Stallwand an und ließ fliegen.

Rumms – überschossen! Deutlich staubte es in der Felswand oberhalb der Altgais, auch blieb letztere noch kurze Sekunden stehen. Dann sprang das ganze Rudel ab und flüchtete bergwärts, mittendrin das beschossene Stück – eindeutig gesund entlassen. Noch etliche Minuten konnten wir den Gams nachsehen, bis sie durch eine andere Scharte aus dem ungastlichen Kar auswechselten. So eine Patzerei, entweder hatte ich übereilt geschossen oder den Winkel falsch eingeschätzt oder … Jedenfalls bestätigten meine Begleiter den eindeutigen Fehlschuß. Zur Sicherheit stieg Otto doch noch zur Fluchtfährte des Gamsrudels auf, der Anschuß selbst erschien nur unter äußerst gefährlicher Kletterei erreichbar. Nichts! Auf dem nackten Felsboden hätte man jeden Schweißspritzer deutlich sehen müssen, zumal bei dieser schweren Kugel. Die Chance war zumindest für heute vertan, und ich konnte mich nur mit meinen gestrigen Erfolgen trösten. Etwas betroffen und recht schweigsam traten wir den Rückweg an. Otto schien am meisten verstimmt: Zwar traf ihn keinerlei Schuld und ich war zu Schuß gekommen, aber Beute brachten wir eben doch keine heim – hier diente die Jagd noch dem Urzweck!

Im Jagdhaus erwarteten uns bereits Nessu, Ing. Lupas sowie Guido, der junge Leiter der örtlichen Jagdverwaltung. Sie brachten gute Nachricht: In den Hügelwäldern am Unterlauf des Riul Mare wurden kürzlich mehrfach Bären und Sauen gesichtet, die reifenden Früchte der dort zahlreichen Wildobstbäume wirkten geradezu magnetisch.

Schon für den kommenden Morgen war alles zur Treibjagd vorbereitet, mit mir als einzigem Schützen!

Nach dem Abendessen, als der übrigens recht sympathische Guido wieder abgefahren war, nahm ich Octavian und Nessu diskret zur Seite und fragte nach den realistischen Erfolgsaussichten unserer Bärenjagd. Nessu winkte lässig ab und antwortete sofort: „Hundert Prozent!" Diese Prognose erschien mir reichlich kühn, doch seit unserer gemeinsamen Gamsjagd hatte ich grenzenloses Vertrauen in die Fähigkeiten des Altmeisters. Ich bestand daher ausdrücklich darauf, daß mich Nessu während der gesamten Bärenjagdaktion persönlich begleiten sollte. Dann wies ich Octavian an, meine nun folgenden Worte besonders genau zu übersetzen, und erklärte eindringlich: „Ich war zwar noch nie auf Bärenjagd und habe diesbezüglich keine Erfahrung, aber ich möchte unbedingt nur einen starken, männlichen Bären erlegen. Ein Kompromiß kommt hier nicht in Frage! Es macht mir jedoch nichts aus, notfalls mehrere Tage hierfür aufzuwenden. Ist das völlig klar?" Die Neigung aller östlichen Berufsjäger – und nicht nur dieser – in jedem Fall „Bitte schießen!" zu kommandieren, war mir wohlbekannt. Mangels eigener Ansprechkenntnisse lag mir sehr daran, meine Vorstellungen deutlichst zu deponieren. Nessu verstand dies, und wir vereinbarten für den Ernstfall eine Zeichensprache: Daumen hinauf – „Starker Bär, schießen!", Daumen hinunter – „Paßt nicht!" Soweit war alles klar; bei den ebenfalls zu erwartenden Sauen kannte ich mich schon selbst aus. Als ich dann am Vorabend noch meine bewährte Ferlacher Bockdoppelkugel 9,3 x 74 R jagdfertig machte, war Nessu auch mit der Bewaffnung sehr zufrieden und äußerte sich anerkennend über diese „Doppelexpreß".

Der Morgen des 2. Oktober brachte erstmals bedecktes Wetter. Nach dem Frühstück zwängten wir uns voll aufgeregter Erwartung in den roten „Aro": Immerhin, es ging zur Bärenjagd! Panthelina, Octavian, Ing. Lupas, Nessu, ich selbst sowie schließlich

noch der Fahrer – mit sechs Personen inklusive Jagdausrüstung voll beladen, knatterte der ohnedies nicht sehr geräumige Geländewagen mit seinem Zweitaktmotor dem Treffpunkt zu. Dort empfing uns schon eine kopfstarke Korona wild aussehender Jägergestalten samt deren Hunden. Es waren mindestens zwanzig Jagdhelfer aller Altersklassen angetreten, denen mich nunmehr Jagdleiter Guido wortreich als großen Bärenjäger vorstellte: Ich sei eigens aus dem weiten Germania angereist, um mit ihnen auf den „Urs" zu jagen. Allseits ehrfürchtiges Gemurmel – wenn die wüßten!

Ich registrierte zufrieden, daß mein Leibjäger Nessu – heute mit Schrotflinte – von den Anwesenden mit großem Hallo begrüßt wurde, offenbar war er selbst in diesem entlegenen Revier jagdlich „prominent". Ohne langes Palaver ging es dann auch schon los, es standen zwei Triebe auf dem Tagesprogramm. Nessu bedeutete mir, wir würden jetzt unseren ersten Stand beziehen. Ich marschierte knapp hinter ihm, E. und Octavian folgten schweigend dichtauf. Wir durchquerten zunächst eine große Wiese mit zahlreichen Obstbäumen – Äpfel, Birnen und vor allem Zwetschken (Pflaumen). Hier fanden wir bereits mehrfach die charakteristische Bärenlosung: breiige Kuhfladen, mit vielen unverdauten Obstkernen durchsetzt. Weiters passierten wir einen übel zugerichteten Baum; die Stammrinde war ganz zerschrammt, und zahlreiche starke Äste lagen am Boden. Octavian dolmetschte Nessus Erklärung, hier habe eine Bärin für ihre Jungen Proviant besorgt. Ich war beeindruckt und schob zunächst einmal zwei Patronen 9,3 x 74 R in die Lager, schließlich wußte man nie! Dann kamen wir in ein locker bestocktes Buchenaltholz und erklommen einen langen Steilhang. Nach etwa einstündigem Marsch erreichten wir wieder freies Gelände, wo Nessu einen scheinbar x-beliebigen Baum ansteuerte: Dies war unser Stand No.1!

Bald erkannte ich die mir zugewiesene Position als sehr wohl mit Bedacht gewählt: Wir befanden uns auf einer Art Hochalm oder alten Kahlschlagwiese, und zwar genau an deren Kante, wo das Gelände zur darunterliegenden Laubholzdickung abfiel. Letztere sollte offensichtlich bergauf getrieben werden. Die Distanz bis zur Waldkante vor uns betrug etwa 20 Meter. Anscheinend nach der Uhrzeit setzte schlagartig infernalischer Treiberlärm ein. Männer brüllten, die bewaffneten unter ihnen schossen ihre Schrotgewehre ab, Hunde bellten – kurzum, es tobte ein Höllenspektakel. Geführt von Guido, Ing. Lupas und noch einigen Beamten, schob sich die Treiberwehr langsam zu uns herauf. Wir konnten das Geschehen allerdings nur akustisch verfolgen. Plötzlich ertönte vor uns ein lautes Brechen, und ich nahm die Doppelkugel in den Halbanschlag. In voller Flucht kam ein mittlerer Keiler genau auf mich zugerast, so als wollte er uns annehmen. Dies war natürlich nicht der Fall, aber er passierte unseren Standbaum in sicher nicht mehr als Meterbreite. Ich schwang mit, und kurz danach faßte ihn meine schwere Kugel (RWS 19,0 g TUG) auf später gemessene 3 Meter Entfernung. Die Sau – es war ein Dreijähriger, ein sogenannter „Hosenflicker" von etwa 80 Kilogramm aufgebrochen – roulierte im Feuer. Nessu sowie E. grinsten anerkennend, und Octavian, der noch nie zuvor ein Wildschwein in freier Natur gesehen hatte, bekam wieder Farbe in das erblaßte Gesicht. Aber das Treiben dauerte noch an. Erneut näherte sich schweres Wild, doch das Geräusch klang diesmal deutlich anders: ein tiefes Keuchen begleitete das Brechen im Unterholz. „Urs!" flüsterte Nessu mir kaum hörbar zu. Der Laut der

Treiberhunde steigerte sich zum Stakkato, und ein großes, hellbraunes Tier brach etwa 100 Meter oberhalb unseres Standes aus der Dickung heraus – mein erster Bär, den ich in Anblick bekam! Nessu deutete sogleich mit dem Daumen nach unten: Es war nur eine mittlere Bärin, die hier fluchtartig das Weite suchte. Mir fielen sofort die unverwechselbaren „rollenden", aber enorm raumgreifenden Bewegungen dieses Brantengängers auf – ein ganz anderes Bild als beim Schwarzwild. Auf das seltsame Keuchen hin befragt, erklärte mir Nessu via Octavian, daß Braunbären ein relativ leistungsschwaches Herz haben. Sie sind zwar auf den ersten Metern unerhört spurtstark und holen angeblich jedes Pferd ein, dann ermüden sie jedoch rasch und geraten bald „außer Puste". Anders als beispielsweise der Wolf, benötigt der Bär für sein typisches Beutejagdverhalten eben keine Ausdauer.

Mittlerweile hatte es leicht zu regnen begonnen, und der Trieb war zu Ende. Als die ersten Treiber auf die Wiese heraustraten, gab es keine Pause, sondern Nessu führte uns unverzüglich zum Stand für das nächste Treiben. Wieder ein Marsch von gut 1½ Stunden, nunmehr entlang des Höhenrückens durch ebenes Waldgebiet. Unterwegs erkundigte sich E. bei unserem Bärenexperten, was denn wohl zu tun wäre, wenn ein nicht schußbarer Bär unsere Aktivitäten mißverstünde und übelnähme, so etwa eine führende Bärin. Die überraschende Antwort lautete: „In die Hände klatschen und singen!" Text und Melodie seien egal. Naja …

In einem raumen Eichenbestand hielt Nessu an. Er wählte bedächtig einen gleichfalls ganz unauffälligen Baum, scharrte mit den Füßen das Fallaub weg und bedeutete mir, hier meinen Stand zu beziehen. Gehorsam nahm ich auf dem Rucksack Platz, dicht hinter mir hockten Nessu, E. und Octavian. Im Nieseln und bei völliger Windstille warteten wir pagodengleich auf Meister Petz. Diesmal hörte man den Treiberlärm mehr gedämpft aus der Ferne, nur einmal war ein Schrotschuß zu vernehmen. Es ereignete sich nichts mehr, der Trieb war leer. Mit dem einzelnen Schrotschuß hatte Guido eine Wildkatze erlegt, das war alles. Durchnäßt traten wir den Rückzug an, auch den Treibern reichte die Jagd für heute. Doch morgen auf ein Neues!

Großer Kriegsrat in der Cabana Rotunda. Mir war gar nicht so unrecht, daß es heute mit dem Bären noch nicht geklappt hatte; so konnte ich wenigstens einige Erfahrungen sammeln. Mein schneller Schnappschuß auf den Keiler wurde von den Berufsjägern anerkennend erörtert. Nessu schwor auf den morgigen Tag und genehmigte sich quasi als Vorschuß einen Extraschluck aus der Wodkaflasche. Sein Optimismus schien ungebrochen, und das war schon viel wert. Trotz allgemeiner Jagdeuphorie erinnerte E. an das total ungelöste Problem unserer Rückreise: „Mit all dem Gepäck, den Waffen und Trophäen scheiden öffentliche Verkehrsmittel völlig aus, außerdem müssen wir auch meinen armen BMW irgendwie nach Hause bringen. Mit einem Wort, wir brauchen Hilfe aus Österreich. Aber wer?" E.'s Beurteilung der Lage war absolut zutreffend, und wir sannen hin und her. Auf Anhieb fiel uns tatsächlich kaum eine Person ein, die bereit und vor allem auch geeignet war, uns hier im hintersten Gebirgswinkel der Südkarpaten aus der Patsche zu helfen. Es mußte schon ein sehr spezieller Freund sein, dem man diese Aufgabe zumuten konnte: welterfahren, durchschlagskräftig, abenteuerlustig, flexibel und überdies von daheim abkömmlich. Solche gab es nur sehr wenige, eigentlich

nur einen: Horst Z.! Ja, der konnte es in der Tat schaffen. Wir beschlossen, am nächsten Morgen noch vor der Bärenjagd vom Postamt in Hateg per Telex, dem damals einzigen Kommunikationsweg zum Westen, einen Hilferuf in die Heimat abzusetzen.

Zeitige Tagwache am 3. Oktober: das Wetter war unverändert bedeckt, allerdings regnete es nicht mehr. Hier im Gebirge machte sich der Herbst schon deutlich bemerkbar.

In gleicher Besetzung wie am Tag zuvor, nur zusätzlich verstärkt auch noch durch Otto, den Hüttenwirt, fuhren wir zunächst nach Hateg. Das dortige Postamt befand sich am Hauptplatz: ein total herabgekommener Betonbau, innen eiskalt und nur äußerst dürftig beleuchtet; die meisten Glühbirnen waren längst gestohlen – eine begehrte Beute im Rumänien des Jahres 1990! Sogar der pfiffige Octavian hatte große Mühe, die für den Betrieb des Fernschreibers zuständige Beamtin auf Trab zu bringen. Mißmutig schob sie mir ein Formular hin, worauf ich in Blockbuchstaben den Text schreiben sollte. Soweit, so gut – also gute Miene zum bösen Spiel!

Ich schilderte unserem Wiener Büro kurz die mißliche Lage und ersuchte, Freund Horst mit der im Grunde unverschämten Bitte um ehestbaldigen Hilfseinsatz zu kontaktieren. Für die Rückantwort gab ich die Telexnummer der Jagd- und Forstverwaltung Retezat an. In der naiven Annahme, hiermit wäre allen Formalitäten Genüge getan, wollte ich sogleich die Telexkosten bezahlen – immerhin warteten im Revier schon die Bären! Doch dem war nicht so: Zunächst mußte man in Bukarest (!) überhaupt die Genehmigung für ein Auslandstelex nach Österreich einholen, dies per Telefon, selbstverständlich nach Gesprächsanmeldung und handgestöpselt. Als dann endlich eine positive Antwort vorlag, schob mir die charmante Posttante mein Telexformular erneut hin: Buchstaben zählen! Dann eine Nachkontrolle durch den Amtsvorstand! Bis mein Fernschreiben endlich abgesetzt und bezahlt war, ging es schon auf Mittag zu. Nur raus aus der vermaledeiten Bude und direkt ins Revier, so lautete meine Devise. Bei der Abfahrt aus Hateg wurden wir noch Zeugen einer an sich makaberen, für die damaligen Verhältnisse jedoch typischen Episode: Ein Uniformierter versetzte ohne ersichtlichen Grund auf offener Straße einem Passanten einen derart wuchtigen Faustschlag gegen den Kopf, daß der Mann sich mehrmals überschlug. Auf meine verwunderte Frage wußte Octavian sogleich die Erklärung: Der solcherart rüde mißhandelte Zivilist hatte es gewagt, einen Polizisten um Feuer für seine Zigarette anzusprechen …

Natürlich kamen wir um Stunden zu spät zum vereinbarten Treffpunkt. Unsere Treiber samt Hunden und auch die hohe Jagdleitung hatten sich inzwischen bequem gelagert, ihren Proviant ausgepackt und hielten eine gemütliche Brotzeit ab. Hier herrschte kein Zeitstreß! Einziger Nachteil: Heute nur ein Bärentrieb, aber der sollte dafür gleich beginnen. Nessu besprach sich noch kurz mit den wieder zahlreich erschienenen Jagdhelfern, und schon marschierten wir in altgewohnter Formation ab: vorweg Nessu, dann ich und hinter mir dichtauf als waffenloses Begleitkommando Panthelina sowie Octavian. Wir durchquerten zunächst dichten Buschwald, dann folgte ein raumes Altholz mächtiger Buchen, ein richtiger Urwalddom. Der schmale Pirschsteig führte in Serpentinen bergan und mündete schließlich in einen Talendkessel, nicht unähnlich einem riesigen Stadion, nur eben im Hochwald. Es war leicht diesig und windstill, auch sonst durchbrach kein Laut die beinahe feierliche Stille. Nessu taxierte sorgfältig die

Sichtverhältnisse und entschied sich dann für eine bestimmte Buche gleich neben dem Steig als geeigneten Stand. Das möglicherweise lärmstörende Fallaub wurde behutsam entfernt. Ich machte es mir auf meinem Rucksack bequem, den Rücken an den Baumstamm gelehnt, die Bockdoppelkugel lag schußbereit auf den angewinkelten Beinen. Schon vor Beginn unserer Bärenjagd hatte mich Nessu instruiert, ja niemals von vorne auf das Haupt eines Bären zu schießen; das stark abgeplattete, massive Schädeldach würde die Kugel ablenken, ohne daß sie ins Leben vordringen konnte. Geeignete Zielpunkte waren entweder die seitliche Blattschaufel oder von vorne der Stich, sofern letzterer frei sichtbar war. Im Geiste diesen Ratschlag des erfahrenen Jägers rekapitulierend, spähte ich angestrengt rundum, insbesondere nach rechts in das Tal hinunter, von wo her wir den Trieb erwarteten. Eine innere Spannung, vielleicht war es der tief in uns schlummernde Jagdurinstinkt, hatte mich erfaßt: mein Unterbewußtsein flüsterte mir zu, hier könnte es klappen! Doch zunächst blieb alles ruhig, nur ein putziger Haselhahn verkürzte uns die Wartezeit.

Plötzlich drückt Nessu ganz sachte meinen Arm und deutet lediglich mit den Augen nach rechts unten. Gleichermaßen höchst vorsichtig, wende ich meinen Kopf langsam in die angegebene Richtung und erblicke ein großes schwarzes Etwas, welches sich, noch ziemlich weit im Wald entfernt, langsam auf uns zu bewegt. Nessu haucht kaum hörbar „Urs!", und sein Daumen weist nach oben. Auch ohne dieses Zeichen habe ich das Wild sogleich erkannt: es ist unverwechselbar ein starker einzelner Braunbär von sehr dunkler Farbe, der da recht gemütlich ausgerechnet auf jenem Pirschsteig heraufbummelt, den wir selbst noch vor etwa einer Stunde beschritten haben. Seltsamerweise scheint Meister Petz keine Witterung von unserer Spur zu erhalten, oder er mißt ihr keine Bedeutung zu. Dann biegt er leicht ab und traversiert nunmehr den uns gegenüberliegenden Hang etwa in gleicher Höhe. Ein prachtvoller Anblick, dieses herrliche Großraubwild ganz vertraut und ungestört im vollen Tageslicht! Wie ein Scherenschnitt zeichnet sich die Silhouette mit dem markanten Widerrist gegen das bunte Herbstlaub ab, der typisch „rollende" Bewegungsablauf des Brantengängers ist unverkennbar. Im übrigen hat es „Frater Nicole" keineswegs eilig: das mächtige Haupt zu Boden gesenkt, botanisiert er eifrig im Laubboden nach Beute – eine beeindruckende Erscheinung voll souveräner Ruhe und Stärke. Die Entfernung zu uns beträgt nun etwa 80 Meter. Ich schiele heimlich zu Nessu, und fast unmerklich nickt dieser bedächtig: Es ist soweit! Längst habe ich mein Fernglas mit der Büchse vertauscht und beobachte das Wild schon geraume Weile durch das scharfe Zielfernrohr. Als dann der Bär einmal breitstehend verhofft, fahre ich mit dem Zielstachel ruhig aufs Blatt und ziehe den vorderen Abzug durch.

Doch – welch Schreck – statt des erwarteten Donnerknalls der schweren 9,3 ertönt nur ein leichtes metallisches Klicken! Ich bin wie vom Schlag gerührt; ein Blick auf den Kolbenhals zeigt mir, daß die Waffe sehr wohl entsichert ist. Sollte ich etwa gar vergessen haben zu laden, das kann doch gar nicht sein! Immerhin versetzt mich dieser Gedanke so in Panik, daß ich die Büchse aufkippe. Mit einem lauten „Klack" wirft mir der Ejektor die volle Patrone aus dem oberen Lauf entgegen – Versager! Mit der Kugel der bisher erste und einzige in meinem langen Jägerleben, und das ausgerechnet auf einen, nein,

meinen ersten Bären! Richtiger wäre es zweifellos gewesen, sogleich den hinteren Abzug und damit den unteren, zweiten Lauf meiner Bockdoppelbüchse abzufeuern – zumal beide Läufe hervorragend zusammenschießen. Doch diese Möglichkeit kam mir in der Situation des Augenblicks gar nicht in den Sinn. Rein mechanisch wechsle ich zwei neue Patronen in die Lager und schließe das Gewehr. Bemerkenswerterweise hat unser Bär den gesamten hektischen Geschehnisablauf überhaupt nicht wahrgenommen. Im Gegenteil, währenddessen zog er einen kleinen Bogen herüber auf unsere Seite des Talkessels und wechselt nunmehr – erneut auf dem Pirschpfad – stichgerade auf uns zu. „Das kann ja heiter werden!" überlege ich aufgeregt, denn trotz der ständig abnehmenden Entfernung habe ich das Wild nie schußgerecht vor mir. Zum einen verstellen Bäume die Sicht auf den keineswegs gerade verlaufenden Steig, zum anderen hält Meister Petz seinen breiten Schädel mit den kleinen Sehern leicht pendelnd nach wie vor tief am Boden, so daß mir von vorn ein verläßliches Ziel stets verdeckt ist. Schier unaufhaltsam kommt der nichtsahnende Urs immer näher, die Distanz beträgt nun kaum mehr als zehn Meter. Neben mir macht sich bereits eine leichte Unruhe breit – jetzt muß etwas geschehen! Als der Bär auf dem Pfad hinter dem wirklich allerletzten Baum hervortritt, pfeife ich ihn an. Ruckartig hebt er sein Haupt, und ich nütze diese Gelegenheit, um ihm das 19-Gramm-Torpedo-Universal-Geschoß mitten auf den Stich zu setzen.

Der folgende Ablauf der Dinge ereignet sich in Sekundenbruchteilen, viel schneller, als man es beschreiben kann: Im Schuß brüllt der Bär laut auf, versucht noch, sich auf die Hinterbranten zu erheben, kippt jedoch aus der Bewegung nach links ab und stürzt wie eine rollende Kugel den steilen Waldhang hinunter. Gleichzeitig ist neben mir auch Nessu aufgesprungen und sendet dem sich überschlagenden Bären eine Bleikugel aus der Schrotflinte nach, welche jedoch ebenso fehlgeht wie mein zweiter Schuß. Unter wüstem Grollen entschwindet das todwunde Raubwild schon weit unten im Wald unserem Blickfeld, und dann kehrt wieder Stille ein. Puh, war das knapp! Noch selbst vom Jagdfieber und der Aufregung gebeutelt, wende ich mich meinen Begleitern zu; es bietet sich ein unterschiedliches Bild: Nessu wischt sich den Schweiß aus der Stirne und ist schon unterwegs zum Anschuß, der ja nur – gemessene – 7 Meter (!) weit entfernt ist. Panthelina sitzt zwar nach wie vor hinter mir, ihre Miene entspannt sich aber nur langsam, und sie murmelt: „Na hallo, Dottore, was war denn da los?"

Octavian jedoch – wahrlich niemand kann ihm das verübeln – hatte in letzter Sekunde Reißaus genommen und versucht, bergwärts zu flüchten; mit kalkweißem Gesicht, noch unfähig zu sprechen, kehrte er nun langsam zu uns zurück.

Ich selbst hob zunächst die ausgeworfene Versagerpatrone auf: tatsächlich schien das Zündhütchen eine Spur zu tief eingesetzt und war nur leicht angeschlagen – dies trotz der deutschen Markenfabrikation. Monate später bestätigte ein Entschuldigungsschreiben aus dem Werk meine Diagnose.

Am Anschuß fanden wir etwas Schnitthaar sowie dunklen Herzschweiß, der dann auch wie aus Kannen gegossen die Fluchtfährte markierte. Auf nur 7 Meter Distanz erbrachte die gute alte 9,3 x 74 R ihre volle Stoppwirkung; wer weiß, wie die Sache ausgegangen wäre, hätte ich statt dessen ein modernes „Stricknadelkaliber" geführt.

Langsam löste sich unsere Spannung, zumal angesichts der Schußzeichen wohl kein Zweifel daran bestehen konnte, daß der Bär lag. Zur Beruhigung nahmen wir alle einen kräftigen Schluck Cognac aus dem Flachmann, Nessu und Octavian huldigten dem Nikotin. Von unseren Jagdhelfern war nach wie vor nichts zu sehen oder zu hören. Es blieb wohl für immer ungeklärt, ob unser Bär rein zufällig des Weges kam oder doch weit vor den Treibern unbemerkt hochgeworden war. Ich neigte der zweiten Annahme zu, obwohl sein völlig vertrautes Verhalten eigentlich dagegen sprach. Der denkwürdige Ort des dramatischen Geschehens wurde noch schnell fotografiert, dann begannen wir erwartungsvoll mit der leichten Nachsuche. Wir brauchten bloß der deutlichen Schweißfährte schnurgerade bergab zu folgen.

Nessu und ich flankierten schußbereit beiderseits der Spur, wogegen E. und Octavian den gebührenden Respektabstand hielten. Immerhin, Bär blieb Bär! Aber alle Vorsicht erwies sich als nicht mehr erforderlich. Als wir den Talgrund erreicht hatten, lag dort schon der Herrscher der Karpatenwildnis – rücklings, alle vier Branten steil in die Luft gestreckt; er war längst verendet. Mein Schuß hatte das Herz getroffen und die Aorta zerfetzt, daher der viele Schweiß. Vor uns lag ein voll ausgewachsener, männlicher Braunbär im Alter von etwa 10 Jahren. Seine prachtvolle Decke war dunkelbraun, fast schwarz gefärbt und völlig makellos. Nessu überreichte mit aufrichtigem „Weidmannsheil!" stilvoll den Buchenbruch, Panthelina fiel mir um den Hals, und auch der wiederhergestellte Octavian gratulierte freudestrahlend; nachträglich imponierte dem Jungen das aufregende Jagderlebnis mächtig. Nicht einmal mit vereinten Kräften vermochten wir unsere edle Beute zu wenden, wir mußten auf die Treiber warten. Durch die Schüsse angelockt, kamen diese auch bald herbei, und ein gewaltiges Gratulieren hob an. Offenbar war mein Bär wirklich der erste, welcher seit vielen Jahren von einem ausländischen Jagdgast in dieser Gegend erlegt wurde. Die Freude über dieses Ereignis fiel bei den einfachen, aber ehrlichen Gebirgsbewohnern dementsprechend aus, sie waren sichtlich noch nicht vom „Jagdkommerz" verdorben. Die hohe Jagdleitung, vertreten durch Ing. Lupas, Guido und Konsorten, beschloß und verkündete dann, daß dieser dämmerige Waldort für dekorative Erlegerfotos und die obligate Bärenfeier nicht geeignet sei. Schnell wurde ein passender Baum gefällt sowie entastet, dann schleppten acht kräftige Rumänen unter großem Hallo den an den Branten vorsichtig zusammengebundenen Bären talwärts. Dieser Anblick erinnerte lebhaft an die bekannten Zeichnungen aus der Urzeit des Homo sapiens, welche Höhlenmenschen bei ihrer Heimkehr von der erfolgreichen Jagd darstellen.

In der Nähe der Forststraße, unweit vom Ausgangspunkt unserer heutigen Unternehmung, erreichten wir eine waldumrahmte Wiese, die man des nun anstehenden Festaktes für würdig befand. Unser Bär wurde auf rasch herbeigeholtem Fichtenreisig zünftig zur Strecke gelegt. Ein rumänischer Treiber fand in den Tiefen seiner Kleidung sogar einen Kamm (!), mittels dessen er dem „Frater Nicole" sorgsam und geradezu liebevoll jeden Grashalm, jedes Rindenstückchen und jeglichen sonstigen Schmutz aus den herrlich glänzenden Grannen entfernte. Dann wurde ich nach altem rumänischem Brauch zum „Bärenjäger" geschlagen, Nessu höchstpersönlich erteilte mir feierlich die

Pfunde. In der allgemeinen Begeisterung fiel niemandem auf, daß Guido mich tags zuvor eigentlich ja bereits als erfahrenen Bärenjäger vorgestellt hatte …

Unzählige Bärenfotos wurden aufgenommen sowie sämtliche an dieser Treibjagd beteiligten Personen in allen nur denkbaren Positionen bildlich verewigt. Octavian war vollauf damit beschäftigt, die zahlreichen Reden und Kommentare zu übersetzen. Kurzum, es entwickelte sich an Ort und Stelle ein allgemein ausgelassenes Fest. Auch in den Karpaten funktionierte der Buschtelegraph ausgezeichnet: Nachbarn trafen ein, Autos hielten an, alle wollten den Bären bestaunen, mir gratulieren – und natürlich ein Gläschen auf die Erlegung mittrinken! Immer wieder mußte Nessu die dramatische Geschichte dieser denkwürdigen Bärenjagd aufs neue erzählen, und ich hatte den Eindruck, daß seine Schilderungen von Mal zu Mal bunter wurden.

Gerade als Jubel und Trubel – nach hereingebrochener Dunkelheit schon längst im Schein der entfachten Lagerfeuer – ihren Höhepunkt erreicht hatten, gingen uns die geistigen Getränke aus; auch die im „Aro" vorsorglich mitgeführte Reserve war erschöpft. Dies empfand ich als „Gastgeber" um so peinlicher, als uns die Rumänen ihrerseits aus unerfindlichen Quellen mit Brot, Wurst, Speck, Käse, eingelegten Pilzen und Gurken etc. reichlich versorgten. Doch wie immer wußte Nessu auch hier Rat: Er stellte mir und Octavian eine bis dato unbekannte Tante x-ten Grades vor, deren Freundin wiederum angeblich in einem staatlichen Getränkedepot beschäftigt war. Dorthin wurden wir zur Nachtzeit mit dem „Aro" entsandt, und wirklich, gegen harte DM-Banknoten konnten wir in dem natürlich längst geschlossenen Betrieb einige Kisten Bier sowie einen ganzen Karton Wodkafusel erwerben. So lief das hier, das Fest war gerettet!

Als Anerkennung meiner bisherigen „verdienstvollen Erfolge" sollte am nächsten Tag, so halb und halb auf inoffizielle Einladung der Jagdverwaltung, noch ein Treiben auf Sau und Bär stattfinden; von einem großen braunen Schadbären war die Rede, den es zu erlegen galt. Ich wollte nicht unhöflich sein und sagte zu, aber es wurde dann doch nur eine halbe Sache. Der schlaue Nessu hatte das gleich vorhergesehen und war erst gar nicht erschienen. Auch Octavian schien „unpäßlich", ebenso die Mehrzahl unserer vortägigen Jagdhelfer. Im einzigen Trieb des Tages bezogen dann E. und ich unseren selbstgewählten Stand inmitten eines verwilderten Obstgartens. Es herrschte herbstliches Schönwetter, und die strahlende Sonne meinte es fast zu gut mit uns. Obwohl mir die mehr improvisierte Aktion etwas chaotisch erschien, wechselte uns tatsächlich auf etwa 20 Meter Distanz ein Vertreter der Familie „Frater Nicole" an: Es war aber nicht der gefürchtete Räuber, sondern „bloß" eine halberwachsene Jungbärin von semmelgelber Farbe, die ich natürlich pardonierte. „Allerweil", fast hätten wir Gelegenheit bekommen, unsere Künste im Händeklatschen und Liedersingen zu versuchen. Gegen Mittag war dann auch diese Jagd endgültig beendet, und Guido holte uns mit dem „Aro" an der vereinbarten Stelle ab. Er brachte eine wichtige Nachricht: In der Verwaltungskanzlei war per Fernschreiben aus Österreich die frohe Botschaft eingelangt, Horst Z. würde uns am Samstag, dem 6. Oktober, in der Cabana Rotunda abholen! Hiermit waren wir dieser wahrlich schweren Sorge vorerst enthoben.

Solcherart freudig erleichtert, beschlossen wir, für den noch folgenden morgigen Tag quasi zum Abschied eine weitere Gamspirsch zuzugeben. Die Rumänen stimmten diesem

Vorhaben sofort freudig zu. Diesmal würde uns der junge Berufsjäger Kostica führen und so auch seine Chance erhalten. Abends großer Kriegsrat: Wohin sollten wir morgen gehen? Mir spukte noch immer die gefehlte Altgais vom Slavcei im Kopf herum; vielleicht hatte sie sich – einige Tage in Ruhe gelassen – wieder am selben Standort eingefunden; auszuschließen war dies jedenfalls nicht. Auch Panthelina, die im Finale nochmals mitkommen wollte, plädierte für das landschaftlich reizvolle Hochkar mit seinen Bergseen und bizarren Felsgipfeln. Die Entscheidung war gefallen.

Am Morgen des 5. Oktober 1990, unserem letzten Jagdtag dieser Retezat-Expedition, herrschte prachtvoller Sonnenschein. Kostica hatte sich noch am Vorabend mit Otto beraten: diesmal wollte er das besagte Gamsrudel vom Grat der gegenüberliegenden Bergflanke her angehen. Hiervon versprach er sich bessere Windverhältnisse. Dies bedeutete zwar etliche Höhenmeter mehr, unsere Route führte jedoch über die bequemere „flache" Seite des Slavceimassivs. Uns sollte es recht sein. Der Anmarsch bis zum Fuße des Latschenfeldes war ident mit jenem vom 1. Oktober, dann bogen wir auf die angeblich „kommode" Bergseite ab. Tatsächlich folgte eine Passage von eher gemächlicher Steigung, dafür war sie aber endlos lang. In den Südkarpaten weist beinahe jeder Berg eine bizarr steile sowie eine rampenartig flachere Flanke auf. Diese Erscheinung, welche man auch im Alpenraum antrifft, ist auf urzeitliche Verschiebungen der Gebirgsmassive zurückzuführen.

Unser Aufstieg nahm kein Ende. Unbarmherzig brannte die Sonne auf die kaum bestockten Almwiesen, kein Stück Wild kam in Anblick – die Gams mochten sich wohl auf der Schattseite eingestellt haben. Endlich erreichten wir den Grat in rund 2.400 Metern Seehöhe und spähten vorsichtig über die Kante hinunter: Große Enttäuschung, die Bühne war leer – kein Wild! Uns bot sich zwar ein grandioser Ausblick auf das bereits bekannte Hochkar mit seinen dunklen Seen, aber jagdlich brachte der stundenlange Umgehungsmarsch nicht den erhofften Erfolg. Also erst einmal rasten und jausnen, es war ja auch schon Nachmittag. Während wir gemütlich Picknick hielten, trübte sich das Wetter leider ein – im Hochgebirge die erwartete Folge der vorangegangenen stechenden Hitze.

Was nun? Hart an der Gratkante lagen wir bäuchlings im schütteren Almgras und leuchteten mit dem Spektiv immer wieder das steil unter uns liegende Kar sowie die es umgebende Gipfelkette ab. Schließlich entdeckte Kostica in den gegenüberliegenden Felsen ein Gamsrudel. Doch bis dorthin war es höllisch weit, und das Wild stand denkbar ungünstig: Um überhaupt auf Schußdistanz heranzukommen, müßten wir zunächst über die vor uns befindliche steile Geröllhalde ins Kar absteigen, dieses traversieren und dann den nicht minder beschwerlichen Gegenhang durch eine Felsrinne beinahe bis zum Grat hinaufklettern. Eine üble Schinderei, zumal unter Zeitdruck und überdies mit zwei dicken Fragezeichen versehen: Stand dort drüben überhaupt ein begehrenswertes Stück? Und wenn ja, würden die Gams angesichts unserer weitgehend deckungslosen Annäherung aushalten? Zu allem Überfluß fing es auch noch leicht zu regnen an; hoffentlich kam jetzt nicht der „Gamshüter" Nebel und deckte die Szenerie zu! Wir überlegten hin und her, stand die Mühe denn dafür? Aber schließlich war es unser letzter Tag, also los! Im Eilschritt, unter festem Einsatz der Bergstöcke, nahmen wir den

Steilabhang in Angriff, es begann ein kräfteraubendes Laufen und Rutschen. Reichlich geschafft langten wir bei den Seen an. Ein Kontrollblick – gottlob, die Gams waren noch da, aber sie standen sehr weit oben. Meine Panthelina, geplagt durch die nach wie vor drückenden Schuhe, hatte bis hierher tapfer mitgehalten. Doch nun war sie endgültig am Ende ihrer Kräfte: „Ich kann nicht mehr weiter, ich habe auch schon Herzstechen!" preßte E. total erschöpft hervor, „Geht ihr mal allein weiter, ich bleibe mit Octavian beim Schafstall, und wir geben euch Zeichen mit dem Hut!" Inzwischen spekulierte ich vorsichtig zum Rudel hinauf und erkannte zu meiner großen Freude, daß die alte Kapitalgais wirklich wieder dabeistand. Für lange Erörterungen war jetzt keine Zeit: Kostica und ich legten alles Entbehrliche ab und stiegen sofort in die Felsrinne ein. Nunmehr befanden wir uns wenigstens nicht mehr im Sichtbereich der Gams. Es folgte eine teuflisch anstrengende Klettertour, immer in der Ungewißheit, ob das Wild nicht doch noch abspringen würde.

Unser Ziel war ein kleiner Felskopf: Von dort aus müßten wir das Gamsrudel wieder in Anblick haben, sofern unser Wild seine Position beibehielt. Zwischenzeitig immer wieder ein besorgter Kontrollblick hinunter zu E.: Sie trug ihren Hut unverändert am Kopf, die Gams standen demnach noch auf der alten Stelle. Endlich hatten wir die kaminähnliche Felsrinne durchklettert und schoben uns mit äußerster Vorsicht auf den erwähnten Vorsprung hinaus. Schräg gegenüber, gut 250 bis 300 Meter entfernt, äste vertraut das Rudel; etwas abseits erblickten wir eine hochkapitale graue Gais, einzeln ohne Kitz. Es handelte sich tatsächlich um meine alte Bekannte vom 1. Oktober, ich erkannte sie sogleich an der verwaschenen Maske. Auf einem schmalen Felsband, inmitten fast senkrecht aufragender Wände, hatte die alterfahrene Gamsgais ihren Platz optimal gewählt. Jegliches Näherkommen schied gänzlich aus, der überaus weite Schuß vom besagten Felskopf war meine einzige, endgültig letzte Chance. Zum Glück fand ich eine stabile Dreipunktauflage; Kostica stützte zusätzlich meine Beine ab. Im Vertrauen auf die präzise Mauserin im hochrasanten Kaliber .300 Weatherby Magnum und das bewährte 180-grains-Noslergeschoß schien mir die Distanz gerade noch vertretbar. Digitale Entfernungsmesser waren damals auf der Jagd unbekannt. Mit dem feinen Fadenkreuz des achtfachen Zielfernrohrs hielt ich bewußt etwas hinter dem Blatt knapp unter der Rückenlinie an; sollten wir uns in der Entfernung verschätzt haben, so würde es zumindest keinen Laufschuß geben. Mit Gottes Hilfe mußte das eigentlich klappen! Im Schuß hob es die Gais aus, sie stürzte etwa 30 Meter tief ab, fing sich dann jedoch wieder und tat sich auf einem kleinen Felsvorsprung sichtlich krank nieder; dies allerdings mit erhobenem Haupt. Zwei extrem weite Fangschüsse ließen den Gams alsbald verenden. Schon zuvor war das Rudel abgesprungen, zu meiner großen Erleichterung ohne verwaistes Kitz.

Es dämmerte bereits leicht. Kostica legte sämtliche Ausrüstungsgegenstände einschließlich seines Uniformrockes ab, nahm einen Strick zur Hand und machte sich sofort auf den Weg zur Bringung. Ich hatte hierbei ein ungutes Gefühl: das Gelände war einfach zu schwierig, auch für den klettergewohnten jungen Sohn der Berge. Für eine professionelle Seilsicherung von oben her fehlten uns Ausrüstung, Zeit und Hilfskräfte; ich selbst wäre hierzu auch keineswegs ausgebildet gewesen. So versuchte

Kostica den Anstieg von unten. Zunächst scheiterte er mehrmals, doch dann gelangte er tatsächlich zum verendeten Gams. Ich konnte gar nicht richtig hinschauen, so gefährlich war diese Kraxelei. Der Jäger verrichtete die rote Arbeit an Ort und Stelle und schickte sich an, mit geschulterter Beute den noch schwierigeren Rückweg bergab anzutreten. Da griff ich ein: Ein paar Kilo Wildbret rechtfertigten kein Menschenleben, mochten die Adler und Raben auch ihr Festmahl halten. Daher lautete meine unmißverständliche Anordnung: Haupt abschärfen und sofort retour! So geschah es auch, und unversehrt kehrte der brave Kostica mit den wirklich kapitalen Krucken der 14jährigen Gais zu mir zurück. Unter Zuhilfenahme deckender Latschen gelangen mir auf unserem Felskopf dann einige Erinnerungsfotos, auf denen noch niemand erkannt hat, daß der Wildkörper selbst in der Felswand geblieben war. Die Bewertung der Krucken ergab später beachtliche 111 Internationale Punkte, zuzüglich Alterspunkte. Im Laufe der Jahre äußerte schon mancher Jagdfreund angesichts dieser meiner besten Gaiskrucken, sie wären ihm persönlich sogar lieber als die Trophäe meines einige Tage zuvor auf der Galbena erlegten Hauptbockes.

Dieser Erfolg zum Abschluß einer wunderschönen Jagdreise verlieh uns neue Kräfte. Trotz deutlicher Ermüdungserscheinungen traten wir beschwingt den weiten Heimweg an, wartete doch in der Cabana Rotunda die obligate Abschiedsfeier.

Bei unserer Ankunft im Jagdhaus waren die rumänischen Gefährten der vergangenen Tage und deren Anhang schon vollzählig um die jagdlich geschmückte Abendtafel versammelt. Stilgerecht auf Tannenreisig drapiert, zierten meine blendendweiß ausgekochten Gamskrucken, der Bärenschädel sowie die sauber präparierten Sauwaffen den festlich gedeckten Tisch. Um die Stimmung zu erhöhen, hatten unsere aufmerksamen rumänischen Gastgeber sogar Kerzenlicht aufgeboten. Nur die sorgfältig behandelte Decke des Meister Petz prangte stark eingesalzen im Vorhaus. Angeblich soll mein Bär – ohne künstliches Spannen – die magische Goldmedaille beträchtlich übertroffen haben, aber dies interessierte mich nur am Rande. Was allein wirklich zählte, war das einzigartige Jagderlebnis. Im stillen beschloß ich, selbst keinen europäischen Braunbären mehr zu schießen, und habe dieses Gelöbnis auch bis zum heutigen Tage eingehalten.

Aus der Küche der Cabana Rotunda zauberten Otto und sein Team – allen Unkenrufen zum Trotz – ein ebenso schmackhaftes wie reichliches Jagdmenü auf den Tisch. Da überdies ganze Batterien von zumeist hochprozentigen Getränken für die nötige Unterlage sorgten, blieb bei unserem Abschiedsfest unter Garantie keiner der zahlreich Erschienenen hungrig, durstig – oder gar nüchtern!

Dieser Abend wurde dann noch sehr gemütlich und interessant. Einmal „aufgetaut", erzählten die Rumänen Jagdgeschichten, daß sich die Balken bogen – Wahrheit und Jägerlatein flossen nahtlos ineinander. Zu vorgerückter Stunde wollte Panthelina von Nessu wissen, wie viele Bären er eigentlich schon selbst erlegt habe; der Altmeister lächelte verschmitzt und winkte ab: er sei nur Pirschführer. Allerdings, nach dem allerletzten Umtrunk, als die anderen Jäger schon schlafen gegangen waren, zupfte Nessu E. leicht am Ärmel und fragte schelmisch: „Madame wollen Pelze vom Urs für Mantel?" So lagen die Dinge demnach in Wahrheit!

Am nächsten Tag, dem 6. Oktober 1990, herrschte bereits zeitig rege Betriebsamkeit: Ich erledigte mit dem Personal die unvermeidliche „Administratio", während sich E. dem Einpacken widmete. Wir wußten ja nicht einmal annähernd, wann mit der Ankunft des erhofften Freundes Horst zu rechnen war. Besorgt, dieser könnte auf dem abenteuerlichen Endstück seiner langen Reise noch in die Irre gelangen, steckten wir die letzte Wegstrecke ab dem Bauarbeitercamp mit markanten Hinweistafeln aus. Auf weißem Schreibpapier stand darauf zu lesen: „Zur Cabana Rotunda! Willkommen Horst, wir grüßen Dich!" Danach blieb uns nur noch abzuwarten.

Überraschend frühzeitig traf bereits zur Mittagsstunde ein recht sonderbares Zuggefährt laut hupend im Vorgarten des Jagdhauses ein: vorweg ein putzig-kleiner Lada „Taiga"-Geländewagen mit Freund Horst am Steuer und dahinter ein riesig langer Zweiachsanhänger. „Der Jeep gehört meinem Schwiegervater, den Hänger habe ich vom Denzel gemietet! Gibt's an Kaffee?" lautete die erste Meldung unserer Retters. Stoppelbärtig, jedoch stilecht in Jagdkluft, entstieg der Gute dem Auto. Wir begrüßten den braven Freund überschwenglich und versorgten ihn gleich mit dem begehrten Elixier. Horst war die ganze Nacht durchgefahren; dennoch lehnte er unser Angebot zu ein paar Stunden Schlaf kategorisch ab: „Geht nicht, wir müssen schau'n daß wir weiterkommen, morgen abends starte ich mit dem Schwiegerpapa zur Hirschbrunft nach Bulgarien!" erklärte der unverwüstliche Jagdfanatiker. Dann inspizierte er interessiert meine Trophäen. „Na, da kann man schon ein kräftiges Weidmannsheil wünschen!" äußerte sich der Fachmann anerkennend.

Schnell verstauten wir unser Gepäck; im Vergleich zur Herfahrt war es um den zurückgelassenen Restproviant erheblich verringert. Hingegen kamen die Trophäen hinzu, vor allem die gut in Plastik verpackte und in einer Salzlake schwimmende Bärendecke.

Ein letzter Abschied von unseren neugewonnenen rumänischen Jagdfreunden – „Weidmannsheil und Weidmannsdank, wir kommen wieder!" – und schon rollten wir talwärts. E.'s armer BMW wartete erfreulicherweise unversehrt im Geräteschuppen der Bauleitung. Wir hatten allerdings einige Mühe, den Wagen mit vereinten Kräften auf den Anhänger zu bugsieren. Dort wurde er mit Ketten sicher fixiert: Horst verfügte diesbezüglich – aus früheren Berufszeiten bei der „Abteilung schweres Gerät" – über einschlägige Kenntnisse. Abschließend bedankten wir uns sehr herzlich bei dem so hilfreichen Chefingenieur der rumänischen Kraftwerkbauer.

Dann begann eine schier endlose Heimfahrt. Natürlich verstieß dieser Transport gegen sämtliche Vorschriften, wog doch unser kleines Zugfahrzeug kaum die Hälfte des großen Anhängers samt dessen schwerer Fracht. Als Folge dieser ungleichen Gewichtsverteilung geriet die Zuglast unweigerlich in gefährliches Schwingen und Schlenkern, sobald die Fahrgeschwindigkeit maximal 70 Stundenkilometer überstieg. Bergab war aufgrund der übergroßen Schubmasse noch mehr Vorsicht geboten. Der erste Streckenabschnitt bis Deva erschien besonders heikel: hier chauffierte noch Horst. Dann löste ich den begreiflicherweise nun doch schon übermüdeten Freund am Steuer ab; Horst hatte bis dahin wahrhaft Großes geleistet. Auf der engen Rückbank des russischen „Taiga",

eingerollt wie ein Fakir, fiel unser braver Samariter sogleich in den langentbehrten, wohlverdienten Schlaf.

Octavians weisen Ratschlag befolgend, wählten wir wieder die Route über den Grenzübergang Varsand/Gyula. Obwohl es längst stockdunkel war, verlief die Abfertigung ohne nennenswerte Probleme. Unser doch etwas seltsam anmutendes Schleppkommando erklärte Panthelina über Befragen betont schüchtern mit einem akuten Krankheitsfall. Ein rumänischer Zolloffizier gab sich bei der Gewehrkontrolle als Jäger zu erkennen und schwärmte seinerseits von einer selbsterlebten Safari in Tanzania. Wo heutzutage die Leute nicht überall hinkamen!

Wieder auf ungarischem Boden, hielten wir beim Auftanken in Szeged auch kurze Essensrast. In einem reichlich vergammelten Restaurant plärrte uns schon beim Eingang der Fernsehapparat entgegen. Ade, du Stille der herrlichen Karpatenwälder, die Zivilisation hatte uns wieder in ihren Klauen!

Bei naßkaltem Wetter setzten wir unsere Reise fort. Erneuter Fahrerwechsel, nun übernahm E. das Steuer – sie war eine altbewährte „Nachtpilotin". Übermütig geworden, wollten wir uns die langwierige Durchquerung von Budapest ersparen und dort allenfalls drohenden Polizeikontrollen entgehen. Wir versuchten eine Abkürzung, direkt in nordwestlicher Richtung mit Zielort Györ. In der Gegend des Donauknies bei Dunaföldvar gelangten wir allerdings in eine dichte Nebelbank und verloren zeitweise völlig die Orientierung. Zeitraubende Irrfahrten waren die Folge. Daher graute bereits der frühe Morgen, als wir endlich in Mosonmagyarovar den letzten Tankstopp vor der österreichischen Grenze einlegten. Hier erwachte auch Freund Horst wieder zu neuem Leben. Eine kleine, reichlich muffige Raststation hatte schon geöffnet. Wir müden Rumänienfahrer erwärmten uns mit etwas Mokka und Csereszne, dem berühmten ungarischen Kirschbrand.

Die heimatliche Zollgrenzstation Nickelsdorf erwartete uns fast menschenleer – kein Wunder, schrieben wir doch den 7. Oktober 1990: in Österreich war Wahltag zum Nationalrat! Das hatten wir gänzlich vergessen, die Jagd schien weit wichtiger als die hohe Politik!

Im Vergleich zu heute herrschten damals an der österreichischen Grenze für Jäger noch beinahe paradiesische Verhältnisse: Gerade, daß die Zöllner nicht mit „Weidmannsheil!" grüßten – und auch das kam vor! EU-Außengrenze sowie Veterinärkontrollen für Jagdtrophäen waren unbekannte Begriffe, wir wurden einfach durchgewunken. Tempora mutantur et cum iis moribus …

Noch auf der Zufahrt zu unserem Döblinger Domizil gingen E. und ich sogleich zur Wahl. Übernächtig, ungeschminkt und unrasiert, in unserer nicht mehr ganz sauberen Jagdkluft mit den schweren Bergstiefeln, so betraten wir das sonntägliche Wahllokal. Die „Vertrauensmänner" der wahlwerbenden Parteien – kleine Bezirksfunktionäre – starrten uns an wie Wesen von einem anderen Planeten. Als wir brav unsere Ausweise präsentierten, erkundigte sich ausgerechnet die Vertreterin der Grünen: „Ja, wo kommen Sie denn her?" Ich konnte mir die frischfröhliche Antwort nicht verkneifen: „Direkt aus

Rumänien, von der Bärenjagd!" Worauf es der mausgrauen Berufsökologin sichtlich die Sprache verschlug.

Uns aber drängte es mächtig dem eigenen Bau zu: Heiß duschen, eine Kleinigkeit essen und dann schlafen, schlafen, schlafen …

Nur unser Retter Horst war schon wieder bei Kräften und nicht zu bremsen; sogar die gutgemeinte Einladung zu einem kräftigen Gabelfrühstück lehnte er ab: keine Zeit!

„Ich bringe nur schnell den Anhänger zum Denzel zurück und stell' denen auch gleich euer Auto zur Reparatur hin; mein Schwiegervater wartet sicher schon daheim, wir müssen selbst noch packen, und am Abend starten wir nach Bulgarien!" Wirklich unverwüstlich, dieser Mann – und dazu ein echter Schatz von einem Freund!

So konnten Panthelina und ich im Augenblick dem guten Horst für seinen großartigen, selbstlosen Einsatz nur nochmals herzlichst danken sowie ein kräftiges Weidmannsheil für seine eigene Jagdunternehmung wünschen.

Mit der gelungenen „Premiere im Retezat" jedoch hatten wir das urige Rumänien als herrliches Jagdland kennengelernt und seine überaus gastfreundliche Jägerschaft liebgewonnen. Weidmannsheil und Weidmannsdank, wir kommen sicher wieder!

Satu Mare – Bockjagd zu Wasser

Am Tag als der Regen kam – unter dem Motto dieses uralten Schlagertitels stand tatsächlich der Verlauf unserer rumänischen Rehbockjagdreise vom Mai des Jahres 1991: Ganz Europa wurde von sintflutartigen Niederschlägen heimgesucht, wie man sie zumindest um diese Jahreszeit bisher kaum gekannt hatte.

Rehböcke in Rumänien – das war ein Novum für meine jagdbegeisterte Familie: Bis dato hatte mich meine Ehefrau E., genannt „Panthelina", alljährlich mit großer Passion zur Rehbockjagd in unser entlegenes nordostungarisches Revier begleitet. Dort durften wir gemeinsam mit lieben Jagdfreunden unzählige Tage und Wochen bei herrlichem Weidwerk auf den noch grauen Bock im Mai sowie den roten Ritter in der Brunft erleben.

Lange Jahre waren wir somit „rehbockmäßig" bestens versorgt, und zuletzt verstärkte schon unser kleiner Sohn Constantin die frohe Runde.

Aber gewaltige gesellschaftliche sowie wirtschaftliche Umwälzungen rafften auch diese ungetrübte Idylle hinweg. Das große Revier wurde zerstückelt, und alsbald vernichteten gewissenlose Schießer innerhalb kürzester Zeit die Früchte langjähriger Hege.

Im Vorjahr hatte ich ohnmächtig mitansehen müssen, wie bezahlte Vandalen mit Motocrossmaschinen unsere Zukunftsböcke aus der Frühjahrsfrucht zum Nachbarn hetzten, wo diese dann prompt gemeuchelt wurden. Seinerzeit hätte man den Tätern hierfür eine Fahrkarte nach Sibirien präsentiert! Meinen Partnern und mir blieb nur noch der Abschied von diesem ehemaligen Jagdparadies – Schwamm darüber!

Auf der Suche nach neuen Jagdgründen für unsere Rehbockpassion lag erneut das eben erst wieder geöffnete Rumänien auf der Hand: Immerhin hatten Panthelina und ich bereits im Herbst 1990 in den Südkarpaten höchst erfolgreich auf Bär, Gams und Sau geweidwerkt, warum sollte dies nicht auch beim Rehwild möglich sein? Also wurden unser Freund Robert und dessen bewährt gute Kontakte zur staatlichen „Silvexim" in Bukarest bemüht. Bei einem zünftigen Jägerheurigen unterbreitete ich ihm unser Anliegen; die stets clevere E. sekundierte mir charmant: „Weißt du, lieber Robert, wir denken an eine Art Testjagd – ganz im kleinen Stil. Und damit wirklich alles bestens klappt, kommst du am besten gleich mit uns!" Schwupp – Falle auf, Falle zu – schon saß unser Kärntner Jagdfreund und Hobbyvermittler darin fest: „Eh klor, dann weiß ich wenigstens, wie dos dort so laft – ich red' glei morgen mit der Valentina!" Letztgenannte war seine Ansprechperson in der zentralen rumänischen Jagdverwaltung. Lästermäuler wollten hier auch schon mal etwas von zarten Banden vernommen haben. Wie dem auch sei, binnen kurzer Zeit kam aus Bukarest die Zuweisung zur Rehbockjagd in ein Revier bei Oradea in Nordwestrumänien für die zweite Maihälfte, somit zu Aufgang der Schußzeit.

Die Reisevorbereitungen liefen sogleich in vollem Umfang an: E. und unser damals fünfjähriger Sohn Constantin – auch schon „jagdlich abgeführt" – sollten mich begleiten. Als Waffe stand mein bewährter Repetierer Mauser 66 S im rasanten Kaliber 6,5 x 68 fest; hieraus schoß ich das erprobte 6,0 g Teilmantelspitzgeschoß von RWS.

Um Fragen wie Bekleidung, Proviant und sonstige Ausrüstung brauchte ich mich nicht selbst zu kümmern – dies fiel in E.'s Ressort: meine jagderfahrene Frau wußte darin bestens Bescheid, auf sie konnte ich mich getrost verlassen.

Wesentlich schwieriger war da schon die Fahrzeugwahl. Im Vorjahr hatte E.'s armer BMW 325 bei der Fahrt ins Retezat arg gelitten, und auch meine große Limousine schien mir nicht das geeignete Gefährt zu sein: ein Geländewagen mußte her! Nur besaßen wir damals kein derartiges Vehikel, und straßentaugliche Allrounder für lange Strecken waren noch allgemein rar. Außerdem weigerte sich jeder kommerzielle Verleiher strikt, ein Auto für Fahrten nach Rumänien bereitzustellen – allein das Ansinnen stieß bloß auf mitleidiges Lächeln sowie Kopfschütteln.

Nach längerer Suche und viel gutem Zureden gelang es uns schließlich, privat einen Chevrolet Blazer anzumieten: ein panzerähnliches Monstrum, über zwei Meter breit. Der V8-Benzinmotor mit 6 Liter Hubraum röhrte wie ein Riva-Boot und entwickelte den entsprechenden Durst. Allerdings erwiesen sich Raumangebot sowie Bodenfreiheit als sehr beachtlich, und darauf kam es schließlich an. Somit war auch dieses Problem gelöst.

Frohen Mutes starteten wir am 16. Mai 1991 gegen Mittag von Wien aus in Richtung Budapest. In Anbetracht der langen Fahrstrecke war ein Übernachtungsstopp im Hotel Hilton auf der Fischerbastei vorgesehen; dort sollte auch Freund Robert zu uns stoßen. So weit, so gut. Schon bei unserer Abfahrt regnete es heftig. Um es gleich vorwegzunehmen, dieses Wetter blieb uns auch bis zur Rückkehr am 25. Mai erhalten: der Himmel hatte europaweit seine Schleusen in unvorstellbarem Ausmaß geöffnet und weigerte sich standhaft, diese wieder zu schließen!

Als Robert am Morgen des 17. Mai mit seinem allradgetriebenen „Isuzu" in Budapest programmgemäß zur Stelle war, regnete es noch immer in Strömen. Der dichte Lastwagenverkehr auf der ungarischen Überlandroute nach Debrecen und weiter über Nyireghaza in die Ukraine machte uns natürlich bei diesem Wetter besonders zu schaffen, wir kamen nur langsam voran. Nach Passieren der mir von früheren Jagden her wohlbekannten Stadt Szolnok – einer alten Hochburg der Kommunisten – überquerten wir die Theiß und gelangten in die ostungarische Tiefebene, auch „Große Puszta" genannt; hier stand das Getreide schon recht hoch, wie würde es wohl in Rumänien sein? Rund 60 Kilometer vor Debrecen bogen wir dann scharf nach Osten ab und steuerten über Berettyoujfalu den rumänischen Grenzort Bors an. Zuvor stillten wir noch in Ungarn an der letzten westlichen Tankstelle den übergroßen „Durst" unseres Amerikaners und füllten auch die vorsorglich mitgeführten Kanister auf. Einer rollenden Bezinbombe gleich, erreichten wir die Grenze. Die folgende Zollabfertigung samt Waffenkontrolle ging überraschend flott vonstatten, offenbar dämpfte die katastrophale Großwetterlage nicht nur das Schwerverkehrsaufkommen, sondern auch den Diensteifer der Beamten.

Schon um die Mittagszeit traf unser Konvoi in Oradea, dem ehemaligen Großwardein, ein. In einem schäbigen Restaurant am Hauptplatz dieser eher öden Grenzstadt erwartete uns ein Abgesandter der örtlichen Jagdverwaltung und mit ihm auch gleich die erste negative Überraschung: Offenbar hatte uns die Bukarester „Silvexim" sozusagen als Versuchskaninchen an ein eben erst neugegründetes, privates Unternehmen vermittelt. Dessen Vertreter erwiesen sich als zwar gastfreundlich, aber im übrigen jagdlich wenig kompetent. Die guten Leute hatten von professioneller Betreuung ausländischer Jagdgäste und deren Erwartungen nicht die geringste Ahnung – woher denn auch, stammten sie selbst doch aus völlig anderen Berufen.

Im Zuge der allgemeinen politischen Säuberungseuphorie hatte man die erfahrenen Jagdbeamten des bisherigen Regimes kurzerhand durch Schneider, Schuster und andere ehrbare Demokraten ersetzt! Das Ergebnis derartiger Rochaden mußte natürlich zu einem totalen Desaster führen. Die für uns vorgesehene Unterkunft stellte sich als soziales Kurhotel dar, im allgemeinen Trubel suhlten sich Horden rumänischer Krankenkassenpatienten in einem Massenschlammbad. „So haben wir den Begriff ‚Testjagd' aber nicht verstanden – die gute Valentina hält uns wohl für naiv! Damit gerät sie bei mir aber völlig an den Falschen!" lehnte ich kategorisch dieses Quartier unter Hinweis auf die uns schriftlich zugesicherte Unterbringung in einem „Jagdhaus erster Klasse" ab. Auch meine Frau E., der man wahrlich keine Zimperlichkeit nachsagen konnte, zog die Stirn kraus: „Aber Robert! Hier sollen wir Urlaub machen?" Und selbst der kleine Constantin bekam große Augen – immerhin hatten wir ihm als Voreinstimmung auf unsere große Jagdfahrt mancherlei über die geheimnisvollen dunklen Karpatenwälder vorgeschwärmt, wo sogar Bären und Wölfe wohnen sollten. Davon war hier allerdings weit und breit nichts zu sehen. „Schaut aus wie im Strandbad an der Alten Donau!" kam auch prompt der treffende Kommentar des Juniors. Die Folge dieser Proteste war großes Erstaunen auf seiten unserer präsumptiven Jagdherren; man verstand offenbar keineswegs, weshalb uns diese stolze Neuerrungenschaft sozialstaatlichen Wohlbefindens nicht zusagte. Mein Exemplar des Jagdvertrages wurde studiert, weitere Mitglieder des Jagdkonsortiums hinzugezogen. Fazit der hektischen Beratung: Es handle sich, bitte schön, um ein bedauerliches Mißverständnis, selbstverständlich sei ein Jagdhaus vorhanden, und wir würden nun gleich dorthin weiterfahren. Die um mehrere rumänische Autos angewachsene Fahrzeugkolonne bewegte sich über regennasse Feldwege auf ein in der Tat idyllisch gelegenes Nadelwäldchen zu. Dort stand nun in voller Pracht das neuerrichtete Jagdhaus der örtlichen Genossenschaft, aber – es befand sich noch im Rohbau, eine Maurerpartie war gerade mit Verputzarbeiten beschäftigt! Ein Mann in abgewetzter grüner Uniform, augenscheinlich der degradierte Oberförster und Jagdverwalter früherer Tage, beaufsichtigte dieses emsige Tun. Zum Pech der neuen Machthaber sprach jener auch noch recht gut deutsch: „Kapitale Rehböcke? Hier? Mein Herr, da sind Sie am falschen Platz. Schon früher haben wir kaum einen Bock mit über 300 Gramm geschossen, und jetzt sind ohnehin alle Rehe längst gewildert!" – ein säuerliches Lächeln würzte noch zusätzlich diese niederschmetternde Auskunft.

Betretenes Schweigen bei unseren Begleitern. „Mein lieber Robert, das ist ein Skandal! Du mußt jetzt eine deutliche Handlung setzen, und zwar sofort!" begann ich empört

abzutoben, und bedrohlich düstere Wolken zogen am Stimmungshimmel unserer Reisegemeinschaft auf. Also steuerten wir erst einmal das Postamt von Oradea an, denn im besagten Rohbau gab es natürlich noch kein Telefon. Tatsächlich bekam Robert in erstaunlich kurzer Zeit Valentina Pascale im Büro der „Silvexim"-Zentrale in Bukarest ans Telefon. Doch für meine aufgebrachte Stimmungslage flötete der Freund allzu verhalten durch die Leitung, das führte zu nichts. Demnach mußte ich wieder einmal den „Wau-Wau" spielen, eine Rolle, die mir nach Behauptungen böswilliger Zeitgenossen nicht sonderlich schwerfiel: „Frau Valentina, was fällt Ihnen ein! Sie haben wohl zu heiß gebadet! Da schicken Sie meine Familie und mich in eine triste Groß-stadtgegend, wo Medaillenböcke ebenso häufig vorkommen wie afrikanische Elefanten! Entweder Sie stellen sofort, das heißt noch heute, ein wirklich gutes Ersatzrevier mit entsprechender Unterkunft auf die Beine, oder ich komme morgen persönlich per Flugzeug nach Bukarest! Habe ich mich klar genug ausgedrückt?!"

Ob dieser Pleite wütend gelaunt, wartete ich eine Antwort der hörbar verschreckten Beamtin gar nicht erst ab, sondern drückte Robert den Telefonhörer in die Hand und verließ das Postamt. Pitschnaß und durchfroren, hungrig und durstig, zudem nach 600 Kilometern Regenfahrt die ganze Jagd sehr fraglich – hier tat ein kräftiger Schluck bitter not! Also verfrachtete ich Frau und Kind zunächst einmal in die nächste Kneipe, orderte Rum mit Tee sowie heiße Limonade und holte meinen Rucksack mit Salami samt Beilagen aus dem Chevrolet. Ein Blick durch die Küchentür hatte nämlich die lokale Verpflegung nicht eben ratsam erscheinen lassen. Speis und Trank beruhigten dann bald die Gemüter. Als Robert nach geraumer Zeit erschien, empfing ihn schon wieder mein versöhnliches: „Komm, Brotzeit ist's" – und danach: „Wie steht die Lage?"

Gesagt, getan! Frisch gestärkt, berichtete der Freund: „Der Wally hast du es aber ordentlich gegeben: die glaubt, der Conducatore steht wieder auf! Wir sollen uns noch heute nach Satu Mare überstellen, sie hat dort für die kommende Nacht Zimmer im Hotel ‚Aurora' reserviert. Am Abend oder spätestens morgen sehen wir dann weiter."

Also auf nach Satu Mare, ehemals Sathmar: die nächsten 150 Kilometer im strömenden Regen, diesmal in nördlicher Richtung – wir näherten uns immer mehr der Ukraine! Durch zahlreiche Lastwagen und den einsetzenden abendlichen Berufsverkehr erheblich aufgehalten, trafen wir erst bei Dunkelheit im besagten Hotel „Aurora" ein. Allfällige Gemeinsamkeiten mit dem historisch berühmten russischen Kriegsschiff beschränkten sich offensichtlich auf die Schmucklosigkeit und den Mangel an Komfort: ein typischer Hochhauszweckbau, außen Beton und innen Plastik. Tatsächlich hatte mein telefonisches Donnerwetter bei der „Silvexim" offenbar die bezweckte Wirkung: Im „Aurora" erwartete uns nämlich bereits der ebenfalls neueingesetzte Leiter der allerdings staatlichen Jagdverwaltung von Satu Mare, ein stotternder ungarischer Jude mit Plattfüßen, namens Ing. Varga. Der Mann tat sehr beflissen, hatte aber in Wirklichkeit jagdlich keine Ahnung und steckte obendrein voller Komplexe.

Immerhin konnte er uns die erfreuliche Nachricht überbringen, daß wir nunmehr „von höchster Stelle" – was immer dies auch bedeuten mochte, wahrscheinlich ohnedies nur Wichtigtuerei! – für ein ehemaliges Protokollrevier des Präsidenten eingeteilt waren. Dieses befand sich nahe der ukrainischen Grenze; bei Bedarf stünde sogar noch ein

Ersatzrevier im Raum Baia Mare zur Verfügung. Für unser Standquartier war in einem geräumigen Jagdhaus, nordöstlich von Satu Mare, Vorsorge getroffen: dort würden wir am folgenden Vormittag vom Jagd- und Hauspersonal erwartet. Das klang schon wesentlich besser! Von der langen Odyssee und all den Aufregungen des Tages bereits rechtschaffen müde sowie allesamt schwer erkältet, begaben wir uns bald zur Ruhe.

Der Morgen des 18. Mai begrüßte uns – wie konnte es anders sein – mit pausenlosem Schnürlregen; dies allerdings nicht im lieblichen Salzkammergut, sondern in einem spartanischen Hotelzimmer des „Aurora" zu Satu Mare, Nordwestrumänien, unweit der Grenze zur ehemaligen Sowjetunion. Zu allererst ein Blick hinunter auf den Parkplatz: Gottlob, unsere Autos waren noch da. Meine treue Mauserin hatte ich allerdings gestern vorsorglich mit ins Quartier genommen – sicher war sicher. Nach dem Frühstück starteten wir voll frischer Hoffnung und Vorfreude auf die kommenden Jagdtage in Richtung Jagdhaus, uns voran Ing. Varga mit seinem Dienst-Dacia.

Wir brauchten nicht weit zu fahren: Schon nach gut zwanzig Minuten bogen wir von der Straße auf einen Waldweg ab und gelangten in einen architektonisch geschmackvoll angelegten Park. Rechts ein Hubschrauberlandeplatz, vor uns die obligate Holzbrücke zur Sicherung gegen Panzer – und schon erblickten wir eines der bekannt großzügig errichteten Jagddomizile des seligen Nicolae Ceausescu.

Unsere Jagdmannschaft für die nächsten Tage wartete bereits in Reih und Glied auf der Veranda und begrüßte uns in typisch rumänischer Manier: stolz, aber herzlich.

Das waren die echten Profis, wie wir sie noch aus den Hochgebirgen der Südkarpaten in angenehmer Erinnerung hatten. Voran der ebenso höfliche wie fachkundige Wildmeister „Nelhu" (Johann), dann dessen Cousine, die „gewichtige" Küchenchefin Theresa, sowie eine ganze Schar von jagdlichen wie häuslichen Helfern. Offenkundig handelte es sich um ein jahrelang gut eingespieltes Betreuerteam, das unseren armen Ing. Varga sichtlich nicht für voll nahm und faktisch ingnorierte. Obwohl streng genommen ihr Vorgesetzter, genoß der wohl erst kurz im Amt befindliche „Jagdchef" seitens seiner eigenen Mitarbeiter nicht den geringsten Respekt.

Aufgrund des anhaltenden Schlechtwetters war keine Eile geboten, wir richteten uns zunächst einmal gemütlich ein. Constantin hatte gleich mit einem jüngeren Berufsjäger Freundschaft geschlossen; die beiden spielten gemeinsam Fußball und erkundeten das ausgedehnte Gelände rund um unser Jagdhaus. Besondere Freude kam auf, als mein Söhnchen Ceausescus ABC-Bunker entdeckte. Darin gedachte seinerzeit der Conducatore mit seiner berüchtigten Ehegattin Elena und den engsten Getreuen der Securitate künftige Atomkriege zu überleben; wie man weiß, ist es dann ganz anders gekommen. Diese unterirdische Welt mit all ihren geheimnisvollen Einrichtungen übte natürlich auf Constantin eine herrliche Faszination aus; wir hatten Mühe, den fünfjährigen Filius zumindest zeitweise wieder herauszulocken. Insgesamt war unsere Unterkunft wirklich so beschaffen, wie man sich ein zünftiges Herrschaftsjagdhaus vorstellte, bloß die Stromversorgung fiel täglich für mehrere Stunden aus – das war jedoch keine Tragödie, auch Petroleumlicht hatte seinen Reiz!

Bei der traditionellen Stabsbesprechung am frühen Nachmittag erläuterte Nelhu die Revierverhältnisse. Das eher ebene, landschaftlich wunderschöne Jagdgebiet war früher

tatsächlich für Ceausescu persönlich reserviert gewesen. Rehe, Sauen und Damwild fühlten sich hier richtig heimisch: Störungen durch revierfremde Personen kamen damals noch nicht vor, und Wildschaden war ein unbekannter Begriff. Der alterfahrene Wildmeister behauptete durchaus glaubhaft, man bekäme das Wild in der Regel auch bei vollem Tageslicht in Anblick, soferne es nicht gerade wie nunmehr seit Tagen in Strömen regnete. Womit wir bereits beim aktuellen Thema Numero 1 waren: Die anhaltend naßkalte Wetterlage hatte auch den Rumänen einen dicken Strich durch ihre ursprüngliche Jagdplanung gemacht. Speziell das Rehwild stand voll im Haarwechsel und zeigte sich in dieser Phase bekanntermaßen gegen Witterungsunbill besonders empfindlich. So kam es, daß auch die vom Personal bestätigten starken Rehböcke derzeit kaum auf ihre angestammten Äsungsplätze auszogen. Bei letzteren handelte es sich meist um stark verkrautete Schläge oder die schon hohe Frühjahrsfrucht, welche nun selbst vor Nässe trieften. Diese plausible Argumentation leuchtete mir durchaus ein. Ich versicherte den bekümmerten Jagdgewaltigen daher sogleich mein volles Verständnis für die ungewöhnliche Situation. Mangels eines Dolmetschers wurde unsere Konversation in einem italienisch-lateinischen Kauderwelsch geführt, notfalls mit Hilfe von Händen und Füßen; aber bekanntlich verstehen echte Jäger einander weltweit auch so. Ich stellte meinerseits von vornherein klar, daß mir nur an wirklich reifen, starken Böcken gelegen war, Qualität hatte absoluten Vorrang vor Quantität, dafür gab es nach oben hin kein Limit hinsichtlich der Trophäenstärke. Im übrigen überließ ich die Wahl der Jagdart vertrauensvoll den revierkundigen Berufsjägern. Die Rumänen nahmen meine Worte augenscheinlich zufrieden zur Kenntnis. Soweit zur Strategie für die kommenden Jagdtage.

In der Praxis wollten wir zunächst eine ausgedehnte Revierfahrt mit dem Chevrolet-Blazer unternehmen und an besonders aussichtsreichen Stellen trotz Dauerregens zu Fuß pirschen. Die mehr als „schottische" Nässe bot insoweit auch einen bescheidenen Vorteil, als der schwammartig aufgeweichte Waldboden jedes Geräusch abdämpfte.

Gegen 16 Uhr rückten wir – noch in voller Besetzung – zur ersten Abendpirsch aus: Panthelina, Constantin, Robert, Nelhu, ein weiterer Rumäne sowie meine Wenigkeit am Steuer – selbst der geräumige Amerikaner war voll besetzt. Auf verschlammten Waldwegen durchfuhren wir herrliche Eichenbestände aller Altersklassen, auch forstlich erwies sich das weite Revier als exzellent gepflegt. Zahlreiche ausgedehnte Dickungskomplexe boten ideale Einstände, und darin hatte sich das Wild wohl auch im Trockenen eingelagert, denn in Anblick bekamen wir so gut wie nichts. Zaghafte Versuche im Bereich der Feldflur scheiterten bereits im Keim an total aufgeweichten Wegen, wo wir sogleich wie auf einer Bobbahn hin und her schlingerten. Also zurück in den Wald und umdisponieren auf Fußpirsch!

Mit Robert und dem Hilfsjäger blieben gleich zwei „Kindermädchen" bei Constantin im warmen und trockenen Auto zurück – dieser Job erwies sich als äußerst begehrt. Wir anderen schlichen im Gänsemarsch durch die triefenden Wälder, es goß von oben, und der hohe Unterwuchs sorgte trotz der Gummistiefel auch für ein gründliche Durchfeuchtung von unten. Resultat absolut negativ, wenn man von einer einsamen Rehgais absieht, die verdrossen auf einem riesigen Schlag die dortigen Sträucher verbiß

Gamsjagd im Retezat: *Abmarschbereit am Hüttenboden der „Cabana Rotunda".*

Malerisches Hochkar im Slavcei-Massiv

Hier bewährten sich Panthelinas Prachtschuhe!

Konditionswunder Nessu

Die erste Etappe ist glücklich geschafft! Glasklarer Gebirgssee in 1.800 m Höhe.

Zwei erfahrene Routiniers der Karpatenjagd: Nessu und Ing. Lupas mit meinem Kapitalbock.

Hauptbär mit prachtvoll gefärbter Decke aus dem Retezat. Wir haben ihn würdig zur Strecke gelegt.

Die Schrecksekunden der heiklen Erlegung von „Frater Nicole" sind längst vergessen!

Blick vom Gegenhang auf den Hauptkamm des Slavcei. Dort oben stand die alte Geltgais mit ihrem Rudel – schier unerreichbar weit!

Jäger Kostica mit meiner kapitalen Gamsgais.

Satu Mare – Bockjagd im Dauerregen
Jagdleiter Nelhu gratuliert zu meinen Fahrkünsten: Ende der Vorstellung!

Rumänisches Jägerpicknick an der Grenze zur Ukraine – es mundet allen köstlich!

Starker, ungerader Achter aus dem Revier Baia Mare. Dem Weidmannsheil folgte ein zünftiges Bacchanal.

Der Jäger unverdrossen, hat immer noch den Bock geschossen! Eigentlich verdanke ich diesen reifen wie pitschnassen Sechser aus Satu Mare jedoch Panthelinas Energien ...

Im „zweiten Anlauf" zur Strecke gekommen: der schlaue Altbock aus dem Hochwald von Satu Mare.

– wahrscheinlich ein Mitglied der lokalen Vereinssektion von „Verkühle Dich Täglich!" Man kann nicht behaupten, daß wir über die schließlich hereinbrechende Dämmerung besonders unglücklich gewesen wären, als wir unsere Schritte zum wartenden Wagen lenkten, um uns auf die Heimfahrt zu begeben.

Im Jagdhaus war wieder einmal der Strom ausgefallen. Dummerweise hatten die Rumänen kein Feuerholz bereitgestellt, so daß sich das erhoffte Trocknen unserer nassen Klamotten als Illusion erwies; von einer heißen Dusche ganz zu schweigen. Das Autoradio kündigte für die folgenden Tage weiterhin „großräumig ergiebige Niederschläge" an. Demzufolge teilte ich zwei unserer jüngeren Adjudanten erst einmal dazu ein, sich bis auf Widerruf ausschließlich um die Beschaffung von trockenem Brennholz zu kümmern. Weiters sollten sie den bereits deutlich muffig-feuchten Präsidentenbau einmal gründlich durchlüften und – egal, ob Elektrizität vorhanden oder nicht – dann permanent beheizen. Gleiches galt für einen altmodischen Badeofen, den ich mittlerweile entdeckt hatte. Schließlich befanden wir uns mitten im Wald, und die jungen Burschen brauchten nicht dauernd bei Theresa in der Küche hocken und sich füttern lassen! Angetan mit Flanellhemd, Trainingsanzug und Filzpantoffeln, saßen wir schließlich aber doch recht gemütlich im holzgetäfelten Speisezimmer beim Schein der Petroleumlampe und ließen uns das vorzügliche Abendessen gut schmecken. Es gab Damwildgulasch mit Nudeln sowie „Mamaliglia" – rumänischen Maispolenta, Apfelkompott und Preiselbeeren. Dazu einen leichten örtlichen Roséwein, den einer der Jäger in Eigenregie gekeltert hatte. Dies, seinen Angaben zufolge, aus einer unveredelten Direktträgertraube, welche in Österreich auch als „Rabiatperle" bezeichnet wird; bei uns stellte sich damals in Satu Mare allerdings nur bleierne Müdigkeit ein. „Also ich bleibe morgen früh mit Constantin a la casa und verrichte Matratzenhorchdienst!" eröffnete Panthelina den Reigen der Jagddeserteure. Robert ließ nicht lange auf sich warten: „Bei der Pirsch ist oft einer schon zuviel, ich will euch nicht stören und das Wild vertreten!" folgte der Freund prompt auf dem Fuße.

Da auch unser „Zweiter Begleitjäger" dieses Abends einen plötzlichen Zahnarzttermin vorgab, würden Nelhu und ich die kommende Frühpirsch als Alleinunterhalter bestreiten müssen. Auch gut, nun aber nichts wie ab in die Falle.

Monoton trommelte weiterhin der Regen an die Scheiben, als wir beide im ersten Dämmerlicht des 19. Mai aufbrachen. Infolge der Morgenkühle war auch noch Nebel eingefallen, der die ohnedies spärliche Sicht weiter verringerte – mit einem Wort ein „Sauwetter". Zunächst fuhren wir die Feldkante entlang, in der bescheidenen Hoffnung, ein unverwüstlicher Rehbock könnte draußen im nassen Getreide stehen. Dem war aber nicht so, und wir wandten uns wieder dem Wald zu. Auf den tief ausgefahrenen und gänzlich verschlammten Wegen hatte ich große Mühe, den schweren Wagen auf Kurs zu halten; das Automatikgetriebe und die überbreiten Walzenreifen erwiesen sich hiebei nicht gerade als Hilfe, so komfortabel sie auch im normalen Straßenbetrieb sein mochten. Weil die Autofenster dauernd beschlugen, fuhren wir mit heruntergekurbelten Scheiben, was zur Folge hatte, daß wir auch im Wageninneren bald patschnaß waren.

Unser Revier schien völlig ausgestorben, kein Wunder bei dem Wetter! Ein Königreich für einen kurzen Sonnendurchbruch: dann würde das Wild schon aus dem tropfnassen

Wald ins Freie auszuziehen, um sich die Decke trocknen zu lassen – das war die letzte Hoffnung. Doch so oder so fand unsere morgendliche Pirschfahrt ein jähes Ende: Auf dem seifigen Untergrund eines engen Forstweges rutschte mir das amerikanische Monstervehikel in eine tief ausgefahrene Traktorspur, Nelhus aufgeregtes „Attenzione!" kam zu spät, sanft neigte sich der Chevy auf die linke Seite, wo er im Morast unbeschädigt zur Ruhe kam. Aus der Traum! Zündung weg und ausbooten, lautete die Devise! Zwar ereignete sich nichts Dramatisches, und es floß auch kein Sprit aus, doch unser fahrbarer Untersatz saß endgültig fest. Alle unsere Versuche, durch Unterschieben von Ästen etc. das tonnenschwere Gefährt wieder flottzubekommen, erwiesen sich als nutzlos. Also Rückzug per pedes mit vollem Gepäck, und dies bei strömendem Regen aus der so ziemlich entlegensten Ecke des Reviers! Nelhus treuherzige Versicherung, der Wagen würde hier sicher nicht gestohlen – wie denn auch! –, war mir nur ein schwacher Trost. Über den knapp dreistündigen Rückweg ist wenig zu berichten, er verlief recht schweigsam. Endlich geriet das Jagdhaus in Sicht. „Papi kommt zu Fuß!" krähte Constantin von der Veranda, als wir pudelnaß zu bereits fortgeschrittener Vormittagsstunde müde einrückten. Solcherart alarmiert, erschienen sogleich E. und Robert, beide natürlich gut ausgeschlafen und in bequemer, trockener Hüttenkluft: „Weidmannsheil, da seid ihr ja, wir haben uns schon Sorgen gemacht. Was liegt auf der Strecke? Und überhaupt – wo ist denn euer Auto?" „Im Wald!" knurrte ich bloß und legte zunächst einmal mein Gewehr sowie dann mich selbst trocken. Dank meiner Voraussicht gab es wenigstens heißes Wasser zur Wiederbelebung der eingefrorenen Lebensgeister. Natürlich hatte meine Verkühlung durch den langen Regenmarsch mächtigen Auftrieb erhalten, hoffentlich war nicht gar eine Lungenentzündung im Anzug. Da half nur schleunigst ein steifer Grog nach altem, ostpreußischem Rezept: „Rum muß, Zucker kann, Wasser braucht nicht!" Nach dem dritten Glas sah die Welt, nicht aber auch das Wetter, schon wieder freundlicher aus. Vernünftigerweise beschränkte Nelhu unser abendliches Jagdprogramm auf einen schlichten Ansitz in einer gedeckten Kanzel, wenngleich dieser auch erwartungsgemäß keinen Erfolg brachte. Zumindest war Constantin mit von der Partie und konnte aus trockener Position nach seinen Wölfen und Bären Ausschau halten. Erstere gab es, wollte man den rumänischen Jägern Glauben schenken, tatsächlich als Wechselwild im Revier.

Abends hielt Nelhu mit seinen Getreuen große Krisensitzung am Speisezimmertisch. Immerhin stellten sich die Erfolgsaussichten nach zwei Jagdtagen alles andere als rosig dar, und wir konnten bisher – siehe Chevrolet – nur Verluste verbuchen. Also griff man zu einem nostalgischen Hilfsmittel – dem Pferd. „Morgen fahren wir mit der Kutsche direkt durch die Eichenbestände, irgendwo müssen die Rehe ja sein!" lautete der allgemeine Tenor, wobei Nelhu gleich vorsorglich hinzufügte: „Madame und Constantin bleiben besser zu Hause, denn es wird wieder sehr naß werden …" Bei unserem Sohn war allerdings das Jagdfieber erwacht: Nur die Zusage einer persönlichen Extrapirsch mit Mama unter Führung seines rumänischen Betreuers vermochte seine anfänglich stürmischen Proteste zu besänftigen. Robert hingegen wollte diesmal mithalten und Dokumentarfotos knipsen: „Mit den Gigerern, pardon Rössern, Jagd auf schwimmende Rehböcke knapp an der Bolschewistengrenze, das muß einfach festgehalten werden!"

Eine frischen Kanne köstlichen Landweins kam auf den Tisch, und beschwingt tranken wir ein kräftiges Weidmannsheil auf die angekündigte Nostalgiejagd.

Noch ehe am darauffolgenden Morgen der Wecker schrillte, kündete lautes Hufgeklapper auf den Pflastersteinen der Zufahrt vom Eintreffen unserer Jagdkalesche. Mit dem ersten Morgenlicht kam allerdings auch eine gewisse Ernüchterung. Vor uns stand ein sargähnliches Gebilde auf vier Rädern mit einem simplen Brett als Kutschbock, auf dem ein wenig vertrauenserweckender Zigeuner samt Lammfellmütze und Peitsche thronte. Eingespannt waren zwei unterernährte Schindmähren, die wohl keine Remontenkommission der Welt auch nur in die entfernteste Wahl gezogen hätte.

Im sogenannten Kutschwagen fanden wir auf spärlichen Mengen von klatschnassem Stroh Platz, das war alles. Nun verstand ich auch, warum Nelhu gestern so diplomatisch meiner Familie von einer Teilnahme an dieser Exkursion abgeraten hatte! Kaum lag der Park hinter uns, da bog unser seltsames Gefährt auch schon scharf nach rechts direkt ins Gelände ab: Es begann eine wilde Fahrt kreuz und quer über Stock und Stein, die mir wohl ewig in Erinnerung bleiben wird. Wie die Klammeraffen hockten wir in unserer sich oft bedenklich neigenden Kiste und hatten alle Mühe, nicht herauszufallen. Mit dem landläufigen Begriff einer Pirschfahrt hatte dieses Kutschenrodeo im Regen nur wenig gemein, zumal unser Lenker sowohl den Zweck dieses Unternehmens als auch uns selbst völlig vergessen zu haben schien. Seine Tätigkeit beschränkte sich darauf, die mehrmals heftig scheuenden Pferde mit der Peitsche anzutreiben. Nachdem wir so über eine Stunde lang voll lautem Getöse die Wälder durchquert hatten, ohne auch nur ein einziges Stück Wild zu sehen, kamen mir denn doch ernste Zeifel an der Sinnhaftigkeit unseres Tuns. Naß wie gebadete Mäuse, über und über mit Zweigen, Kiefernnadeln und Spinnweben behangen, schien uns zumindest ein Zwischenhalt dringend geboten – vor allem auch, um etwas System in diese eigenartige Jagdmethode zu bringen. Gerade als ich versuchte, dies dem schräg vor mir kauernden Nelhu verständlich zu machen, steuerten wir ein Eichenstangenholz an, wo die Bäume eher dicht beieinander standen. „Das kann nicht gutgehen!" denke ich noch bei mir, als das Verhängnis schon seinen Lauf nimmt: Mit Brachialgewalt will unser stupider Kutscher ein allzu enges „Slalomtor" nehmen, worauf die Pferde – sichtlich klüger als ihr Lenker – wild schnaubend in die Höhe steigen. Als nächstes bricht laut krachend die Deichsel, und mit knapper Müh und Not kann ich gerade noch abspringen, ehe mich der vermaledeite Sarg auf Rädern im Umkippen unter sich begräbt. Nach unsanfter Landung finde ich mich auf dem nassen Waldboden wieder. Gottlob ist mein Gewehr – ich hatte es wohl im Sturz instinktiv hochgerissen – heilgeblieben, der nächste Gedanke gilt den Jagdkameraden:

Auch sie scheinen erfreulicherweise mit dem bloßen Schrecken und einigen Beulen davongekommen zu sein. Auf die Anfrage: „Robert, ist bei dir alles OK?" kommt zu meiner Erleichterung postwendend die Antwort: „Ja, soweit schon – auch der Nelhu lebt noch. Aber dem Trottel von einem Zigeuner erzähl' ich noch was!" Der so negativ apostrophierte Rosselenker war allerdings vorerst samt seinen Gäulen spurlos verschwunden. Als ich mich mühsam wieder aufrappelte, sah ich unsere Luxuskutsche wie einen überdimensionalen Maikäfer mit den Rädern nach oben im Gestrüpp liegen, davor die durchgerissenen Stränge sowie Trümmer der ehemaligen Deichsel.

Robert und Nelhu hockten mit blassen Gesichtern daneben im Gras. Das war noch einmal Glück im Unglück, wir konnten an diesem 20. Mai wirklich allen Schutzengeln danken! Mein robuster Kärntner Jagdfreund bekam als erster die Lage wieder in den Griff. Schon hatte er seinen Rucksack erspäht und den Flachmann herausgefischt. „Waßt eh, der Schwachsinn hätt' leicht schief ausgehen können! Gott sei Dank sind deine Frau und der Bua daham blieben! Na, jetzt trink ma erst amol! Nelhu da host, scheib rein!" brachte Robert unsere Situation auf den Punkt. Nachdem sich unsere Nerven solcherart wieder beruhigt hatten, erhob sich zwangsläufig die Frage: Was nun? Wagen kaputt, Kutscher und Pferde verschwunden, Standort irgendwo im Wald zwischen Satu Mare und der Ukraine, Näheres unbekannt! Ich wandte mich an den frischgestärkten Wildmeister: „Sagen Sie einmal, Nelhu, wissen Sie in etwa, wo wir überhaupt sind und wie weit der Weg zurück zum Jagdhaus ist?" Unser Führer und Erfinder der ominösen Kutschenjagd nickte unbehaglich und antwortete bekümmert: „Ungefähr so weit wie gestern, vielleicht auch ein bißchen mehr!" Schöne Aussichten, das bedeutete mindestens drei Stunden Fußmarsch bei unvermindert vom Himmel strömendem Regen, und zwar mit vollem Gepäck, denn dieses konnten wir ja heute nicht gut einfach im Wald stehenlassen. Zum Glück fand sich bald der Zigeuner mit den Pferden ein, so daß wir wenigstens die Rucksäcke loswurden. Auf das uns gleichfalls angebotene Reitabenteuer ohne Sattel verzichteten wir freilich unisono, unser heutiger Bedarf an akrobatischen Einlagen war restlos gedeckt. Für lange Diskussionen über das Warum und Weshalb war auch nicht der geeignete Zeitpunkt; ich schulterte daher ergeben meinen Repetierer und bedeutete Nelhu, vorauszumarschieren. „Mit Mann und Roß und Wagen hat sie der Herr geschlagen!" – dieses Zitat war wirklich die treffendste Beschreibung unseres wenig ehrenvollen Rückzuges. Erneut langten wir unprogrammgemäß erst um die Mittagszeit im Jagdhaus ein, diesmal sorgte vernehmliches Hufgeklapper für ein entsprechendes Empfangskomitee. Meine Familie und die rumänische Hausmannschaft müssen über unseren Anblick innerlich Tränen gelacht haben: An der Spitze marschierte der hohe Jagdgast mit Gewehr, Bergstock und sichtlichem Groll, dahinter der korpulente Robert – Fotoapparat umgehängt und im Gesicht hochrot vor Anstrengung; es folgte der Herr Wildmeister mit verlegener Miene wie ein beim Brackieren erwischter Wilddieb, und als Abschluß trottete ein abgerissener Zigeuner einher, der seine zwei Rosinanten am geflickten Zügel im Schlepptau zog. Dies alles – Mensch wie Pferd – zudem auch noch im Zustand fortgeschrittener Durchnässung. Panthelina faßte sich als erste: „Ja Dottore, wo kommt denn ihr bloß her? Was habt ihr großen Jäger denn heute wieder angestellt, man kann euch wirklich nicht allein auf die Jagd schicken!" – „Sei bloß froh, daß du und Constantin nicht mit von der Partie ward!" konterte ich müde und flüchtete ins Haus. Auf E.'s fragenden Blick hin fühlte sich Robert, immerhin der Vermittler und Organisator dieser Testjagdoperation, zu folgendem lakonischen Kommentar bemüßigt: „Frau Doktor, I konn nur ans sogn: Alles Sch …, deine Emmy!"

Worauf sich auch der Freund zwecks dringender „Restaurierung" seiner Person erschöpft in seine Räumlichkeiten zurückzog. E. hinterließ er allerdings noch ein Erklärungsproblem, denn der gewitzte Constantin setzte gleich in echtem Wienerisch nach: „Na de san beinand! Aber was hat eigentlich Onkel Robert zum Schluß gemeint?"

Unter Rückgriff auf unsere letzten Reserven von Kopf bis Fuß neu eingekleidet, fanden wir uns recht bald wieder im Speisezimmer ein. Mittlerweile hatte dort E. die Einzelheiten des morgendlichen Dramas von Nelhu erfahren; dem Vernehmen nach gestaltete sich dessen Schilderung sehr zum Gaudium meines Herrn Sohnes. Mein jagdliches Stimmungsbarometer hingegen befand sich nahe dem Nullpunkt. Auch Robert meinte resigniert: „Mit den Böcken wird es da wohl nicht mehr viel werden, aber wenigstens ein g'scheites Mittagessen solln's uns servieren, nach all dem Zirkus!"

Doch damit kam er bei meiner besseren Hälfte schön an: die ebenso patente wie erfahrene Panthelina erwies sich wieder einmal – wie schon so oft – als der gute Geist einer jeden Jagdgruppe, speziell in kritischen Situationen: „Ich höre wohl nicht recht, die Herrschaften wollen aufgeben? Kommt doch gar nicht in Frage, Constantin und ich möchten endlich einmal frische Rehleber mit Zwiebeln am Teller! Heute abend fällt der erste Bock, und damit es auch sicher klappt, sind wir diesmal mit dabei!" – „Aber meine Liebe, wie stellst du dir denn das vor, der Chevrolet steckt noch irgendwo im Schlamm, wir haben ja nicht einmal ein Auto", erwiderte ich matt. E. jedoch war nicht zu schlagen: „Mitnichten. Während ihr in der Suhle – sie meinte die Dusche – wart, haben Nelhu und ich schon alles geregelt: Um 4 Uhr holt uns ein „Aro"-Jeep der Verwaltung zur Abendpirsch ab. Das Wetter wird angeblich auch besser. Morgen früh kommt ein Raupenschlepper und macht den Ami wieder flott. Dann fahren wir gegen Mittag ins zweite Revier nach Baia Mare, dort ist ein kapitaler ungerader Achter bestätigt. Das weitere Jagdprogramm steht also, jetzt mußt du nur noch treffen!" Hut ab vor so viel Initiative und Organisationsgeist! Jetzt sah die Welt gleich wieder rosiger aus, und wir ließen uns das servierte Brathuhn mit Reis und Gurkensalat recht gut schmecken.

Beim anschließenden Mokka samt Cognac erörterte ich mit den Rumänen den Detailplan für den kommenden Abend. Ich vertrat die Ansicht, daß die Rehe nach den andauernden Regenfällen der letzten Tage doch wieder ihre angestammten Plätze einnehmen würden; dies nicht zuletzt deshalb, weil nunmehr auch die dichtesten Dickungen schon komplett durchnäßt waren. „Nelhu, auf welchen ihrer bestätigten guten Rehböcke würden Sie mich heute bei Schönwetter führen?" lautete meine logische Frage. Nach einiger Überlegung nannte mir der Wildmeister einen hohen Sechserbock mit langen Enden; dessen eher enggestelltes Gehörn sei recht massig und auch gut geperlt, sein Alter schätzte er auf 7 bis 8 Jahre. Noch bis vor wenigen Tagen war dieser Rehbock jeden Abend regelmäßig vom Wald in ein bestimmtes Gerstenfeld ausgezogen, es handelte sich ohne Zweifel um den Platzbock. „Genau auf den gehen wir heute abend!" entschied ich. Einige der rumänischen Berufsjäger hielten dem entgegen, dieser Bock sei zwar auch ihnen bekannt, mein Vorhaben sei jedoch aussichtslos, weil das besagte Feld derzeit total unter Wasser stünde. „Das mag schon sein, aber irgendwohin muß der Bock auch jetzt zur Äsung ziehen, und die Umgebung ist genauso naß!" verteidigte ich hartnäckig das Vorhaben. Mein Plan stand fest. Vom Wildmeister ließ ich mich anhand der Revierkarte in das betreffende Terrain einweisen und bestimmte anschließend die näheren Einzelheiten:

„Meine Frau und ich beziehen allein zunächst diesen Hochstand hier auf dem parallel nächstgelegenen Forstweg im Wald; wenn es im Bestand dämmerig wird, pirschen wir

dann mit gutem Wind vorsichtig zur Feldkante vor. Robert und Constantin setzen wir zur Beobachtung auf die gedeckte Kanzel mitten im Feld. Nelhu, Sie und der Fahrer bleiben vorerst mit dem „Aro" an der Wegkreuzung stehen und leuchten mit dem Fernglas die umliegenden Felder ab. Falls ihr den Bock in Anblick bekommt, legen Sie Ihren Hut aufs Autodach, und zwar in die Ecke der betreffenden Richtung, dann weiß ich Bescheid. Bei Dunkelheit kehren wir von selbst zum Wagen zurück. Sollte es krachen, rührt ihr euch jedoch nur dann von der Stelle, wenn meine Frau mit ihrem Hut deutlich winkt!" Diese klaren Anweisungen gefielen den Rumänen offenbar, denn sie erhoben keinen Einwand mehr. Mein Plan basierte in erster Linie auf der simplen Erfahrung, daß jetzt kurz nach den Einstandskämpfen ein Platzbock seinen Standort wohl kaum auf die Dauer verwaist lassen würde; natürlich vorausgesetzt, es gab diesen Bock wirklich – aber soweit mußte ich den Rumänen schon vertrauen. Außerdem baute ich stark auf E.'s radarähnliche Beobachtungsgabe und ihren jagdlichen Instinkt. Wir waren seit vielen Jahren ein gut eingespieltes Duo: Wenn es ernst wurde, wußte jeder von uns genau, was er zu tun hatte; auf meine Partnerin konnte ich mich hundertprozentig verlassen. Daher auch meine strikten Instruktionen für den Fall, daß ich tatsächlich zu Schuß kommen sollte; bei den herrschenden Bodenverhältnissen war eine Nachsuche unter allen Umständen zu vermeiden. Soweit schien alles klar, jetzt brauchte nur noch der Bock mitzuspielen!

Als wir um Punkt 16 Uhr starteten, hatte der Regen tatsächlich nachgelassen und hörte dann – welch Wunder – zeitweise sogar ganz auf. Dennoch mußte der sichtlich erfahrene Chauffeur des staatlichen Geländewagens all seine Kunst aufbieten, um uns auf die vorgegebene Position zu bringen. Trotz Allrad, Untersetzung und Differentialsperre schlingerten wir nur sehr mühsam durch den tiefen Schlamm der aufgeweichten schweren Böden – „Tschernosjom", die berühmt-berüchtigte Schwarzerde der Ukraine! Schließlich verlief aber unser Aufmarsch genau nach Plan, und zufrieden saß ich alsbald mit E. auf dem ausgewählten Hochstand. Die etwa vier Meter hohe Kanzel ohne Dach war recht geschickt in einem raumen Eichenbestand am Kreuzungspunkt zweier Forststraßen plaziert, von der unsichtbaren Feldflur in Luftlinie etwa 200 Meter entfernt. Wenn der besagte Bock auf seinem Weg vom Tageseinstand hinaus zur Äsung hier durchwechseln sollte, könnten wir ihn dabei erwischen: vorausgesetzt, er kam nahe genug, denn viel Schußfeld bestand nicht.

So warteten E. und ich daher regungslos mit gespannter Aufmerksamkeit in bewährter Manier Rücken an Rücken. Es herrschte Windstille, und die Gelsen stachen uns erbärmlich. Zunächst bekamen wir nur einen schüchternen Jährlingspießer sowie später eine hochbeschlagene Altgais in Anblick. Immerhin, die Rehe waren unterwegs, wenngleich mit tropfnasser Decke. Zu hören war bei dem schwammfeuchten Waldboden natürlich nichts. Einige Hasen hoppelten an uns vorbei; sie rückten offenkundig zur Feldäsung aus, hoffentlich konnten sie auch schwimmen! Dann begann es langsam zu dunkeln, und wir baumten ab. Der bisherige Verlauf enttäuschte mich nicht wirklich, beruhten meine stillen Hoffnungen doch primär auf dem freien Feld. Ich prüfte die kaum merkbare Windrichtung mit dem Gasfeuerzeug: der Luftzug kam vom Feld herein uns entgegen und paßte demnach. „Du rechts, ich links!" teilte ich der auf Tuchfühlung hinter

mir schleichenden E. deren Beobachtungsseite zu; sie wußte ohnedies Bescheid und nickte bloß. Als Rechtsschütze war natürlich mein Rayon links. Den hochgehaltenen Repetierer schußbereit, mit der rechten Hand am Kolbenhals auf die Schulter zurückgelehnt, die Linke am umgehängten Zeissglas, so ging ich schrittweise vor. Hinter mir wußte ich Panthelina mit dem Bergstock in der linken Hand, die Rechte am Leitz-Trinovid und das Swarovski-Spektiv umgehängt.

Sollte meine Partnerin Wild auf kurze Distanz erblicken, so würde sie mich wortlos mit dem Bergstock leicht anstoßen; für mich das Zeichen, diesen zu übernehmen und die Büchse sogleich daran anzustreichen. Das Richtungssignal bekäme ich dann durch Augenkontakt übermittelt. Alles hundertfach geübt und langjährig erprobt.

Doch so angestrengt wir auch spähten, es ereignete sich nichts – bis wir die Feldkante erreicht hatten. Dann jedoch ging alles sehr schnell: „Da steht er ja schon!" flüsterte mir E. leise zu. Natürlich hatte wieder meine Frau als erste das auf rund 150 Meter Entfernung in der Gerstenfrucht stehende Reh erblickt – und auch gleich richtig angesprochen. Der Bock sicherte mit hohem Haupt zum Wald hin, also in unsere Richtung. Ob aus angestammter Vorsicht oder weil er doch schon etwas von uns wahrgenommen hatte, wird sich nie mehr klären lassen. Jedenfalls war keine Zeit zu verlieren. Ich riskierte noch ganz vorsichtig einen kurzen Blick durchs Fernglas – ja das mußte er sein: dicker Träger, weißer Grind, hoch aufhabend mit massigen, etwas enggestellten Stangen. Diese waren tropfnaß und prahlten daher im Abendlicht besonders stark. Da brauchte ich kein Spektiv mehr, und der Bergstock kam auch schon nach vorne. Die gute alte Mauserin fuhr auf – ganz deutlich hatte ich den breitstehenden Rehbock im Fadenkreuz. Um nur ja kein Risiko einzugehen, hielt ich bewußt hoch, direkt aufs Blatt, der Starke hat den Knall der 6,5 x 68 sicher nicht mehr vernommen! Er lag im Feuer, wenngleich vorerst für uns noch unsichtbar. Ich wußte, die schnelle Patrone – RWS 6,0 g Teilmantelspitz – wirkte verläßlich, obschon manchmal reichlich brutal. Aber ein größerer Ausschuß oder etwas Wildbretverlust waren mir tausendmal lieber als die Gefahr einer Nachsuche; zumal bei diesen, einem Reisfeld ähnlichen Verhältnissen. Nun war der Bann gebrochen: Panthelina fiel mir unter Weidmannsheil stürmisch um den Hals, während sie abwechselnd wie wild ihren Hut schwenkte – das vereinbarte Zeichen für unsere Begleiter! Tatsächlich hatten Nelhu und der Fahrer den Bock schon seit geraumer Zeit in Anblick und auch das Signal am Autodach gesetzt.

Im „Eifer des Gefechts" kamen wir gar nicht mehr dazu, darauf zu achten; die Dinge entwickelten sich einfach zu schnell. Aber jetzt preschte der „Aro" heran, und da das Licht noch ausreichte, sandte ich den Fahrer schnell zur Feldkanzel, um Robert und meinen Sohn zu holen. Währenddessen blieben wir noch am Feldweg stehen und schilderten dem Wildmeister aufgeregt den Geschehnisablauf. Ich hatte mir den Anschuß anhand einer markanten Feldblume genau gemerkt. Sobald der Jeep wieder zurück war, wies ich Constantin ein: ihm sollte die Freude vorbehalten sein, als erster am Bock zu stehen. Tatsächlich löste der Junior seine nicht allzuschwere Aufgabe auch tadellos, er hatte darin bereits Erfahrung. Als Constantin den längst Verendeten fand, rief er laut jubelnd: „Weidmannsheil, Papi!" Nun folgte auch Nelhu zum Anschuß nach, um den Bock zu bergen. Wildmeister, Sohn und Rehbock kamen erwartungsgemäß naß wie die

Ratten zurück. Hundertfünfzigprozentige Jagdpäpste mögen vielleicht ihre Näschen rümpfen, aber bei den gegebenen Verhältnissen sah ich durchaus keinen vernünftigen Grund, warum wir anderen an diesem Tag in der pitschnassen Frucht noch ein weiteres Vollbad nehmen sollten. Viel lieber erwartete ich meine Beute mit schon vorbereitetem Fotoapparat, so daß wir nach der feierlichen Überreichung von Bruch und letztem Bissen im schwindenden Licht noch recht gute Aufnahmen machen konnten. Daß ich dabei schlußendlich doch noch völlig naß wurde, stand auf einem anderen Blatt. Der Bock hielt, was sein Anblick durch das Fernglas versprochen hatte, und auch das Alter paßte mit geschätzten sieben bis acht Jahren durchaus; im Gegensatz zu den vorerwähnten Jagdpäpsten war ich in dieser Hinsicht mit meinem Urteil stets eher zurückhaltend.

Die einheimischen Berufsjäger hatten die Trophäe übrigens ganz richtig angesprochen sowie präzise beschrieben. Das Gehörn wog trocken mit kurzem Schädel 470 Gramm, und die spätere Bewertung dieses meines ersten Rumänienbocks ergab eine hohe Silbermedaille – Jägerherz, was willst du mehr!

Im Eiltempo brachte uns dann der brave Fahrer mit seinem leidgeprüften Vehikel raschestmöglich ins wohlig vorgeheizte Jagdhaus. Nach eiligem Umkleiden und Trocknen versammelte sich die Jägerschaft bald vollzählig im Speisezimmer zu einem zünftigen Festmahl, während Theresa und ihre Helfer in der Küche tatsächlich die von E. gewünschte frische Rehleber mit viel Zwiebeln köstlich zubereiteten. Bei der anschließenden Siegesfeier war natürlich meine Frau die Heldin dieses ereignisreichen Tages, welcher so übel begonnen hatte und schließlich doch noch einen erfolgreichen Abschluß fand. Der Abend im Präsidentenjagdhaus von Satu Mare gestaltete sich dann sehr stimmungsvoll, lang und auch feuchtfröhlich. Speziell die rumänischen Berufsjäger tauten richtiggehend auf: Sie hatten in uns gleichgesinnte Jagdkameraden gefunden und uns akzeptiert. Mich wiederum freute ganz besonders das mehrfach geäußerte Lob der Profis über meine erfolgreiche Planung der abendlichen Rehbockjagd. Ich wußte sehr wohl, daß die geradlinig stolzen Rumänen solches nur dann zollten, wenn sie es wirklich ehrlich meinten. Sehr interessant waren auch ihre diversen Schilderungen über das Jagdgeschehen der bewegten jüngeren Vergangenheit: Es hatte sich nämlich durchaus nicht immer alles tatsächlich so zugetragen, wie es in den westlichen Zeitungen stereotyp zu lesen stand. Die Uhr zeigte schon sehr spät bzw. früh, als wir endlich auseinandergingen und ins Lager rückten. Was uns betraf, so spielte dies allerdings keine Rolle, denn die folgende Frühpirsch ließen wir ausfallen. Unter der sachkundigen Leitung von Wildmeister Nelhu würden die tüchtigen Rumänen unseren versunkenen Ami-Panzer schon bergen, behutsam heimholen und hoffentlich auch gründlich reinigen. Es stand doch für die Mittagszeit des kommenden 21. Mai die Fahrt ins Revier Baia Mare auf dem von „Panthelina" so vorsorglich gemanagten Jagdprogramm!

Irgendwann im Lauf der Nacht hatte dann wohl auch Petrus ein Einsehen, denn als wir am fortgeschrittenen Morgen erwachten, schien die Sonne strahlend hell vom blauen Frühlingshimmel! Es versprach ein wunderschöner Jagdtag zu werden, und die Stimmung stieg weiter an, als wir unten vor dem Jagdhaus unsere braven Rumänen schon fleißig werken sahen: Gleich vier junge Burschen unterzogen den unversehrt eingelangten Chevrolet Blazer einer gründlichen Generalreinigung, während zwei

Berufsjäger mit der sorgfältigen Säuberung meiner bereits ausgekochten Bocktrophäe vom Vortag beschäftigt waren. Erstmals konnte ich bei Tageslicht die wunderbar rotbraune Färbung des reich geperlten Gehörns mit seinen blitzblank polierten Enden bewundern. Offensichtlich hatte der Rehbock vorzugsweise an Nadelgehölz gefegt, denn insgesamt erinnerte seine Hauptzier an ein Bergkrickel aus der Latschenregion.

Da schmeckte das verspätete Frühstück auf der gemütlichen Veranda gleich doppelt so gut! In aller Seelenruhe verschmausten wir die dargebotenen deftigen Köstlichkeiten und „dischgurierten" dabei über den bevorstehenden Jagdausflug in das etwa 50 Kilometer entfernte Revier Borlesti unweit der Stadt Baia Mare, dem ehemaligen Neustadt.

Die Fahrt dorthin wurde dann auch ein kulturhistorisch äußerst interessantes Erlebnis: In dieser als „Maramures" bekannten Region sind mehrere ethnische Minderheiten seit Jahrhunderten beheimatet, so etwa die aus Ungarn stammenden Szekler sowie deutsche Volksgruppen.

Wir passierten zahlreiche recht ursprünglich erhalten gebliebene Dörfer und Siedlungen, die mit auffallend malerischen Häusern und Volkstrachten die Vielfalt der Folklore der Maramures ausdrückten. Besonders markant war die weiße Bekleidung der Szekler mit ihren schwarzen Lammfellkappen, welche an die traditionelle Montur der Bergleute im österreichischen Salzkammergut erinnerte. Auch die allerorts beeindruckenden Holzbauten, meist kunstvoll verziert und reich bemalt, zeugten von jahrhundertealter Kultur und überliefertem Brauchtum. Insgesamt schien mir die ländliche Bevölkerung ein zwar genügsam karges, dafür aber beschaulich zufriedenes Leben nach althergebrachter Sitte zu führen – soweit sich dies aufgrund einer bloßen Durchreise beurteilen ließ. Die mittelgroße Stadt Baia Mare mit ihren rund 140.000 Einwohnern zeigte sich schon damals als modernes Bergbauzentrum mit Flugplatz und gut entwickelter Infrastruktur. Dort erwartete uns pünktlich der örtliche Jagdleiter Ing. Zirbu, welcher perfekt französisch sprach und sich hierdurch als ein Abkömmling zumindest der gehobenen Mittelschicht des früheren Rumänien auswies. Wir fuhren sogleich weiter in das angekündigte Revier Borlesti, im sanften Hügelland rund um Baia Mare gelegen. Der dort vorwiegende Laubwald war reich mit Dickungen durchsetzt und schien dem Wienerwald nicht unähnlich, nur viel uriger und von ungleich größerer Ausdehnung. Alles in allem ein ideales Biotop für Rehe, Sauen und auch Rotwild, wie unser überaus zuvorkommender Begleiter fachkundig erläuterte. Bei dieser Revierfahrt bekamen wir dann auch bereits am frühen Nachmittag mehrfach Wildschweinrotten sowie Rotkahlwild in Anblick. Mein Sohn Constantin, gleich seinem Vater mit gesundem Schlaf in rollenden Gefährten jeglicher Art gesegnet, hatte während der Herfahrt einen Mittagsschlummer eingelegt. Angesichts der Mutterbachen mit ihrer vielköpfigen, gestreiften Frischlingsschar „im Pyjama" wurde der Junior jedoch sogleich wach und zeigte sich hellauf begeistert.

„Hier müßte man im Winter eine Sautreibjagd abhalten, das Gelände erscheint mir dafür geradezu ideal geeignet!" bemerkte ich zu der hinter mir sitzenden E. und versuchte sogleich, diesen Gedanken auch in die Tat umzusetzen. Auf französisch sprach ich Ing. Zirbu darauf an, dieser war allerdings im Augenblick mit seinen Gedanken ganz

woanders: Bekümmert vermißte er seinen bislang ziemlich sicher bestätigten ungeraden Achterbock. Ich konnte den guten Mann beruhigen: „Monsieur, ce ne fait pas du tout, peut etre demain!" – alte Rehböcke hatten eben manchmal ihre Mucken! Tatsächlich glänzte der Gesuchte an diesem Abend beharrlich durch Abwesenheit, sooft wir auch seinen vermeintlichen Einstand umrundeten. Dafür wurden wir durch den fast pausenlosen Anblick einer Vielzahl anderen Wildes überreichlich entschädigt. Quasi als Krönung huschten auf dem Heimweg – schon in tiefer Dunkelheit – zweifelsfrei drei Wölfe im Scheinwerferlicht über die Straße! Ing. Zirbu bestätigte deren Vorkommen im Revier als Standwild, nur wären die grauen Räuber eben bekanntermaßen überaus scheu; auf einer winterlichen Schwarzwildjagd würden sie den Schützen für den Fall der Fälle sogar freigegeben. Ich war von diesem Revier sowie von dessen Jagdleiter hellauf begeistert! Wir vereinbarten auch gleich die kommende Frühpirsch für den nächsten Versuch auf den sagenhaften Achterbock. Leider war im Revier keine Übernachtungsmöglichkeit vorgesehen, und überdies wartete auf uns Ing. Varga im Jagdhaus von Satu Mare; andernfalls wäre ich gerne gleich vor Ort geblieben: Zahnbürste hin – Zahnbürste her, das ließ sich alles nachholen! So aber verabschiedeten wir uns zwangsläufig für diesen Abend von unserem so freundlichen Führer. Den Anfahrtsweg zur Frühpirsch ins Revier Borlesti sowie den genauen Treffpunkt sollte mir Ing. Varga anhand der Landkarte erläutern.

In stockdunkler Nacht langten wir wiederum in Satu Mare ein, und ich bemerkte mit einiger Sorge, daß der Himmel erneut völlig wolkenverhangen war – es roch geradezu nach neuerlichem Regen. Beim Abendessen erklärte mir Ing. Varga in seiner leicht chaotisch-hektischen Art die Wegstrecke. Da mir der Mann ohnedies unsympathisch war, hörte ich nur mit halbem Ohr hin; ich glaubte mir den Anfahrtsweg in etwa selbst gemerkt zu haben und würde den Treffpunkt am nächsten Tag schon finden. Dieser Übermut erwies sich später jedoch leider als Trugschluß, der sich dann noch bitter rächen sollte. Nach eiligem Imbiß – die allzukurze Nachtruhe würde sich in Anbetracht der Jahreszeit und Anfahrtsstrecke ohnehin kaum lohnen – trat ich vor die Haustür, um schnell nochmals nach dem Wetter zu sehen: da fielen bereits die ersten Tropfen vom nachtschwarzen Himmel!

Als am frühen Morgen des 22. Mai zu noch ganz finsterer Stunde der Wecker rasselte, trommelte der Regen in Rekordstärke herab; die durch das Schönwetter vom Vortag verabsäumte Niederschlagsmenge sollte nunmehr offenbar nachgeliefert werden. Es goß wie aus Kannen, dazu herrschte auch noch dichter Nebel. Tags zuvor war es recht spät geworden, darum wollten Frau und Kind an diesem Morgen daheim bleiben. Zudem bot das herrschende Schlechtwetter wahrlich keinen Anreiz, diesen Entschluß etwa zu revidieren. Freund Robert war auch nicht mehr verfügbar, denn ihn hatten dringende Sorgen anderer Jagdkunden bereits am Vortag nach Südrumänien gerufen; wir würden einander erst wieder in Budapest oder Wien treffen.

Also machte ich mich ohne Navigator notgedrungenermaßen allein auf den Weg nach Baia Mare. Dieser war streckenweise kaum zu erkennen, reichte doch die Seitensicht nicht einmal bis zum Straßenrand. Die großen Scheinwerfer meines Chevy-Panzers enthüllten nur eine weiße Wasserwand, außerdem liefen die Scheiben ständig an, wie auch immer ich die amerikanisch-üppige Tastatur der Belüftungs- und Klimaanlage einstellen mochte. Es war schier zum Verzweifeln! Mit Müh und Not buchstabierte ich mich anhand der Karte durch völlig überschwemmte Dörfer und „verfranste" mich mehrmals. Natürlich war um diese Nachtzeit bei den herrschenden Witterungsverhältnissen kein Mensch unterwegs, den ich nach der Route hätte befragen können – nur Jäger waren derart verrückt! Die am Vortag so flott abgespulten fünfzig Kilometer zogen sich endlos dahin. Aufgrund der miserablen Sicht und der latenten Aquaplaninggefahr – die mächtigen Ballonreifen schwammen mehr, als sie rollten – kam ich nur sehr langsam voran. Trotz des grauen Regenhimmels herrschte bereits vollstes Schußlicht, als ich endlich den Stadtrand von Baia Mare erreichte. Auch hier nichts als Wasser und nochmals Wasser! Der relativ große Flugplatz glich einem riesigen Badesee, man hätte darauf mühelos mit dem Motorboot fahren können; natürlich ruhte jeglicher Flugbetrieb. Nach langen Irrfahrten – Ing. Vargas verworrene Handskizze erwies sich als gänzlich nutzlos – gelangte ich schließlich zu jenem Ort im Stadtgebiet, an den ich mich als Treffpunkt vom Tag zuvor zumindest glaubte zu erinnern. Indes, diesmal sah alles völlig anders aus! Hier wartete niemand, weit und breit war kein Ing. Zirbu zu sehen. Mein verzweifelter Versuch, das Revier Borlesti auf eigene Faust anzusteuern, scheiterte bereits im Anfangsstadium – ich gelangte nur in mir völlig unbekannte Wald- und Wiesengegenden. Im Autoradio berichtete irgendein internationaler Sender in englischer Sprache laufend von europaweiten Überschwemmungskatastrophen: Zu diesem Thema hätte ich mühelos eine interessante Livereportage aus Nordwestrumänien beisteuern können!

Man konnte es drehen und wenden, wie man wollte, und so ärgerlich der Entschluß auch war – immer stellte ich mir den armen Ing. Zirbu irgendwo verzweifelt wartend vor – letztendlich blieb mir nur der schmähliche Rückzug nach Satu Mare. Somit war der alte Achterbock von Borlesti unbestreitbar mit 2 : 0 in Führung gegangen. Müde und reichlich frustriert, kam ich bei immer noch strömendem Regen gegen Mittag wiederum im Jagdhaus von Satu Mare an. Dort herrschte bereits Alarmstimmung: Man wähnte mich als vermißt und war soeben im Begriff, eine polizeiliche Suchmeldung zu veranlassen. Natürlich hatte Ing. Zirbu in Baia Mare an der richtigen Stelle endlos gewartet, wohingegen ich irrtümlich am falschen Platz stand. Nachdem ich schon mehrere Stunden überfällig war, hatte der Jagdleiter von Borlesti dann die Direktion in Satu Mare telefonisch benachrichtigt und durch seinen Anruf naturgemäß in helle Aufregung versetzt. All diese Mitteilungen meiner „Bodenbesatzung im Standquartier" vernahm ich nur mit halbem Ohr; mir stand der Sinn mehr nach heißer Dusche und einer gehörigen Portion Schlaf. Meinetwegen mochten sämtliche Rehböcke Rumäniens – ob Sechser, Achter oder auch Zehner – vorerst tun und lassen, was sie wollten.

Aber wie das Leben so spielt, die Ironie des Schicksals folgte auf dem Fuße: Gerade hatte ich mich mit einem gehörigen Grog unter die mollige Tuchent meines Bettes zurückgezogen, als im Jagdhaus das Diensttelefon Sturm klingelte. Am Rohr war niemand anderer als ein aufgeregter Ing. Zirbu aus Borlesti mit der sensationellen Meldung, in der dortigen Gegend sei die Sonne durchgebrochen und vor einer halben Stunde habe er, sage und schreibe, den so dringend gesuchten ungeraden Achterbock

friedlich äsend auf dessen angestammtem Platz inmitten einer großen Waldwiese in Anblick bekommen! Ich möge doch bitte sofort nach Baia Mare bzw. Borlesti losfahren, nach menschlichem Ermessen könne ich den Rehbock nun gewiß erlegen. Bei diesem verrückten Wetter wußte man nie, wie sich die Dinge weiterentwickeln würden. Natürlich hatte der Mann völlig recht, man mußte die Feste feiern, wie sie fielen, und dies galt ganz besonders für die Jagd auf alte Kapitalböcke. Also nichts wie raus aus dem Bett, rein in die Klamotten, und schon startete die wilde Hetzjagd nach Borlesti, diesmal allerdings mit gleich zwei rumänischen Berufsjägern als Lotsen an Bord. In Satu Mare strömte immer noch der Regen vom Himmel. Angesichts der sich solcherart überschlagenden Entwicklung war meine Familie nicht schnell genug marschbereit, und es mochte auch zutreffen, daß E. vom Erfolg der aus Borlesti „ferngesteuerten Aktion" nicht so ganz überzeugt war. Jedenfalls wurde ich von den meinigen mit Kuß sowie Weidmannsheil verabschiedet, und schon befand sich der jagdverrückte Familienvater bereits wieder auf rasender Fahrt exakt in dieselbe Richtung, aus der er eben noch mehr oder minder aufgelöst eingetroffen war! Tatsächlich wurde das Wetter immer besser, je näher wir unserem Ziel kamen. Im Vergleich zu meiner morgendlichen Odyssee in stockdunkler Nacht durch unbekannte Gebiete war natürlich die nunmehrige Reise das reinste Vergnügen, zumal mir die rumänischen Begleiter – selbst vom Jagdfieber gepackt – praktisch jede Kurve millimetergenau ansagten. Unter diesen ralleyähnlichen Bedingungen schaffte der Chevy mit der volldröhnenden Kraft seines achtzylindrigen Motorherzens die Strecke nach Borlesti in historischer Bestzeit. Am verabredeten Revierort warteten Ing. Zirbu sowie drei weitere Jäger bereits mit Anzeichen höchster Ungeduld. Ich mußte die guten Leute erst einmal mit Cognac beruhigen und ließ mich dann in die Lage einweisen.

Auf ein paar Minuten kam es jetzt wirklich nicht mehr an; das Risiko, den alten Bock durch eine unachtsam überstürzte Aktion zu vergrämen, schien mir ungleich größer. Schließlich schien noch die Sonne vom blauen Himmel, und es war erst 17 Uhr 30 rumänischer Ortszeit. In nur mühsam beherrschter Aufregung schilderte mir Ing. Zirbu die Verhältnisse am vermeintlichen Ort des Geschehens: Dieser war zunächst gar nicht weit entfernt, also schien Ruhe geboten. Es handelte sich um eine etwa zehn Hektar große Waldwiese, noch ungemäht vor dem Frühjahrsschnitt und umgeben von dichtem Eichenjungwald. Im Zentrum derselben war eine große, zweistöckige Kanzel errichtet, von der aus die Jägerei den betreffenden Rehbock bisher regelmäßig beobachtet hatte. Letzterer schien im übrigen unverkennbar, denn sein ideal ausgelegtes, hohes und dunkles Gehörn zeigte auf der linken Stange einen zweiten, mehr als fingerlangen Kampfsproß. Der langjährig bekannte Platzbock wies diese Abnormität heuer zum ersten Mal auf, und Ing. Zirbu schätzte sein Alter auf etwa 8 Jahre. So weit, so gut.

Zum Glück paßte der Wind einigermaßen. Allerdings kam der ursprüngliche Jagdplan, den Bock von der besagten Kanzel aus sozusagen zu ersitzen, vorerst nicht in Betracht. Wohl durch das plötzliche Schönwetter verführt, war ja der Achter bereits um die Mittagszeit im hellen Sonnenschein auf seine altgewohnte Wiese ausgezogen. Somit bestand die naheliegende Gefahr, ihn bei der Annäherung zum Hochstand im hohen Gras zu vertreten. Also wurde unsere kopfstarke Jägerkorona zu ihrem Mißvergnügen

zunächst einmal am Treffpunkt abgelegt. Dann pirschten lediglich Ing. Zirbu und ich bei gutem Wind durch den regenfeuchten Laubwald vorsichtig zum oberen Rand der betreffenden Wiese, um dort die aktuelle Lage zu rekognoszieren. Ich hatte dem Jagdleiter mein Spektiv sowie den Bergstock übergeben und ging ganz langsam schrittweise in die mir bezeichnete Richtung voran. Mein rumänischer Begleiter folgte stets dicht hinter mir – er hatte quasi E.'s Rolle übernommen. Immerhin konnte der Bock durchaus auch irgendwo im umliegenden Wald stehen oder niedergetan sein. Doch ohne Vorkommnisse erreichten wir den Waldrand und somit die Wiese; sie schien mir noch größer als geschildert. In ihrem Zentrum prangte, wie angekündigt, das übliche Monstrum eines „Observatoriums" rumänischer Bauart. Durch Randbüsche gedeckt, erkletterte ich dann einen alten Windwurfstock und begann, die vor mir gut überschaubar liegende Fläche genau abzuglasen. Nach einiger Zeit konnte ich ziemlich am gegenüberliegenden Waldrand ein im Gebäude starkes Reh entdecken, welches irgendwelche Zweige naschte. Spektiv her! Tatsächlich entpuppte sich im 30fachen Swarovski das fast fertig rot verfärbte Stück als der gesuchte Achterbock: an seiner linken Stange konnte ich deutlich ein langes, zusätzliches Ende erkennen.

Das nichtsahnende Objekt unserer innigen Wünsche stand jedoch weit außerhalb der Schußdistanz und wäre auch von der Kanzel aus nicht zu erlangen gewesen.

Es blieb nur eine weite Umgehung durch den Wald, zum Glück war der Laubboden ja noch völlig durchnäßt und erlaubte so ein geräuschloses Pirschen. Leise flüsternd verständigte ich mich mit meinem Begleiter. Dann rückten wir im besagten Eichenhain parallel zum Wiesenrand vorsichtig vor, die Windrichtung laufend mit dem Gasfeuerzeug prüfend. Unser Ziel war eine kleine, in die Wiese hineinreichende Waldzunge; von dort mochte es gehen. Natürlich immer vorausgesetzt, der Bock würde bis dahin seinen Standort in etwa beibehalten. St. Hubertus hatte ein Einsehen: Zwar peinigten uns die Gelsen im schwülen Bestand fürchterlich, doch wir erreichten die angestrebte Position ohne Störung.

Ganz vorsichtig, wie auf einem Minenfeld, schob ich mich unmittelbar bis zum letzten Randbaum vor, und richtig, da war unser Achter wirklich noch am alten Platz! Ohne jede Hast genehmigte er sich ein Blättchen hier und ein anderes dort, ganz vertraut im hellen Sonnenschein den Waldrand entlangäsend.

Die Entfernung betrug nur knapp hundert Meter. Ich konnte die brave Mauserin bequem an einer Jungeiche anstreichen, und als sich der Rehbock einmal breit stellte, tippte ich auf den längst eingestochenen Abzug. Die bewährte 6,5 x 68 ließ den Altbock wie gewohnt im Feuer einfach versinken. Jetzt war der temperamentvolle Ing. Zirbu, welcher sich bis dahin mustergültig an meine Anweisungen gehalten hatte, einfach nicht mehr zu bremsen. Sicher hatte er die Schußwirkung durch sein Fernglas mitbeobachtet und wußte ebenfalls, daß der Bock am Anschuß verendet liegen sollte. Ich sage bewußt „sollte", denn ganz sicher ist bei der Jagd gar nichts! Also folgte ich, die durchrepetierte Büchse schußbereit im Halbanschlag, meinem Begleiter quer durch das hüfthohe, immer noch tropfnasse Gras. Auf direktem Wege steuerten wir die betreffende, leicht auffindbare Stelle am Waldrand an. Doch alle Vorsicht war überflüssig, wie erwartet lag der ungerade Achter, mit Blattschuß längst verendet, unmittelbar am Anschuß. Die hochinteressante

Trophäe bereitete ebensoviel Freude wie das vorangegangene, aufregende Jagderlebnis. Der ansonsten wohl regelmäßige Sechser hatte offenbar in der Bastzeit, wahrscheinlich von einer Wespe, einen Insektenstich in die linke Stange erhalten. Die hierdurch hervorgerufene Infektion bewirkte die Ausbildung eines 12 cm langen, zweiten Vorderendes über dem regulären Kampfsproß der linken Stange. Dieses Achterende unterschied sich optisch gar nicht, bei genauerer Untersuchung nur durch seine Porosität vom sonstigen Stangenaufbau. Hiermit war auch klar, warum der bekannte Bock nur in diesem Jahr ungerade acht Enden zeigte, wogegen er in den Vorjahren stets ein, allerdings kapitales, normales Gehörn geschoben hatte. Letzteres deutete durch seine durchwegs dunkelbraun-matte Färbung auf einen typischen Laubwaldbock hin. Ing. Zirbus ursprüngliche Altersschätzung von mutmaßlich acht Jahren dürfte ebenfalls hinkommen, ich persönlich bin in dieser Beziehung mit apodiktischen Behauptungen lieber zurückhaltend vorsichtig. Alles in allem jedenfalls ein echter Erntebock, der die vorangegangenen Mühen fraglos wert war und später bei der Trophäenbewertung eine Goldmedaille erhielt. Doch viel bedeutsamer als alle Punkte wogen für mich das Erlebnis und die Begleitumstände dieses wirklich noch ursprünglichen Weidwerkens.

Auf den Schuß hin waren die übrigen rumänischen Jäger – nicht ganz auftragsgemäß, aber verständlicherweise – nachgekommen und gratulierten mir stürmisch mit Weidmannsheil. Die Glückwünsche dieser noch unverdorbenen Naturburschen kamen sichtlich aus ehrlichen Herzen und bereiteten mir zusätzlich eine besondere Freude. Bei herrlichem Sonnenschein und in aller Ruhe konnte ich dann unsere seltene Beute aus sämtlichen Blickwinkeln ausgiebig fotografieren. Über das Diensttelefon der örtlichen Forstverwaltung wurde die Erfolgsmeldung schließlich meiner Familie nach Satu Mare übermittelt. Selbst durch den Draht muß ich dabei sehr euphorisch geklungen haben, denn meine liebe Ehefrau reagierte sogleich ebenso konziliant wie praktisch: „Ein ganz besonders kräftiges Weidmannsheil! Jetzt wirst du mit den Jägern dort sicherlich noch länger feiern wollen, da sage ich die morgige Frühpirsch hier besser gleich ab. Vielleicht kannst du bei dieser Gelegenheit auch nochmals wegen einer Saujagd im Winter anklopfen. Laßt euch bloß nicht hetzen und fahrt schön gemütlich nach Hause!"

Die gute Panthelina schätzte die Dinge, die da nunmehr folgen würden, wie immer goldrichtig ein. Nach diesem „plein pouvoir" rückten wir, noch immer bei vollem Tageslicht, im Triumphzug in die kleine Siedlung Borlesti ein. Dort improvisierten die Rumänen in der dörflichen Schenke alsbald ein zünftiges Jagdfest. Der „Palinka", ein örtlicher Marillenbrand, floß in Strömen – beinahe wie zuvor der Regen. Hierbei lernte ich dann auch sämtliche einheimischen Jagdgrößen kennen, die natürlich alle kommen mußten, den erlegten Rehbock bewunderten und mit mir kräftig Weidmannsheil tranken. Kurzum, es wurde eine großartige Fete, die bis in die späten Nachtstunden hinein andauerte. Meine neugewonnenen rumänischen Jagdfreunde ließen sich nicht lumpen: Sie tischten an Speis und Trank auf, was die Region nur hergab – das war nicht gerade wenig! Im geeignet erscheinenden Moment brachte ich gesprächsweise nochmals das Thema einer winterlichen Sautreibjagd aufs Tapet und ließ mein Anliegen durch Ing. Zirbu auch gleich dem anwesenden Wortführer der rumänischen Jagdgenossen vortragen. Für dieses Vorhaben benötigten wir nämlich außer dem Jagdvertrag mit der staatlichen

Verwaltung unbedingt auch die tatkräftige Mithilfe der örtlichen Jägerschaft, andernfalls wäre ein Mißerfolg schon vorprogrammiert gewesen. In der gelösten Stimmung bedurfte es nicht viel, die Jagdgranden von Borlesti dafür zu begeistern: Jawohl, „mistress" – Wildschweine gab es in Hülle und Fülle, manche so groß wie die Bären, und auf den Feldern würden sie auch reichlich zu Schaden gehen. Also nur her mit den Saujägern aus dem fernen Germania! Die Organisation würden sie, die Rumänen, schon besorgen! Anfang Dezember wäre die beste Jahreszeit, Salute! Schon stand die nächste Runde Palinka in beachtlich geräumigen Stamperln vor uns, denn auf eine so großartige Idee mußte natürlich sofort angestoßen werden! Diese geplante Schwarzwildjagd fand dann auch tatsächlich statt, doch davon sei an anderer Stelle berichtet.

Der weitere Verlauf unserer stürmischen Rehbockfeier ist mir nur mehr dunkel, die Rückfahrt aus Borlesti jedoch gar nicht mehr in Erinnerung. Jedenfalls sind wir letzten Endes im Jagdhaus von Satu Mare heil angekommen; an Alkotests dachte damals zumindest in der dortigen Gegend kein Mensch, schon gar nicht bei den wenigen westlichen Gastautos.

Dafür erwachte ich am nächsten Morgen reichlich spät mit einem gehörigen Brummschädel; offenbar hatten die Kellermeister von Borlesti bei ihrem Palinka die Marillenkerne auch gleich mitgebrannt! Dementsprechend sonnte ich mich genüßlich im Glanz meiner bisherigen Jagderfolge, und so wurde dieser 23. Mai mehr Rasttag als Jagdtag; auch nicht schlecht, schließlich waren wir nicht hierhergekommen, um Massenstrecken zu erlegen. Die am Vortag aus Satu Mare mitgereisten „Lotsen" hatten ihren heimatlichen Jagdkameraden das Bacchanal von Borlesti offenbar brühwarm geschildert, denn beim Frühstückskaffee überraschte uns Nelhu mit einer Einladung nunmehr der Jägerschaft von Satu Mare zu einem „typisch rumänischen Mittagspicknick im Wald"! Selbiges gleich am heutigen Tage, weil es gerade nicht regnete. Natürlich konnten und wollten wir diese freundliche Geste nicht abschlagen, speziell Constantin war sofort Feuer und Flamme für den Ausflug. So sorgte man rührenderweise dafür, daß mein Alkoholspiegel nicht in ungebührliche Tiefen absank! Die Rumänen gaben sich dann aber wirklich viel Mühe und gestalteten dieses Picknick zu einem besonders netten Erlebnis. Die nötigen Zutaten kamen per Pferdekutsche – diesmal mit einem manierlichen Jäger als Rosselenker – stilgerecht angefahren, wir lagerten auf ausgebreiteten bunten Wolldecken, und bald flackerte auch ein fachgerecht abgesichertes Lagerfeuer.

Hierauf brutzelten duftende Koteletts von Wild und Schwein, Speck, diverse Würste, schmalzgetränkte Brotschnitten, Folienkartoffel und andere Köstlichkeiten mehr. Dazu gab es den bereits bekannten Landroséwein, aus einer großen, dickbauchigen Korbflasche serviert. Es folgten noch Kaffee und Kuchen sowie der allgegenwärtige Palinka. Das Wetter spielte prächtig mit, die gesamte Jagdkorona samt Hauspersonal war vollzählig zur Stelle, und einträchtig saßen wir wie eine große Familie um das romantische Feuer versammelt. Es verstand sich von selbst, daß dann auch diverse Jagdgeschichten, wahre und gut erlogene, bunt gemischt zum besten gegeben wurden. Wir blieben beisammen, bis die späte Frühlingssonne hinter den unendlich scheinenden Wäldern verschwand – an eine Abendpirsch dachte in Wirklichkeit niemand mehr. Zum

Schluß schenkten uns die gastfreundlichen Rumänen noch die bis auf den letzten Tropfen geleerte Korbflasche: diese ist als mir besonders liebes Erinnerungsstück noch heute in meinem Besitz – es sind die kleinen Dinge im Leben, die wirklich zählen! Hierunter fiel sicherlich jenes stimmungsvolle Waldpicknick im frühsommerlichen Nordrumänien nahe der Grenze zur Ukraine. Diese nette Einladung und das ganze „Drumherum" unseres damaligen Jagdurlaubes werden mir als Inbegriff fröhlicher Jagdkameradschaft sowie abwechslungsreichen und harmonischen Weidwerkens für immer in dankbarer Erinnerung bleiben. Lediglich um den Schein zu wahren, marschierten Nelhu und ich dann doch noch mit geschulterter Büchse heimwärts in Richtung Jagdhaus, aber das war wohl mehr ein bewaffneter Spaziergang.

Auf Licht folgt bekanntlich Schatten und auf Sonnenschein Regen. Diese uralte Erfahrungstatsache bewahrheitete sich im buchstäblichen Sinne am 24. Mai 1991, dem folgenden und vorletzten Jagdtag unserer Reise. Zunächst begrüßte uns gleich am Morgen ein wolkenverhangener Himmel mit feinem, aber stetigem Landregen; dieser sollte bis zum Abend unverändert anhalten. E. und Constantin wollten an diesem Vormittag in Begleitung eines freundlichen Försters den Marktplatz von Satu Mare durch ihren Einkaufsbummel unsicher machen. Statt auf Rehböcke zu jagen, stöberten sie nach Souvenirs und Volkskunststücken. Also rückten Nelhu und ich als einsames Infanterieduo aus. Nach bewährter Manier wollten wir vor allem im Hochholz pirschen. Unter dem Blätterdach alter Eichen und Buchen war bei diesem Strichregen noch am ehesten mit Anblick zu rechnen, außerdem ermöglichte der schwammartig aufgeweichte Waldboden ein lautloses Fortbewegen. Von der Schönwetterlage der vergangenen anderthalb Tage fraglos verwöhnt, trotteten wir eher mißmutig und unkonzentriert durch die Gegend. Die Strafe hierfür folgte auf dem Fuße: Wir passierten gerade einen parkähnlichen Alteichenbestand, als der diesmal führende Nelhu plötzlich ruckartig stehenblieb. Sehr vorsichtig deutete er nur mit dem Kopf nach vorne, doch ich konnte zunächst nichts erblicken. Erst nachdem ich aus schräg rechter Position ganz dicht hinter meinen Begleiter aufgeschlossen hatte, war auch für mich der Blickwinkel zum Grund seiner Aufmerksamkeit frei: Vor uns verhoffte, nur knapp fünfzig Meter entfernt und durch einen mächtigen Eichenstamm halb verdeckt, ein unverkennbar alter Rehbock. Dieser hatte uns zweifellos längst wahrgenommen und regelrecht auflaufen lassen. Der Bock stand scheibenbreit mit dem Haupt nach rechts; letzteres sowie Vorschlag und Blatt waren für mich frei sichtbar, nur die hintere Hälfte des Wildkörpers deckte der besagte Baum. Bereits mit bloßem Auge erkannte ich eine eisgraue Maske und darüber auf dem gedrungenen Haupt ein knuffiges, nicht allzu hohes Gehörn.

Für ein Ansprechen durchs Fernglas war da keine Zeit mehr: Ich nahm sogleich die Büchse hoch und sah im Zielfernrohr auf die kurze Distanz deutlich das Entsetzen in den Lichtern des Rehbockes. Der alte Herr sicherte regungslos zu uns her; er war zweifelsohne bereits im Begriff, abzuspringen. Hier ging es um Sekundenbruchteile!

Der folgende Ablauf vollzog sich in rasendem Tempo, viel schneller als ich es nun mit Worten beschreiben kann: Nur mehr im Unterbewußtsein nehme ich wahr, wie Nelhu sachte nickt und mit den Lippen ein unhörbares „P" formt: „Pistare – Schießen!" Gleichzeitig mit dem Anschlag hat meine frei werdende Linke automatisch den an die

Schulter gelehnten Bergstock übernommen und zum Vorderschaft geführt. Solcherart freihändig angestrichen, steht das Fadenkreuz ganz ruhig am Blatt, als ich den Abzug betätige. Mit peitschendem Knall faucht die 6,0-Gramm-Teilmantelspitz aus dem Lauf. Doch zu meinem unsagbaren Erstaunen, das sich alsbald in Entsetzen verwandelt, bleibt die erwartete Wirkung völlig aus! Im Schuß steht der Bock noch einen winzigen Augenblick lang still, dann springt er mit lautem Schrecken ab, bis er schließlich im raumen Bestand ganz verschwunden ist. Wie gelähmt blicke ich ihm nach und kann das Offensichtliche einfach nicht begreifen: glatt gefehlt! Auf diese kurze Distanz! Diesmal vergaß ich sogar das Repetieren, aber ein zweiter Schuß wäre ohnedies nicht mehr möglich gewesen. Mit ungläubiger Miene blickte ich den neben mir stehenden Nelhu an und muß dabei ein selten dummes Gesicht gemacht haben.

Es war ja auch wirklich nicht zu fassen, aber leider wahr!

Natürlich suchten wir sogleich den Anschuß mit penibelster Sorgfalt ab, folgten der auf dem nassen Waldboden gut sichtbaren Fluchtfährte, kehrten wieder zum Anschuß zurück und überprüften, ob vielleicht ein Hindernis die Kugel abgelenkt haben könnte – nichts, alles Fehlanzeige! Ich hatte den ruhig breitstehenden Bock auf die lächerlich kurze Distanz glatt gefehlt, daran war nicht zu rütteln. Nunmehr erläuterte mir Nelhu, daß er diesen Rehbock schon seit Jahren kannte und auch mehrere dessen offenkundiger Nachkommen. Der von mir beschossene Alte sei besonders heimlich, wenngleich an sich standorttreu.

Da nun wirklich nichts zu ändern und der alte Platzbock vorerst einmal gründlich vergrämt war, verließen wir den Ort des unglückseligen Geschehens. In jeder Beziehung wie die begossenen Pudel wandten wir uns heimwärts, in Richtung Jagdhaus. Auf halbem Wege fand sich ein passender Platz für den nun fälligen Probeschuß – vielleicht hatte doch die Optik etwas abbekommen? Mit dieser insgeheimen Unterstellung tat ich aber meiner braven Mauserin und auch dem Herrn Kahles Unrecht: ein aufgelegt abgegebener Probeschuß auf hundert Meter Distanz saß exakt im Zentrum des als Ziel an einen Stamm gehefteten Blatt Toilettenpapiers. Der Fehler lag einzig und allein bei mir, ich hatte offensichtlich übereilt geschossen. Roma locuta, causa finita!

Reichlich belämmert und total durchnäßt kamen wir schließlich im Jagdhaus an. Bei unablässig plätscherndem Regen trafen dort auch bald unsere Einkäufer aus Satu Mare ein, sie waren ebenfalls nicht besonders erfolgreich gewesen.

E. wußte aus langjähriger Erfahrung, daß ich in solchen Situationen mit mir allein selbst ins reine kommen mußte; somit unterblieben weitere Erörterungen. Auch Nelhu äußerte bloß diplomatisch: „Jeder von uns hat schon mal gefehlt; Abfahrt zur Abendpirsch um 16 Uhr!" – und weg war auch er.

Zur genannten Zeit zogen wir in voller Besetzung zu unserer eigentlich letzten Pirsch aus; das Beiwort bezieht sich auf meinen heimlichen Entschluß, notfalls doch noch die Frühpirsch am folgenden Tag für einen weiteren Versuch auf den tags zuvor gefehlten Altbock „draufzugeben". Zwar war der 25. Mai als Reisetag vorgesehen, doch die erste Etappe nach Budapest konnten wir genausogut am Nachmittag absolvieren.

Aber vorerst kurvten wir noch im abendlichen Schnürlregen mit dem Chevy rund um den ominösen Eichenbestand wie die Katze um den heißen Brei. Jetzt konnte ich auch

Panthelina und Constantin den Ablauf der morgendlichen Tragödie an Ort und Stelle darlegen. Natürlich blieb unser Bock unsichtbar, er war wohl gründlich vergrämt. Trotz des unwirtlichen Wetters bekamen wir allerhand sonstiges Wild in Anblick, darunter sogar einige passable Rehböcke. Doch ich war ganz auf den gefehlten fixiert: diesen einen oder keinen mehr! Nelhu – als erfahrener Begleiter auch schwieriger Jagdgäste – zeigte für meinen Standpunkt Verständnis.

Dann ließ der Regen etwas nach, und wir stellten den Geländewagen ab, um noch eine kleine Fußpirsch zu unternehmen – sozusagen jagdlicher Familienwandertag. Ohne besonderes Ziel bummelten wir im Gänsemarsch einige verregnete Dickungen entlang, da stand auf einmal eine mittlere Sau vor uns, direkt am Weg: Ein mugelfeister jüngerer Keiler botanisierte im aufgeweichten Boden nach irgendwelchen Leckerbissen. Entweder überfiel Nelhu bei diesem Anblick selbst der Appetit, oder er wollte wirklich nur ein Pflaster auf meine wunde Schützenseele legen, jedenfalls raunte mir der Wildmeister zu: „Bitte schießen – Einladung, Deputat für Küche!" Das ließ ich mir nicht zweimal sagen, nahm am Bergstock angestrichen tiefblatt Maß und schickte die giftige 6,5 x 68 auf ihre rund 120 Meter weite Reise. Das Resultat war echt verblüffend: Die aufgebrochen sicherlich hundert Kilogramm schwere Sau lag im Feuer wie – man verzeihe mir den unweidmännischen Ausdruck – ein Sack, dem man plötzlich die Luft ausgelassen hat. Ein bei Schwarzwild ungewöhnliches Schußzeichen! Vom Morgen her noch verunsichert, befürchtete ich trotz allem einen Krellschuß und näherte mich meiner Beute in voller Schußbereitschaft. Aber es war wie geschildert, das hochrasante kleine 6,0 g Geschoß hatte seine volle Wirkung im Wildkörper entfaltet und auch keinen Ausschuß hinterlassen; der Einschuß saß wie beabsichtigt. Der dreijährige Keiler zeigte beim Aufbrechen ungewöhnlich viel Weiß, und für sein Alter waren die Waffen mit 16 Zentimetern Hauerlänge auch bereits recht ordentlich. Unser Sohn Constantin, der schon von klein auf eine seltene Begeisterung für die rote Arbeit und jeglichen Umgang mit Wildbret entwickelt hatte, war beim Aufbrechen und der nachfolgenden Bringung der Sau natürlich in seinem Element: mit dem kleinen rot-silbernen Schweizermesser half er tatkräftig mit und sah dann auch dementsprechend aus.

Die fanatischen Vegetarier oder Jagdgegner der seltsamen heutigen Zeit hätten beim Anblick des fünfjährigen Jungen wohl einen Schreikrampf bekommen!

Wir aber waren bester Laune und führten den wohlgenährten Schwarzkittel wie geplant seiner natürlichen und zweifellos ursprünglichsten Bestimmung, nämlich der Jagdhausküche, zu.

So hatten wir am letzten Abend doch noch einen guten Grund zum Feiern, wenngleich unsere Gespräche immer wieder zum selben Thema zurückkehrten: dem altem Rehbock vom Eichenwald mit seinem knuffigen Gehörn! Natürlich hatte ich mich bei meiner Familie längst mit dem Entschluß durchgesetzt, unsere Abreise um den bewußten halben Tag zu verschieben.

Nach dem köstlichen Dessert – Theresa hatte sich mit Pflaumenpalatschinken in Vanilleeis selbst überboten – schlug ich Nelhu bei mehreren Gläsern vom rumänischen Landroséwein für die tags darauffolgende Frühpirsch eine besondere Strategie vor: Ich hatte diese in einem ähnlichen Fall bereits 17 (!) Jahre zuvor im österreichischen

Ötscherland bei Mariazell mit Erfolg angewendet und mich nun wieder daran erinnert. Mein Jagdplan fußte auf drei Grundvoraussetzungen: Erstens ein standorttreuer Platzbock in einem möglichst übersichtlichen Hochholz, zweitens eine konstante Windrichtung und drittens Bodenverhältnisse, die ein weitgehend geräuschloses Pirschen ermöglichen. Diese Bedingungen schienen mir vorliegendenfalls erfüllt. Dann empfiehlt es sich nämlich, die betreffende Waldpartie systematisch in parallelen Streifen abzusuchen, wobei man allerdings jedesmal eine weite Umgehung vornehmen und wiederum aus derselben Richtung bei gleichem Wind den nächsten Sektor in Angriff nehmen muß. Irgendwann einmal stößt man so zwangsläufig auf den gesuchten Rehbock, natürlich vorausgesetzt, er ist auch vorhanden. Eine aufwendige und zeitraubende, bei den passenden Verhältnissen jedoch durchaus erfolgversprechende Jagdmethode!

Nelhu schien meine Taktik plausibel, und gemeinsam legten wir anhand der Revierkarte unser Pirschprogramm für den nächsten Tag im Detail fest. Wir würden schon zeitig aufbrechen und hofften überdies auf ein Nachlassen des Regens.

Unsere Gebete wurden vom obersten Jagdherren erhört, denn als wir am nächsten Tag noch in der Dunkelheit vor das Jagdhaus traten, hatte das Wetter umgeschlagen und es empfing uns ein prachtvoll sternenklarer Himmel. Bei merklicher Kühle und nur leichtem Westwind machten wir uns zu Fuß auf den Weg, im Osten dämmerte erst ganz blaß der neue Tag heran. Um nur ja keinen Lärm zu riskieren, verzichteten wir bewußt auf den Geländewagen, zumal unser Operationsgebiet ohnedies nicht allzu weit entfernt lag. Nach mehrfacher Windprüfung erreichten wir schließlich bei erstem Schußlicht den wohlbekannten Eichenwald, zumindest der Anmarsch war ohne Störung gelungen. Wir hatten jede denkbare Eventualität vorab besprochen, weil es war klar, daß der bereits an und für sich heimliche Rehbock auf den Schuß vom Vortag hin noch „heikler" geworden sein mußte. Andererseits bestand auch die naheliegende Gefahr einer Verwechslung mit einem der Söhne oder Enkel des Alten. So war Nelhu, der den Bock ja kannte, in erster Linie für das Ansprechen verantwortlich. Er sollte mir den Bergstock nur dann nach vorne reichen, wenn wirklich der Richtige in Anblick kam, das war das vereinbarte Zeichen. Ich vorne, der Wildmeister dicht hinter mir, in dieser Formation nahmen wir den ersten Streifen in Angriff. Wir begegneten nur einer Schmalgais, die zum Glück, ohne zu schrecken, absprang. Nach einer Strecke von rund zwei Kilometern war der Wald zu Ende. Also folgte der erste Umgehungsmarsch auf der übernächsten Waldstraße. Dann drangen wir erneut auf leisen Sohlen wie die Indianer in den beeindruckenden Dom alter Eichen ein. Diesmal gab es einen Fehlalarm: Vor uns äste ein wohl zweijähriger Rehbockjüngling. Dieses Spielchen wiederholte sich noch mehrmals in ähnlicher Besetzung. Insgesamt pardonierten wir drei oder vier der hoffnungsvollen Sprößlinge des gesuchten Platzbockes. Aber gegen acht Uhr morgens und nach einer Wegstrecke von mehr als dreizehn Kilometern – wir haben dies später auf der Revierkarte nachgerechnet – war es dann endgültig soweit: Rein routinemäßig blickte ich wieder einmal rundum durch den Bestand, und da stand „Er" halbrechts hinter (!) mir, uns bereits wieder mißtrauisch nachäugend. Der alte Schlaumeier hatte sich erneut regelrecht übergehen lassen!

Doch diesmal war die Gunst des Schicksals auf unserer Seite. Da reichte mir Nelhu auch schon den Bergstock, ich strich an und setzte ohne langes Zuwarten dem Bock die Kugel auf den Stich. Er lag im Feuer. Die ganze Aktion war derart schnell abgelaufen, daß mir erst nachträglich Zweifel kamen, ob ich nicht etwa den falschen Bock geschossen hatte. Der Wildmeister mußte meine Bedenken erraten haben, denn er schlug mir begeistert auf die Schulter und rief: „Weidmannsheil, es ist der Alte!" Davon wollte ich mich nun aber selbst überzeugen: Nach exakt 112 Meterschritten standen wir beim längst verendeten Hausherrn des Eichenhains. Vor uns lag ein Altbock mit gedrungenem Gehörn, der wohl in der Stangenhöhe schon etwas zurückgesetzt hatte. Auch der Zahnabschliff deutete auf neun bis zehn Lebensjahre hin.

Und – welch seltsame Duplizität der Fälle! – auch seine schaufelartig verbreiterten Hinterenden blendeten beiderseits leicht auf acht, exakt so wie jene des alten Lambachschlagbockes aus dem Gösinger Ötscherland von 1974, dessen seinerzeitige Erlegung ich zum Muster unserer erfolgreichen Pirsch genommen hatte! Symbolhaft und stilvoll wie sein Domizil war auch der letzte Weg des alten Rumänenbockes. Nach der feierlichen Bruchüberreichung und ausgiebigem Fotografieren wurde unser Stammvater der Rehböcke aus dem gleichfalls alten Eichenwald von Satu Mare nicht etwa in den Kofferraum einer stinkenden Bezinkutsche verfrachtet: Nein, diesen Rehbock trugen wir nach alter Sitte zu Fuß zum Jagdhaus, so wie wir am Morgen per pedes zu seiner Erlegung aufgebrochen waren.

Die gute E. brachte nach herzlicher Gratulation das Fazit goldrichtig auf den Punkt: „Siehst du, der Jäger unverdrossen hat noch immer seinen Bock geschossen. Ich habe ja gewußt, daß du ihn noch bekommst, jetzt freut er dich dafür doppelt!"

Während wir das ausgedehnte Abschiedsfrühstück genossen – immerhin sollte es ja auch als Mittagessen vorhalten – und die unvermeidliche „Administratio" erledigten, wurde sogar noch schnell die Trophäe dieses meines dritten Rumänenbockes ausgekocht sowie „schätzomativ" gleich bewertet. So konnten wird nach einem überaus herzlichen Abschied von unseren Gastgebern und neugewonnenen rumänischen Jagdfreunden alle meine Trophäen dieser Jagdreise gleich mit nach Hause nehmen.

Schon am gleichen Abend lagen sie beim traditionellen „Halalidiner" im Budapester Hotel Hilton grün drapiert auf der festlich geschmückten Tafel. Die Tannenzweige hierzu hatte meine fürsorgliche Panthelina, die wirklich an alles dachte, extra aus dem Park des ehemaligen Präsidentenjagdhauses von Satu Mare heimlich mitgebracht.

Alles in allem konnten wir mit dem Verlauf und Erfolg dieser unserer ersten Rehbockjagdreise nach Rumänien hochzufrieden sein. Für das damals europaweit herrschende, extrem schlechte Wetter konnte niemand etwas, am allerwenigsten unsere wirklich rührigen Gastgeber und Betreuer. Kleinere Pannen kommen auf der Jagd überall vor, vielleicht liegt hierin sogar der spezielle Reiz derartiger Unternehmungen.

Wir haben wunderschöne, noch weitgehend unberührte Jagdgebiete entdeckt und dort liebenswerte, gleichgesinnte Jagdkameraden kennen- sowie schätzengelernt.

Die Unterbringung und Verpflegung im gemütlichen Jagdhaus von Satu Mare war exzellent; für meinen Geschmack bot dieses Quartier einen optimal ausgewogenen Kompromiß zwischen Komfort und urigem Ambiente. Jagdlich war und ist Rumänien

– zumindest wie wir es stets erlebt haben – sicher kein Einsteigerland für Jungjäger; dies gilt für Rehböcke ebenso wie für die übrigen bejagbaren Wildarten.

Auch zeitgestreßte Wirtschaftskapitäne, die binnen weniger Tage und ohne Strapazen Massenstrecken erlegen wollen, sollten besser andere Jagddestinationen wählen.

Wer hingegen – wie ich – eine anspruchsvolle Jagd auf wirklich reife Trophäenträger sucht und darauf Wert legt, gemeinsam mit ebenso gastfreundlichen wie kompetenten Berufsjägern selbst aktiv zu weidwerken, für den ist dieses herrliche Land sicherlich die erste Wahl. Denn insgesamt gilt der Leitsatz:

„Auf der Jagd im rauhen Rumänien wird dir kein Millimeter geschenkt, aber dafür ist es dort wunderschön!"

Wo silbergraue Hirsche röhren

Ursprünglich sollte dieses Kapitel die Überschrift „Hirschbrunft in bewegter Zeit" tragen, und dies hätte auch durchaus der aktuellen Stimmung im Karpatenland entsprochen, als im Herbst 1991 die Hochgeweihten Hochzeit hielten. Aber dann dachte ich mir, eine Jagdbuch braucht das kleinliche Gezänk der Menschen nicht in den Vordergrund zu stellen, zumal es sich im Vergleich zum ewigen Stirb und Werde der Natur im Grunde ja nur um lächerliche Episoden handelt. Immerhin verlief unsere hier geschilderte Jagdreise keineswegs wie ein beschaulicher Wandertag wohlbehüteter Insassinnen eines Mädchenpensionates für höhere Töchter! Doch zunächst alles schön der Reihe nach:

Im September 1989 hatte ich im südungarischen Komitat Zala meinen Lebenshirsch geschossen. Dies bildete den krönenden Höhepunkt einer langen Reihe wunderbarer Hirschbrunften, die ich alljährlich mit meiner Familie und einigen gleichgesinnten guten Jagdfreunden in diesen gottgesegneten Revieren erleben durfte. Mit der glücklichen Erlegung eines wahrhaft Hochkapitalen war dann diese erfüllte Periode meines Hirschjägerdaseins zu Ende gegangen, und zwar gerade zum rechten Zeitpunkt: Ganz Osteuropa wurde ziemlich plötzlich von gewaltigen politischen, wirtschaftlichen und gesellschaftlichen Umwälzungen erfaßt, die auch vor unserem so idyllischen Hirschrevier im ungarischen Dreiländereck zwischen Donau und Drau nicht haltmachten. Die jagdlichen Folgen sind allgemein bekannt: Öffnung des Waldes für alle, Zerstückelung der Reviere, drastische Reduzierung der Wildbestände, exorbitante Wildschadensforderungen, stark aufkommende Wilderei und ein genereller Verfall der bisherigen Ordnungsstrukturen. Selbst unser aufopfernd treues Jagdpersonal verlor angesichts dieser Entwicklung zunehmend die Freude an der Sache. Ich kam wohl auch später noch etliche Jahre lang anläßlich der winterlichen Sautreibjagden regelmäßig in unser ehemaliges Hirschbrunftparadies, doch dies war eben nicht mehr dasselbe.

An sich wäre eine Pause für mich persönlich keine große Tragödie gewesen: ich hatte zu diesem Zeitpunkt wahrlich schon viele, auch starke, Hirsche erlegt und war, wie wir Jagdhundeleute so schön sagen, bereits „genossen" gemacht. Der Ausfall unserer bis dato traditionellen Hirschbrunftexpedition erwies sich indessen bald als recht schmerzliche Lücke im gewohnten Jahresablauf meiner jagdbegeisterten Familie.

Sicherlich ergab sich da oder dort in der Heimat die Möglichkeit für platonische Beobachtungspirschen, und auch der eine oder andere Selektionsabschuß schien durchaus erschwinglich, aber insgesamt war dies doch nur ein schwacher Ersatz.

Enthaltsamkeit ist angeblich löblich, auf die Dauer allerdings reichlich öde!

So lautete schon im übernächsten Jahr nach der „Stunde Null" die Parole eindeutig: Auf zu neuen Ufern! Die logische nächste Frage ergab sich gleich von selbst: Wohin?

Also trug ich dieses Problem zuerst an meine liebe Ehefrau E., heran; immerhin war sie als langjährige, ebenso passionierte wie ferne Begleiterin auf allen meinen jagdlichen Pfaden von künftigen Aktionen auch unmittelbar selbst betroffen.

Große Hilfe fand ich hier nicht: „Mein Lieber, du weißt, ich fahre selbst gerne auf die Hirschbrunft. Aber wann und wohin, das mußt du schon selbst entscheiden. Du bist doch der große Jäger! Bei deinem verwöhnten Geschmack mische ich mich da nicht ein!" bekam ich die Qual der Wahl postwendend elegant zurückgespielt.

Ich wollte keinesfalls in irgendein x-beliebiges Revier fahren und dort sozusagen „auf die Schnelle" einen Hirsch auf die Decke legen, nur damit ein Geweih mehr an der Wand hängt. Nein, solch eine Hirschbrunftreise in neue Gefilde wollte wohlüberlegt und geplant sein, schließlich handelte es sich nicht bloß um Brötchenholen beim Krämer gleich um die Ecke. Waren doch die aufregende Vorbereitung einer derartigen Unternehmung und damit verbundene Vorfreuden für mich seit jeher wichtige Bestandteile jeder Jagdfahrt! In erster Linie schwebte mir ein stimmungsvoller Jagdurlaub in möglichst schöner Landschaft unter gleichgesinnten Menschen vor, mit Hüttenzauber und allem nostalgischem Drumherum; die Trophäenstärke kam da erst an zweiter Stelle, doch sollte es natürlich kein Schneider sein. In der klassischen Karpatenjagdliteratur der Vorkriegszeit tauchte da immer wieder das Zauberwort „Cirlibaba" auf; legendäre Größen wie Dr. Hans Philipowicz, Dr. Thurn-Rumbach, Deszö von Iklody oder der jagdbegeisterte Bürgermeister „Bibi" Popescu mußten dort phänomenale Jagden erlebt haben. Her mit der Rumänienkarte, zum Glück vermögen auch Krieg und Revolution die Position von Gebirgen wie Flüssen gemeinhin nicht zu verändern! Die kleine Ortschaft Cirlibaba – sie heißt auch heute noch so – liegt an der oberen Bistrita im Bergland zwischen der Marmarosch im Westen und dem Quellgebiet der Moldau im Osten. Es ist dies ein entlegenes Karpatendorf im äußersten Nordrumänien, bereits nahe der Grenze zur Ukraine. Ringsherum zeigt die Karte beachtliche Gebirge von bis zu 2.300 Metern Seehöhe, so den bekannten „Pietrosul Mare", wo sich heute ein Nationalpark befindet.

„Unser nächstes Urlaubsziel könnte Cirlibaba heißen!" konfrontierte ich Panthelina mit meinen neuerworbenen Kenntnissen und brachte gleich das Buch „In den Hochkarpaten" mit. Wenngleich die darin abgebildeten Fotos gut 70 Jahre und älter waren, so ließ sich doch hieraus eine herrlich urwüchsige Gebirgslandschaft erkennen. Wir fanden vorwiegend ausgedehnte Nadelwälder und darüber Almen, die sogenannten Poianas. Auch beeindruckende Aufnahmen von Hirsch, Bär, Keiler und Wolf waren zu bestaunen. „Also wieder Rumänien! Und wenn ich mir die luxuriösen Kolibas da so ansehe, wird es erneut eine richtige Expedition!" meinte die jagderprobte E. sofort zutreffend, „Aber immerhin, die Gegend scheint prachtvoll zu sein, und vielleicht hat man dort in der Zwischenzeit auch das eine oder andere Jagdhaus gebaut!" Nach diesem häuslichen Segen aktivierte ich sogleich unsere bewährten Kontakte: Freund Robert aus Kärnten und Valentina Pascale in der Bukarester „Silvexim"-Zentrale. Thema der Anfrage: ein zwei- bis dreiwöchiger Jagdaufenthalt zur Hirschbrunft 1991 im Raum Cirlibaba für ein berggewohntes Jägerehepaar aus Wien. Gewünschter Abschuß: ein jagdbarer Hirsch ohne Limit nach oben, dazu Freigabe von Keiler, Bär, Rehbock und

Wolf für den Fall des Zusammentreffens. Unterbringung unbedingt im Revier, keinesfalls in einem Hotel oder Kurhaus etc.; Quartier darf auch einfach sein.

Nach wochenlangem Stillschweigen und mehrfachen Urgenzen kam dann Anfang Juni die Antwort aus Bukarest, sie war ernüchternd: Kaum reife Hirsche im Revier Cirlibaba, faule Brunft infolge Kahlwildüberschusses, kein zumutbares Quartier und überdies schwere Hochwasserschäden nach dem Dauerregen im Mai! Zwar hatten wir die Niederschläge zu Aufgang der Rehbockjagdsaison selbst erlebt, doch daß hiedurch das Rotwild in den Bergen nennenswert zu Schaden kam, war mir neu.

Mit einem Wort, die Rumänen wollten nicht so recht. Eine Krisensitzung mit dem erfahrenen Rumänienkenner Robert wurde unverzüglich angesetzt, auf seinen Rat konnte und sollte man hören. Beim Heurigen rückte dann unser Freund bald mit den Hintergründen heraus: „Anläßlich der Rehbockkrise von Oradea im Mai hast du der Valentina telefonisch ganz schön ‚eingeheizt'; jetzt trauen sie sich nicht in Sachen Hirschbrunft Cirlibaba. Überdies waren dort seit 1974 überhaupt keine Ausländer mehr zur Jagd, und verläßliche Wildstandsmeldungen liegen auch nicht vor. Ein Flop scheint daher durchaus möglich, und den wollen die Rumänen gerade mit dir nicht riskieren. Bei der „Silvexim" giltst du als guter, aber heikler Kunde!" Diese Einstufung war nicht unbedingt falsch, doch was nun? Natürlich hatte die geschäftstüchtige Valentina schon einen Ersatzvorschlag parat, welchen Robert mir nun schmackhaft machen sollte: „Cirlibaba in allen Ehren, aber das ist schon sehr lange her. Tatsächlich wurden während der letzten Jahrzehnte die ganz starken rumänischen Hirsche nicht oben im Norden, sondern vielmehr in den Ostkarpaten erlegt. Dies gilt speziell für das Vrancea-Gebirge, wo Ceausescu im Jahre 1980 auch das damalige Weltrekordgeweih erbeutet hat. Es gibt dort einige prachtvoll gelegene Jagdhäuser noch aus der Zeit des Conducatore. Die Gegend ist zwar ein bißchen entlegen, aber Valentina und auch ihr Direktor meinen, eine Hirschbrunftreise dorthin könnte sich für euch lohnen. Der seinerzeitige Pirschführer Ceausescus von 1980 ist übrigens sogar noch im Dienst."

Diese Schilderung klang vielversprechend, wenngleich mir das Vrancea-Gebirge ad hoc kein Begriff war. Hingegen hatte die hellhörige Panthelina bei den Worten „ein bißchen entlegen" sofort eingehakt: „Was heißt entlegen? Wo liegt denn dieses Hirschparadies überhaupt? Wahrscheinlich am Mond!" Robert zog die wie stets mitgeführte Landkarte aus seiner Tasche, und jetzt war auch ich neugierig. Beim kritischen Punkt seines Vorschlages angelangt, tönte unverkennbar Roberts Kärntner Heimat durch: „No, eh glei do, nordwestlich der Schwarzmeerküste. Oba dos is gar nit so weit wie's ausschaut. Nach Cirlibaba is a nit bloß a Kotznsprung!"

Aufgeregt beugten wir uns alle drei über die ausgebreitete Karte; mal etwas Neues, eine Geographiestunde am Heurigentisch! Aber dadurch kam der Vrancea auch nicht näher, ich schätzte über den Daumen gut 1.400 Straßenkilometer – darin waren die landesüblichen Umwege noch gar nicht inbegriffen. „Schon wieder so eine Marathontour! Und dann landen wir womöglich erneut in einem Rohbau oder sitzen ohne Sprit irgendwo fest, wo sich die Füchse gute Nacht sagen!" spielte E. mit bedenklichem Kopfschütteln auf die erst kürzlich erlebte Bockjagdodyssee im Raum Satu Mare an. Die diplomatische Seilschaft Bukarest – Wien erwies sich allerdings als

bestens vorbereitet und konterte überzeugend: „Natürlich könnt ihr auch nach Otopeni fliegen, aber dann drohen wieder die bekannten Schwierigkeiten mit dem Mietwagen.

Nach der jüngsten Misere mit dem bezinsaufenden Dinosaurier von Amipanzer – in Satu Mare waren wir mit einem gemieteten Chevrolet Blazer unterwegs gewesen – braucht ihr über kurz oder lang ohnedies einen Geländewagen als Familienzweitauto. Mein alter Spezi St. möchte da ins Geschäft kommen und stellt euch zur Probe einen brandneuen Jeep für die Hirschbrunft günstig zur Verfügung, so seid ihr bestens motorisiert. Im Jagdhaus Lepsa hat sogar Elena Ceausescu – berüchtigt kritisch – oftmals gerne Quartier bezogen; da fehlt es sicher an nichts. Valentina hat noch eine sehr gute Idee: Auf dem Rückweg könnt ihr zusätzlich ein paar Tage Gamsjagd im Fogaras einschieben und auch dieses berühmte Revier kennenlernen – wo es euch doch im Vorjahr im Retezat so gut gefallen hat. Übrigens wäre wieder Octavian als Dolmetscher verfügbar!"

Vor dieser Fülle verlockender Aussichten mußten fast zwangsläufig jegliche Bedenken verblassen; schließlich läßt man sich bekanntlich leicht zu etwas überreden, was man im Grunde selbst gerne möchte! Die Würfel waren gefallen, und mit der Frage: „Wann soll denn das Ganze starten?" signalisierte auch meine gute E. ihr Einverständnis.

Die Terminfrage war dann auch rasch gelöst: Nach einem Blick auf den Mondkalender einigten wir uns auf den 19. September 1991 als Tag unserer Abfahrt aus Wien. Geplant war die Anreise in zwei Etappen mit einer Übernachtung in Arad; hiefür stellte die „Silvexim" durch ihr Reisebüro „Phönix" einen Übernachtungsvoucher für das Hotel „Astoria" zur Verfügung. Angeblich handelte es sich bei diesem Drei-Sterne-Etablissement um das „erste Haus am Platze". In unseliger Erinnerung an unsere vorjährige Durchquerung der schauerlich verrußten Industriestadt Arad bot die geplante Station zwar keinen Anlaß für Begeisterungsstürme, doch der Name der Agentur war immerhin originell.

In Anbetracht der weiten Entfernung würden die Kinder diesmal zu Hause bleiben. E. als bewährter Reisemarschallin fiel das Ressort „Gepäck und Ausrüstung" zu, so daß mir selbst eigentlich nur mehr die Waffenwahl verblieb. Ich beschloß, für alle Fälle ein Ersatzgewehr mitzunehmen, und entschied mich für das baugleiche Duo meiner bewährten Repetierer Mauser Mod. 66 S in den Kalibern 8 x 68 S sowie .300 Weatherby Magnum, ein jeder mit eigenem Zielfernrohr Kahles 8 x 56. So war ich wirklich für alle Jagdsituationen bestens gerüstet. Ein Stahlschlagstock der italienischen Militärpolizei sollte als Friedensstifter griffbereit im Auto plaziert werden.

Während der folgenden Wochen schmökerte ich eifrig in meiner umfangreichen Jagdbibliothek, um doch noch wissenswerte Informationen über unsere künftigen Jagdgründe und vor allem die Hirsche der Ostkarpaten zu sammeln. Fündig wurde ich schließlich bei Dr. Laszlo Studinka, dem langjährigen Generaldirektor der ungarischen MAVAD, Jagdchef von Labod und Organisator der Weltjagdausstellung Budapest 1971. Dieser legendäre Rotwildkenner schildert in seinen lesenswerten Büchern mehrere Jagdfahrten ins Vrancea-Gebirge, wohin er seinen Freund und vormaligen Jagdkunden Nr. 1, Hans von Aulock, zur Hirschbrunft begleitet hat. Älteren Lesern wird Herr von Aulock vielleicht noch als der Erleger des berühmten MAVAD-Wappenhirsches ein

Begriff sein. Dieser internationale Weidmann übersiedelte übrigens seinerseit von Deutschland in die Türkei, wo er ebenfalls beachtliche Jagderfolge erzielte.

Doch zurück in die Ostkarpaten: Dr. Studinka berichtet, daß er dort einen speziellen Hirschtyp angetroffen habe, welcher sich in einigen Merkmalen deutlich von seinen ungarischen Artgenossen, aber auch jenen der übrigen Karpaten, unterscheide. Neben enormen Wildbretgewichten von bis zu 280 Kilogramm, aufgebrochen ohne Haupt, seien ihm die silbergraue Deckenfärbung, weitgehende Mähnenlosigkeit und die sehr langstangigen Geweihe der dortigen Hirsche aufgefallen. Die bei entsprechendem Reifealter oftmals hochkapitalen Trophäen bestechen durch besonders lange und häufig gegabelte Enden; hingegen sei ihre Perlung eher gering, das spezifische Gewicht jedoch wiederum auffallend hoch. Bermerkenswerterweise trete dieser autochthone Hirschtyp allerdings nicht solitär auf, sondern es fänden sich in denselben Revieren auch Vertreter des gedrungenen Typs von insgesamt geringerer Körpergröße, mit meist dunkler Deckenfärbung, deutlichen Mähnen und eher kürzeren Stangen; letztere seien dafür besonders dick und zeigten oftmals die begehrte Becherkrone.

Neben augenscheinlich reinblütigen Exemplaren dieser beiden Stämme finde man aber auch Mischformen; demzufolge liegen eben keine Subspezies vor, sondern bloß verschiedene Erscheinungsformen der einheitlichen Gattung „Europäischer Rothirsch".

Die hochinteressanten und fachlich fundierten Ausführungen Dr. Studinkas fand ich in der Folge anläßlich meiner mehrfachen Jagden in den Ostkarpaten vollinhaltlich bestätigt. Andererseits tritt meinen Beobachtungen zufolge der erwähnte Osttyp vereinzelt auch in den Zentralkarpaten auf; ich habe selbst in den neunziger Jahren in der weiteren Umgebung der Stadt Bistrita eine alten starken Hirsch erlegt, der eindeutig sämtliche vorgenannten Merkmale des Ostkarpatentyps aufwies.

In der Literatur wurde aber auch die besondere landschaftliche Schönheit des Vrancea mit seinen schier unendlichen, noch recht urwüchsigen Wäldern und ausgedehnten Poianas (Almen) gepriesen. Man kann sich unschwer vorstellen, daß meine Vorfreude und Ungeduld auf die Hirschbrunft 1991 durch diese Schilderungen massiv gesteigert wurden; ich konnte den Tag unserer Abreise kaum noch erwarten!

Leider nahm die politische Entwicklung wenig Rücksicht auf meine beschauliche Einstimmung zur Jagd: Europaweit zogen bedrohlich düstere Wolken auf.

In Rumänien selbst hatte zwar Staatspräsident Ion Iliescu eine „Front der Nationalen Rettung" gebildet, weite Kreise der Bevölkerung waren jedoch mit der Politik der Regierung unter Premier Pedre Roman unzufrieden. Speziell in den großen Bergbaurevieren von Craiova und Petrosani kam es zu Streikaufständen, wobei die offenbar wohlorganisierten Kumpels zu Hunderttausenden mit Sonderzügen der Staatsbahnen gegen Bukarest zogen. Die innenpolitische Lage im Karpatenland blieb somit angespannt und für ausländische Betrachter reichlich undurchsichtig.

Am 27. Juni 1991 brach der jugoslawische Bürgerkrieg aus: Die Bundesarmee marschierte gegen die abtrünnigen Teilrepubliken Slowenien und Kroatien. So begann am Balkan ein langjähriges und ungeheuer blutiges Ringen, welches dann im Herbst desselben Jahres seinen ersten Höhepunkt mit der völligen Zerstörung der ostslawonischen Stadt Vukovar durch jugoslawische Luftangriffe fand.

Aber auch im „Hause Rußland" herrschte keineswegs Ruhe: In der Nacht vom 18. auf den 19. August 1991 – wie üblich an einem Wochenende – inszenierten die Altkommunisten eine Konterrevolution und putschten gegen Staatspräsident Michail S. Gorbatschow. Angesichts der zunächst ungeklärten Situation blieb es dem sozialistischen österreichischen Bundeskanzler Franz Vranitzky als praktisch einzigem westlichen Staatsmann vorbehalten, die roten Putschisten in einem Akt von vorauseilendem Gehorsam sogleich anzuerkennen. Der beflissene Kanzler hätte besser zugewartet, denn unter der Führung von Boris Jelzin wurde dieser erste Putschversuch in kürzester Zeit niedergeschlagen, so wie übrigens auch seine Neuauflage im Oktober 1993. Ende Dezember 1991 zerbrach die Sowjetunion dann endgültig, und 11 ehemalige Teilrepubliken schlossen sich zur GUS zusammen. Zahlreiche Krisenherde blieben jedoch weiter bestehen und führten zu erbitterten Bürgerkriegen. Dies beispielsweise in Georgien und leider auch in der ehemaligen Teilrepublik Moldawien, welche ja – von Rumänien nur durch den Grenzfluß Prut getrennt – in der unmittelbaren Nachbarschaft unseres in Aussicht genommenen Jagdgebietes lag. Verständlicherweise beobachteten wir diese Entwicklung mit einiger Sorge. Aber Jagd ist Jagd, und man lebt schließlich nur einmal! So hielten E. und ich an unserer nun einmal gebuchten Hirschbrunftreise unbeirrt fest, wenngleich zum bisweilen verständnislosen Kopfschütteln der nichtjagenden Zeitgenossen.

Roberts Spezi aus der Autobranche hielt Wort und lieferte pünktlich unser Probeauto, einen passenderweise grünen Jeep Cherokee Limited; der umsichtige Mann stellte auch gleich einen sogenannten „Filtertrichter" für den verbleiten rumänischen Sprit bei. Ich tat ein übriges und besorgte mir einige luftdichte Stahlbenzinkanister, die damals in Österreich zwecks Vermeidung von Hamsterkäufen gar nicht so leicht erhältlich waren.

Endlich war der ersehnte 19. September 1991 gekommen und der Jeep vollbeladen; die noch leeren Spritkanister sollten erst an der letzten ungarischen Tankstelle gefüllt werden. An dieser Stelle gebührt endlich einmal meiner lieben Frau E. ein ehrliches Lob für ihre stets perfekte Reisevorbereitung, sie hatte wie immer an alles gedacht.

Ausgeruht und wohlgelaunt, starteten Panthelina und ich programmgemäß um die Mittagszeit – nach der letzten Postsitzung – bei strahlendem Schönwetter die große Jagdreise zu den Hirschen des Vrancea. Für die erste Etappe nach Arad rechneten wir mit keinerlei größeren Problemen. Die Sonne schien vom Himmel, der schnittige Jeep fuhr sich ausgezeichnet, und die wohlbekannten knapp 600 Straßenkilometer über Budapest nach Szeged spulte ich wie im Schlaf flott herunter. Von der ungarischen Salamimetropole waren es dann gerade noch 50 Kilometer bis zum Grenzort Nagylak/Nadlac und von dort in etwa die gleiche Entfernung nach Arad. Bei nur halbwegs zügiger Grenzabfertigung sollten wir somit unser Übernachtungsquartier im vielgerühmten Hotel „Astoria" noch bequem bei Tageslicht erreichen. Doch der Bürgerkrieg in Jugoslawien und die hiemit verbundene Grenzsperre machten uns einen dicken Strich durch diese Rechnung: Notgedrungenermaßen rollten nunmehr alle Schwertransporte in Richtung Bulgarien, Griechenland und die Türkei, ja sogar bis in den Iran (!), über Südrumänien. Infolge dieser wahren Invasion war dort der Verkehr am hiefür gänzlich unvorbereiteten und auch ungeeigneten Grenzübergang

Nagylak/Nadlac als solcherart logistischem Nadelöhr völlig zusammengebrochen. Bereits auf ungarischer Seite stauten sich die Schwerlaster, darunter besonders eilige Kühltransporte von Südfrüchten etc., in kilometerlanger Schlange. Hunderte Fahrer kampierten höchst erbost bereits tagelang auf offener Straße neben ihren Lastzügen. Offenbar hatte sie niemand vor dieser Situation gewarnt, denn es fehlte ihnen allgemein an Treibstoff, Proviant, Geld und Heizmaterial, von sanitären Einrichtungen ganz zu schweigen. Leere Batterien und verderbliches Ladegut verschärften zusätzlich die Lage. Bei unserem Eintreffen befand sich die allgemeine Stimmung bereits gefährlich nahe dem Siedepunkt; hier gab es kein Überholen und Durchkommen, schon die Zufahrt zum ungarischen Grenzposten war total blockiert. Wir warteten Stunden um Stunden, bis schließlich die Dunkelheit hereinbrach. Jetzt wurde es noch kritischer: In der Finsternis beherrschte der aufgebrachte Mob die Straße, weit und breit war keine Polizei in Sicht. Suspekte Gestalten schwangen unheilvoll drohend in Fetzen getarnte, angeschliffene Stahlbrecheisen – dagegen halfen weder mein Bianchi-Schlagstock noch unser trickreich vorgetäuschter „Diplomatenausweis". Angesichts nackter Gewalt versagte hier auch unser gewiß umfangreiches Repertoire an List und Bestechung, es blieb nur der bittere Weg der Umkehr nach Ungarn. Zu nächtlicher Stunde passierten wir zum zweiten Mal an diesem Tage Szeged, diesmal in nordöstlicher Richtung. Über die Theißbrücke bei Algyö gelangten wir in das berühmte Rehbockkomitat Bekes und steuerten über Oroshaza sowie die Bezirkshauptstadt Bekescaba den nächsten Grenzübergang Gyula/Varsand an. Diese ungarische Route war E. und mir von früheren Jagdfahrten her bestens bekannt. Nach einem letzten Tankstopp in Gyula versuchten wir unser Glück nunmehr an dieser Pforte nach Rumänien.

Überraschenderweise fanden wir schon die ungarische Grenzstation praktisch menschenleer und wurden problemlos durchgewunken. Wir verstanden die Welt nicht mehr, war doch knapp 200 Kilometer weiter südlich buchstäblich die Hölle los. Die Erklärung für dieses Phänomen lag schlichtwegs darin, daß in Gyula keine Abfertigung im Transit-Vormerkverkehr möglich war; fast sämtliche LKWs rollten demzufolge über Nadlac. Leider hatte uns niemand darauf aufmerksam gemacht, speziell die Autofahrer-klubs waren damals auf Privatreisen nach Rumänien nicht eingerichtet! Beim rumänischen Zollposten herrschte ebenfalls kein nennenswerter Andrang, und schon hofften wir auch hier auf eine rasche Abfertigung; immerhin ging es bereits gegen Mitternacht. Dies erwies sich allerdings als Trugschluß, denn der diensthabende Zolloffizier war stockbetrunken und beharrte mit der diesem Zustand eigenen Sturheit auf seinem Standpunkt: Gastjäger mit eigenen Waffen wären in Rumänien nicht zulässig! Punktum. Weder unsere ordnungsgemäßen Waffenvisa, noch der Jagdvertrag, ja nicht einmal ein diskret präsentierter Hundertmarkschein vermochten ihn vom Gegenteil zu überzeugen. Die Wiedereröffnung des Jagdtourismus samt Änderung der einschlägigen Vorschriften nach dem Sturz Ceausescus fast zwei Jahre zuvor waren dem Mann anscheinend entgangen. Hingegen interessierte er sich um so mehr für meine beiden schönen Mauser-Repetierer und hätte diese am liebsten gleich behalten. Hier nützten weder gute noch böse Worte, wir mußten bis zur Zollwachablöse um 4 Uhr früh warten. E. und ich verbrachten darauf die folgenden Stunden abwechselnd dösend im Jeep,

während der jeweils andere Wache hielt. Zur angegebenen Zeit kam dann auch ein freundlicher Oberleutnant als neuer Wachhabender. Dieser erkannte die Situation – wohl aus Erfahrung – sofort, entfernte umgehend seinen illuminierten Kollegen und wünschte uns nach kurzem Blick auf die Papiere höflich eine gute Weiterreise. Endlich waren wir in Rumänien! Arad und sein Hotel „Astoria" würden uns allerdings in dieser Nacht nicht mehr sehen, denn im Osten dämmerte schon der neue Morgen herauf und wir befanden uns erst knapp östlich von Varsand. Sobald volles Tageslicht herrschte, steuerte ich auf offener Strecke eine übersichtliche Parkposition an. Dort wurde zuerst die Mauserin Kal. 8 x 68 S unterladen und griffbereit zur Hand genommen. Sicher ist sicher. Dann folgte ein frugales Frühstück – Schinkensemmel und Dosenbier – aus dem Rucksack. Währenddessen studierte ich die Straßenkarte auf der Suche nach der zwangsläufig geänderten Fahrtroute. Bis zum vereinbarten Treffpunkt in Focsani lag noch ein „breiter Weg" vor uns, also keine Müdigkeit vorschützen! Jetzt kam es zum Fahrerwechsel: Panthelina übernahm das Steuer, und ich navigierte vom Beifahrersitz aus, in der einen Hand die Karte und in der anderen den Repetierer – ganz wie es sich gehört! So durchquerten wir in der West-Ost-Achse praktisch ganz Rumänien, erfreulicherweise war das Verkehrsaufkommen nur gering. Bei herrlichem Spätsommerwetter passierten wir auf diese Weise große Teile Siebenbürgens, unter anderen Umständen wäre an etlichen malerischen Orten ein Zwischenhalt angebracht gewesen. Zunächst nahmen wir die Abkürzung über Chisineu-Cris und Ineu nach Virfurile, wo wir auf die Hauptstraße Oradea – Deva stießen. Es folgte die bereits aus dem Vorjahr bekannte Strecke durch das Hügelland der Vorkarpaten via Brad nach Deva. Weiter ging es dann auf der E 68 ostwärts nach Sebes und Sibiu, dem alten Hermannstadt. Leider reichte die Zeit diesmal nicht für einen Besuch des prächtig restaurierten Domes oder eine Einkehr im altrenommierten Hotel „Römischer Kaiser".

Dann passierten wir die Ortschaft Porumbacu de Jos, wo eine steile Nebenstraße in die mächtigen Gamsberge des Fogaras abzweigt; diesmal blieb dieser Abstecher jedoch unserer Rückreise vorbehalten. Über die Stadt Fagaras gelangten wir schließlich nach Brasov, dem ehemaligen Kronstadt – einst die Metropole des alten Siebenbürgen. Auf den Resten einer 1000 Jahre älteren Siedlung gründete der Deutsche Ritterorden zu Beginn des 13. Jahrhunderts die Festung Kronstadt. Diese wurde im Mittelalter zu einer der wichtigsten Schutzburgen. In der Neuzeit war Kronstadt geistiger und wirtschaftlicher Mittelpunkt der deutschen Minderheit in Rumänien. Deutsche Kultureinflüsse sind bis dato an vielen Stellen sichtbar. Neben der bekannten Universität beherbergt die Stadt ein Staatstheater, eine Operettenbühne und sogar eine Philharmonie. Statt aller Sehenswürdigkeiten frequentierten wir aber an diesem Tag lediglich eine ziemlich herabgekommene Tankstelle, wo wir unsere zahlreichen Tankbehältnisse gegen harte D-Mark randvoll auffüllen konnten. Hiebei leistete der Filtertrichter erstmals gute, wenngleich zeitraubende Dienste. Die so gewonnene Tankreserve sollte sich schon in Kürze als äußerst notwendig erweisen.

Kurz nach Brasov bogen wir dann wiederum nach Nordosten ab und fuhren entlang der Westflanke der Ostkarpaten in Richtung Tirgu Secuiesc. Mittlerweile hatte sich die Wetterlage deutlich verschlechtert, und als wir in Tirgu Secuiesc ankamen, setzte

sintflutartiger Regen ein. Hiedurch erschien uns dieser an sich schon verwahrloste Ort noch trister. Wir aber blieben frohen Mutes, denn das Endziel unserer Jagdreise, Lepsa im Vrancea-Gebirge, war nun nicht mehr allzu weit.

Geographisch bildet der Vrancea den südöstlichen Eckpfeiler des gewaltigen rumänischen Karpatenringes, somit dessen östliche Flanke zu den großen Fluß-niederungen von Donau und Prut bis hin zur Schwarzmeerküste. Es handelt sich um kein schroffes Felsgebirge, sondern vorwiegend um weit ausgedehnte Waldberge und Almen mit einer Seehöhe bis etwa 1.800 Meter. Dieses Gebiet ist extrem dünn besiedelt und wird faktisch nur von einer einzigen Sandstraße durchzogen. In dem gemäßigt kontinentalen Klima findet das Wild somit ideale Lebensbedingungen vor. Aber noch ging es – leider – nicht zur Jagd, denn unser vereinbarter Treffpunkt war das staatliche Forstamt von Focsani, einer größeren Bezirksstadt östlich der Karpaten. Bis dorthin mußten wir demnach noch das Vrancea-Gebirge in seiner gesamten Breite durchqueren. Dies bedeutete rund 130 Kilometer Fahrt auf einer durchwegs miserablen Sandstraße, die man wohl treffender als Waldweg bezeichnet hätte. Ab Tirgu Secuiesc übernahm wiederum ich das Steuer, bis dorthin hatte E. als Chauffeuse Großes geleistet. Nunmehr führte die Route steil hinauf in die Berge, und alsbald befanden wir uns wirklich dort, wo wir ja erklärtermaßen hin wollten, nämlich in einer echten Wildnis schier unendlicher Wälder. Die sogenannte Sandstraße wurde stellenweise so schlecht, daß ich den Allrad zuschalten mußte. Ein herkömmlicher Personenwagen hätte hier wohl ernsthafte Probleme bekommen, doch unser Jeep befand sich natürlich in seinem Element. Wir begegneten auf der gesamten Strecke kaum anderen Fahrzeugen, nur manchmal trafen wir Einheimische hoch zu Roß an. Das Pferd stellte hier ganz offensichtlich noch ein gängiges Beförderungsmittel dar, dies speziell auch in der Forstwirtschaft. Etwa auf halber Distanz passierten wir dann die winzige Ortschaft Lepsa, welche aus nur wenigen Holzhäusern sowie einem einsamen Forstmagazin bestand. Das angekündigte Jagdhaus des Conducatore war natürlich von der Straße aus nicht zu sehen. Hier lagen also die berühmten Jagdgründe, wo sagenhafte Hirsche, Bären, Keiler, Wölfe und manch anderes Wild beheimatet sein sollten!

An diesem regenverhangenen Spätnachmittag war vom Auto aus erwartungsgemäß kein Wild zu erspähen, doch die beeindruckende Waldlandschaft versprach eindeutig eine urige Jagd und beflügelte unsere Phantasie dementsprechend. Vorerst war für Träumereien jeglicher Art aber nicht der richtige Zeitpunkt, denn nach Überschreiten der Wasserscheide ging es auf aufgeweichten Lehm- und Schlammwegen in engen Kurven nunmehr steil bergab, und da hilft bekanntlich auch der beste Allrad nicht viel.

Schließlich war die wilde Bergregion zu Ende, und wir gelangten hinaus auf eine weite Tiefebene, wo sich das Landschaftsbild schlagartig änderte. Die Gegend im weiteren Umkreis von Focsani hatte fast mediterranen Charakter, mit großen Weingärten, Obstplantagen und ausgedehnten Gemüsefeldern. In der Stadt selbst mußten wir uns erst mühsam zur Forstdirektion durchfragen, die Bevölkerung war augenscheinlich bisher kaum mit Ausländern in Kontakt gekommen. Exakt um 20 Uhr rumänischer Ortszeit rollten wir an diesem 20. September 1991 nach langer Fahrt im großen Hof der staatlichen Forstverwaltung von Focsani ein; unser vorläufiges Ziel war erreicht! Selbst

zu dieser relativ späten Stunde herrschte hier noch reger Dienstbetrieb, und wir wurden auch schon erwartet. Der ausnehmend höfliche rumänische Forstdirektor begrüßte uns charmant, er zeigte sich voll informiert. Gastfreundlich wurden wir sogleich nach alter Tradition mit Brot, Salz und Tuica – Pflaumenschnaps – willkommen geheißen. Unser „Antrittsbesuch" im Forstamt diente offensichtlich in erster Linie dem Protokoll, denn sämtliche jagdlichen Belange sollten im Jagdhaus Lepsa erörtert werden; dort sei schon alles bestens vorbereitet. Allerdings vermißten wir vorerst unseren guten Octavian, der heute noch andere deutsche Jagdgäste auf der Pirsch begleitete. Ihn vertrat an diesem Abend sein Studien- und Dolmetschkollege Alexander, ab dem darauffolgenden Tag sollte dann wieder Octavian ausschließlich uns zur Verfügung stehen. Uns war dies durchaus recht; wir verspürten nur zwei, allerdings dringende Wünsche: Sprit und ein behagliches Bett zum Ausschlafen. Letzeres erwartete uns zweifellos im Jagdhaus von Lepsa, doch meine Nachfrage nach Benzin stieß auf ungeahnte Probleme: Die einzige öffentliche Tankstelle in Focsani war seit Tagen angeblich kaputt. Dennoch warteten davor hunderte Autos; die Familienmitglieder der Besitzer wechselten einander rund um die Uhr ab! Auch die Forstdirektion konnte uns nicht aushelfen, denn deren Fahrzeuge liefen ausnahmslos mit Dieseltreibstoff. Feine Zustände herrschten hier im Erdölland Rumänien! Zwar sollten unsere Pirschfahrten im Revier mit einem Geländewagen der staatlichen Verwaltung erfolgen, doch bis dorthin waren es gut 75 Kilometer, und auch vor Ort wollte ich keinesfalls mangels Treibstoff manövrierunfähig sein. Angesichts dieser Notlage verwies mich ein pfiffiger Kanzleiförster – in solchen Fällen sind immer die unteren Chargen kompetent – an den Fuhrparkleiter der öffentlichen Verkehrsbetriebe von Focsani: Diskret ließ er durchblicken, dieser sei korrupt! Während E. noch mit dem Forstdirektor höflich französisch parlierte, schnappte ich mir unseren Dolmetsch Alexander, und wir suchten unverzüglich jenen besagten Schwarzhändler auf. Dieser schien über unser Kommen keineswegs erstaunt und verkaufte mir zunächst 40 Liter Superbenzin, natürlich gegen DM. Gesprächsweise erwähnte der Beamte dann zu meiner nicht geringen Überraschung, ihm unterstünde auch die lokale Autobuslinie nach Lepsa und Tirgu Secuiesc, über Wunsch könne er mich daher auch im Jagdhaus mit Sprit versorgen. Der Mann war ja wirklich enorm gut informiert! Jetzt erst ging mir ein Licht auf: Dieses Geschäft war geschickt eingefädelt, Kanzleiförster und Fuhrparkmensch bildeten ein gut eingespieltes Schieberteam. Mir konnte dies egal sein, ich packte die Gelegenheit beim Schopf und bestellte eine regelmäßige Lieferung frei Haus nach Lepsa.

Leerkanister und Bargeld würden bei Bedarf täglich an einer bestimmten Stelle hinter dem Brennholzschuppen getarnt bereitliegen. Über den Literpreis waren wir schnell handelseinig, wobei der Herr Fuhrparkleiter bedauernd anmerkte, es sei ihm leider auf Dauer nicht möglich, täglich mehr als 40 Liter Superbenzin zu stehlen! Ein wahrer Überlebenskünstler an der richtigen Quelle! Meine Spritversorgung hat dann aber während unseres gesamten Aufenhaltes wirklich tadellos geklappt.

Nun waren endgültig alle Sorgen bereinigt, und schon zur Nachtzeit fuhren wir exakt 78 Kilometer weit zurück nach Lepsa; genau dieselbe Strecke, die wir eben wenige Stunden zuvor in der Gegenrichtung bewältigt hatten. An Ort und Stelle erwartete uns die nächste Überraschung, diesmal allerdings eine absolut positive: Ein wahres

Jagdschloß erstrahlte im hellen Lichterglanz, und davor stand, vollzählig angetreten, kopfstarkes Personal; das war Lepsa, eines der Lieblingsjagdquartiere des verstorbenen Staatspräsidenten Nicolae Ceausescu und seiner Gemahlin Elena!

Am nächsten Morgen schliefen wir natürlich einmal gründlich aus, und nach einem opulenten Frühstück wurde unser Domizil in seiner ganzen Pracht bei Tageslicht besichtigt. Das langgestreckte, dreigeschossige Jagdhaus Lepsa ist aus Natursteinen auf einem flachen Hang errichtet, seine ausgewogenen Proportionen fügen sich harmonisch in die umliegende prachtvolle Landschaft. Ein mächtiges Tannenhochholz umschmiegt schützend die Rückseite des Gebäudes, wogegen die Vorderfront mit ihren zahlreichen Balkonen und Terrassen sonnseitig auf den wohlgepflegten Rasen des ausgedehnten „Hüttenboden" weist. Die gesamte Anlage trägt unverkennbar die geschmackvolle Handschrift jener italienischen Haus- und Gartenarchitekten, die der Conducatore zur Errichtung seiner Jagdhausbauten tatsächlich herangezogen hat.

Das erste Obergeschoß ist außen holzverkleidet und beherbergt luxuriöse Gästesuiten, denn um solche handelt es sich buchstäblich. Die weitläufigen Gesellschaftsräume befinden sich im Erdgeschoß mit direktem Ausgang auf eine große Veranda. Dem Vernehmen nach waren wir in den Präsidentengemächern einquartiert; geht man nach der scharlachroten Farbe der Vorhänge und Teppiche, so traf dies wohl zu, denn sie paßte eindeutig zum Geschmack der berüchtigten Elena. Hingegen entsprachen Einrichtung und Design des Speisesaales sowie der diversen Salons durchaus stilgerecht einem hochherrschaftlichen Jagdschlößchen. Erlesenes Porzellan und Tafelsilber trugen diesem noblen Rahmen ebenso Rechnung wie die exquisite Küche. Alles in allem, Unterbringung und Verpflegung vom Feinsten!

Außer uns war noch ein älterer deutscher Jagdgast anwesend, der von seinem heimatlichen Vermittler, einem gebürtigen Ungarn, begleitet wurde. Diese recht kultivierten Jagdkollegen bereicherten die Konversation bei Tisch und störten uns in keinster Weise. Als deren Dolmetsch fungierte fortan Alexander, während Octavian – wie versprochen – zu unserer alleinigen Verfügung stand.

An diesem Vormittag lernten wir auch das Jagdpersonal kennen. Das Kommando führte ein winziger, aber springlebendiger Forstmeister namens Cyrile Vasilja, den die staatliche Jagdverwaltung quasi als unseren Chefbetreuer entsandt hatte. Insgesamt war seinem Auftreten, der maßgeschneiderten Uniform sowie dem ihm seitens der örtlichen Beamten entgegengebrachten Respekt unschwer zu entnehmen, daß er einen hohen Rang bekleiden mußte. Diesem Jagdgewaltigen unterstand eine ganze Schar von Adjutanten und Berufsjägern. Dann gab es noch Gabi, den gemütlichen Forstmeister von Lepsa, der in beigeordneter Funktion unter anderem das zahlreiche Hauspersonal kommandierte; auch er war sehr jagdpassioniert und sozusagen der ruhige Gegenpol zum bisweilen hektischen Cyrile. Eine reichlich komplizierte Hierarchie!

Nachdem meine obligaten Kontrollschüsse auf die Scheibe zur allgemeinen Zufriedenheit ausgefallen waren, begann die jagdliche Stabsbesprechung erwartungsgemäß mit einem beiderseitigen Abtasten; immerhin waren wir einander vollkommen unbekannt. Mit Hilfe des auch jagdlich versierten Dolmetschers Octavian legte ich unsere Vorstellungen und Prioritäten folgendermaßen dar: Zunächst stellte ich fest, daß wir

reichlich Zeit hatten und auch durchaus bereit waren, körperliche Strapazen auf uns zu nehmen. Diese Einleitung freut jeden Jagdherren, weil es in beiden Belangen oft mangelte. Weiters verwies ich auf die langjährige Hirschbrunfterfahrung von meiner Frau und mir und nannte als mein Primärziel die Erlegung eines alten, möglichst kapitalen Hirsches – ohne Gewichtslimit nach oben hin. Abnormitäten waren für mich nicht erstrebenswert. Die Erlegung allenfalls anderer Wildarten ergebe sich aus der jeweiligen Situation. Im übrigen waren wir gewohnt, den Anordnungen der Jagdleitung Folge zu leisten.

Damit war meinerseits alles Erforderliche gesagt. Natürlich verstand sich die letztgenannte Aussage in erster Linie als Höflichkeitsgeste gegenüber den Rumänen, aber sie schien mir dennoch wichtig. Erfahrung hin, Erfahrung her, einen ewigen Besserwisser führt niemand gern durchs Revier!

Allem Anschein nach gefielen meine Worte den rumänischen Berufsjägern, und sie entwickelten nun ihrerseits die Lage: Ja, unsere Erwartungen seien klar und akzeptabel.

In dem großen Revier stünden einige kapitale, möglicherweise sogar hochkapitale, reife Hirsche, aber sicher nicht hinter jeder Waldecke. Man müsse sie eben suchen. Kopfstarke Brunftrudel seien nicht zu erwarten, bei den ganz alten Hirschen handle es sich meistens um Einzelgänger, die nur ein oder zwei Stück Kahlwild bei sich hätten. Wir würden vorwiegend zu Fuß pirschen und uns hiebei am Brunftgeschehen orientieren. Sorgen bereite derzeit in erster Linie das warme Wetter, die Hirsche schrieen äußerst faul. Ich hätte überdies einen starken männlichen Bären frei, Schwarzwild nach Belieben. Rehböcke kämen jetzt in der Hirschbrunft kaum in Anblick, mit Wölfen war nicht zu rechnen.

Auch ich hatte mir die Jagdverhältnisse im Vrancea etwa so vorgestellt, in Sachen bergsteigerischer Kondition mußten wir eben sehen, wie wir zurechtkamen.

Unser kleiner Cyrile Vasilja war ein echtes Original und erweckte sofort mein lebhaftes Interesse. Wie gesprächsweise zutage trat, hatte der etwa 65jährige Mann eine geradezu abenteuerliche Vergangenheit aufzuweisen: Schon vor und während des Zweiten Weltkrieges war er in die Auseinandersetzungen für oder auch gegen die Legion, also „Rumäniens Eiserne Garde", verstrickt gewesen – aus seinen Schilderungen war nie so ganz eindeutig zu erkennen, auf welcher Seite. Beim Putsch gegen Marschall Antonescu stand unser schneidiger Jagdleiter offenbar im Lager der Roten unter Gheorghe Gheorghiu-Dej. Danach folgten äußerst blutige Revolutionswirren, die Vasilja im Hochgebirge des Fogaras im Einsatz sahen. Bekanntlich beherbergten die ausgedehnten Höhlensysteme dieses Gebirgsstockes große Waffenlager der Deutschen Wehrmacht. Im Zuge erbitterter Kämpfe wurden damals ganze Truppeneinheiten durch Sprengungen grausamst eingeschlossen und vernichtet. Die schlußendlich siegreichen Aufständischen gerieten einander alsbald selbst in die Haare, und die Folge waren neuerlich blutige Gefechte, teilweise unter Beteiligung der zwischenzeitig in Rumänien einmarschierten sowjetischen Roten Armee. Irgendwann in diesen bewegten Tagen schloß sich dann Cyrile Vasilja einer Gruppe um den nachmaligen Staatspräsidenten Nicolae Ceausescu an – und blieb seinem Herrn und Meister augenscheinlich auch im Frieden weiterhin eng verbunden.

Jedenfalls wurde er bis zuletzt von Ceausescu regelmäßig zu dessen Jagden als Organisator und bevorzugter Begleiter herangezogen. Cyrile wußte hierüber die tollsten Begebenheiten zu berichten: Zum Beispiel sei es ratsam gewesen, den leicht reizbaren Conducatore beim Kartenspiel stets gewinnen zu lassen. Da Ceausescus persönlicher Jagd im damaligen Regime ein extrem hoher Stellenwert zukam, konnte unser Cyrile Vasilja in der Nomenklatura jener Zeiten keine unbedeutende Persönlichkeit gewesen sein. Folgte man seinen Beteuerungen, so gehörte er selbst allerdings niemals der Securitate an. Dies mag sogar stimmen, denn andernfalls hätte er in Anbetracht der zahlreichen Säuberungswellen nach dem Jahre 1989 wohl kaum seine unverändert hohe Position beibehalten. Wie dem auch sei, wir hatten viel Spaß mit unserem temperamentvollen Jagdchef. Schon seine äußere Erscheinung war bemerkenswert: Auch auf hohen Stiefelabsätzen kaum mehr als 1,55 Meter groß, erschien er stets elegant gekleidet, mit wippendem Schritt und hocherhobenen Hauptes. Das modisch-langgeschnittene Grauhaar straff zurückgekämmt, blickten unter buschigen Augenbrauen zwei stahlharte Augen; die wird Cyrile im Verlauf seines abwechslungsreichen Daseins – neben guten Nerven – wohl auch dringend benötigt haben. Die Krönung seiner tadellosen Uniform aus feinstem Tuch war jedoch ein umgeschnalltes Puma-Weidblatt „Modell Frevert" aus Solingenstahl, samt grüner Lederscheide. Dieses an sich bereits große Instrument wirkte an seinem zierlichen Körper besonders überdimensioniert. Hiebei handelte es sich aber keineswegs um einen bloßen Ziergegenstand: nein, unser rumänischer Napoleon pflegte seine ausdrucksstarken Gesten mit dem gezückten Weidblatt zu unterstreichen, es war quasi sein verlängerter rechter Arm. Damit verschaffte er sich auch überall und bei jedermann Respekt, speziell die ländliche „Zivilbevölkerung" fürchtete ihn geradezu – die Leute werden schon gewußt haben, warum!

Hiezu als bezeichnendes Beispiel eine geradezu köstliche Begebenheit: Ausfahrt mit dem staatlichen „Aro"-Geländewagen zur täglichen Abendpirsch. Ich saß am Beifahrer-sitz vorne neben dem Chauffeur, im Fond der kleine Cyrile zwischen meiner Frau E. und Octavian, letztere beide von stattlicher Gestalt. Unser Jagdleiter bevorzugte diese zentrale Position, von hier aus konnte er alles bestens dirigieren. In einem entfernten Nest kamen wir an einem schmucken Holzhäuschen vorbei, dessen ungewöhnliche Fensterdekoration E. auffiel. Via Octavian erging an Cyrile Vasilja die interessierte Frage, worum es sich hierbei handelte. Wie von der Tarantel gestochen, kommandierte letzterer dem Fahrer ein barsches „Stop!" Dann sprang er aus dem Jeep und stürmte, das gezogene Weidblatt vorgestreckt wie ein Torero, quer durch den Vorgarten zur Pforte der eben noch so beschaulichen Baulichkeit. Das erschrocken öffnende Bäuerlein wortlos zur Seite schiebend, verschwand unser Krieger im Inneren des Hauses. Schon wenige Sekunden später kehrte er mit seiner Beute in der hocherhobenen Linken – rechts befand sich immer noch das Weidblatt im Einsatz – wieder: es waren getrocknete Pilze sowie kleine Käselaibchen, beides zusammen kunstvoll zu einem Zopf geflochten. Diese Trophäe überreichte er stolz Panthelina: „Voilà, Madame!"

Meiner Frau war die Szene peinlich, und sie übergab Octavian etwas Bargeld, um die verdatterten unfreiwilligen Lieferanten zu bezahlen. Ihr löbliches Vorhaben scheiterte

jedoch an Cyriles entschiedenem Widerstand; dieser Gemütsmensch ließ Octavian sogleich dolmetschen: „No, no, Madame! Ein Geschenk der Bevölkerung, man darf die Leute nicht verwöhnen!" – dann befahl er dem Fahrer, unverzüglich weiterzufahren. Roma locuta, causa finita! Rumänische Sitten im Jahre 1991 …

Schon anläßlich unserer ersten Pirsch verliebte ich mich geradezu in dieses wunderschöne Revier. Die unberührte Landschaft erinnerte lebhaft an den bekannten Filmtitel „Und ewig singen die Wälder": In den Tallagen fanden sich Weidewiesen, Obstbäume und kleine Maisfelder, darüber folgten ein bunter Mischwaldgürtel mit reichlich Unterwuchs sowie die vorherrschende reine Nadelwaldregion. Hier war noch die in Mitteleuropa bereits seltene Tanne in allen Wachstumsstufen häufig vertreten, von der naturverjüngten „Christbaumkultur" bis zu imponierenden Altholzbeständen.

In den Höhenlagen erstreckten sich weithin ausgedehnte Poianas, die Schauplätze des nächtlichen Hirschbrunftgeschehens. Auf diese Almen richteten wir naturgemäß das Hauptaugenmerk unserer jagdlichen Bemühungen. Dabei war das Revier trotz aller Urwüchsigkeit jagdlich hochherrschaftlich erschlossen, auf den gepflegten Steigen ließ es sich wunderbar pirschen.

In der Regel spielte sich unser Jagdalltag folgendermaßen ab: Frühmorgens fuhren wir noch im Stockfinstern mit dem „Aro"-Geländewagen in eines der zahlreichen Seitentäler, um dort zunächst zu verhören, ob und wo die Hirsche röhrten. Beim ersten Büchsenlicht folgte dann demgemäß der meist schweißtreibende Aufstieg bis hinauf in die Almregion. Schon die erste Etappe durch die Talwiesen bot – noch in der Dämmerung – eine aufregende Jagd, da wir stets plötzlich auf Bären oder Sauen treffen konnten. Diese waren auf dem Heimweg von ihren nächtlichen Beutezügen auf den bäuerlichen Maisfeldern und Obstplantagen, von welchen sie sich auch durch die zahlreichen Lagerfeuer der Wachhabenden herzlich wenig abhalten ließen. Wir pirschten in genau geregelter Formation: an der Spitze ein örtlicher Berufsjäger, dann kam ich, dicht dahinter Octavian und E., es folgte mit grimmigem Blick Cyrile Vasilja, und den Abschluß bildete ein weiterer Jagdadjutant; letzterem fiel die wenig beneidenswerte Aufgabe zu, den meist gewichtigen Rucksack voll Proviant und Ausrüstung zu schleppen. Manchmal, speziell auf flacheren Passagen, übernahm auch Cyrile höchstpersönlich die Führung, wobei er dann demonstrativ den Pirschsteig durch Hiebe mit seinem Weidblatt nachzuputzen pflegte, soferne die jagdliche Lage nicht gerade besondere Stille gebot. Der „Aro" samt Fahrer wurde an den voraussichtlichen Endpunkt unserer jeweiligen Unternehmung beordert, um uns dort, meist in einem der nächsten Täler, zu erwarten; dies klappte – oder auch nicht! Man darf nicht vergessen, daß wir ein riesiges Gebiet bejagten, wo es gottlob nur sehr wenige fahrbare Wege gab. Üblicherweise kehrten wir am späteren Vormittag wieder heim ins Jagdhaus; Ausruhen, Essen, Plaudern und Planen, Lesen oder schlichtwegs Faulenzen bestimmten den weiteren Tagesverlauf, bis wir gegen 3 Uhr nachmittags wieder ausrückten. Je nach unseren morgendlichen Beobachtungen und den Berichten der übrigen Hirschkundschafter gestaltete sich dann die Abendpirsch zeitlich spiegelverkehrt. Infolge der extrem warmen Witterung – es hatte bis zu 25 Grad Celsius, und wir jagten im Hemd – meldeten die Hirsche allerdings nur sehr spärlich. Wir sahen wohl einige Mittelhirsche mit bis zu allerhöchstens

10 Kilogramm Geweihgewicht, der ersehnte Kapitale war jedoch nicht darunter. Dennoch genossen wir die unbeschwerten Tage in diesem so herrlich urwüchsigen Revier in vollen Zügen; alles wurde zu Fuß marschiert, wir durchpirschten unberührte Wälder und hatten manch interessanten Anblick. Anläßlich einer Morgenpirsch begegneten wir im Dämmerlicht auf nur etwa 20 Meter einer Bärin mit ihren zwei halbwüchsigen Jungen; die Familie Petz kehrte gerade von ihrem Frühstück auf den dörflichen Maisäckern zurück. Wie geraten, machten wir uns sogleich durch Singen als Menschen bemerkbar, und mit empörtem Brummen empfahl sich daraufhin die Bärenmama samt Nachwuchs problemfrei.

Eines Tages hatte Forstmeister Gabi im Talbereich einen starken männlichen Bären von schwarzer Farbe und schätzungsweise 450 Punkten bestätigt. Diesem widmeten wir die nächstfolgende Abendpirsch. Gemeinsam mit dem glorreichen Entdecker des Ursus wollten E. und ich am oberen Rand einer Waldwiese Vorpaß halten, um so den Bären auf seinem Anwechsel zu dem betreffenden Maisfeld zu erwarten. Also rückten wir bereits rechtzeitig am Nachmittag mit dem „Aro" aus, denn der Einstand des Bären lag in einem weit entfernten Revierteil. Laut Gabi stand dort als Deckung nur ein provisorisch zurechtgestutzter Busch zur Verfügung; in Anbetracht dieser Situation hatten Panthelina und ich unsere wirksamste Tarnkleidung angelegt. Mit von der Partie war nur noch der Fahrer, wogegen Cyrile Vasilja diesmal zu Hause blieb. Rückblickend betrachtet, war dies noch ein Glück, denn im späteren Verlauf der Dinge hätte unser heißblütiger Jagdleiter den Chauffeur vermutlich erdolcht. Um nur ja jegliche Störung zu vermeiden, stellten wir den „Aro" noch recht weit entfernt vom Ort des erhofften Geschehens am Endpunkt eines abschüssigen Hohlweges, solchermaßen gut sichtgedeckt, ab. Dem Fahrer wurde eingeschärft, sich keinesfalls vom Wagen zu entfernen und in absoluter Stille unsere Rückkehr abzuwarten.

Als wir hinter unserem dürftigen Schirm Posten bezogen, brannte die Sonne noch warm vom Himmel und eine leichte Brise wehte uns stichgerade entgegen; der Wind paßte somit. Ich saß auf meinem Rucksack, die Mauserin 8 x 68 S ruhte schußbereit auf meinem angewinkelten rechten Bein, und an der linken Schulter lehnte mein Bergstock. Mochte der Bär nur kommen, ich war jedenfalls bereit. Rechts neben mir lauerte Panthelina, regungslos wie zu einer Salzsäule erstarrt, Gabi hatte es sich hinter uns liegend bequem gemacht. Vor mir lag eine leicht abschüssige Weide, und in etwa hundert Metern Entfernung verlief, von dichten Buschreihen gesäumt, ein leise gluckerndes Bächlein. Dahinter begann bereits jene ausgedehnte, dschungelartige Laubholzdickung, in der wir den Tageseinstand des Bären vermuteten. Die Minuten flossen zähe dahin, vorerst rührte sich absolut nichts. Dann zogen vor uns eine Rehgais sowie zwei Hasen friedlich zu Felde, vom Bär fehlte nach wie vor jede Spur. Langsam brach die Dämmerung herein, und schon glaubte ich, Meister Petz würde einen Fasttag einschalten, als im Bachbett vor uns krachend ein Ast brach. Kurz danach wiederholte sich dieses eindeutige Geräusch noch mehrmals: Kein Zweifel, hier war schweres Wild im Anwechseln! Sogleich verspürte ich Gabis leichten Stoß im Rücken, und auch neben mir signalisierte Panthelina mit den Augen Alarm. Dieser Hinweise hätte es gar nicht bedurft, ich hielt die entsicherte Büchse bereits im Anschlag und linste durchs

Zielfernrohr angestrengt in die besagte Richtung. Jetzt kollerten auch schon laut und vernehmlich Steine, zweifelsohne wechselte hier unser Bär exakt durchs Bachbett seiner Abendmahlzeit zu. Einmal vermeinte ich sogar das typische Schnaufen von Meister Petz zu vernehmen, wie ich es noch gut von unserer vorjährigen Bärenjagd im Retezat in Erinnerung hatte. Allein, sosehr ich mich auch bemühte, es half alles nichts: im Zielfernrohr sah ich nur Grün und nichts als Grün!

Nolens-volens waren wir zur Untätigkeit verurteilt, einen abziehenden Bären kann man sinnvollerweise weder anröhren noch mit dem Blatter zurückholen. Langsam verlor sich das verheißungsvolle Geräusch in der Ferne, und bald danach wurde es auch dunkel. Aus für heute! Es blieb uns allen ein Rätsel, warum der sicher bestätigte Bär ausgerechnet an diesem Abend statt seines gewohnten Wechsels ein Brantenbad im Bach bevorzugt hat; vielleicht war auch ihm heiß, vielleicht hatte er Durst, oder es rettete ihn schlicht und einfach ein sechster Sinn für drohende Gefahr!

„Wenigstens war es ein spannendes Jagderlebnis!" versuchte E. am Rückweg die Stimmung wieder aufzuheitern, „Schließlich ist Gabis Bär ja wirklich gekommen!" Letztere Bemerkung trug ihr einen dankbaren Blick des betrübten Forstmeisters ein.

„Und eigentlich sind wir ja zur Hirschbrunft hierhergekommen, es liegt somit keine Tragödie vor", fügte ich zustimmend hinzu. Die jagdliche Welt war demnach soweit wieder in Ordnung, und wir freuten uns schon auf das gute Abendessen im Jagdhaus, als wir unter dem Sternengefunkel des klaren Nachthimmels beim abgestellten „Aro" eintrafen.

Dort empfing uns jedoch das personifizierte schlechte Gewissen in der Gestalt des wartenden Chauffeurs. Der Unglücksrabe hatte im Zuge der Herfahrt und speziell beim Parkieren des Geländewagens total vergessen, daß im Getriebe der Retourgang kaputt war. Nun stand der schwere Kübel, mit der Schnauze nach vorne, am Endpunkt des abschüssigen Hohlweges abgestellt und war sohin gänzlich manövrierunfähig. Schöne Bescherung! Mit hochrotem Kopf demonstrierte der Fahrer die Misere bei laufendem Motor, das Getriebe knirschte bloß höllisch auf – keine Chance! Alle zaghaften Versuche, das Vehikel rückwärts bergauf zu schieben, scheiterten schon im Ansatz: dazu reichten unsere Kräfte bei weitem nicht aus. Außerdem betrug die Strecke bis zur ersten Umkehrmöglichkeit gut 500 Meter.

Im Wagen befanden sich weder Funkgerät noch Mobiltelefon, nicht einmal Brieftauben hatten wir dabei! Zu allem Überfluß trug sich, wie erwähnt, diese vermaledeite Bärenjagdaktion in einem unbewohnten Seitental zu, wo weder Hilfskräfte noch Transportmittel, geschweige denn eine Drahttelefonverbindung verfügbar waren. Selbst Notsignalschüsse wären kaum gehört und noch weniger richtig geortet worden; auch wollten wir durch eine derart fragwürdige Großkanonade nicht alles Wild vergrämen. Der glücklose „Aro"-Fahrer wäre am liebsten in ein Erdloch gekrochen, nur war keines greifbar, und außerdem konnten wir ihn wenigstens noch zum Gepäcktragen einsetzen. „Schön dumm ist auch schön, aber sooo saublöd…" – Panthelinas bissiger Kommentar, von Octavian genüßlich übersetzt, war noch das mindeste, was er zu hören bekam. Gabi griff da schon zu gröberen Tönen, meine Rumänischkenntnisse reichten bei weitem nicht aus, um seine Beschimpfungen und Flüche zu verstehen. Octavian als Sunnyboy

äußerte sarkastischen Spott, und ich murmelte nur etwas von Kriegsgerichtsverfahren. Allein, das half alles nichts. Man konnte es drehen und wenden, wie man wollte, es blieb nur der lange Heimweg auf Schusters Rappen! Dieser zog sich dann auch über geschlagene viereinhalb Stunden hin, erst spät nach Mitternacht trafen wir im Jagdhaus Lepsa ein. Dort herrschte über unser Ausbleiben begreiflicherweise schon hellste Aufregung, man war sogar bereits drauf und dran, die Miliz zu alarmieren. Bärenjagden sind bekanntermaßen gefährlicher als Hasenstampern, aber an einen Totalausfall von gleich vier Jägern waren selbst die hartgesottenen Rumänen nicht gewöhnt! E. und ich überließen es Gabi, dem aufgebrachten Cyrile Vasilja Bericht zu erstatten. Uns stand der Sinn nach einem kühlem Bier samt dreifachem Tuica, dann ein heißes Fußbad und nichts wie schlafen. Die morgige, nein, bereits heutige Frühpirsch fiel selbstredend aus.

Was der allein schuldtragende Chauffeur noch alles zu hören bekommen hat und was schlußendlich aus ihm geworden ist, das entzog sich für immer unserer Kenntnis, denn als wir am späteren Vormittag erwachten, waren sowohl er als auch sein ramponierter „Aro" bereits durch neuere Modelle ersetzt.

Als nach einer Woche im schönen Lepsa trotz intensiver Bemühungen der erstrebte Kapitalhirsch noch immer nicht zur Strecke, ja nicht einmal in Anblick gekommen war, wurde unser Cyrile Vasilja langsam nervös; gemäß altrumänischer Despotensitte frißt der Mißerfolg seine Väter. Nach hektischer Beratung mit seinen Getreuen sowie langen Telefonaten wurde uns das Ergebnis dieses Konsiliums eröffnet: Revierwechsel ins benachbarte Soveja! Uns sollte dies recht sein, und alsbald waren wir reisefertig zur Übersiedlung in unser neues Domizil.

Das etwas kleinere, aber in jeder Beziehung piekfeine Jagdhaus Soveja lag nur etwa 15 Kilometer nördlich von Lepsa in einem idyllischen Seitental des Vrancea-Gebirges.

Dorthin führte eine noch schmälere Pseudostraße, und nun befanden wir uns endgültig an jenem Ort, wo sich die Füchse – und vorliegendenfalls wohl auch noch manch anderes Getier – gute Nacht sagten! Jagdlich war das Revier Soveja allerdings ein echtes Kleinod. Dies wußte auch Ceausescu selbst sehr wohl zu schätzen: immerhin hatte der Conducatore dort im Jahre 1980 seinen Weltrekordhirsch von 261,25 I.P. erlegt.

Inmitten eines Gartens mit prachtvollem Altholzbestand etwas versteckt gelegen, bot das Jagdhaus von Soveja eine mehr intime, fast möchte man sagen verträumte Atmosphäre. Unterkunft und Verpflegung waren erstklassig und das Personal geradezu rührend aufmerksam. Da wir praktisch bereits in der Wildnis logierten, fiel auch der Anfahrtsweg zum jeweiligen Revierort erheblich kürzer aus. Das Landschaftsbild entsprach jenem von Lepsa, vielleicht mit mehr Mischwald und Laubholzdickungen.

Im Nordwesten des Revieres erstreckte sich das durchwegs bewaldete Massiv des knapp 1.400 Meter hohen Clabuc, wogegen auf der Südseite ein niedrigerer, aber steiler Höhenrücken lag. In der Folge sollten wir diese namenlose Bergkette mit ihrer oben kilometerweit langgezogenen Poiana noch gezählte einundzwanzigmal (!) aus jeglicher Richtung und zu allen Tageszeiten, meist schweißtreibend, besteigen: denn dort hatte die örtliche Jägerei einen sagenhaften Kapitalhirsch bestätigt! Daß es sich hiebei keineswegs bloß um ein imaginäres Phantom handelte, bekamen wir schon am ersten Jagdmorgen eindrucksvoll bestätigt, als wir unter dramatischen Umständen mit diesem

Hirsch tatsächlich zusammentrafen! Doch zuvor noch ein Wort zur ausgezeichneten Jägerschaft von Soveja; sie verdiente es in der Tat, vorgestellt zu werden.

Die insgesamt acht Berufsjäger waren ebenso perfekt organisiert wie ausgerüstet; neben mehreren gutgewarteten „Aros" sah ich erstmals in Rumänien Handfunkgeräte, sogenannte „walkie-talkies", im Einsatz. Radu, ein stämmiger Rumäne mit schwarzen Haaren und offenem Blick, führte als Revierleiter offiziell das Kommando; die Fäden im Hintergrund zog allerdings – wenngleich sehr diskret – nach wie vor sein hochgewachsener, weißhaariger Vater Johann: dies nicht ohne Grund, handelte es sich doch um keinen Geringeren als jenen legendären Berufsjäger, unter dessen erfolgreicher Führung Nicolae Ceausescu im Jahre 1980 den damals weltbesten Hirsch erbeuten konnte. Obwohl an sich bereits im verdienten Ruhestand, wurde der unverändert hochpassionierte Senior zur Hirschbrunft reaktiviert, da man auf seine enorme Erfahrung nicht verzichten wollte. Dies völlig zu Recht, denn Vater und Sohn waren speziell bei der Jagd mit dem Hirschruf so virtuos aufeinander eingespielt, daß man oft Hirsch und Jäger buchstäblich nicht unterscheiden konnte. Der alte Johann benutzte hierzu übrigens den ganz gewöhnlichen grünen „Faulhaber-Hirschuf", welchen er allerdings zwecks Dämpfung kunstvoll mit Leukoplast umwickelt hatte. Komplettiert wurde dieses Jagdteam durch den aus Lepsa mitübersiedelten Cyrile Vasilja, der sich hier aber auffallend zurückhielt.

Beim ersten gemeinsamen Abendessen kam unwillkürlich bald die Erlegung des seinerzeitigen Rekordhirsches zur Sprache; selbstredend interessierte uns dieses Thema brennend. In seiner ruhigen, bedächtigen Art erzählte Johann mit knappen Worten das jagdhistorische Geschehen. Der in jeder Beziehung außergewöhnliche Kapitalhirsch hatte seinen Einstand im Umkreis der vorerwähnten langgezogenen Poiana. Dort konnte Johann ihn bereits anfangs der Brunft 1979 bestätigen. Wie für einen solchen Fall befohlen war, erstattete er unverzüglich Meldung nach Bukarest. Einige Tage später kam Ceausescu tatsächlich nach Soveja, aber die Zeit des Staatspräsidenten war zu knapp bemessen, und so blieb der Hirsch am Leben. Im Winter konnten die Abwürfe trotz eifrigster Suche nicht gefunden werden. Allerdings bezog der Hirsch im September 1980 wieder seinen alten Brunftplatz; allem Anschein nach hatte das Geweih sogar noch an Stärke zugesetzt. Johann berichtete erneut an die allerhöchste Stelle, diesmal mit der vorsichtigen Andeutung, es könnte sich möglicherweise um einen neuen Weltrekord handeln. Das „zog", der Conducatore reiste prompt an und erlegte den Hochkapitalen unter Johanns Führung schon auf der zweiten Pirsch. Die spätere Punktebewertung der Trophäe ergab bekanntlich, daß dieser etwa dreizehnjährige Hirsch wirklich das damals weltstärkste Geweih trug. Soweit der Bericht des alten Berufsjägers. Nunmehr, fast zwanzig Jahre später, hatten Johann und sein Sohn Radu am selben Revierort erneut einen hochkapitalen Hirsch ausgemacht; nach deren Beschreibung sollte es sich um einen reifen, geraden (!) Achtzehnender mit ausgesprochen edler Geweihform handeln. Über das mutmaßliche Trophäengewicht schwiegen sich die beiden aus, doch sie schätzten das Geweih auf mindestens 250 Internationale Punkte, möglicherweise auch mehr …

Auf diesen sagenhaften Hirsch sollten sich unsere Bemühungen hier in Soveja voll konzentrieren; man kann sich vorstellen, daß meine Aufregung ins Unermeßliche wuchs.

Allerdings entnahm ich den Schilderungen der rumänischen Profis auch, daß sich die jagdlichen Verhältnisse im Bereiche der ominösen Poiana nicht ganz einfach darstellen dürften. Mit meinen selbstgestrickten Strategien à la Rehbockjagd war dort nichts zu gewinnen, hier konnte einzig die Regie des erfahrenen Altmeisters zum Erfolg führen. Ganz gewiß hatte man diesen nicht ohne triftigen Grund reaktiviert!

Indes, als an unserer Abendtafel der Schlachtplan für die tags darauf geplante Frühpirsch anstand, hielt sich der höfliche Johann – ganz herrschaftlicher Berufsjäger der alten Schule – vorerst recht schweigsam zurück; er wollte sichtlich keinesfalls aufdringlich wirken. Meine E., die den Alten auf Anhieb sympathisch fand, erfaßte mit ihrem feinen Gespür sogleich diese etwas heikle Situation und richtete ihre Frage deshalb bewußt an den Senior: „Sagen Sie einmal, lieber Johann, wie sollte denn mein Mann die Sache mit diesem Hirsch ihrer Meinung nach anpacken?" Das war ein geschickter Schachzug, denn jetzt konnte der Altmeister schon aus Höflichkeit nicht mehr aus; letztere wird bei den charmanten Rumänen seit jeher generell großgeschrieben. Heimlich deutete ich Octavian, er möge nunmehr besonders genau übersetzen. Dann legte Johann seine Vorstellungen knapp und verständlich dar: „Der Hirsch brunftet auf der besagten Poiana, daran besteht kein Zweifel. Die Frage ist nur: wann und wo? Also muß man zunächst noch im Finstern vom Tal aus verhören, wo er meldet; seine Stimme erkenne ich genau. Dann ein vorsichtiger Aufstieg bei gutem Wind, so daß wir beim ersten Licht oben sind. Alles Weitere muß sich ergeben. Kommt der Hirsch auch später am Morgen nicht aus dem Wald heraus, sollen ihr Mann und Radu sich inmitten der Poiana gedeckt ansetzen. Ich werde dann direkt vom gegenüberliegenden Bestand her versuchen, den Hirsch mit dem Ruf zu reizen und so zum Ausziehen zu bewegen."

Hier sprach unverkennbar der alterfahrene Praktiker, sein Plan klang einleuchtend und wurde allseits angenommen. Also dann bis morgen!

Jeder passionierte Hirschjäger wird mir nachfühlen können, daß ich in dieser Nacht kein Auge zubekam: 250 Punkte oder sogar mehr! Und der berühmte Johann persönlich würde mich führen! Wenn es bloß etwas kälter würde, damit die Hirsche besser röhrten! Tausend Gedanken, Hoffnungen und Ängste schwirrten durch meinen Kopf wie ein Bienenhaus. Als der Wecker endlich schrillte, war ich längst hellwach. Panthelina dürfte es insgeheim ähnlich ergangen sein, denn ganz gegen ihre sonstige Gewohnheit erkundigte sie sich sofort vollkommen munter: „Wie ist denn das Wetter draußen?" Ich konnte einen klaren Sternenhimmel melden, allerdings war es nach wie vor recht warm: Keine Spur von der ersehnten Nachtkälte oder gar Reif. Aufstehen, Katzenwäsche, hinein in die steifen Bergschuhe und mit dem gesamten „Zauberzeug" hinunter zum Frühstückstisch, wo die rumänischen Jäger bereits versammelt waren. Ich vertraute heute meiner ältesten Mauserin Mod. 66 vom Kaliber 8 x 68 S, jenem ehrwürdigen Repetierer, den ich seinerzeit – noch in Mittelschultagen! – als mein erstes Gewehr selbst aussuchen durfte. Mit ihr hatte ich meinen Lebenshirsch erlegt, und sie würde mich auch hier nicht im Stich lassen.

Aufbruch zur Jagd! Mit sieben Insassen war der „Aro" proppenvoll wie eine Sardinenbüchse, zum Glück hatten wir keinen langen Anfahrtsweg. Noch bei völliger Dunkelheit ereignete sich bereits der erste Zwischenfall des Tages: Mitten auf der

sogenannten Sandstraße kamen uns plötzlich im Scheinwerferlicht fünf frei galoppierende Pferde entgegen! Wie üblich unangegurtet am Beifahrersitz plaziert, befürchtete ich schon das Ärgste, als der Chauffeur im letzten Augenblick den Wagen ins dunkle Nirgendwo verriß; erfreulicherweise befand sich dort kein Graben. Weiß der Himmel, wo die führerlosen Gäule ausgekommen waren, sie rasten panikerfüllt auf Haaresbreite an uns vorbei und verschwanden so schnell, wie sie erschienen waren.

Dann erreichten wir unseren Zielort am Fuße des bewußten Berges und lauschten angespannt zur Poiana hinauf. Die Hirsche meldeten nur sehr sporadisch, und es war nicht festzustellen, ob sich der gesuchte darunter befand. Mit äußerster Vorsicht keuchten wir nunmehr zu sechst den steilen Hang hinauf. Radu führte; während des rund dreiviertelstündigen Aufstieges sprach niemand ein Wort. Beim allerersten Büchsenlicht erreichten wir den Rand der Poiana, doch die Bühne war leer. Ringsum im bürstendicken Wald meldeten unsichtbar ab und zu mehrere Hirsche, auch vernahmen wir vereinzelt den Sprengruf, aber insgesamt verlief das Brunftgeschehen äußerst flau. Vor allem schienen wir zur Tatenlosigkeit verurteilt, denn der dichte Unterwuchs schloß ein Angehen völlig aus. Wohl aufgrund der warmen Witterung zog das Wild offensichtlich nur zur Nachtzeit ins Freie, bei Tageslicht spielte sich die Brunft innerhalb der Bestände ab. Ein geflüsterter Kriegsrat in der Deckung des Waldrandes ergab auch keinen Genieblitz, da stieß weit drinnen in der Dickung ein bislang nicht gehörter Hirsch mit rauher Stimme mehrmals kurz an. Es war mehr ein müdes Trensen und Knören, welches aber Johann sogleich wie elektrisiert aufhorchen ließ: „Der Kapitale!" Wir anderen blickten eher ungläubig, doch der alter Berufsjäger ließ sich nicht beirren und ergriff auch unverzüglich die Initiative. Ein kurzes Zwiegespräch auf Rumänisch mit Sohn Radu, dann waren die Rollen schon verteilt: E., Octavian und Cyrile Vasilja wurden an Ort und Stelle gut getarnt „abgelegt", wogegen mir Radu unmißverständlich bedeutete, ihm vorsichtig zu folgen. Unser Ziel war ein mächtiger einzelner Kastanienbaum inmitten der Poiana, den wir tief gebückt, mehr kriechend als pirschend, ohne merkbare Störung erreichten.

Hohes Randgras umgab den besagten Baumstamm, und dort nahmen wir liegend volle Deckung. Der erste Abschnitt der Aktion war glücklich geschafft. Links von uns ertönte in unregelmäßigen Abständen das ominöse tiefe Trensen, doch der Hirsch stand offenbar an unveränderter Stelle tief im Buschwald und zeigte augenscheinlich keinerlei Ambitionen, zu uns herauf auf die Poiana auszuziehen. Warum sollte er auch, er hatte wohl Kahlwild bei sich und brunftete ungestört in seinem sicheren Reich. Da ertönte urplötzlich im Nadelwald rechts von uns, somit aus der entgegengesetzten Richtung, ein gewaltiger Kampfruf, gefolgt von lautem Stangenschlagen! Jetzt kannte ich mich gar nicht mehr aus, stand der gesuchte Platzhirsch etwa auf der anderen Seite? Erneut erklang das wütende Röhren, nun zog der neue Hirsch mehrmals voll durch und trieb danach offensichtlich ein Tier; deutlich vernahm ich den Sprengruf. Höchst aufgeregt, versuchte ich Radu in meinem radebrechenden Kauderwelsch dazu zu veranlassen, den Neuankömmling anzupirschen; im dort eher lichten Stangenholz schien mir dies möglich. Doch mein Begleiter blieb ungerührt liegen und grinste bloß: „Johann!" Jetzt ging mir ein Licht auf! Der vermeintliche Platzhirsch war gar nicht echt, sondern in

Wirklichkeit markierte unser Senior durch wahrhaft meisterliches Röhren mit dem Hirschruf einen Nebenbuhler! Vater und Sohn inszenierten eine wohldurchdachte Doppelstrategie: Während Johann durch sein gekonntes Konzert „unseren" Hirsch zum Zustehen quer über die Poiana reizte, hielten Radu und ich in deren Zentrum Vorpaß. Tatsächlich ließ sich der echte Kapitale provozieren: Er antwortete im dichten Bestand links von uns alsbald selbst mit zornigem Kampfschrei und näherte sich hierbei wunschgemäß dem Waldrand zur Poiana. Diese denkwürdige Doppelconference kam nun zum Höhepunkt, gleich mußte die Entscheidung fallen: Würde der Hirsch auf die Poiana ausziehen oder nicht? Schon wackelten links vorne die äußersten Randbüsche, und einzelne Endenspitzen wurden wie Christbaumkerzen sichtbar. Indes, der Kapitale – er war es wirklich – verhoffte am Waldrand; er beschränkte sich vorerst auf wütendes Röhren und Stangenschlagen, verließ jedoch nicht die Deckung. Sein Gegenüber auf der anderen Seite der Poiana blieb ihm nichts schuldig: Auch Johann schrie und fegte, daß die Fetzen flogen. Allerdings schien die Entfernung von unserem Standort sehr weit, wohl über 300 Meter. Der Wind stand gut. Augenblicklich erkannte Radu die Chance und nutzte sofort den hin und her tobenden Disput der Kontrahenten:

Er faßte mich wortlos am Kragen und wies mit den Augen vielsagend auf einen winzigen Strauch vor uns in der herbstlichen Almwiese. Distanz bis dorthin: etwa 150 Meter. Dann begann er unverzüglich, diesen Punkt anzurobben. Ich folgte wie auf dem Kasernenhof, das Gewehr krampfhaft an mich gepreßt, den Blick zu Boden und auf die Schuhe meines Vordermannes gerichtet. Bei dieser Fortbewegungsart sind 150 Meter eine höllisch weite Strecke, besonders, wenn unmittelbar im Vorfeld das ersehnte Ziel aller Wünsche lauthals röhrt und man nicht einmal den Kopf heben darf. Denn bereits im Zuge der Kriecherei wurde uns klar: jetzt war der Hirsch wirklich draußen auf der Poiana! Nach wie vor schmetterten beide Seiten Kampfruf um Kampfruf, es war eine urig-wilde Szene. Endlich hielten die Schuhe vor meinem Gesicht an: Radu hatte den kleinen Busch erreicht. Schon unterwegs wurde mir die hier einzig mögliche Schußposition bewußt: Mit der entsicherten Büchse ruckartig aufsetzen, das Ziel erfassen, gleichzeitig entscheiden: ja oder nein, und gegebenenfalls sofort schießen! Dies alles in Sekundenbruchteilen, denn zwangsläufig mußte mich der Hirsch im selben Moment eräugen wie ich ihn. Die nun folgenden Augenblicke werde ich nie vergessen, solange ich lebe. Noch heute habe ich das Bild vor Augen und bin unschwer in der Lage, dieses dramatische Geschehen in Zeitlupe detailgenau ablaufen zu lassen:

Im Hochfahren erblicke ich vor mir einen silbergrauen Riesenhirsch mit geradezu unwirklich hochkapitalem Geweih, welcher spitz herzu steht und an mir vorbei auf ein imaginäres Ziel hin verhofft. Entfernung maximal 150 Meter. Das Fadenkreuz der gestochenen Mauserin sucht und findet den Stich dieses enormen Wildkörpers, ich verstärke bereits den Druck am Abzug – da vollführt dieses Fabelwesen urplötzlich eine rasende Volte und springt wie von der Tarantel gestochen hochflüchtig ab! Gleichzeitig vernehme ich im Unterbewußtsein weit hinter mir eine hysterische Stimme.

Wie versteinert blicke ich dem Hirsch noch einige Zehntelsekunden nach, dann hat ihn der Wald verschluckt, und die Bühne ist leer. Einfach so, aus und weg! Nur die Sonne strahlt freundlich wie zuvor vom blaßblauen Morgenhimmel. Noch bevor ich mich

wieder orientiert und die Realität richtig erfaßt habe, bricht rings um mich herum ein gewaltiges Getöse los: Neben mir ist Radu aufgestanden, ballt die Faust und brüllt auf Rumänisch mit donnernder Stimme, daß die benachbarten Tannenbäume wackeln; unverkennbar handelt es sich um derbe Flüche. Rechter Hand erscheint Johann wie deus ex machina aus dem Wald und schreit ebenfalls lauthals. Weit hinter mir am Waldrand, wo eigentlich unsere abgelegten Kameraden warten sollten, erblicke ich Panthelina und Octavian. Beide stehen gegen jede Weisung einige Meter draußen auf der freien Wiese, gestikulieren wild mit hocherhobenen Armen und beschimpfen augenscheinlich wüst eine unsichtbare dritte Person. Lediglich von Cyrile Vasilja fehlt jegliche Spur. Film zu Ende.

Ich wähnte mich wie im Tollhaus. Waren denn nunmehr alle übergeschnappt? Sie wirkten doch bis vor kurzem noch völlig normal! Und was das Schlimmste schien: Offenbar entrüsteten sich alle anderen über ein nur mir unbekanntes Ereignis!

Was, in drei Teufels Namen, war denn hier eigentlich los?

Dieses Rätsels reichlich banale Lösung fand sich dann rasch: Unsere am Rand der Poiana zurückgelassenen Jagdgefährten E., Octavian und Cyrile konnten aus ihrer bestens gedeckten Warteposition die gesamte Operation mitverfolgen. Auch wußten sie sehr wohl, daß im rechts gelegenen Wald in Wirklichkeit Johann werkte, denn letzterer hatte ihnen sein Vorhaben erklärt, bevor er loszog. Alles ging soweit gut, bis Radu und ich unsere Kriechpartie von der Kastanie bis zu dem erwähnten Strauch starteten und solcherart auch für unsere Kameraden außer Sicht gerieten. Noch während wir robbend unterwegs waren, trat dann der von Johann so kunstvoll herangeröhrte Kapitalhirsch auf die Poiana hinaus. In der irrigen Annahme, wir würden den Hirsch nicht bemerken, gingen dem aufgeregten Cyrile Vasilja die Nerven durch und er fühlte sich aberwitzigerweise zum Eingreifen bemüßigt. Panthelina und Octavian wollten den kleinen Irrwisch noch am Schlafittchen zurückhalten, doch sie griffen bereits ins Leere. So nahm das Unglück seinen Lauf. Just in demselben Augenblick, als ich mich zum Schuß aufrichtete, war auch der Unglücksrabe aufgesprungen und rief uns seinen total überflüssigen Hinweis zu. Ich hatte somit richtig beobachtet, daß der Hirsch nicht mich, sondern irgend etwas anderes wahrnahm. Die Katastrophe trat ein, und der Rest ist bekannt. Man kann natürlich ebensogut sagen, St. Hubertus hat im allerletzten Moment seine schützende Hand über den König der Wälder des Vrancea gehalten.

Wie dem auch sei, fürs erste war der Hirsch jedenfalls einmal gründlich vergrämt, soviel stand fest. Ich erspare mir an dieser Stelle eine Wiedergabe der nachfolgenden Dialoge, dies hieße nur Salz in offene Wunden streuen. Der unglückselige Cyrile Vasilja blieb volle zwei Tage verschwunden, nach seiner Rückkehr vermieden wir beide wohlweislich das heikle Thema. Wozu auch weiter ärgern, dies brachte höchstens Magenschmerzen, keinesfalls aber den Hirsch zurück.

Sehr interessant war hingegen der Kommentar des alten Johann. Auch dieser rückte damit klugerweise erst nach dem Mittagessen heraus, als sich die Gemüter allgemein wieder beruhigt hatten. Gleich seinem Sohn Radu hatte er den Hochkapitalen einwandfrei als den gesuchten geraden Achtzehnender wiedererkannt. In seiner ruhigen, bedächtigen Art meinte Johann weiters, der Hirsch sei noch stärker als ursprünglich angenommen,

möglicherweise übertreffe sein Geweih sogar noch jenes des Ceausescu-Hirsches von 1980; dies würde neuen rumänischen Landesrekord bedeuten.

Im Gegensatz zu seinen Berufsjägerkollegen vertrat der Routinier die Ansicht, der Hirsch werde die Störung nicht allzu übel nehmen; noch sei daher nicht aller Tage Abend. Nüchtern betrachtet, sei schließlich nicht mehr passiert, als daß auf der Poiana zur Unzeit ein laut rufender Mensch erschienen war; dies konnte genausogut ein Schäfer oder Beerensucher gewesen sein. Auch sei keineswegs sicher, daß der Hirsch den Bluff mit dem vermeintlichen Nebenbuhler durchschaut habe. Johann war davon überzeugt, daß dieser Kapitalhirsch sein Kahlwild nicht auf Dauer verlassen, sondern sich vielmehr über kurz oder lang wieder am alten Platz einfinden werde.

Seine Beurteilung der Lage klang durchaus plausibel, und ich pflichtete dem Alten bei. Dies nicht bloß aus hoffnungsvollem Optimusmus: Immerhin kannte Johann sein Revier und dessen Hirsche seit mehr als fünfzig Jahren! Meine Entscheidung stand somit fest.

Ich orderte eine neue Runde vom köstlichen Tuica und verkündete dann ganz offiziell unsere unerschütterliche Marschrichtung für die restlichen Jagdtage: Diesen Hirsch oder keinen!

Getreu dem Sprichwort „ …denn der Jäger unverdrossen, hat immer noch den Hirsch geschossen!" setzten wir unsere Bemühungen fort. Allmählich kannte ich im Gebiet rund um die bewußte Poiana jeden Stock und Stein sowie natürlich auch das hier beheimatete Wild. Entgegen Johanns Prophezeiung war der Achtzehnender nirgends aufzufinden, da halfen weder die Hirschrufkünste von Vater und Sohn noch raffiniert ausgeklügelte Pirschmanöver. So vergingen die nächsten Tage, der heiße Altweibersommer dauerte an, und entsprechend flau blieb das Brunftgeschehen. Schließlich erweiterten wir unser Jagdprogramm: Ab nun wurden sogar die Mittagsstunden im Revier verbracht, Proviant gab es aus dem Rucksack. Vielleicht konnte ein Ansitz an der Suhllacke im kühlen Wald oder die berühmte Faulpirsch zum Erfolg führen; immerhin mußte bei der warmen Witterung ja auch das Wild irgendwann schöpfen. Eines schönen Mittags döste ich gerade mit Radu im Bodensitz, Marke „Eigenbau", als zwei starke Füchse vorbeischnürten. Bloß so zum Spaß gelang es mir, einen hievon bis auf drei Meter heranzumäuseln – und Radu neben mir hielt schon das Wurfmesser in der rechten Hand! Reinecke konnte gerade noch rechtzeitig seinen Balg in Sicherheit bringen. Diese Fuchsjagdmethode war auch mir neu, man lernt eben nie aus! Unser ganztägiger Jagdeinsatz ersparte zwar je einen Auf- und Abstieg zur Poiana, dafür machte sich aber bald der Schlafmangel bemerkbar – das komfortable Jagdhaus sahen wir fortan nur mehr zur Nachtzeit.

Im Anschluß an eine wiederum erfolglose Morgenpirsch kehrten wir dann doch gleich ins Quartier zurück; unsere reichlich verwilderten Gestalten bedurften dringend einer Rundumwartung! Als ich danach am frühen Nachmittag, frisch geputzt und ausgeschlafen, voll neuer Energie in den Salon hinunterkam, saß die gesamte Jägerschaft einschließlich Hauspersonal aufgeregt um den Fernsehapparat versammelt. Nanu, was war denn da bloß los? Octavian empfing mich sogleich mit der Meldung: „Die Berg-

arbeiter sind wieder da!" Zunächst verstand ich nur Bahnhof, hatten wir doch weder zuvor noch jetzt auch nur einen Kumpel zu Gesicht bekommen!

Leider wurde sehr bald klar, daß für Scherze absolut kein Grund bestand und sogar mein vorgenannter Vergleich einen ungeahnt makaberen Klang bekam. In den großen Gruben von Craiova und Petrosani war erneut ein Bergarbeiteraufstand ausgebrochen. Politisch aufgehetzte Kumpel – „Iliescus stille Armee" – hatten ganze Eisenbahnzüge gekapert und zogen zu Hunderttausenden gegen Bukarest. Seltsamerweise konnten, wollten oder durften die staatlichen Ordnungskräfte den aufgebrachten Pöbel nicht stoppen, und so herrschten in der Hauptstadt bald bürgerkriegsähnliche Verhältnisse. All diese unerfreulichen Neuigkeiten wurden uns via TV live in das friedliche Jagdhaus von Soveja berichtet. Zwar waren wir vorerst nicht unmittelbar betroffen, doch die Hiobsbotschaft zerstörte unsere beschauliche Hirschbrunftjagdidylle dennoch schlagartig; an eine Abendpirsch war an diesem Tag nicht mehr zu denken. Als erstes fiel E.'s verdienter Schönheitsschlaf den Unruhen zum Opfer: „Panthelina, wach auf, Revolution in Bukarest!" mußte ich meinen Jagd- und Ehepartner zwangsläufig rüde wecken. Einmal erwacht, erfaßte E. sogleich die Situation: „Merde, das mußte ja wohl kommen! Was machen wir nun?" lautete ihr nicht gerade salonfähiger, aber treffender Kommentar. „Abwarten und Tee trinken. Mal sehen, wie sich die Lage weiter entwickelt. Unten hocken sie ohnedies schon alle vor dem Glotzophon!" – mehr Sinnvolles fiel mir im Moment nicht ein. Ich war und bin zwar ein geschworener Gegner der fragwürdigen Errungenschaft des Fernsehens, doch an diesem Nachmittag und während eines Großteiles der darauffolgenden Nacht saß auch ich vor dem Bildschirm. Wir wurden Augenzeugen eines dramatischen, zeitweise geradezu gespenstischen Geschehens:

Aus der Krisenregion im Jiu-Tal waren mittlerweile gut eine Viertelmillion randalierender Bergleute in Bukarest eingetroffen. In ihrer Arbeitskluft mit dem typischen Helm am Kopf, beherrschten die Kumpel eindeutig das Stadtbild. Sie waren durchwegs mit Brecheisen bewaffnet und offensichtlich durch Alkohol enthemmt. Ihre politische Zielrichtung schien unklar, aber jedenfalls gegen die Regierung gewandt. Octavian erklärte auf mein Befragen bloß lakonisch: „Das sind alles Verrückte!", und damit hatte er wohl recht. Naturgemäß bezogen wir unsere Kenntnis der Vorgänge ausschließlich aus Fernsehen und Radio, doch wir konnten uns darauf schon einen Reim machen.

Ich persönlich vermutete stark, daß der sogenannte Aufstand mit insgeheimer Billigung maßgeblicher Machthaber inszeniert war, denn anders war nicht zu erklären, daß die angeblich „entführten" Sonderzüge in großer Anzahl ungehindert die Hauptstadt erreichen konnten. Bekanntlich läßt sich nämlich nichts leichter aufhalten als die Eisenbahn: Es reicht, wenn ein paar beherzte Männer mit Krampen einfach die Schienenstränge aufreißen – schon steht jeder Zug unweigerlich!

Wie dem auch sei, jedenfalls mußte der amtierende Ministerpräsident Pedre Roman unter dem Druck der Straße noch an diesem Nachmittag zurücktreten. Staatspräsident Ion Iliescu hatte seinem Premier offensichtlich die Rückendeckung verweigert. Damit war aber der Spuk in Bukarest noch keinesfalls vorbei. Ganz im Gegenteil, mit Einbruch der Dunkelheit schickte sich der tobende Mob an, das Parlament gewaltsam zu

erstürmen! Wiederum war von Ordnungskräften keine Spur zu sehen. Die revoltierenden Bergarbeiter hatten – woher so plötzlich? – zahlreiche Kipp-LKWs sowie fahrbare Drehleitern „organisiert", mit deren Hilfe sie über die Ballustrade in das Parlamentsgebäude eindrangen. Drinnen tagte gerade das Plenum, und in der Folge ging es im Saal buchstäblich drunter und drüber. Das rumänische Fernsehen übertrug in der Art einer Konferenzschaltung die dramatischen Szenen vom Vorplatz sowie aus dem Inneren des Gebäudes – ganz so, als handelte es sich bei dem blutigen Geschehen um eine aufregende Sportveranstaltung!

Erneut konnte ich mich des Eindrucks nicht erwehren, daß hier in Wahrheit eine politische Schmierenkomödie ablief, deren Regie dem entfesselten, jedoch durchaus willfährigen Pöbel eine wohlkalkulierte Rolle zugeteilt hatte. Daß eine solche „Veranstaltung" brandgefährlich ist und sehr leicht außer Kontrolle geraten kann, steht auf einem ganz anderen Blatt; man denke nur an die Parabel vom Zauberlehrling und seinem Besen …Möglicherweise war meine damalige Beurteilung auch falsch, ich glaube dies aber bis heute nicht. Jedenfalls wurde ein weiteres Mal die augenblickliche Ohnmacht der vielgepriesenen demokratischen Einrichtungen deutlich, sobald letzteren die faktische – sprich bewaffnete – Machtbasis abhanden kommt. Als die denkwürdige Fernsehreportage schließlich in den frühen Morgenstunden zu Ende ging, waren wir uns allesamt über die eigentliche Natur sowie künftige Folgen des soeben miterlebten Spektakels keineswegs im klaren.

Selbstredend fiel auch die Frühpirsch aus. Nach kurzem, unruhigem Schlaf standen wir unweigerlich vor der bereits am Vortag von E. angeschnittene Gretchenfrage: Was nun?

Ausländische Radiostationen meldeten unisono lapidar „anhaltende Unruhen und ungeklärte Verhältnisse in Bukarest sowie in weiten Landesteilen Rumäniens". Das konnte vielerlei bedeuten. Der rumänische Rundfunk schwieg sich überhaupt aus.

Hier, im kaum bevölkerten Vrancea, waren wir vorerst absolut sicher; indes, allein der Gedanke an unsere Rückreise bereitete mir erheblich mehr Sorgen, als ich E. gegenüber zugab. Den ganzen Tag über studierte ich gemeinsam mit Octavian die Landkarten. Es kursierten die wildesten Gerüchte: Besonders extrem nationale Stimmen sprachen gar von einem bevorstehenden Krieg gegen Ungarn! Aus eigener Kenntnis der beiderseitigen Verhältnisse hielt ich dies für baren Unsinn, aber wer wußte schon, welch irre Wege die hohe Politik oft ging. Immerhin gab es nach wie vor Konfliktpotential in Sachen Siebenbürgen, und ein ungarischer Angriff war seit jeher die – obgleich absurde – Urangst der Rumänen. Eine diesbezügliche Krise fehlte uns gerade noch! Wegen des Jugoslawienkrieges bliebe dann nur noch der Weg über Moldawien und Rußland offen – mich schauderte bereits bei dem Gedanken an die administrativen Hürden! Aber noch war diese Alternative nicht aktuell – und sie wurde es gottlob auch später nicht. Den geplanten Abstecher zur Gamsjagd im Fogaras hingegen mußten wir in Gedanken wohl bereits abhaken, lag dieses Gebirge doch recht nahe an der kritischen Hauptkrisenregion des Jiu-Tales. Dort gerade jetzt hinzufahren – zumal mit Waffen und eigenem Auto – hieße den sträflichen Leichtsinn auf eine unverantwortliche Spitze treiben. Da ein Unglück bekanntlich selten allein kommt,

erreichte uns nun auch noch die telefonische Nachricht von der lebensgefährlichen Erkrankung meines hochgeschätzten Schwiegervaters. Insgesamt drückten diese Probleme merklich die allgemeine Stimmung, zudem blieb das Wetter geradezu unerträglich heiß, und die Hirsche röhrten kaum noch. Letztendlich wurde auch die Zeit langsam knapp, für die Rückfahrt mußten möglicherweise zeitraubende Hindernisse einkalkuliert werden …

Doch noch einmal schien sich das Blatt zu unseren Gunsten zu wenden: Eines Abends meldete ein Außenposten den gesuchten Kapitalen über Funk. Unsere rührigen Beobachter hatten den Hirsch an einem entlegenen Punkt der Poiana bestätigt, als er zuerst in das Nordtal wechselte, dann jedoch zurückkam und kurz darauf in den südlichen Graben zog. Dies allerdings weitgehend stumm, er ließ nur einige müde Trenser hören. Soweit der hoffnungsvolle Bericht der rumänischen Berufsjäger.

Der folgende Tag verlief allerdings ergebnislos: Soviel wir auch pirschten, suchten und fallweise vorsichtig knörten, es half alles nichts, unser Hirsch blieb verschwunden.

Schon glaubten wir, unsere Helfer wären einem Trugbild unterlegen. Aber als wir am übernächsten Morgen vom dunklen Tal aus das matte Brunftgeschehen oben auf der Poiana verhörten, da behauptete Johann plötzlich, er erkenne die Stimme des Achtzehnenders! Hinsichtlich der Örtlichkeit ensprach dies durchaus den vorgestrigen Beobachtungen der Jägerei. Also eilten wir mit aller gebotenen Vorsicht wieder einmal den steilen Berghang zur Poiana hoch. Bevor wir dort anlangten, blieb E. mit Octavian im Wald zurück. Mein hochkarätiges Führerduo „Johann & Radu" ging schrittweise weiter, ich folgte direkt auf den Fersen der Profis. Im Bestand war es noch völlig finster. Der imaginäre Hirsch meldete recht spärlich draußen auf der Poiana und schien bereits im Einziehen begriffen. Johann versuchte ihn mit leisem Knören aufzuhalten, doch er bekam hierauf keine Antwort. Jetzt setzten wir alles auf eine Karte und pirschten flott zum Waldrand vor. Im diffusen Licht erkannte ich einen Heuschober und daneben – wie ein Phantombild – die Silhouette des vermeintlichen Achtzehnenders. Die Distanz dorthin betrug nur etwa 80 Meter. Wie angenommen, zog der Hirsch tatsächlich schon in Richtung seines Einstandes. Nur wenige Meter trennten ihn noch vom Waldrand, da mahnte Johann als letztes Mittel mit dem Tierlaut. Der Kapitale verhoffte ganz kurz, stand aber schräg von mir weg und somit ungünstig. Meine allerletzte Chance!

In Anbetracht der Umstände wagte ich den riskanten Schuß auf den Träger – stehend frei, nur am Bergstock angestrichen. Im Schuß blendete mich das heftige Mündungsfeuer der Mauserin, so daß ich durchs Zielfernrohr kein Zeichnen erkennen konnte; meinen erfahrenen Begleitern erging es nicht besser. Der Hirsch war jedenfalls weg; niemand von uns hatte ein nennenswertes Fluchtgeräusch wahrgenommen, insbesondere auch kein Zusammenbrechen im Wald. Fraglos gebot die Lage, zunächst einmal das volle Tageslicht abzuwarten. Ich zitterte vor Aufregung, und mich beschlichen eher gemischte Gefühle: Hoffentlich hatte ich bloß nicht den Schuß verrissen! Bei der gewohnten Wirkung der starken Patrone (8 x 68 S mit 14,5 g Kegelspitzgeschoß, RWS) hätte der Hirsch, so wie ich mutmaßlich abgekommen war, eigentlich im Feuer liegen müssen. Andererseits war nunmehr erst bei Licht zu erkennen, daß die Poiana im Anschußbereich

über eine Geländekante zum Wald hin steil abfiel – möglicherweise lag der Hirsch ohnedies längst verendet dort unten. Hoffentlich!

Die Minuten zogen sich endlos dahin, mittlerweile hatte Radu auch E. und Octavian herbeigeholt. Auf Panthelinas fragenden Blick brachte ich nur ein mühsames:

„Ich weiß es nicht!" heraus. Die Spannung wuchs ins Unerträgliche, endlich hatte Johann ein Erbarmen, und wir näherten uns vorsichtig dem Anschuß. Dort fanden wir im kurzbegrasten Almboden die deutliche Fluchtfährte des Hirsches und – sonst nichts, absolut nichts! Kein Schweiß, kein Schnitthaar, keine Ausrisse, kein Kugeleinschlag, kurzum kein Garnichts! Obwohl ich es in meiner Verzweiflung nicht und nicht wahrhaben wollte, wurde mir schlagartig klar: Ich hatte den Hochkapitalen auf diese lächerlich kurze Distanz überschossen, glatt gefehlt! Natürlich suchten wir mit aller nur erdenklichen Akribie nach. Wir folgten der sichtbaren Fluchtfährte bis in den Wald hinein und – soweit möglich – auch noch innerhalb des Bestandes. Wir mobilisierten alle verfügbaren Hilfskräfte einschließlich des gesamten Jagdpersonales von Lepsa, ich setzte eine hohe Prämie aus – allein das Ergebnis sämtlicher Bemühungen blieb unverändert Null! Schließlich ließ ich als letzten Hoffnungsschimmer zwei Tage lang die gesamte Umgebung großflächig absuchen. Wir vertrieben mit Sicherheit alles Wild, dies mit demselben negativen Resultat. Leider stand damals kein brauchbarer Schweißhund zur Verfügung, aber selbst ein solcher hätte – wie sich später erwies – auch nichts finden können.

Der Hirsch, unser sagenhafter Achtzehnender, der mögliche Landesrekord, er war und blieb gefehlt! Man kann sich unschwer vorstellen, daß ich mich restlos am Boden zerstört wiederfand. Dabei handelte es sich nicht bloß um den totalen Mißerfolg unserer wochenlangen Mühen und Plagen. Nein, hinzu kamen noch massive Selbstvorwürfe wegen der doch riskanten Schußabgabe sowie trotz allem ein Rest von nagendem Zweifel, ob nicht doch etwa ein Splitter, ein Geller …Sämtliche Anzeichen sprachen zwar dagegen, ja schlossen ein solches Übel geradezu aus.

Ich wüßte auch nicht, woran sich die schwere Kugel auf der freien Alm zerlegt haben könnte. Und dennoch: ein bohrender Stachel verblieb in meinem Jägerherzen.

Wenigstens hievon konnte mich allerdings in der Folge die „Silvexim" befreien. Kurz vor Weihnachten erreichte mich ein Anruf von Valentina Pascale aus Bukarest: Dieses Christkind übermittelte die erlösende Nachricht aus Soveja, der alte Johann habe vor wenigen Tagen unseren Achtzehnender auf kurze Entfernung gesehen und zweifelsfrei wiedererkannt. Der kapitale Hirsch erfreue sich bester Gesundheit, und er sei für mich auch bereits zur Hirschbrunft 1992 reserviert.

Nach diesem zeitlichen Vorgriff aber wieder zurück in die ersten Oktobertage des Jahres 1991. Damals war diese einzig heilsame Medizin noch nicht verfügbar und die Stimmung demgemäß am Nullpunkt. Die Serie von Hiobsbotschaften riß weiterhin nicht ab. Unser guter Octavian mußte dringend nach Bukarest zurückkehren; seine Großmutter hatte aus Aufregung über die Revolutionswirren einen Herzanfall erlitten.

Ich kannte diese reizende alte Dame persönlich, als Witwe eines Admirals noch der königlich rumänischen Marine waren ihr Volksaufstände verständlicherweise ein Greuel. Mit unserem vorsorglich vollgetankten Jeep Cherokee brachte ich Octavian zur Bahn nach Focsani und nahm dort Abschied von diesem treuen Dolmetscherfreund. Falls sich die politische Lage wieder beruhigte, würden wir in einigen Wochen anläßlich der geplanten Sau- und Gamsjagden ein frohes Wiedersehen feiern.

In Soveja unternahmen wir zwar noch einige letzte Pirschgänge, doch handelte es sich hierbei um eher halbherzige Pflichtübungen ohne jeglichen Erfolg. Für dieses Jahr war die Hirschbrunft eindeutig zu Ende. Am Abreisetag, dem 4. Oktober 1991, hatte das Wetter über Nacht total umgeschlagen: Ein ausgedehntes Tief brachte strömenden Regen sowie empfindlich kalten Wind. Demgemäß fiel der Abschied von diesem wahren Jagdparadies und unseren fürsorglichen rumänischen Gastgebern wenigstens nicht ganz so schwer. Außerdem schmiedeten wir bereits konkrete Pläne für das nächste Jahr: Ankunft 11. September 1992 am Flughafen Bukarest-Otopeni, Weiterfahrt mit Octavians Dacia direkt nach Soveja und dort dann mindestens drei Wochen gemütliche Jagd im Kreise unserer neugewonnenen Freunde. Johann, Radu und Konsorten versprachen hoch und heilig, ihre wachsamen Augen darauf zu richten, daß bis dahin niemand anders Hirsch & Co. allzu beunruhigen würde. Indes, wie meistens im Leben, so wurde auch dieser schöne Plan dann doch nicht verwirklicht: denn „erstens kommt es anders und zweitens als man denkt!" Im Frühjahr fügte ein annehmender Hauptbär dem braven Radu derart lebensgefährliche Verletzungen zu, daß der Ärmste monatelang im Krankenhaus dahinsiechte. Endlich einigermaßen wiederhergestellt, ging dieser tüchtige Berufsjäger frühzeitig in Pension; und ohne seinen Sohn machte auch dem alten Johann die Hirschjagd keine rechte Freude mehr. Ich hingegen befand mich 1992 zur hohen Zeit der Hirsche am anderen Ende der Welt: Im fernen Ostsibirien, auf der Halbinsel Kamchatka, standen Riesenelch, Küstenbär und Schneeschaf auf meinem Jagdprogramm. Aber das ist schon wieder eine neue, nicht minder abenteuerliche Geschichte!

Im ersten Morgengrauen des 4. Oktober 1991 traten wir mit doch recht gemischten Gefühlen die lange Heimreise an. Immerhin kamen wir aus der behaglichen Geborgenheit freundlicher Menschen im Vrancea, und uns erwartete vermutlich der unberechenbare Straßenpöbel einer total aus den Fugen geratenen Revolutionswelt.

Wir hatten uns für die Route unserer Herfahrt entschieden, weil wir diese Strecke schon kannten und überdies so auch die aufständische Bergbau- und Industrieregion rund um die Stadt Tirgu Mures vermeiden konnten. Geplant war einer Nonstopfahrt bis zur Grenzstation Varsand/Gyula, die wir noch an diesem Tage zu passieren hofften.

In Ungarn wäre dann eine Quartiernahme in Bekescaba oder Budapest – zu welcher Nachtzeit auch immer – kein Problem. Bis Sibiu begleitete uns noch der Dolmetsch Alexander, dann fuhren E. und ich alleine weiter. Im Hügelland um Deva brach die Dunkelheit herein, und eine abenteuerliche Nachtfahrt begann. Am Steuer saß vorerst Panthelina, während ich nach dem digitalen Autokompaß navigierte; außerdem ruhte natürlich die Mauserin schußbereit an meinem Knie, und das Konsolenfach barg reichlich Munition 8 x 68 S. Unser Haupthindernis bildeten zunächst nur die zahllosen, einfach unbeleuchtet am Straßenrand abgestellten Pferdefuhrwerke der Zigeuner. „Jetzt bloß keinen Unfall risikieren!" war das Gebot der Stunde, und daher schlichen wir mäßig flott durch die finsteren Lande. Die politische Lage erschien etwas beruhigt, aber nach

wie vor angespannt. Schon hofften wir, uns ohne größere Probleme nach Ungarn durchschlagen zu können, da steckten wir bereits vor Pilu in einem kilometerlangen Grenzstau. Einige Tage zuvor waren die rumänischen Ausreisebestimmungen überraschend drastisch verschärft worden, und als Folge hievon versuchten hunderttausende Zigeuner sowie andere mißliebige Subjekte, noch schnell das Land zu verlassen. Uns hingegen hatte selbstredend niemand informiert, weshalb auch! Jetzt konnten wir sogar noch froh sein, daß kein sperriges Hirschgeweih am Dachträger des Jeep dessen Insassen von weitem als Jäger und Waffenbesitzer verriet; denn bei angenommenen 250 IP oder mehr hätte der neue rumänische Rekordhirsch bestimmt nicht ins Wageninnere gepaßt! Längst hatten wir die Zentralverriegelung aktiviert, und meine treue Büchse lauerte durchgeladen – ohne Zielfernrohr – unter dem Wetterfleck. Natürlich dienten diese Maßnahmen in erster Linie unserer eigenen Beruhigung, im Ernstfall hätten wir hiemit nicht viel erreicht. Selbst meine wirklich nervenstarke Panthelina fühlte sich zunehmend unbehaglich: „Hier liegt etwas in der Luft, schau dir bloß die Leute an – lauter Ganovenvisagen! Wir sollten uns beizeiten absetzen, solange dies überhaupt noch möglich ist!" E. hatte völlig recht, auch ich sah die Lage kritisch. Allerdings war die enge Straße total verstopft, und Bankette gab es keine – beiderseits herrschte nur finsteres Nirwana voll suspekter Gestalten. Also keine idealen Umkehrbedingungen, denn hilflos steckenbleiben wollte ich hier schon gar nicht! Nach Mitternacht wurde die Grenze für jedermann hermetisch geschlossen, es gab absolut kein Durchkommen mehr. Auf diese Nachricht hin begann der wütende Mob zu toben, und die nächtliche Randale eskalierte; sogar Polizei und Miliz zogen sich schleunigst zurück. Dies war das Signal zum Angriff, und ich kommandierte: „Sofortiger Fahrerwechsel im Inneren des Autos! Gut festhalten und Repetierer schußbereit! Achtung, es geht los!" Kaum hatte ich das Lenkrad in Händen, legte ich Allrad, Untersetzung sowie Differentialsperre ein, blendete alle Scheinwerfer auf und betätigte das Überlandhorn. Ein wahrer Höllenrabatz! Bei Vollgas im kleinsten Geländegang schoß unser Jeep geradezu nach links auf den unbekannten Acker hinaus. Zwar drehten die Räder durch und der Dreck spritzte meterhoch, aber 200 PS sorgten für den nötigen Schub, und irgendwie gelang mir der Turn.

Was scherten mich da drohend geballte Fäuste und nachgeworfene Steine, mit voller Pulle jagte ich den schweren Wagen landeinwärts – egal wohin, nur fort von hier!

E. neben mir saß mit aschfahlem Gesicht am Beifahrersitz, aber mein Gewehr hatte die Brave nicht losgelassen! Kaum waren wir dem ärgsten Chaos entronnen und wieder in ruhigeren Gefilden, da bahnte sich auch schon die nächste Krise an: die Nadel der Tankuhr stand am Leeranschlag, und das rote Warnlicht blinkte hektisch! Kein Sprit!

Die mitgeführten Kanister waren längst geleert, unsere nächtliche Reise verschlang sämtliche Reserven. Bei der wilden Flucht aus dem Grenzgebiet hatte ich mich nach Norden hin orientiert. In dieser Richtung lag – wenngleich in beträchtlicher Entfernung – als nächste größere Siedlung Oradea, das ehemalige Großwardein. In dieser Stadt kannten E. und ich uns noch von der frühsommerlichen Rehbockjagd her ziemlich gut aus, hier würden wir auch ein Nachtquartier finden. Die Sache hatte nur einen Haken:

Um dorthin zu gelangen, benötigten wir unbedingt Benzin, und das war anno 1991 in Westrumänien zur Nachtzeit ebensowenig erhältlich wie Mondraketentreibstoff.

Guter Rat schien somit teuer. Zuallererst mußten wir unbedingt feststellen, wo wir uns überhaupt befanden. Also hielt ich im nächsten Nest mit dem schönen Namen „Avramlancu" bei einer einsamen Straßenlaterne an. Hier fand sich sogar, welch Wunder, ein Richtungsschild: Oradea 56 km. So weit reichte die Tankreserve unseres Jeep nie und nimmer. Wir überlegten hin und her, da erblickte ich in der Unordnung des Laderaumes hinter mir plötzlich einen hellblauen Blechbehälter. Blau? Komisch, unsere eigenen Spritkanister waren doch alle olivgrün! Ich erinnerte mich an den Schwarzhändler von Focsani: dessen Kannen waren blau! Bei der allgemeinen Einpackerei in Soveja war offensichtlich eine hievon irrtümlich mitgewandert; sie enthielt tatsächlich 10 Liter Superbenzin. Es lebe die Korruption, wir waren gerettet! So erreichten wir gegen 4 Uhr früh todmüde Oradea und bezogen dort im Hotel „Dacia" Quartier. Laut Reiseführer bombastisch als Luxushotel eingestuft, entpuppte sich unser Domizil als abbruchreife Ruine; aber im Moment war dies egal. Ich erinnere mich noch heute an Panthelinas letzte Worte vor dem Einschlafen: „Wie logiert man eigentlich in einem rumänischen Ein-Stern-Hotel?" – „Unter der Brücke und ohne Telefon!" konnte ich gerade noch antworten, dann war auch ich entschlummert.

Am nächsten Morgen scheiterte unser Versuch, irgendwo in Oradea Benzin zu ergattern, bereits im Ansatz. Von hier stammte offenbar das reichlich schwachsinnige Latrinengerücht über den möglichen Krieg gegen Ungarn; eine hysterische Atmosphäre herrschte in der von hunderttausenden Ausreisewilligen bevölkerten Stadt. An der Hotelrezeption riet man uns hektisch, möglichst schnell das Land zu verlassen – welch ein himmelhoher Unterschied zum feudalen Ambiente im Vrancea! Immerhin gelang es mir – natürlich nur mittels massiver Bestechung in harten DM – mit der „Silvexim"-Zentrale in Bukarest telefonisch Kontakt aufzunehmen. Ich schilderte die unglaublichen Zustände an der Grenze und unsere Schwierigkeiten, nach Hause zu kommen. Ungeachtet der in der Hauptstadt noch immer anhaltenden Unruhen versprach man sofortige Hilfestellung. Wir sollten uns unverzüglich zum Grenzübergang Oradea/Bors in Marsch setzen und dort beim kommandierenden Milizoffizier melden. Ehre wem Ehre gebührt, die Rumänen haben ihr Wort gehalten. In Bors bot sich zwar das gleiche Bild wie in Varsand, doch bewaffnete Milizeinheiten erwarteten uns tatsächlich schon und lotsten uns dann bei Tageslicht nach Ungarn durch. Sogar den rumänischen Zolloffizieren war angesichts der sie belagernden Heerscharen sichtlich nicht wohl, sie sprachen von einem möglicherweise bevorstehenden Schußwaffengebrauch.

Naturgemäß waren auch wir auf ein Verweilen an diesem ungastlichen Ort nicht gerade erpicht. Unser Begleitschutz übergab uns dem Zoll, und wir wurden sofort durchgewunken. Wie sich die Lage dort weiterentwickelt hat, ist mir nicht bekannt.

In Ungarn selbst, wo wir an der Tankstelle von Berettyoujfalu haltmachten, waren die Verhältnisse völlig normal. Als ich den deutschsprechenden Geschäftsführer der großen Raststation vorsichtig auf den angeblichen Aufmarsch der ungarischen Armee gegen Rumänien ansprach, tippte er sich nur bedeutungsvoll gegen die Stirne – diese Geste ist international verständlich …

Unsere Weiterfahrt nach Budapest und Wien verlief dann problemfrei. So kehrten wir zwar ohne das angestrebte Hirschgeweih und auch ohne Gamskrucken zurück, aber dafür um eine Vielzahl wunderbarer Jagderlebnisse sowie neugewonnener Freunde reicher geworden. Und letzteres war schließlich die Hauptsache, denn für den echten Weidmann gilt der Wahrspruch: „Wir jagen, um gejagt zu haben!"

Überraschenderweise gab es zu unserer geschilderten Jagdreise in den Vrancea dann zwei Jahre später noch ein bemerkenswertes Nachspiel: Im Herbst 1993 jagte ich zur Gamsbrunft im Fogaras. Auf der Rückreise von dort ergaben sich in Bukarest einige Stunden Wartezeit bis zum Abflug meiner Maschine nach Wien. Also ging ich mit dem Direktor der „Silvexim" zu Mittag gemütlich essen, und anschließend nahmen wir noch Mokka und Cognac in dessen Büro. Schon beim Eintreten fielen mir dort sofort zwei hochkapitale Abwurfstangen auf, die beiderseits des großen Kamins lehnten. Augenscheinlich handelte es sich um Paßstangen aus ein und demselben Jahr. Der betreffende Hirsch hatte sichtlich bereits zurückgesetzt, aber das überaus edle Geweih zeigte noch immer gerade vierzehn Enden und bestach durch die Länge sowie die enorme Wucht seiner Stangen. Auf meine Frage nach dem Woher setzte der Jagdgewaltige ein maliziöses Lächeln auf: „Herr Doktor, diesen Hirsch sollten Sie eigentlich noch kennen!"

Dann erfuhr ich folgende erstaunliche Geschichte: Ein Jägerehepaar aus der Schweiz war im September 1993 während der Brunft in Soveja gewesen, jedoch leider nicht zu Schuß gekommen. Auf der Rückfahrt zum Flughafen Otopeni hatten die enttäuschten Eidgenossen das besagte Stangenpaar von einem Straßenhändler käuflich erworben, und zwar irgendwo auf der Strecke zwischen Focsani und Rimnicu Sarat.

Da die Jagdgäste zu diesem Zeitpunkt nur mehr vom Chauffeur sowie dem Dolmetsch begleitet wurden, dachte sich vorerst niemand etwas bei diesem Geschäft. Beim Zoll in Otopeni wurden die kapitalen Abwurfstangen infolge fehlender Begleitpapiere natürlich beschlagnahmt, und man benachrichtigte die „Silvexim". Schließlich landeten die Prachtstücke bei meinem Direktor. Sie stammten etwa vom vierzehnten Kopf und ergaben vorsichtig hochgerechnet eine Wertziffer um die 255 Internationale Punkte.

Natürlich interessierten sich jetzt alle Beteiligten brennend dafür, wo denn dieser alte Spitzenhirsch seine Fährte zog. Die „Silvexim" kontaktierte daraufhin die längst heimgereisten Schweizer Jagdkunden, deren Daten ja noch auflagen. So konnte man den genauen Ankaufsort eruieren. Landpolizei und Miliz wurden eingeschaltet, und es gelang tatsächlich, den seinerzeitigen Straßenverkäufer auszuforschen. Der Täter, ein Zigeuner aus dem Vrancea-Gebirge, gestand nach anfänglichem Leugnen, er habe die Stangen im März 1993 in einem bewaldeten Seitental unweit des Dorfes Soveja gefunden. Hartnäckig, wie die Rumänen speziell in Sachen Hirschjagd nun einmal sind, veranstaltete man einen Lokalaugenschein, zu dem auch der wiedergenesene, wiewohl pensionierte Radu und dessen betagter Vater Johann hinzugezogen wurden.

Bei diesem Anlaß trat zutage, daß der Fundort der beiden Stangen ziemlich exakt an jener Stelle lag, wo wir im Jahre 1991 so oft den „Aro" parkiert hatten und zur bewußten Poiana aufgestiegen waren! Auch Johann schwor Stein und Bein, es handle sich um jenen Hirsch, den zwei Jahre zuvor ein „Doktor aus Österreich" wochenlang bejagt und schließlich gefehlt habe. Allerdings habe er in späterer Folge den Kapitalen mit dem

nunmehr aufgetauchten Geweih von 1992 nie in Anblick bekommen. Dies sei aber nicht weiter verwunderlich, denn sein Sohn Radu sei zwischenzeitig von einem Bären schwer geschlagen worden, und darum sei dann auch er selbst kaum mehr zur Jagd gegangen.

So lautete der Bericht des Direktors der „Silvexim". Verständlicherweise nahm ich daraufhin die beiden hochkapitalen Stangen nunmehr besonders andächtig in die Hände und inspizierte sie eingehendst. Immerhin kann man bei einiger Phantasie sagen, daß ich diesen Hirsch gegen die Bären, Elche und Schneeschafe des fernen Kamchatka eingetauscht hatte. Oder andersherum, eine wahrhaft internationale Legion von Schutzengeln rettete dem kapitalen Recken von Soveja das Leben: zuerst der kribbelige Rumäne Cyrile, dann ein Fehlschuß des aufgeregten Doktors aus Wien, weiters das ostsibirische Großwild und schließlich ein glückloses Schweizer Jägerehepaar! Da kann man wirklich nur mit Walter Frevert, dem unvergessenen Oberforstmeister der Rominter Heide, zitieren: „Cervi sua fata habent!" Tatsächlich blieb das weitere Schicksal dieses Hirsches im Dunkeln: Soweit mir bekannt ist, wurde er niemals erlegt.

Hiermit ist die Geschichte unserer bewegten Hirschbrunftjagd anno 1991 nunmehr wirklich zu Ende. Seitdem ist mehr als ein Jahrzehnt verstrichen, und vieles hat sich verändert, manches ist aber auch gleichgeblieben. Auch in Rumänien kann man schon längst allerorts rund um die Uhr Treibstoff tanken, und die Bergarbeiter von Craiova und Petrosani bleiben in der Regel dort, wo sie hingehören, nämlich zu Hause. Erfreulicherweise hat der Krieg mit Ungarn ebenfalls nicht stattgefunden, und schließlich gehören auch die tagelangen Grenzstaus der Vergangenheit an; es ist gewiß nicht schade darum. Hingegen glaube ich fest daran, daß in den entlegenen Wäldern der Ostkarpaten mit ihren dunklen Tälern und sonnigen Poianas der ewige Kreislauf der Natur wie eh und je regiert – und das sollte auch künftighin so bleiben.

Mitunter kommt es vor, daß noch heute jemand von mir wissen will, wo er denn meiner Ansicht nach die schönste Hirschbrunft erleben und auch einen wirklich Kapitalen strecken könne. In solchen Fällen pflege ich mir den Betreffenden zunächst einmal genauer anzugucken. Wenn ich dann zu der Überzeugung gelange, daß ich einen echten Weidmann und nicht bloß einen Trophäenschießer vor mir habe, so lautet meine Antwort: „Lieber Freund, eines schickt sich nicht für alle. Aber falls Sie über reichlich Zeit und Geld verfügen, körperlich fit sind und Strapazen nicht scheuen, die Bergwelt lieben sowie urwüchsige Jagd mit einer Prise Abenteuerromantik suchen, dann fahren Sie am besten ins Vrancea-Gebirge der rumänischen Ostkarpaten, dorthin, *wo silbergraue Hirsche röhren!*"

Eisbär, Hirsch und Haute Couture

Nein, Sie haben sich nicht verlesen; auch dieses Kapitel handelt von einer Jagdfahrt nach Rumänien!

Mein Schwager Cary, seines Zeichens wohlbestallter Gutsbesitzer aus Unterkärnten und hochpassionierter Jäger, hatte schon im „Premierenjahr" 1990 an einer mehrtägigen Sautreibjagd in Nordwestrumänien teilgenommen. Im Hügelland nördlich von Oradea, dem ehemaligen Großwardein, lagen damals nach drei Jagdtagen insgesamt fast vierzig Schwarzkittel auf der Strecke, darunter eine beachtliche Anzahl wirklich starker Keiler. Als hervorragender Kugelschütze war Cary dort äußerst erfolgreich gewesen: Er erlegte ein kapitales Hauptschwein mit beeindruckenden Waffen von 24 Zentimetern Hauerlänge sowie sechs weitere Sauen von gleichfalls zumeist respektabler Größe. In unserer heimischen Jägerrunde riefen seine herrlichen Trophäen und die imponierenden Streckenfotos beträchtliches Aufsehen hervor. Den begeisterten Schilderungen des stolzen Erlegers zufolge mußte es sich bei jenen Jagdgefilden ja um ein wahres Schwarzwilddorado handeln!

Im November des Folgejahres sollte nunmehr diese mittlerweile bereits legendäre Saujagdunternehmung wiederholt werden. Über die freundliche Vermittlung meines Schwagers erfuhr ich, daß der Veranstalter hierfür noch Schützen suchte – und gab unverzüglich Laut. Die Sache hörte sich gut an: Auf dem Programm stand eine dreitägige Treibjagd in der Zeit vom 1. bis 3. November 1991 mit insgesamt zehn Schützen, organisiert vom dynamischen Jungunternehmer Hubert H. aus Eferding im oberösterreichischen Mühlviertel. Dessen bodenständige Familie – ordentliche, gestandene Bürgersleute – betrieb dort einen kleinen „Multikonzern", bestehend aus Warenhaus, Gastwirtschaft, Reisebüro und Busunternehmen. Der muntere und stets gutgelaunte Hubert erwies sich als hochpassionierter Jäger; er war mir auf Anhieb sympathisch. So sagte ich mit Freuden zu und konnte alles Weitere getrost meinem neuen Jagdfreund überlassen. Als allgemeiner Treffpunkt war für den 31. Oktober 1991 zur martialisch frühen Stunde 6 Uhr morgens das legendäre Rasthaus D. in Nickelsdorf vereinbart; es lag unmittelbar vor der östereichisch-ungarischen Grenze.

Hier ergab sich für mich einmal die ungewohnte, durchaus nicht unsympathische Ausgangssituation, daß sämtliche Jagdvorbereitungen den Kollegen oblagen; ich brauchte mich um nichts zu kümmern. Die näheren Einzelheiten würde ich schon während der vielstündigen Anreise rechtzeitig erfahren. Als Waffe für diese Jagd – außer Sauen waren noch Rotkahlwild und sogar Abschußhirsche freigegeben – stand meine bewährte Ferlacher Bockdoppelbüchse mit Ejektor im Kaliber 9,3 x 74 R von vornherein fest. Wie für jede Doppelkugel mit festverlöteten Läufen ratsam, war hierzu ein größerer Munitionsvorrat aus demselben Fertigungslos bereits bei mir zu Hause eingelagert; seit vielen Jahren vertraute ich der Patrone mit dem 19,0 g-TUG von RWS. Die Auswahl

der übrigen Ausrüstung einschließlich Bekleidung und Proviant fiel in das Ressort meiner lieben Ehefrau „Panthelina", die wie ich die örtlichen Verhältnisse in der Gegend um Oradea noch von unserer frühsommerlichen Rehbockjagd her ziemlich gut kannte.

Als der Abfahrtstermin näher rückte, liefen die Telefondrähte zwischen meiner Frau und deren in Kärnten seßhafter Schwester heiß. Wenn die Jägersfrauen aus Rücksicht auf familiäre Verpflichtungen am Allerheiligentag diesmal schon zu Hause blieben, so wollten sie doch dafür sorgen, daß ihre Ehegatten in dieser internationalen Jagdgruppe ein gutes Bild machten. Rührenderweise orderte Panthelina bei den rumänischen Gastgebern sogar heimlich knusprigen Gänsebraten mit Rotkraut und Maronen – meine Leibspeise – zum abendlichen Jagddiner. Solcherart unbelastet, konnte ich mich ganz der Vorfreude auf die kommende Saujagdexpedition hingeben.

Der Anreisetag kam, und pünktlich um 5 Uhr früh erschien bei uns in Wien, bereits ganz stilecht in Kärntner Jagdkluft gekleidet, ein zwar unausgeschlafener, jedoch bestens gelaunter Schwager Cary. Immerhin hatte er schon rund 300 Anfahrtkilometer hinter sich. Während meine Eheliebste den wackeren Nimrod mit Mokka und selbstgebackenen Keksen labte, verstaute ich mit kichernder Unterstützung unseres polnischen Hausfaktotums „Kaschja" mein äußerst umfangreiches Gepäck in Carys zum Glück geräumigem Geländewagen.

„Mach mir in der noblen Runde keine Schande, wenn ich nicht dabei bin, und daß Du mir auch ja ordentlich triffst!" verabschiedete mich Panthelina lachend mit einem dicken Kuß. Ich versprach, mein Äußerstes zu geben. Schwager Cary bekräftigte noch: „Keine Sorge, ich passe schon auf und bringe ihn Dir wohlbehalten zurück!", dann starteten wir in die finsterkalte Nacht hinaus. Heute ging es mir wirklich gut, nicht einmal chauffieren mußte ich! „Wir fahren nur bis zum Treffpunkt beim alten D. in Nickelsdorf. Dort stellen wir meinen Pajero sicher ab, und die Weiterreise erfolgt dann gemeinsam mit Huberts neuestem Bus!" instruierte mich Cary über die nächsten Punkte im Programm.

An dieser Stelle muß ich etwas weiter ausholen: Noch aus den Pioniertagen der Auslandsjagd im Ostblock hatte jede erfahrene Gruppe bestimmte Stützpunkte, die alle Kameraden kannten und wo man generell einkehrte. In unserer Korona, aber auch für die meisten anderen österreichischen Weidgenossen, waren dies etwa das Budapester Hilton auf der Fischerbastei, das Gasthaus Gibisser im südweststeirischen Heiligenkreuz, das Hotel „Alba Regia" in Szekesfehervar – dem alten Stuhlweißenburg – oder eben die berühmt-berüchtigte Raststation D. knapp vor dem Grenzübergang Nickelsdorf/Hegyeshalom. Diese altbewährten Anlaufstellen lassen sich mit den sterilen, meist hektischen Autobahnraststätten heutiger Prägung nicht vergleichen. Nein, vielmehr handelte es sich um „sichere Häfen" für alle Eventualitäten, wo man nicht nur gepflegt speisen und übernachten, sondern auch unbesorgt Autos abstellen, längere Wartezeiten überbrücken, Geld günstig wechseln und Nachrichten verläßlich hinterlassen konnte. In der Mehrzahl waren dies alteingesessene Familienbetriebe, wo unsere längst bekannten Jagdgruppen gerne gesehen und persönlich betreut wurden. Aber auch unter diesen bewährten Refugien stellte „Papa" D.'s Haus einen bemerkenswerten Sonderfall dar: An der seinerzeit noch maschinengewehrbestückten und sogar verminten

Schnittstelle zwischen dem freien Westen und dem tiefsten Kommunismus gelegen, war dies der zwangsläufig vorgegebene Ort nachbarschaftlicher Begegnungen, aber auch ganz allgemein für legale wie illegale Aktivitäten jeglicher Art.

Ob Polizei, Zoll und Bundesheer, ob Handelsreisende, Fernlastfahrer oder Jäger, Schmuggler oder sonstige dunkle Elemente auf der Flucht, an Papa D.'s Etablissement führte kein Weg vorbei. Hier konnte man für Geld alles, aber wirklich auch schon alle guten sowie bösen Dinge dieser Welt erwerben – eine Art mitteleuropäisches Tanger oder Macao in Kleinversion! Übrigens umgab sozusagen eine unsichtbare Bannmeile jenes Zentrum barmherziger Gastlichkeit und vielfältigen Lasters: Mir ist nie zu Ohren gekommen, daß dort etwas gestohlen oder gar jemand beraubt worden wäre. Im Gegenzug enthielt sich aber auch die Staatsmacht auf D.'schem Territorium jeglicher Amtshandlung! Wahrscheinlich waren beide Seiten auf die dort erlangbaren Informationen sowie möglichen Kommunikationen derart angewiesen, daß man den Burgfrieden stillschweigend respektierte. Es herrschten wahrhaft bizarre Verhältnisse an jenem österreichisch-ungarischen „Checkpoint Charly", welche nur derjenige ganz verstehen kann, der die Zeit des Kalten Krieges noch selbst miterlebt hat.

Über diesem schon sehr speziellen Gastronomiebetrieb mit seinen zahllosen Seitenzweigen schwebte – sichtbar oder unsichtbar, jedoch stets präsent – die legendäre Gestalt des alten D.: ein unscheinbares, leicht hinkendes Männlein mit krummem Rücken und leise nuschelnder Stimme, Sommer wie Winter, Tag und Nacht mit einer grauen Wollstrickweste bekleidet – kurzum die perfekte Tarnung des scheinbaren Biedermannes in Person. Uneingeweihte konnten – und sollten! – ihn wohl für den leicht verkalkten, an jeglichem Geschehen ebenso uninteressierten wie uninformierten simplen Gastwirt eines entlegenen burgenländischen Grenzdorfes halten. Insider indes wußten genau, daß dies eine gewaltige Fehleinschätzung wäre. D.'s Geburtsstätte hätte leicht vorstellbar irgendwo zwischen Syrakus und Palermo liegen können. In Wahrheit war er die steinreiche graue Eminenz der Region, vielsprachig und beinahe allwissend. D. hatte überall seine Hände mit im Spiel, und ohne ihn lief im Lokalbereich gar nichts. Sogar der örtliche Jagdpächter – ein weltbekannter deutscher Milliardär – bezog seinen bevorzugten Tafelspitz mit Cremespinat ausschließlich bei Papa D., und zwar in einer Qualität, die das hierfür ebenso weltbekannte Hotel Sacher zu Wien vor Neid erblassen ließ. Natürlich erfolgte dieses Spezialcatering zu horrenden Preisen „wie bei Hofe".

Aus nie ganz erfindlichen Gründen hatte der alte D. an mir persönlich „einen Narren gefressen" – möglicherweise aufgrund einer Art Seelenverwandtschaft, weil auch ich zugegebenermaßen zeitlebens kein Kind von Traurigkeit war. Trotz aller Abschottung – schließlich wollte ich auf der Jagd ungestört bleiben – kam es doch öfters vor, daß mich in unseren ungarischen Revieren der dringende Hilferuf eines in höchsten Nöten befindlichen wichtigen Klienten ereilte. In solchen Fällen wurde der – von den Behörden zumeist fieberhaft gesuchte – Unglücksrabe zunächst einmal unter Geleitschutz eines meiner Mitarbeiter zum „sicheren Haus" D. dirigiert und dort diskret einquartiert, bis ich selbst – oft erst anderntags – an Ort und Stelle eintraf. Die jeweilige Klientenberatung fand dann im Hinterzimmer von D.'s unerwartet weitverzweigtem Büro statt, wo uns mit Sicherheit niemand heimsuchte. „Do hom's Ihna Ruah, do kummt neamd, Herr

Dokta!" pflegte Papa D. bei derlei heiklen Anlässen zu äußern, „Und wann's telefonieren woll'n, dann schaun's holt am Zöhla. Dö Leitung is hundertprozentig sicha, do konn neamd mithör'n! Sunnst …" – „…Säßen Sie wohl schon nicht mehr hier, lieber Herr D.!" ließ ich mich einst zu einer reichlich vorlauten Ergänzung hinreißen – was mir den kopfschüttelnd strafenden Blick des alten Paten eintrug. Er hat mir diese höchst unpassende Bemerkung aber dann doch nicht übelgenommen.

Heute gehören Papa D. und sein Refugium längst der Vergangenheit an, und das Betonband der Autobahn samt seelenlosem Zubehör verbindet Wien mit Budapest.

Doch zurück zu unserer Saujagdexpedition vom Spätherbst 1991:

Jene legendäre Gastwirtschaft östlich von Nickelsdorf steuerten also Cary und ich damals in aller Herrgottsfrüh an, um dort die restlichen Mitglieder der Jagdgesellschaft beim Frühstück zu treffen. In der nebeligen Vorwinterkälte des neonbeleuchteten Parkplatzes stand da schon der große Mercedes-Bus mit oberösterreichischem Kennzeichen, ein schneeweißer Luxusliner, in dem gut und gerne sechzig Passagiere Platz fanden. „Grüaß' Se, Herr Dokta, die onderen wort'n schon do drinnen!" nuschelte es mir bereits aus dem noch nachtdunklen Foyer entgegen. Wie immer hatte uns der alte D. zuerst erspäht – in seinem Reich konnte von ihm unbemerkt nicht einmal ein Floh husten. Wann schlief der Mann eigentlich, denn sein Lokal war rund um die Uhr geöffnet, und das 365 ¼ mal im Jahr! Im Extrazimmer empfing uns eine vergnügte Jagdgesellschaft beim deftigen Frühstück: Gulasch mit Würstel, Spielgeleier mit Speck, dazu je nach Vorliebe Jagatee und Glühwein oder auch ein Bier. Nur ein Mann im blauen Anzug mit weißem Hemd samt Krawatte saß artig bei Kaffee und Cola – der Buschauffeur. Als Neuankömmling in dieser Runde stellte mir Freund Hubert sogleich seine Jagdmannschaft vor. Deren Mitglieder kamen bunt gemischt aus Oberösterreich, Salzburg und Bayern: lauter sympathisch-offene, sichtlich jagderfahrene Gestalten, mit denen ich mich auch in der Folge prächtig verstand. Hut ab, unser jugendlicher Jagdleiter hatte hier mit sicherem Gespür eine handverlesene Truppe, frohgemut sowie frei von Neid und Hader, auf die Beine gestellt. Aber: Uns beide miteingeschlossen, zählte ich nur acht Schützen. „Es ist immer wieder das alte Lied, da haben dir wohl in letzter Minute noch zwei Kameraden abgesagt!" meinte ich bedauernd zu Hubert – derlei Sorgen kannte ich zur Genüge! „I wo!" feixte der Gruppenführer gutgelaunt, „Der Eisbär und sein Schweizer Freund kommen mit dem Privatjet direkt aus Zürich. Wir holen sie in Budapest am Flughafen ‚Ferihegy 1' ab; als Belohnung für diese kleine Mühe hat der Eisbär uns alle zu einem opulenten Sektbrunch ins Budapester INTERCONTI eingeladen. Sobald Cary und du euch fertig gestärkt habt, rauschen wir schon ab!"

Eisbär mit eigenem Flugzeug? Sektfrühstück im Nobelhotel? Und das zur Saujagd? Etwas verwirrt verzehrte ich beschleunigt meine eigene Würstelmahlzeit – sie sollte in der Folge beileibe nicht das letzte kulinarische Ereignis dieses wahrlich kalorienreichen Reisetages bleiben. „Was für ein Eisbär?" erkundigte ich mich beim letzten Schluck Glühwein. „Das erzähle ich dir später im Bus, es ist eine lustige Geschichte. Aber jetzt tat's schnell umpacken, wir sind bereits startbereit!" kommandierte unser Anführer. Draußen präsentierte mir Freund Hubert mit sichtlichem Besitzerstolz sein Prachtexemplar von Reisegefährt: „Das jüngste Topmodell von Mercedes, kommt

brandneu aus Untertürkheim! Dies ist sozusagen die Jungfernfahrt. Ich habe unseren bewährten Alois als Fahrer mitgenommen; so können wir ruhig plaudern, jagen und auch mal einen guten Schluck trinken." Mit gebührendem Staunen besichtigte ich die wirklich mehr als komfortable Ausstattung: Luftfederung, Liegesitze, drehbare Clubfauteuils und Kartentische, Bordküche, WC, Stereoanlage, Bordfunk sowie Aircondition – der pure Luxus, wohin man auch blickte! Für das runde Dutzend unserer Reisegesellschaft – einschließlich Chauffeur und Dolmetscher – war wirklich mehr als überreichlich Platz vorhanden.

Beim Umladen unserer Siebensachen von Carys Pajero in den geräumigen Bauch der Luxuskarosse fiel mir auf, daß dort außer Jagdausrüstung auch eine Unzahl großer Pappkartons undefinierbaren Inhaltes verstaut war; der riesige Gepäckraum schien praktisch voll. Auch der fürsorgliche Hubert konnte doch unmöglich so viel Proviant mitschleppen, zumal hierfür ja überhaupt keine Veranlassung bestand! Nach dem angekündigten Eisbären somit das nächste Rätsel dieser Unternehmung!

Doch zunächst ging es zur Grenzabfertigung. Diese war anno 1991 bei den Ungarn erfreulicherweise schon weitestgehend entschärft: Der unsympathische Blick in die Laufmündung einer Maschinenpistole gehörte längst der unrühmlichen Vergangenheit an, und auch die Fahrzeugunterseite wurde nicht mehr mittels Spiegel auf Rädern inspiziert. Dafür begrüßten den Einreisenden nunmehr durchwegs junge, ebenso hübsche wie charmante Beamtinnen von Zoll und Grenzpolizei – ein sehr erfreulicher Wandel! Auch an diesem Tag gestaltete sich die Grenzkontrolle zur bloßen Farce – wir wurden praktisch durchgewunken. Zudem verfügte Hubert – wie jeder routinierte Jagdgruppen-führer – über den nützlichen „Reptilienfonds", aus dessen Fundus er zwei Hundertmark-scheine diskret im Stapel unserer Pässe und Waffenpapiere plazierte. Diese Maßnahme sowie sein strahlendes Lächeln verfehlten dann auch nicht ihre Wirkung: Mit einem betont freundlichen „Viszontlatasra – Auf Wiedersehen!" entließ uns nach wenigen Minuten das amtshandelnde schöne Ungarnkind, und wir waren durch.

Alois gab dem neuen Turbozwölfzylinder kräftig die Sporen, und Hubert schnappte sich das Mikrophon des Bordfunks: „Liebe Freunde, hört bitte einmal kurz her! Wir fahren jetzt direkt zum Budapester Flughafen und nehmen dort den Eisbären sowie seinen Schweizer Jagdkollegen auf – ihr kennt ja die beiden noch vom Vorjahr her. Anschließend geht es ins Hotel Intercontinental, wohin uns der gute Julius zum Brunch eingeladen hat. Macht euch keine Gedanken von wegen passender Bekleidung oder so – wir sind dort bereits als Jäger avisiert. Hier im Bus eröffne ich die Bordküche, sobald wir die Autobahn erreicht haben. Eine ordentliche oberösterreichische Brotzeit und Getränke aller Art sind reichlich vorhanden, also laßt den Proviant im Rucksack. Ich wünsche euch eine gute Fahrt und Weidmannsheil!" Kaum war Huberts Stimme verklungen, da ertönte schon der Kaiserjägermarsch aus den Lautsprechern der konzertreifen Stereo-anlage. So ließ es sich wirklich reisen, jetzt dämmerte mir auch langsam, was meine Panthelina beim Abschied mit „nobler Runde" gemeint hatte! Nach Erfüllung seiner offiziellen Aufgaben als Reiseleiter und Gruppenführer nahm Hubert neben mir auf der bequemen Rücksitzbank am hinteren Busende Platz. „Also die Story mit dem Eisbären lautet wie folgt", begann er schmunzelnd seine erstaunliche Schilderung, „Unser lieber

Jagdfreund Julius B. ist in Vorarlberg ein äußerst erfolgreicher Industrieller, sein Unternehmen produziert Baumaterialien und beschäftigt an die tausend Mitarbeiter. Von frühester Jugend an begeisterter Jäger, hatte Julius weltweit schon so ziemlich alle Wildarten erlegt. Seine Trophäensammlung mußt du einmal gesehen haben – ein regelrechtes Jagdmuseum mit phantastischen Dioramen: Löwe reißt Büffel, Gepard jagt Springbock, Steinbock auf hoher Felsspitze – und so weiter und so fort. Nur ein Eisbär fehlte ihm bislang noch in seiner Kollektion. Als sich Julius vor einigen Jahren aus dem aktiven Geschäftsleben zurückzog und den Betrieb seinen beiden Söhnen übergab, beschloß er – immerhin schon an die 65 Jahre alt – nunmehr das Jagdprojekt ‚Eisbär‘ ernsthaft in Angriff zu nehmen. Die finanziellen Mittel hierfür standen ihm ja reichlich zur Verfügung.

Bekanntlich war und ist schon die Abschußfreigabe eines solchen Polarbären nicht ganz einfach zu erlangen. Einzig und allein bestimmte Eskimofamilien an der Nordostküste Alaskas, es sind dies die sogenannten ‚Inuits‘, haben das vererbliche Privileg, die ihnen seit jeher zustehende Abschußlizenz für einen Eisbären an ausländische Jäger zu verkaufen. Aber auch in solchen Fällen gelten ganz strenge Regeln, deren Einhaltung rigoros überwacht wird. So darf nur mit Hilfe des traditionellen Hundeschlittens, also der berühmten ‚Huskies‘, nicht jedoch auch per Snowmobil den Bären nachgestellt werden. Die Verwendung von Flugzeugen oder gar eines Hubschraubers ist bei der Jagd strengstens verboten. Bei Verstößen gegen die Vorschriften droht allen Beteiligten nicht nur die Beschlagnahme von Trophäe und gesamter Ausrüstung, sondern überdies noch eine drastische Gefängnisstrafe. Außerdem herrschen in dem in Frage kommenden Küstengebiet zur Jagdzeit im April arktische Kälte sowie meist auch unsichere Wetterverhältnisse. Dazumal gab es die heutige Alternativmöglichkeit einer Eisbärenjagd in den kanadischen North West Territories noch nicht. All diese Schwierigkeiten konnten indes unseren wackeren Julius, zum Schrecken seiner Familie, von seinem Vorhaben nicht abbringen, und er ergatterte wirklich eine der hochbegehrten Lizenzen. Über Anchorage flog er in die schon sehr weit im Norden gelegene Küstenstadt Nome, wo der betreffende Eskimo-Outfitter wohnte. In der dortigen Eiswüste sollte die Bärenjagd stattfinden. Doch diese Aktion ging gewaltig schief: Die Jäger samt Hundeschlitten und Zelt wurden irgendwo draußen im Polareis von einem plötzlichen Schlechtwettereinbruch überrascht, sie wären um ein Haar erfroren. Die näheren Einzelheiten sind mir nicht geläufig, aber jedenfalls blieb der echte Eisbär eindeutig Sieger. Unser armer Julius konnte nur im allerletzten Moment – mehr tot als lebendig – in einer dramatischen Rettungsaktion geborgen werden. Mit schweren Erfrierungen, beiderseitiger Lungenentzündung, Rippenfellentzündung und weiteren Defekten wurde er zunächst ins Krankenhaus von Nome eingeliefert und in weiterer Folge nach Anchorage sowie in die weltberühmte Mayo-Klinik überstellt. Dort konnten ihn die Ärzte gerade noch wiederherstellen, aber Julius befand sich immerhin mehr als sechs Monate lang in amerikanischer Spitalsbehandlung. Jeder vernünftige Mensch hätte nun angenommen, daß unser Freund – zumal in seinem Alter – vom bloßen Gedanken an Eisbärenjagd restlos geheilt wäre. Nicht so Julius: Mit der typischen Sturheit des Alemannen erklärte er, das soeben knapp überlebte Desaster sei lediglich auf mangelnde

Akklimatisierung zurückzuführen – und ließ daraufhin seine geräumige Villa den gesamten folgenden Winter über unbeheizt! Das mußt du dir erst einmal vorstellen: ein Riesenhaus, an der Grenze zur Schweiz gelegen, vom Keller bis zum Dach ohne jede Heizung! Ein Wunder, daß die Wasserleitungen nicht aufgefroren sind. Natürlich protestierte die zwangsläufig in Mitleidenschaft gezogene Familie lauthals gegen dieses spartanische Trainingsprogramm, und seine Ehefrau drohte sogar mit Scheidung. Allein, es half alles nichts, unser Julius blieb eisenhart!

Und im darauffolgenden April – die unausgenützte Lizenz war ja noch gültig – hat er dann tatsächlich seinen Eisbären im nämlichen Gebiet, diesmal problemfrei, erlegt! Ich selbst hatte später Gelegenheit, das Monstrum als Vollpräparat zu bewundern. Verständlicherweise sprechen die Eskimos in Nome heute noch voll Anerkennung von diesem unverwüstlichen Jagdgast aus Europa, und Julius trägt seitdem unter Jagdkollegen den Spitznamen ‚der Eisbär‘. Im übrigen sind er und sein Freund Urs wirklich reizende, bescheidene Jagdkameraden sowie exzellente Schützen; von ihrer jahrzehntelangen Jagderfahrung einmal ganz abgesehen!“

Das war ja wirklich eine tolle Geschichte, auf diesen originellen Weidgenossen konnte ich echt gespannt sein, der hatte bestimmt noch weitere aufregende Jagderlebnisse zu erzählen!

Mittlerweile erreichten wir die Autobahnauffahrt östlich von Györ, und aus der Bordküche waren alsbald verführerische Düfte zu erschnuppern. Hubert amtierte nun ganz stilecht mit weißer Schürze und Kochmütze. Zur Abwechslung wurden jetzt die diversen, bekannt guten Wurstvarianten der oberösterreichisch-bayerischen Grenzregion kochendheiß angeboten. Dazu gab es neben Senf und Kren noch echten Radi sowie ofenwarmes Gebäck von „Resch & Frisch“. Aus dem rollenden Kühlschrank zauberte unser Jagdleiter je nach Wunsch wohltemperiertes Spatenbräu oder Pilsener Bier sowie die berühmten Rechteckflaschen der Schwarzwälder Obstedelbrände. Im Vergleich zu dem erst kürzlich bei Papa D. konsumierten – auch gewiß nicht schlechten – Frühstück stand die Partie Nickelsdorf gegen Eferding eindeutig 1:0 für Oberösterreich. Kein Wunder, daß im Bus Hochstimmung herrschte und bereits die ersten Jägerlieder erklangen – dabei stand das angekündigte Sektfrühstück ja noch bevor! Nur gut, daß wir den braven Alois dabei hatten, denn bei Buschauffeuren kannten auch die ungarischen Verkehrspolizisten – zu Recht – keinen Pardon. So konnten wir den Guten nur mit Kaffee laben – immerhin saß er ja auch schon seit 3 Uhr früh am Lenkrad. Apropos Kaffee: Da hatte unser Luxusliner doch tatsächlich eine echte italienische Espressomaschine an Bord, aus der wahlweise köstlicher Mokka oder Original Cappuccino strömte. An diesem Bus hätte man mit Recht die berühmte Vignette von „Waggon-Lits“ anbringen können!

Knapp vor Budapest bat mich Hubert nach vorne auf den „Kopilotensitz“, üblicherweise der Platz des Reiseleiters. Es hatte sich herumgesprochen, daß mir die Hauptverkehrsstraßen durch die ungarische Donaumetropole aus jahrzehntelanger Praxis sozusagen im Schlafe geläufig waren. Trotz Stadtplanes vereinfachte dies unsere Anfahrt zum Flughafen „Ferihegy 1“ – es gibt dort sinnigerweise drei Airports gleichen Namens – doch erheblich. Die Dreimillionenstadt Budapest war – zumal vor Allerheiligen, einem auch in Ungarn gesetzlichen Feiertag – zu pulsierendem Leben erwacht, und die

Magyaren gelten seit jeher als Weltmeister der irreführenden Wegbeschilderung. Zum Glück war ich auf derlei Hilfsmittel tatsächlich nicht angewiesen, hatte ich doch in der Vergangenheit oft genug meine internationalen Fasanenschützen auf ebendemselben Flugplatz in Empfang genommen. So konnte ich unseren Alois auf direkter Route unschwer zum gewünschten Ziel lotsen. Angesichts des erheblichen Verkehrsgewühls sowie der unaussprechlichen ungarischen Straßennamen entlockten meine erfolgreichen Dienste dem braven Fahrer die anerkennende Frage: „Sagen's einmal, Herr Doktor, san Sie etwa da geboren?"

Wir erreichten „Ferihegy 1" just im richtigen Augenblick: Soeben war der schmucke Learjet mit unseren beiden Mitjägern an Bord gelandet. Ein blauuniformierter Berufspilot trug gerade die Gewehrkoffer höchstpersönlich über das Vorfeld; ich konnte mir deren edlen Inhalt gut vorstellen. Das ursprünglich neblige Wetter hatte am Vormittag aufgeklart, und so empfing Budapest seine exklusiven Gäste mit strahlendem Sonnenschein. Bald kamen dann auch schon zwei sichtlich gutgelaunte ältere Herren in Jagdkleidung durch die Zollkontrolle spaziert: Eisbär & Co waren glücklich eingetroffen, unsere Jagdgesellschaft war somit komplett. Die ungarische Metropole der alten Habsburger Doppelmonarchie galt damals als der absolute Hit im europäischen Städtetourismus, und die Behörden waren clever genug, ankommende VIP-Reisende nicht durch kleinliche Grenzkontrollen zu vergrämen.

„Grüzi und ein schönes Weidmannsheil miteinander! Da ischt ja alles beschtens im Griff!" tönte es sogleich in einem mir wohlvertrauten Idiom, war doch meine liebe Ehefrau in Dornbirn geboren und daher selbst halbe Schweizerin. Schon bei der Begrüßung sprühten Julius wie Urs, diese beiden Weltreisenden in Sachen Jagd, geradezu vor freudigem Tatendrang. Als ich mich – als Neuzugang der erlesenen Gruppe – artig vorstellte, winkte der Eisbär gleich lässig ab: „Bin schon im Bilde, Doktor; Sie haben vor zwei Jahren den Kapitalhirsch in Lenti geschossen. Aber unter Jägern lassen wir doch besser diese Förmlichkeiten: Ich heiße Julius, und das ischt mein Freund Urs; die Älteren sind wir auch, so paßt das Du viel besser!" Donnerwetter, der Mann war wirklich exzellent informiert! Zudem noch kultiviert, freundlich und wohlerzogen wie fast durchwegs die Alpenbewohner mit wirklich hochkarätigem Background. Dieser hervorragende erste Eindruck bestätigte sich dann auch während der gesamten Dauer unserer gemeinsamen Jagd, und Gleiches galt für den eidgenössischen Urs. Interessiert sah ich zu, wie die Ausrüstung der beiden im Bus verstaut wurde: Ich hatte mich nicht getäuscht, da waren unverkennbar erfahrene Auslandsjäger unterwegs. Hierbei erfuhr auch das Rätsel der Unmengen von Pappkartons seine Lösung: Walter, der Senior unter den oberösterreichischen Weidgenossen und offenbar ein lobenswerter Philanthrop, hatte eine ausgiebige Sammelaktion an Hilfsgütern für die notleidende Bevölkerung unseres rumänischen Jagdgebietes gestartet. Neben haltbaren Lebensmitteln handelte es sich vorwiegend um Bekleidung jeglicher Art; augenscheinlich waren auch die Ladenhüter des Hubertschen Kaufhauses einer gründlichen Musterung unterzogen worden. Um sicherzugehen, daß all diese Liebesgaben Mühlviertler Barmherzigkeit nicht in den Taschen irgendwelcher korrupter Bonzen versickerten, wollten Walter und Konsorten

die Verteilung an die tatsächlich Zugedachten persönlich vornehmen. Dieses edle Vorhaben sollte dann vor Ort noch für erhebliche Heiterkeit sorgen.

Doch vorerst saß ich wieder in der Kopilotenposition und dirigierte unseren Luxusbus zum nahen Budapester „Interconti". Dort wartete auf uns – im Bankettraum kunstvoll aufgebaut – ein mehr als reichhaltiges Brunchbuffet nach der Art des berühmten schwedischen „Smörgåsbord", zusätzlich noch bereichert durch diverse Spezialitäten der ebenfalls nicht zu verachtenden ungarischen Küche. Hier hatte zweifelsohne ein sachkundiger Züricher Gastronom schon sehr präzise kulinarische Anweisungen erteilt: Austern, Spickaal, Karpfen, Zander, Räucherlachs, Graved Lachs, Forellenfilets, Hering in allen Variationen, Roastbeef, Rehrücken, Fasan, Wildentenpastete, Schinken und natürlich Salami jeglicher Art, pikante Salate und Soßen, eingelegte Gurken, Paprika sowie Maiskölbchen, dazu vielerlei Brot und Gebäck. Batterieweise standen Sekt, Wein, Bier und diverse Schnäpse bereit; nicht zu vergessen der berüchtigte ungarische Magenbitter „Unicum". Mit einem Wort: ein köstliches Kalorieninferno all jener Herrlichkeiten, die Gott und der Hausarzt verboten haben! Wir schnabulierten wie weiland Max & Moritz, die Stimmung ging dementsprechend hoch. Speis und Trank öffnen bekanntlich auch die Seele – der welterfahrene Eisbär wußte sehr wohl, warum er uns gleich zum Start unserer Saujagdexpedition mit solch einer lukullischen Einladung verwöhnte. Hierdurch bekam die ganze Unternehmung von Beginn an Stil, und die für den Erfolg so wichtige kameradschaftliche Atmosphäre war geschaffen. Erst zu fortgeschrittener Nachmittagsstunde konnte uns die hohe Jagdleitung endlich zum Aufbruch bewegen.

Gänzlich „vollgeludert" sowie von den erlesenen Getränken merklich benebelt, sanken wir erschöpft in die bequemen Liegesitze unserer luftgefederten Karosse, um uns dem dringend benötigten Verdauungsschlummer hinzugeben. Immerhin lagen bis zum Zielort Marghita noch rund 350 Reisekilometer samt dem mitunter abenteuerlichen Grenzübertritt nach Rumänien vor uns. Der wackere Alois konnte sich heute über Arbeitsmangel wahrlich nicht beklagen, dafür winkte ihm für morgen ein wohlverdienter Ruhetag.

Erst in der Gegend von Karcag, knapp bevor unsere Route im Dorf Püspökladany scharf nach Osten auf eine Nebenstraße abbog, um über die Ortschaft mit dem unaussprechlichen Namen Berettyoujfalu zur Grenzstation Bors zu führen, egriff Hubert wieder die Initiative. Draußen war es bereits fast dunkel und merklich kälter geworden; die abgeernteten Sturzäcker der Großen Ungarischen Tiefebene schienen sogar leicht bereift. „Ende der Siesta, liebe Jagdfreunde, wir nähern uns schön langsam der rumänischen Grenze!" begann der Gruppenführer die Ansprache an sein Volk, „Dort wartet – hoffentlich – unser Dolmetscher Octavian, den die meisten von euch ja schon vom Vorjahr kennen. Wir beide erledigen mit den Rumänen die Grenzabfertigung alleine; wie lange dies dauert, hängt stark davon ab, welche Beamten gerade Dienst versehen. Ihr spielt inzwischen im Bus Karten, erlügt Jagdgeschichten oder erzählt Witze. Aber ja keine Beschwerden, die verzögern höchstens die Prozedur. Alois hat schon die Bordküche übernommen, als Barkeeper ist er genauso gut wie beim Fahren. Nach der Grenze erreichen wir gleich Oradea, und von dort sind es in nordöstlicher Richtung gerade noch 80 Kilometer bis zum Quartier in Marghita. Wir bewohnen dasselbe gemütliche Jagdschlößchen wie im Vorjahr. Zum Abendessen gibt es gedünsteten Damwildrücken mit Preiselbeeren und den üblichen Beilagen. Also dann, bleibt's schön ruhig und Weidmannsheil!" Letzterer Ermahnung hätte es gar nicht bedurft: Im behaglich beheizten Bus fühlten wir uns unter der aufmerksamen Betreuung des universell einsetzbaren Alois pudelwohl, und niemand verspürte großes Verlangen danach, sich draußen in der nächtlichen Kälte mit rumänischen Grenzorganen herumzustreiten. Von den Ungarn nur lässig durchgewunken, hielten wir alsbald vor dem Schlagbaum zu Draculas Gefilden. Dort stand tatsächlich schon – gutgelaunt wie immer – unser jugendlicher Dolmetscherfreund und Lebenskünstler Octavian A. aus Bukarest, im Hauptberuf Sprachstudent. International bekleidet mit rumänischer Lammfellmütze, italienischem Daunenparka, amerikanischen Jeans sowie warmen Moonboots deutscher Provenienz – alles Geschenke dankbarer Jagdgäste – enterte er sogleich unser Luxuskasino auf Rädern. „Nullo Problemo!" erstattete der bei den Grenzorganen allseits bekannte Sunnyboy mit leichtem Grinsen seinen aktuellen Lagebericht, „Kaum ein Lkw-Stau, und die diensthabende Zolloffizierin kenne ich von früher!" Nähere Details wurden diskret verschwiegen. Routiniert übernahm Octavian von Hubert sogleich die schon vorbereiteten Deutschmark-Noten zwecks Einsatz als „nützliche Motivationsstütze". Unser Gruppenführer folgte ihm samt allen Dokumenten hinaus in die dämmerige Nachtkälte der spärlich beleuchteten Zollstation. Trotz allen Zuvorkommens nahm die Abfertigung unserer Jagdgesellschaft dann doch satte zwei Stunden in Anspruch, denn damals fühlten sich auch noch so freundlich motivierte Zöllner und Polizisten sicherheitshalber bemüßigt, die Berechtigung ihrer beamteten Existenz durch um- ständliche „administratio" zur Schau zu stellen.

Aber letztendlich verlief alles glatt: Kein Mensch wollte mit klammen Fingern die Waffennummern kontrollieren, Patronen zählen oder gar das umfangreiche Textillager im unterflurigen Gepäckraum inspizieren. „S'ischt doch alles nur Larifari, in Wahrheit nix alsch leere Kilometer!" brachte der weltgereiste „Eisbär" die ganze Aktion gelangweilt auf den Punkt. Doch dann ging es plötzlich ruck-zuck: Hubert und Octavian stiegen ein, Alois war vom silbernen Serviertablett bereits wieder zu seinem Lenkrad übergewechselt, und draußen salutierten ein zufriedener Polizeioffizier sowie eine selig lächelnde Zollmadame. „Auf geht's, Burschen! Unsere Gastgeber warten schon, und ich habe bereits wieder Hunger!" gab Hubert den Startbefehl. Jetzt intonierten die wohlklingenden Bordlautsprecher zur Abwechslung den Triumphmarsch aus dem 3. Akt der Aida – hier war eine wahrhaft umsichtige Regie am Werk!

Auf dieser letzte Etappe unseres weiten Anfahrtsweges zogen die rumänischen Ausläufer der Puszta im Scheinwerferlicht schemengleich vorüber. Weiß bereifte Äcker sowie der durch leichte Nebelschleier gerade noch erkennbare Sternenhimmel versprachen für den morgigen Tag ein prachtvolles Saujagdwetter.

Wir gelangten aus der Ebene in ein stärker bewaldetes Hügelland und bogen schließlich in einen schmalen Forstweg ab. Es folgten noch einige enge Serpentinen, dann hielt unser braver Bus auf einer im Mondschein silbrig glitzernden Waldlichtung plötzlich an: Wir waren am Ziel! Vor uns erhob sich, im Lichtschein seiner vielen hellerleuchteten

Fenster schneeweiß wie aus Zuckerguß glänzend, ein Märchenschloß im Miniaturformat: Zahlreiche Türmchen, Erker, Balkone und Veranden vermittelten im fahlen Mondlicht eine beinahe unwirkliche Romantik. Es handelte sich um das Jagddomizil eines ehemaligen ungarischen Magnaten, welches nach einer Totalrenovierung im Vorjahr nunmehr hochkarätigen westlichen Jagdgruppen als feudales Standquartier diente und solcherart die heißbegehrten Devisen ins Land bringen sollte.

Trotz der späten Stunde – es ging bereits auf 21 Uhr zu – fanden wir bei unserer Ankunft Hauspersonal wie Berufsjäger auf der Schloßterrasse ordentlich in Reih und Glied angetreten vor. Dieser Empfang sowie die gesamte Unterkunft und Betreuung hatten zweifelsohne Stil, das mußte man den Rumänen lassen. Wenn sich die folgenden Jagdtage ebenso hochklassig gestalteten, konnten wir uns zu Huberts Revierwahl nur gratulieren!

Die innere Raumeinteilung unseres Nobeldomizils erinnerte deutlich daran, daß wir uns auf dem Territorium des alten Ungarn befanden: Das leicht erhöhte Erdgeschoß wurde zentral von einer geräumigen Halle mit offenem Kamin beherrscht, welche gleichzeitig als Salon und Speisesaal diente. Von hier fürte eine holzgeschnitzte Freitreppe mit Ballustrade ins Obergeschoß, wo die großzügigen Gästezimmer samt entsprechenden Nebenräumen untergebracht waren. Also unverkennbar der klassische Baustil des ungarischen Landadels, den ich beispielsweise auch bei Schloß Olgamajor im westungarischen Komitat Zala vorgefunden hatte. Dort durfte ich als Mitglied einer vorwiegend steirischen Korona in dem ob seiner Kapitalhirsche weltberühmten Revier Lenti jahrzehntelang äußerst harmonische Saujagdfreuden genießen.

„Burschen, tut's euch nur schnell ein bißchen restaurieren, in exakt einer halben Stunde wird das Nachtmahl serviert!" scheuchte uns Hubert in die mittels Kachelöfen wohlig vorgeheizten Kemenaten. In „feineren" Gruppen war es damals Tradition, am Vorabend einer mehrtägigen Gesellschaftsjagd zum Eröffnungsdiner „gepflegtes Zivil", also zumindest Jackett, Hemd und Krawatte anzulegen.

Bei ganz großen Jagden mit internationaler Besetzung waren bisweilen sogar Jagdsmoking oder Salonsteirer und für die begleitenden Damen das „lange Dirndl" vorgesehen. Dieses „Protokoll" ergab auch durchaus Sinn, taxierte doch die örtliche Jagdleitung speziell im Ostblock Neuankömmlinge zunächst einmal nach deren äußerem Erscheinungsbild. Ich persönlich empfand es überdies stets als Gebot der Höflichkeit gegenüber unseren Gastgebern, zu der meist liebevoll und aufwendig gestalteten Tafel nicht als wilder Haufen zerlumpter Straßenräuber zu erscheinen. Und schlußendlich sollte darin auch irgendwie der Respekt vor dem an den Folgetagen zu bejagenden Wild zum Ausdruck kommen.

Schwager Cary und ich bezogen darauf eilig ein geräumiges Schlafgemach, unsere Zimmernachbarn waren der „Eisbär" Julius und sein Schweizer Freund Urs. Das dazwischenliegende Badezimmer war „für beide Parteien" bestimmt.

Einer alterprobten Gewohnheit folgend, begann ich unverzüglich damit, mein „Zauberzeug" für den morgigen Jagdtag einsatzfertig vorzubereiten: Gewehr durchwischen, Patronen und Taschenöfen herrichten, Rucksack packen. Auch Cary hantierte

bereits an seiner herrlichen Ferlacher side-by-side Doppelkugel, letztere ebenfalls im idealen Kaliber 9,3 x 74 R.

Indes, wir hatten die Rechnung ohne den Wirt gemacht: Urplötzlich fiel fatalerweise im gesamten Obergeschoß der Strom aus! Ein allgemeines Aufheulen der in den verschiedensten Stadien der befohlenen Körperpflege befindlichen Kameraden folgte auf dem Fuße, waren uns doch die Räumlichkeiten des nunmehr stockdunklen Palastes gänzlich unvertraut. Den Zirkus kannte ich noch von unserer verregneten Rehbockjagd im Mai dieses Jahres her! „Ja, was ischt denn das – haben wir Negerjagd im Tunnel?" tönte es empört aus dem benachbarten Boudoir, wo die ägyptische Finsternis einen der wackeren Eidgenossen offenbar im ungeeignetsten Moment ereilte. Jetzt rächte es sich zum ersten, doch beileibe nicht letzten Mal bei dieser sonst so noblen Expedition, daß die Rumänen ihr routiniertes Jagdpersonal im Übereifer politischer Säuberungen jüngst komplett ausgewechselt hatten: Nirgendwo lagen Taschenlampen, Kerzen oder Zündhölzer bereit. Ich wußte, daß meine erfahrene Panthelina diese wichtigen Utensilien in den Tiefen meines Seesackes wie immer stoßgeschützt in den Bergstiefeln verstaut haben mußte – doch wo waren die Biester bloß? Neben mir irrte Schwager Cary laut fluchend mit seiner kugelschreibergroßen „Minilite" wie ein Glühwürmchen im Raum umher. Endlich erschien ein rumänischer Hausgeist in Jagduniform, das flackernde Gasfeuerzeug in der Hand. Natürlich verbrannte er sich an diesem zweckentfremdeten Instrument prompt die Finger – also erneute Dunkelheit! Inzwischen war ich fündig geworden, und auch bei den Jagdfreunden glommen die ersten Notlichter auf. Um es kurz zu machen: Die Elektrizitätsversorgung der „Beletage" unseres Domizils blieb während des gesamten Aufenthaltes stets ein zweifelhaftes Glücksspiel. Allerdings sandten wir tags darauf den an sich dienstfreien Alois in Begleitung der sprachkundigen Köchin in die nächstgelegene Stadt – zwecks Großeinkaufes von Friedhofskerzen und Zündern. Zu Allerheiligen konnte man derlei auch in Rumänien überall erwerben.

Endlich war dann die Truppe, wunschgemäß frisch geputzt und ordentlich adjustiert, vollzählig in der Halle versammelt. Dort erwarteten uns ein festlich gedeckter Tisch mit Speis und Trank vom Feinsten sowie eine rührend aufmerksame Bedienung. Auch an den folgenden Tagen wurden wir in gleicher Güte ausgezeichnet verpflegt und betreut. Hier ließ es sich durchaus leben!

Mitternacht rückte bereits in bedenkliche Nähe, da erhob sich ein jüngerer Rumäne mit den Kragenspiegeln eines Forstmeisters am Uniformrock, klopfte an sein Glas und stellte sich als unser Jagdleiter vor: „Meine Herren, geschossen werden Sauen beiderlei Geschlechts, Fuchs und Wolf sowie Rotwild mit Ausnahme führender Tiere. Auch aufhabende Hirsche aller Stärkeklassen sind frei und werden nach Preisliste verrechnet. Morgen jagen wir im Hügelland, Abmarsch ist um 7 Uhr 30. Ich wünsche Ihnen eine angenehme Nachtruhe, Weidmannsheil!" Octavian übersetzte mit gewohnter Präzision. Ich war überrascht: Für eine immerhin dreitägig angesetzte Kugeltreibjagd erschien mir diese Parole denn doch zu knapp und überdies die Abschußfreigabe reichlich weit gesteckt. Außerdem vermißte ich die obligatorischen Sicherheitshinweise sowie überhaupt nähere Angaben zum Jagdablauf. Als Neuankömmling in der Gruppe wollte ich mir allerdings nicht vorlaut den Mund verbrennen; zudem stand das legendäre

Ergebnis des Vorjahres ehrfurchtgebietend unsichtbar im Raum. Indes, auch die damals so erfolgreichen Schützen Cary, Julius, Hubert & Co. wirkten merklich verunsichert. Nach betretener Schweigepause erklang höflich, doch bestimmt, die befehlsgewohnte Gutsherrenstimme meines Schwagers: „Octavian, fragen Sie doch einmal die Herren, wo eigentlich der Hostec steckt!" Aha, aus dieser Richtung wehte der Wind, man vermißte den altgewohnten und vielgepriesenen Jagdleiter! Allerdings war hierauf partout keine befriedigende Antwort zu erlangen, und so blieb dieses Rätsel vorerst ungelöst. Für weitergehende Diskussionen waren wir heute nach all den Reisestrapazen und Kalorienorgien begreiflicherweise auch viel zu müde; so vertagten wir uns schleunigst und bezogen die eigenen „Schlafkessel".

Der Morgen des ersten Jagdtages begrüßte uns mit geradezu idealem Treibjagdwetter. Weißkristallen glitzernder Rauhreif hatte die große Jagdschloßwiese und den umliegenden Nadelwald in eine wahre Märchenlandschaft verwandelt. Bei völliger Windstille empfand man die 14 Grad Celsius unter Null eher als prickelnd, denn wirklich kalt, und schon bei der morgendlichen Begrüßung konnten wir durch die dick vereisten Fenster der Vorhalle die langsam durchkommende Wintersonne erahnen.

Ein opulentes Frühstück steigerte noch die Hochstimmung der erwartungsfrohen Schweinejäger. Danach zwängte sich die komplette Jägerschar in drei bereitgestellte rumänische „Aro"-Jeeps, die uns in das angeblich nicht allzu weit entfernte Revier bringen sollten. „Platz ischt in der kleinschten Hütte, oder?" strahlte augenzwinkernd der Eisbär und zog genießerisch am Stumpen einer erlesenen Havanna. Zwischen den Beinen hielt er sorgsam beschützt seine herrliche Seitenschloßdoppelbüchse, Original Holland & Holland, Modell „Royal". Die prachtvolle Arabeskengravur und das ebenso vollendete Wurzelmaserholz zogen allgemein bewundernde Blicke auf sich. Mit meiner gestrigen Vermutung beim Anblick der Gewehrkoffer in Ferihegy war ich schon richtig gelegen! Julius' eidgenössischer Jagdkumpan Urs war gleichfalls bester Laune und bot aus edlem Silberflacon einen wirklich schon sehr guten Armagnac an. „Ah, das ist aber ganz was Feines!" bedankte sich der vorne neben dem Fahrer sitzende Hubert; auch unserem Gruppenführer war die begeisterte Vorfreude deutlich anzusehen. Nur einer der rachitisch knatternden „Aros" schien anderer Meinung zu sein, denn auf offener Landstraße gab das Vehikel urplötzlich seinen zweitaktgetriebenen Motorgeist auf. Insgesamt drei rumänische Chauffeure steckten in hektischer Betriebsamkeit ihre Köpfe unter die geöffnete Motorhaube. Unser neuinthronisierter Jagdleiter stand mehr oder minder ratlos daneben: Ein Rezept für derlei Pannen fehlte offenbar im Universitätslehrplan. Wir schickten Octavian aus, um die Lage zu erkunden – bei diesem „Kaiserwetter" war jede Minute kostbar.

Leider erwies sich der Defekt als irreparabel, worauf die Rumänen ein zwirnsdünnes Abschleppkabel zutage förderten. „Hubert, dasch kann nit guatgäh'!" sprach mir der erfahrene Urs aus der Seele und tröstete sich mit einem kräftigen Schluck aus der Armagnacpulle. Ging es auch nicht: Kaum hatte sich das ohnedies schwerst überladene Gefährt in Bewegung gesetzt, da ertönte ein helles „Ping!!!" und das fragile Zugseil war in Fransen. „Für die Prophezeiung brauchscht aber ka Krischtallkügele!" kommentierte nunmehr der Eisbär trocken das Geschehen. Großes Palaver bei den

Rumänen, nun wurde das mühsam geflickte Kabel doppelt genommen. Dichtgedrängt wie die Sardinen im hinteren Laderaum des Zugfahrzeuges sitzend, konnten wir das weitere Drama hautnah verfolgen. Schon nach wenigen Metern Fahrt riß die Verbindung erneut, diesmal mit dem zusätzlichen Effekt, daß der losschnalzende Stahlseilknoten ein Scheinwerferglas zertrümmerte. Unter der Korona breitete sich nun verhaltenes Kichern aus. Unser Gruppenführer Hubert sowie der von Natur aus leicht reizbare Cary wurden allerdings bereits ärgerlich: „Octavian, der Jagdleiter soll sofort herkommen!" erklang unisono das forsche Kommando. Doch bei aller beflissenen Höflichkeit, hic et nunc konnte das bekümmerte Greenhorn auch nicht mehr helfen. Zur unverzichtbaren Ausstattung einer derartigen Konvoifahrt gehörte nun einmal eine massive Zugkette. Schon die zweite Folge mangelnder Routine war somit eingetreten. Alles aussteigen, jetzt ist zur Abwechslung die Infanterie angesagt! Mit Sack und Pack beladen, machten wir uns auf den kilometerlangen Fußmarsch in Richtung Sammelplatz für das erste Treiben. Die rumänische Jagdleitung konnte von Glück reden, daß hier keine schußgeile Schar nervöser Jungjäger unterwegs war. Bei diesem wunderschönen Winterwetter nahm unsere erfahrene Truppe die Aktion eher von der heiteren Seite: „Bewaffneter Wandertag in Nordrumänien, das ist zu Allerheiligen mal ganz was Neues!" brachte Walter, der menschenfreundliche Senior aus Oberösterreich, die gelöste Stimmung auf den Punkt. Lachend erleichterte er seinen voluminösen Rucksack um einige Dosen echten Münchener Spatenbräus. Schließlich erreichten wir – natürlich mit erheblicher Verspätung – dann doch den vereinbarten Treffpunkt. Dort warteten schon die örtlichen Berufsjäger mit einer beachtlich kopfstarken Treiberschar, darunter auffallend viele halbwüchsige Kinder. Offensichtlich hatten meine Kollegen anläßlich der vorjährigen Jagd nicht mit Trinkgeld gegeizt, so daß die Jugendlichen den schulfreien Tag mit Freuden zu einer neuerlichen Teilnahme an dieser Attraktion nutzten. Unsere rumänischen Jagdhelfer zeigten sich über die mehrstündige Wartezeit keineswegs vergrämt. Als geborene Lebenskünstler hatten sie mittlerweile ein Lagerfeuer entfacht; bei unserem Eintreffen war dort gerade ein fröhliches Picknick mit Röstspeck, Toastbrot und auch bereits reichlich Tuica – Pflaumenschnaps – im Gange. Letzteres Gelage schien – zumal um diese Tageszeit und bei dem prachtvollen Wetter – zwar nicht ganz im Sinne des Erfinders dieser Jagdreise über tausende Kilometer; unter den nun einmal gegebenen Umständen entstand jedoch so zumindest eine gedeihliche Startatmosphäre. Man trage mit Humor!

Nun wurde es aber wirklich allerhöchste Zeit für den ersten Trieb. Es ging schon stark auf Mittag zu, als ich meinen Stand bezog. Der anstellende Berufsjäger plazierte mich recht geschickt am Kreuzungspunkt zweier Schneisen inmitten einer vielversprechenden Buchendickung. Nach der üblichen Einweisung verabschiedete sich der Rumäne stilgerecht mit Weidmannsheil; zu Ende des Treibens wollte er mich wieder abholen. Es durfte ab sofort geschossen werden. Meine Schützennachbarn waren beiderseits überriegelt und somit nicht sichtbar.

Hinter einem alten Überhälter gut gedeckt, harrte ich auf meinem Sitzstock erwartungsfroh der Dinge, die da nun ja wohl kommen sollten. Bald setzte martialischer Treiberlärm ein, verstärkt durch vereinzeltes Hundegebell. Allerdings blieb die nach dem

Vorjahresergebnis erwartete Kanonade vorerst völlig aus. Lediglich rechts von mir, wo dem Vernehmen nach Jagdleiter Hubert postiert war, fiel ein einzelner Kugelschuß. Ich selbst hatte mit Ausnahme einiger Waldhasen keinerlei Anblick. Dann kamen auch schon die Treiber heran, und der Trieb war zu Ende. Eine etwas magere Ouvertüre, aber bitteschön, möglicherweise hatte das geräuschvolle Treiberlager am Sammelplatz die scheuen Sauen vertrieben. Als der rumänische Ansteller und ich Freund Hubert gemeinsam abholten, erwartete uns dieser schon bruchgeschmückt mit strahlender Miene: Er hatte auf kürzeste Distanz einen ihn spitz anlaufenden Keiler sauber erlegt. Na also, ein Anfang war gemacht, und der wohl Vierjährige zeigte auch schon ganz respektable Waffen. Insgesamt trugen die Weidgenossen jedoch eher betretene Mienen zur Schau, niemand hatte viel Wild gesehen. Für einen spätmittäglichen Schüsseltrieb war heute selbstredend keine Zeit, es gingen sich bis zur Dämmerung gerade noch zwei weitere Treiben aus. Mein Stand Numero zwo befand sich in einem raumen Eichenaltholz; zur rechten Hand waren nacheinander Julius und Urs angestellt, links hielt Schwager Cary die Stellung. Ich bewachte meinen Sektor mit Argusaugen, keine Maus sollte mir hier entgehen!

Tapp, tapp, tapp – auf dem frostdürren Fallaub waren die Sauen schon zu hören, ehe sie aus dem vorgelagerten Graben erschienen. Eine gemischte Rotte von sechs Schweinen wechselte mich ganz bequem stichgerade an – alles Überlaufer sowie stärkere Stücke, Frischlinge waren nicht dabei. Bei gutem Wind konnte ich mir in aller Ruhe die schwächste Sau heraussuchen und sie anvisieren. Doch wie es bei derlei scheinbar „sicheren" Gelegenheiten, noch dazu coram publico, oft der Fall ist: Ich patzte gründlich, und meine erste Kugel traf statt des Wutz einen Baum. Schöne Sch …, pardon – Blamage! Natürlich spannten die Schwarzkittel jetzt ordentlich ein und näherten sich hochflüchtig der Schützenlinie. Mit dem letzten, etwas stärkeren Schwein fuhr ich in Wurfhöhe mit, und die dicke 9,3 aus dem unteren Lauf meiner braven Ferlacherin faßte tatsächlich Leben: Etwa zwanzig Meter schräg vor mir schlug die beschossene Sau ein geradezu klassisches Rad und rührte keine Borste mehr. Wie sich später herausstellte, hatte ich eine nichtführende Bache von aufgebrochen rund 80 Kilogramm erlegt. Damit waren aber die raren Höhepunkte dieses schwerst enttäuschenden Jagdtages auch schon vorbei: Der abschließende dritte Trieb entpuppte sich als völlig wildleer. Äußerst lange Gesichter prägten die Stimmung am Sammelplatz, wohin man mittlerweile drei intakte Geländewagen zwecks Rücktransportes dirigiert hatte. Ganze zwei Sauen bei immerhin zehn Schützen – eine alarmierend bescheidene Strecke! Die Zahl von insgesamt lediglich drei abgegebenen Schüssen spiegelte das Desaster noch deutlicher wieder. Erschwerend kam obendrein hinzu, daß die Mehrzahl der Jagdteilnehmer ein lebendes Wildschwein heute gar nicht einmal in Anblick bekommen hatte! Dementsprechend schweigsam verlief die Rückfahrt zu unserem Märchenschloß.

„Interne Krisensitzung der Gruppe um Punkt 18 Uhr 30 in der Halle!" verkündete Hubert beim Aussteigen lakonisch – und steuerte die Dusche im nach wie vor stromlosen Obergeschoß an. Wenigstens die Kerzenbeschaffungsaktion von Alois & Köchin war erfolgreich verlaufen, unsere Gemächer erstrahlten im flackernden Lichterglanz wie

am Weihnachtstag. Streng genommen hatten wir ja auch die Bescherung – wenngleich eine jagdlich negative!

„Dö Leit do san ja ganz liab – aber schrecklich mühsam!" schilderte durchaus nachfühlbar unser oberösterreichischer Allroundchauffeur seine rumänischen Einkaufserlebnisse.

Im bequemen Hüttendreß – für eine feierliche Streckenparade in Galabesetzung bestand wahrlich kein Anlaß – fanden sich die Jagdteilnehmer rund um das knisternde Kaminfeuer ein. Wir waren wunschgemäß ganz „entre nous", die rumänische Jagdleitung gelüstete es momentan sichtlich nicht nach unserer Gesellschaft.

Die jagdlich triste Situation war offenkundig und bedurfte unter erfahrenen Saujägern keiner langen Worte: Im Vergleich zum glorreichen Vorjahr waren die devisenhungrigen Rumänen augenscheinlich auf den Geschmack gekommen und veranstalteten nunmehr munter allwöchentlich pauschalierte Treibjagden. So schien es kein Wunder, daß nicht nur starke Keiler weitgehend fehlten – bekanntlich sind die großen „Koffer" am leichtesten zu treffen –, sondern auch die bekannt empfindliche Sozialstruktur der wenigen restlichen Sauen grob gestört war. Die ganze Misere wurde zusätzlich verschärft durch die vielen noch ungedroschen stehenden Maisäcker sowie die mangelnde Erfahrung unseres diesjährigen Jagdleiters. Gruppenführer Hubert, dem die eigenhändige Erlegung des heute einzigen Keilers ebenso grundlos wie rührenderweise geradezu peinlich schien – erboste weiters vor allem die Tatsache, daß von der hoch und heilig zugesagten „Erstjagd" keine Rede sein konnte: „Schlitzäugige Banditen san dös schon, unsere lieben rumänischen Gastgeber!" entrüstete sich der hochanständige Freund, „Da schaut's her, was ich gleich im ersten Trieb gefunden habe!" – und präsentierte drei sichtlich „frische" Patronenhülsen italienischer Fabrikation im Kaliber 30-06. Kommentar überflüssig, keiner von uns führte eine solche Waffe, und dies schon gar nicht lautlos!

Auf diese Eröffnung folgten größtenteils nicht druckfähige Empörungen der versammelten Weidgenossen. Allein, das brachte uns auch nicht weiter. Erst dem besonnenen „Eisbären" gelang es, die aufgebrachte Korona wieder in mehr pragmatische Denkregionen zurückzuführen. Angesichts der ernsten Lage verstieg er sich sogar in lupenreines Hochdeutsch: „Und wenn die hier auch tausendfache Schlitzohren sein mögen, mit einem ‚Crash-Kurs' ist uns keinesfalls geholfen. Nach der langen Reise sind wir nun einmal hier und müssen trachten, aus der gegebenen Situation noch das Beste herauszuholen!" Das war wirklich das rechte Wort zur richtigen Zeit, und es fand auch allgemeine Zustimmung. Ob Neuankömmling oder nicht, jetzt sah auch ich mich veranlaßt, meinen „Kren" beizusteuern: „Also ich war ja bekanntlich im Vorjahr nicht mit dabei, aber so wie ich das hier sehe und höre, erscheinen zwei Maßnahmen absolut vordringlich. Erstens: Ob Faschist oder Kommunist, ob Heiliger oder Teufelsanbeter, euer bewährter Hostec muß sofort her und die restlichen Jagdtage managen! Was danach geschieht, kann uns völlig egal sein. Zweitens: Wir fahren ab sofort nur mehr mit unserem Bus, selbst wenn die Rumänen streckenweise einen Raupenschlepper vorspannen müssen. Der Affenzirkus mit diesen schrottreifen „Aro"-Mühlen muß ein Ende haben, da verplempern wir nur kostbare Zeit!" Schwager Cary blies sofort ins gleiche Horn.

Also wurde der eilends herbeigeholte Octavian damit beauftragt, unverzüglich den rumänischen Jagdleiter zu apportieren, ob letzterer nun wollte oder nicht! Tatsächlich erschien alsbald der Gerufene – es blieb ihm ja schließlich auch nichts anderes übrig! Gruppenführer Hubert beschwerte sich bitter und knüpfte daran ruhig, jedoch mit allem Nachdruck, unsere dringenden Wünsche.

Eigentlich konnte einem der hoffnungsfrohe Jungakademiker ja leid tun, jagdfachlich derart gnadenlos vorgeführt zu werden. Von Haus aus restlos überfordert, stand er vor der absolut unlösbaren Aufgabe, für unsere erfahrene und selbstbewußte Gruppe eine erfolgreiche Treibjagd auf nicht mehr existente Sauen durchzuführen. Dem allein nicht genug, ertönte jetzt nun auch noch der kategorische Ruf nach Hostec, welche Bevorzugung ihn zweifellos ins innerste Mark seiner Demokratenseele traf! Aber auf derlei rumänische Interna konnten und wollten wir keine Rücksicht nehmen: Sauen mußten her; egal wie, wo und durch wen!

Die Sache mit dem Bus war kein Problem: Angeblich standen für morgen keine unwegsamen Reviere auf dem Jagdprogramm, und überdies war der Boden ja bretthart gefroren. Schwieriger schien es, so kurzfristig Altmeister Hostec zu mobilisieren; aber auch hier versprach unser Unglücksrabe, sein Äußerstes zu versuchen.

Als solcherart die Wogen zumindest halbwegs geglättet schienen, zeigte es sich, daß der dem jungen Forstingenieur angediehene akademische Schliff wohl doch nicht ganz umsonst war. Mit dem angeborenen Charme des stolzen Rumänen wechselte er ebenso diplomatisch wie elegant das Thema und brachte seinerseits tapfer die wenigen ihm verfügbaren Trümpfe zum Einsatz: Der von der so freundlichen Frau Doktor aus Wien extra bestellte Gänsebraten schmore schon überknusprig im Rohr, und wenn die Herren daher jetzt die Freundlichkeit hätten, es sei bereits angerichtet! Außerdem sei ganz in der Nähe ein sehr guter, alter Kronenzehner sicher bestätigt worden, der jeden Abend auf ein Erbsenfeld auszöge. Der tägliche Reif und das derzeitige Mondlicht machten auch zur Nachtzeit ein sicheres Ansprechen möglich, es handle sich um einen wirklich reifen Hirsch mit überaus edlem Geweih! Die Aussicht auf das gebratene Federvieh ließ nicht nur mir das Wasser im Mund zusammenlaufen und stimmte allgemein versöhnlich – immerhin war das heutige Mittagessen ja ausgefallen! Auf den Hirschköder wiederum „biß" Josef, seines Zeichens wackerer Sägewerksbesitzer aus Zell am See im Pinzgau, sofort an: Unser Salzburger wollte sein Weidmannsheil schon gleich in der kommenden Nacht versuchen und trotz grimmiger Kälte bei dem besagten Wildacker ansitzen.

So wandten wir uns in vorerst wiedergefundener Eintracht den in Aussicht gestellten lukullischen Genüssen zu. Bei aller Jagdpassion wollten wir schließlich auch in Rumänien weder Hunger noch Durst leiden: Nein, Gott bewahre, ganz im Gegenteil!

Die vorzeitige Martinigans samt wunschgemäßen Beilagen mundete dann auch köstlich, dazu kredenzte man einen vorzüglichen trockenen Roten aus der bekannten Weinbauregion des südlichen Olttales. Zum Dessert folgten ausgezeichnete Haselnußpalatschinken mit Schlagsahne und heißen Rumpflaumen sowie als Abschluß Mokka und Cognac – wir futterten wie die Firmlinge. Sauenmisere hin oder her, die Rumänen waren jedenfalls exzellente Gastgeber, das mußte man ihnen schon lassen!

Gleich nach diesem Festmahl brach der wackere Josef dick vermummt zu seiner nächtlichen Hirschjagdexpedition auf. Ihn begleiteten ein notgedrungenermaßen ebenfalls winterharter Jagdadjunkt und unser vielstimmiges Weidmannsheil auf den Weg. Ich persönlich beneidete den unermüdlichen Kollegen keineswegs um diesen frostigen Mondscheinansitz. Das lag aber vor allem daran, daß ich zum damaligen Zeitpunkt bereits nicht wenige, auch starke Hirsche erlegt hatte sowie ganz allgemein kein Freund der Nachtjagd war und bin.

Wohlgesättigt saß Huberts Saujagdtruppe dann noch lange um den gemütlich knisternden Kamin versammelt; die rumänischen Berufsjäger leisteten uns dabei einträchtig Gesellschaft. In den Gläsern funkelte edler Wein, und selbstredend machten nun diverse Jagdgeschichten – wahre sowie gut erlogene – die heitere Runde.

Inspiriert durch den gleichlautenden Vornamen unseres Eisbären, gab auch ich folgende nette Story zum besten:

Julius' französischen Namensvetter A. konnte man mit Recht als kauzigen Zeitgenossen bezeichnen. Der ungekrönte König der Pariser Pelzbranche galt als ebenso steinreich wie geizig und obendrein extrem öffentlichkeitsscheu. Als echter Kosmopolit sprach er allerdings perfekt deutsch. Wiewohl selbst eigentlich kein Jäger, hatte er einen Bruder, welcher im österreichischen Salzkammergut unweit des Wolfgangsees ein schönes Jagdgut sein Eigen nannte. Anläßlich der Salzburger Festspiele lud nunmehr dieser Jagdherr seinen Pariser Bruder auf einen guten Rehbock ein. Unser damals bereits hochbetagter gallischer Julius, der prinzipiell keine Gratisanbote ausschlug, sagte zu: So konnte er das Angenehme mit dem Nützlichen verbinden, im Jagdhaus seines Bruders gleich Quartier beziehen und solcherart die Kosten für ein Salzburger Hotel sparen! Also wurde der Oberförster vom Wolfgangsee angewiesen, den brüderlichen Jagdgast am betreffenden Tag am Salzburger Bahnhof vom Orient-Expreß abzuholen und in der Folge verläßlich für die Erlegung eines möglichst kapitalen Rehbockes zu sorgen; schließlich wollte sich der abwesende Jagdherr familienintern nicht lumpen lassen. Gesagt, getan. Nach der glücklichen Ankunft im Jagdhaus bei St. Gilgen wurde dem eher auf Opernbesuche eingerichteten Gast zunächst das nötige jagdliche Outfit verpaßt. Dann kam die oberförsterliche Instruktion: „Also I hol' den gnä' Herr'n dann morgen um halb vier Uhr früh mit dem Jeep zur Pirsch ab. Das Wetter paßt, und wenn auch noch keine Brunft ist, so wird es mit einem Guten schon klappen. Weidmannsheil!"

Mit diesem Programm stieß der wackere Salzburger indes auf wenig Gegenliebe: „San Se meschugge?" fuhr der französische Julius wie von der Tarantel gestochen auf, „In meinem ganzen Leben – zwei Weltkriege inbegriffen – bin ich noch nie um diese Zeit aufgestanden! Ihre Rehböcke werden sich gefälligst nach mir richten! Sie kommen um zehn, wir werden gemeinsam gemütlich frühstücken, und danach kann es meinetwegen auf die Jagd gehen!" Da halfen alle Vorhaltungen nichts, Gast – zudem der Bruder des Jagdherren – ist Gast, und der entsetzte Pirschführer mußte sich fügen. Anderntags brachen die beiden erst gegen Mittag bei strahlendem Sonnenschein zu einem von vornherein aussichtslos erscheinenden Vorhaben auf: Während der bekannt faulen Feistzeit der ersten Julihälfte zu dieser Stunde einen alten Rehbock zu erjagen, war schier ein Ding der Unmöglichkeit. Überdies bevölkerten ganze Heerscharen von Touristen das

landschaftlich reizvolle Gebirgsrevier. Was soll ich euch lang erzählen: Die beiden waren mit dem Jeep erst wenige Minuten unterwegs, da stand doch tatsächlich auf der nächstbesten Wiese in der prallen Mittagssonne ein braver Erntebock und ließ sich problemlos totschießen! Besagter Oberförster verstand die Welt nicht mehr! „Na also, was Sie immer mit Ihrem Morgenwahn haben!" erklärte Julius A. gelassen bei der Bruchüberreichung, „Sie sollten besser öfters auf einen alten Mann hören. Kommen Sie, lieber Forestier, jetzt lade ich Sie zu einem ordentlichen Mittagessen ein!" – Was soll man dazu sagen, Jagd ist eben Jagd!

„Na hoffentlich sind wir morgen ähnlich erfolgreich!" lachte unser Gruppenchef Hubert schallend, „Aber dennoch lautet hier die Parole: Tagwache um sechs Uhr früh!"

Am nächsten Morgen, es war dies der 2. November und somit Allerseelentag, präsentierte sich das Wetter stilgerecht leicht eingetrübt. Zum gewohnt opulenten Frühstück erschien ein sichtlich übernächtiger Josef. Auf unsere gespannten Fragen winkte er nur resigniert ab: Der angekündigte Hirsch glänzte durch Abwesenheit, und zu schlechter Letzt verschwand auch noch der Mond hinter einer Nebelwand. Dennoch beabsichtigte unser unverwüstlicher Sägewerker, abends nochmals auf den ominösen Kronenzehner auszurücken. Plangemäß fuhren wir heute mit dem Bus zur Jagd; im Anschluß daran sollte außerdem die Verteilung der noch immer mitgeschleppten Liebesgaben direkt an die örtliche Bevölkerung erfolgen.

Allerdings fehlte nach wie vor der als Retter dieser bislang gründlich mißglückten Saujagdoperation so dringend angeforderte Meisterjäger Hostec. Unserem glücklosen Forstingenieur entging nicht, daß auf den stirnrunzelnden Mienen einiger Jagdteilnehmer gleich wiederum bedrohliche Gewitterwolken aufzogen: Er beeilte sich zu versichern, daß „Domule Hostec" spätestens beim Abendessen erscheinen und jedenfalls am kommenden Abschlußtag die alleinige Jagdleitung wahrnehmen würde. Na denn prost, dachte ich insgeheim ob dieser Eröffnung, da mußten während der vergangenen Nacht in der Jagddirektion von Oradea wohl heiße Gefechte stattgefunden haben!

Wie dem auch war, für diesen Tag mußten wir uns mit den unvermeidlichen Gegebenheiten abfinden und trachten, noch das Beste daraus zu machen. Immerhin brachte uns Alois am Steuer des Luxusliners ohne Zwischenfälle pünktlich zum Sammelplatz; das war schon ein bescheidener Fortschritt. An Ort und Stelle erwartete uns eine gegenüber dem Vortag noch deutlich angewachsene Treiberschar; offensichtlich hatte sich die für den Abend vorgesehene Bescherung bereits herumgesprochen. Um es kurz zu machen: Leider stand auch heute das Wildaufkommen im umgekehrt proportionalen Verhältnis zur Vielzahl unserer Jagdhelfer. Wenigstens konnte Schwager Cary im zweiten Vormittagstrieb mit einem schnellen Kugelfuchs und der Erlegung eines hochflüchtigen einsamen Frischlings seine brillante Schießkunst unter Beweis stellen. Lediglich der Schüsseltrieb entsprach unseren hochgesteckten Erwartungen: Die Rumänen servierten nach allen Regeln der Kunst ein wie stets ausgezeichnetes Menü. Allerdings war, wie Freund Urs staubtrocken anmerkte, eine derartige kulinarische Freiluftveranstaltung durchaus auch in Schweizer Landen verfügbar – etwa auf der Terrasse des „Baur au Lac" mit herrlichem Blick auf den malerischen Zürichsee …

Für mich persönlich brachte das erste Treiben nach dem Mittagessen allerdings doch auch eine jagdliche Delikatesse. In bei Sautreibjagden eher unüblicher Formation bejagten wir einen stark durchwachsenen Schilfgraben, an dessen Ufern sich dichte Galeriewälder erstreckten. Die Treiber durchkämmten in enger Kette dieses dschungelartige Dickicht, während beiderseits dieses Sumpfes je zwei vorgezogene Schützen wie beim Fasanenbuschieren mitflankierten. Am Ende sowie auf dem Rückwechsel des langgezogenen Triebes waren überdies Vorstehschützen postiert. Für meinen Geschmack handelte es sich hierbei um eine reichlich gewagte – um nicht zu sagen leichtsinnige – Anordnung der Jagdleitung, welche enormes Vertrauen in die Disziplin und den Überblick der daran beteiligten Schützen voraussetzte. In diesem unübersichtlichen Gelände mußten speziell wir Mitgeher die jeweilige Position sämtlicher Jäger wie Treiber ständig genau im Auge behalten und überdies darauf achten, ob auch ein geeigneter Kugelfang vorhanden war. Auch nur beim geringsten Zweifel hatte der Finger unbedingt gerade zu bleiben, andernfalls drohten letale Folgen. Immerhin war hier kein Hühnerschrot, sondern die massive 9,3 x 74 R unterwegs.

So gesehen beruhigte es mich doch sehr, daß mit Schwager Cary auf meiner Seite sowie den beiden „Eidgenossen" Julius & Urs am gegenüberliegenden Ufer erprobt nervenstarke Routiniers als meine Partner im Einsatz standen. Plötzlich steigerte sich das Schreien und Klopfen der Treiberwehr da drunten im Schilfgraben zum Stakkato: Sie waren auf Wild gestoßen! Schon sah ich von rechts zwei einzelne starke Sauen wie Amphibienfahrzeuge grabenparallel heranpreschen. Der weitere Ablauf vollzog sich dann blitzschnell: Aus der Bewegung des Halbanschlages heraus kontrollierte ich wie ein rasendes Suchradar die Position der Kollegen: Da ist Cary, OK! Drüben auf der anderen Seite marschieren weit auseinandergezogen Julius und Urs – geht auch! Die Treiber? – Sind noch weit genug hinten, ich kann die orangefarbenen Signalwesten sehen – auch OK! Mehr im Unterbewußtsein registriere ich noch den Löß der jenseitigen Grabenwand als Kugelfang – paßt auch!

Jetzt war es aber auch schon allerhöchste Zeit, im Zielfernrohr sehe ich die beiden groben Sauen nur durch einige Schilfhalme gedeckt breit vor mir, der Zielstachel erfaßt die vordere knapp hinter dem Teller – Rumms! Das scheint gutgegangen zu sein, die Sau ist verschwunden, also gleich noch einmal: Rumms! Auch die zweite dicke Pille aus meiner braven 9,3 faßte offenbar Leben, denn dort unten ist mit einem Male alles ruhig; nur die Treiber brüllen nach wie vor infernalisch. Automatisch breche ich die Waffe und stopfe zwei neue Patronen in die vom Ejektor geleerten Lager. Links neben mir sehe ich Schwager Cary ebenfalls im Anschlag: Er ist fraglos bereit, nötigenfalls augenblicklich einzugreifen. Erst jetzt beginnt mich das Jagdfieber richtig zu beuteln, und ich muß ein paarmal tief durchatmen. Puh, ging das aber flott, hoffentlich lagen die Sauen auch wirklich! Und wenn ja, worum genau handelte es sich überhaupt? – Keilerdoublette? Frischlinge oder sonstige schwächere Stücke waren jedenfalls weder vor noch nach den Schüssen zu sehen – aber was besagte das schon?

Als erste Sofortmaßnahme brachte ich zunächst die nahende Treiberwehr durch Zurufe zum Stehen und wies die beiden in der Kette mitgehenden Berufsjäger – sie waren mit Flintenlaufgeschossen bewaffnet – zu den vermeintlichen Anschüssen ein.

Das etwaige Rencontre mit einer angeschweißten groben Sau konnte in diesem Dickicht leicht böse Folgen habe. Doch gottlob erwies sich diese Vorsicht dann sehr rasch als nicht mehr notwendig. Im Schilf der sumpfigen Grabensohle lagen, nur wenige Meter voneinander entfernt und längst verendet – zwei grobe Bachen! Also wiederum „Damentag" – glücklicherweise führten auch diese Sauen keine Frischlinge. Wahrscheinlich hatten Pulver & Blei letztere bereits früher ereilt. Gleiches gilt für die einstmaligen Keiler dieses Reviers, deren Waffen wohl schon längst die diversen Trophäenwände zwischen Mailand und Bologna schmückten …

Hievon ganz abgesehen, war ein geschlechtsspezifisches Ansprechen bei den gegebenen Vegetationsverhältnissen schlechthin unmöglich. So blieb meine Erlegerfreude über die auch an diesem Tag insgesamt leider rare Beute ungetrübt, und das Weidmannsheil der Jagdfreunde kam ebenfalls aus aufrichtigen Herzen. Da nun einmal die Treiber schon zur Hand waren, konnten die beiden gewichtigen Schwarzkittel trotz des schwierigen Geländes mit vereinten Kräften rasch geborgen werden. Sie mochten je etwa 120 Kilogramm aufgebrochen wiegen und hatten beachtliche Haken.

In die Gefilde des anschließenden, letzten Treibens an diesem Tag hatte sich ein einzelner schwacher Überläufer verirrt. Er war schlecht beraten, ausgerechnet Freund Urs anzulaufen, denn dieser erlegte ihn mit Bravour und eidgenössischer Präzision durch einen einzigen, standesgemäßen Schuß aus seiner edlen Holland & Holland „Royal".

Das erneut dürftige Ergebnis dieses zweiten Jagdtages betrug somit ganze vier Sauen plus dem eingangs erwähnten Fuchs. Der einzige wesentliche Unterschied zum Vortag bestand darin, daß sich das Wetter schon während des letzten Triebes rapide verschlechtert hatte und nunmehr ein heftiger Schlackschneeschauer niederging. Vollkommen durchnäßt erreichten wir per pedes unseren Sammelplatz. Dort bestiegen wir zunächst einmal den wartenden Bus zwecks äußerlicher „Trockenlegung" sowie innerlicher „Anfeuchtung" aus den Beständen der Bordbar. Draußen im Schneeregen bereiteten unsere rumänischen Begleiter inzwischen die feierliche Streckenlegung vor. Man kann nicht sagen, daß sie sich hierbei allzu überanstrengt hätten. Auf insgesamt vier Sauen und einen Fuchs entfielen immerhin gut 60 (!) dienstbeflissene Jagdhelfer – die Hunde gar nicht mitgezählt!

Man konnte es drehen und wenden wie man wollte, unsere nunmehrige Gesamtstrecke von zwei vollen Treibjagdtagen mit nicht weniger als zehn erprobten Kugelschützen war und blieb eine Zumutung: ganze 6 Sauen, darunter nur ein einziger Keiler! Dieser Mißerfolg wurde noch krasser deutlich, wenn man bedenkt, daß uns praktisch keine Fehlschüsse unterlaufen waren. Die Mehrzahl der Jagdteilnehmer kannte Schwarzwild überhaupt nur mehr aus der Erinnerung! Hingegen konnte ich persönlich mich gar nicht beklagen, denn unter den gegebenen Umständen hatte mich Diana geradezu unverschämt bevorzugt.

So war es nicht verwunderlich, daß sich die allgemeine Begeisterung der Gruppe in engen Grenzen hielt, als der Herr Forstmeister den Bus bestieg und zur Strecke bat.

Bei dichtem Schlackschneetreiben umstanden wahre Menschenmassen im Lichte einiger schnell installierter Scheinwerfer die vier Wildschweine – zwei größere, ein kleineres und ein ganz kleines – sowie den einsamen Fuchs. Unsere Beute wirkte

Wo silbergraue Hirsche röhren
Stimmungsvolle Morgenpirsch im Wäldermeer des Vrancea-Gebirges (Ostkarpaten).

Jagdhaus Lepsa

Mittagsrast der Jäger. Mit Hirschruf der legendäre „alte Johann". Er führte einst Ceausescu auf dessen Weltrekordhirsch. Rechts daneben sein Sohn Radu, den später ein Hauptbär lebensgefährlich verletzt hat.

Das idyllische Jagdhaus von Soveja im Vrancea-Gebirge (Ostkarpaten).

Kurze Rast der erschöpften Hirschjäger: Cyrile ist erbost, weil nichts klappt, Radu wartet ergeben auf neue Befehle. Im Hintergrund eine nachdenkliche Panthelina. Der Verfasser ist (noch) optimistisch.

Und wieder einmal kein Hirsch auf der bewußten Poiana ...

Eisbär, Hirsch und Haute Couture
Auto kaputt, jetzt wird maschiert! Saujagdouvertüre in Marghita

Aufmarsch der alemannischen Jäger: Der „Eisbär" (links) und sein Schweizer Jagdfreund.

Der „Eisbär"

Feldherrenhügel: „Wo zum Kuckuck sind bloß die Sauen?"

Mein Hirsch-Methusalem aus Marghita. Hand aufs Herz: Hätten Sie sein wahres Alter erkannt?

Altmeiser Hostec, der souveräne Profi.

Berge, Wölfe, Capra Negra: Hochwinterliche Gamsjagd im Fagaras. Neben mir Ex-Fallschirmjäger Djordje, der Mann mit den Luchsaugen.

Große Freude bei der kopfstarken Begleitmannschaft über den sehr guten Gamsbock vom „Observatorium". Stehend v. r.: Michail, Djordje, Freund Robert, Dolmetscher Oktavian. Davor der junge Jäger Kostica, neben ihm (mit Pelzkragen) der trinkfeste Oberförster.

Herrlicher Sonnenschein in der tiefverschneiten Gipfelregion des Fogaras-Massives.

Schwierige Jagdbedingungen in den Tälern der Vorberge. Immer beim Jagdgast: das Bruderpaar Djordje und Michail, die Asse der örtlichen Jäger.

Ausschau nach den Gams – sie haben wahrlich genug Deckungsmöglichkeiten!

Meine beiden starken Wintergams aus dem weihnachtlichen Fogaras. Streckenlegung am Hüttenboden – hier kamen eines Nachts die Wölfe!

Großer Fototermin für die gesammelte Jagdmannschaft!

insoweit noch kümmerlicher, als das Wild nicht nur patschnaß, sondern zudem vom Transport her auch über und über lehmverschmiert war. Glücklicherweise kamen die vier vorsorglich im Carree aufgebauten mächtigen Scheiterhaufen wetterbedingt nicht zum Einsatz, denn ein solch monumentales Freudenfeuer rund um das „tableau" wäre denn doch zu peinlich erschienen.

Im Anschluß an diese fragwürdige Festlichkeit schlug aber nun Freund Walters große Stunde. Wenn unser oberösterreichischer Senior schon zwei Tage lang sein Jagdgewehr nur als bloße Zierde spazierentragen durfte, so war ihm doch sein Auftritt als mildtätiger Menschenfreund nicht zu nehmen: Ganz im Gegenteil, die Kunde von der bevorstehenden Spendenverteilung lockte nach Jagdschluß noch weitere Einwohnerscharen aus den umliegenden Dörfern an, so daß nunmehr bereits eine satte Hundertschaft vor unserem Autobus erwartungsvoll Aufstellung genommen hatte. Leider spielte der Wettergott bei diesem Fest der Barmherzigkeit nicht mit, es schneite unvermindert heftig naßkalte Flocken vom Himmel.

Als erstes gelangten die Lebensmittel zur Verteilung: Hunderte Kilogramm Schokolade, Kondensmilch, Kaffee, Kakao, Reis, Hülsenfrüchte, verschiedenste Konserven usw. Dies ergab keinerlei Probleme, und die betreffenden Kartons waren schnell geleert. Gänzlich anders stellte sich die Situation hingegen bei den Hekatomben an Textilien dar, die in schier unerschöpflichen Mengen aus dem riesigen Gepäckraum des Mercedes-Bus zum Vorschein kamen. Dabei handelte es sich keineswegs um Lumpen, sondern vielmehr um kaum getragene, größtenteils sogar fabrikneue Ware: Hemden, T-Shirts, Sweatshirts, Pullover, Westen, Jeans, Trainingsanzüge, Mäntel, Jacken, Strickwaren, kurzum Bekleidung jeglicher Art.

Wie vielen älteren Menschen war auch unserem guten Walter eine gewisse Umständlichkeit eigen, die sich hier allerdings als fatales Hemmnis erwies: Der spiritus rector dieser edlen Hilfsaktion war nämlich von der etwas realitätsfremden Vorstellung beseelt, jeden einzelnen seiner neuen Schützlinge aus den überreichlich vorhandenen Beständen höchstpersönlich, sozusagen nach Maß, optimal neu einzukleiden. Besonders die Kinder hatten es dem Philanthropen sichtlich angetan: Hier ein blauer Pullover der Größe 34 für den schwarzhaarigen Nicolae, dort ein pinkfarbenes Sweatshirt Nr. 30 der blonden Alina usw.! So kann man allenfalls ein geliebtes Firmpatenkind in einem Eferdinger Kaufhaus beschenken; handelte es sich jedoch darum, in stockdunkler Nacht und noch dazu bei Schneeregen die auf morastiger Feldflur in Kompaniestärke angetretene Dorfjugend einer nordwestrumänischen Ortschaft zu versorgen, so mußte dieses an sich löbliche System zwangsläufig scheitern.

Dieser letztere Fall trat hier nunmehr ein, und zwar in dramatischer Form: Während Freund Walter beim ersten halben Dutzend seiner neugefundenen Lieblinge genau Maß nahm und die zum jeweiligen Typ passende Farbe samt Design sorgfältig erwog, wartete die restliche Hundertschaft völlig verständnislos bibbernd vor Kälte in Reih und Glied und wußte nicht, wie ihr geschah. Außerdem begannen sich die in großer Anzahl zu gewaltigen Stößen aufgetürmten Pappkartons wetterbedingt rapide aufzulösen und gaben bereits ihren Inhalt sichtbar preis. Die logische und für jeden Realisten unschwer vorhersehbare Folge hiervon war, daß sich die weniger disziplinierten unter Walters

Weihnachtskindern – fraglos die überwältigende Mehrheit – in Eigenregie auf den lockenden Segen stürzten und dort bald eine heftige Keilerei in Gang setzten. Mit einem Wort: In Windeseile entwickelte sich das totale Chaos, dem der gutherzige Menschenfreund Walter fassungslos gegenüberstand.

Wir anderen saßen zunächst bei Rumtee und Glühwein im wohlig beheizten Autobus, ergötzten uns an dem draußen gebotenen seltenen Schauspiel und – bogen uns vor Lachen! Auf die Dauer konnte es allerdings so nicht weitergehen, schließlich wollten wir hier nicht Wurzeln schlagen. Josef, der heute bei den Sauen erneut glücklos geblieben und bislang überhaupt noch keine Borste gesehen hatte, zog es mit aller Macht zu seinem Kronenzehner am Erbsenfeld. Ich selbst brannte schon darauf, den legendären Hostec kennenzulernen. Andererseits wollten wir unseren lieben Walter jedoch keinesfalls kränken. Zunächst intervenierte der besonnene Julius – mit gewohnt ruhigen Worten und der gebotenen freundlichen Diplomatie: „Walter! Lasch das den anderen über, die einigen sich schon! Du bischt hier nicht in Paris bei Dior oder Yves Saint Laurent! Wir müssen zurück insch Quartier, die Kollegen warten schon auf dich!" Allein, mit diesem durchaus gutgemeinten Rat stieß der Eisbär bei seinem Altersgenossen auf taube Ohren; Walter hörte gar nicht richtig hin. Kopfschüttelnd kehrte Julius in das Businnere zurück: „Der ischt ganz vernarrt in seinen Nikolozauber! Glaubt offensichtlich, hier ischt die Haute Couture oder zumindescht Pret a Porter!"

Also Fehlanzeige! Jetzt wurde Schwager Cary ärgerlich, ihm ging der Zirkus bereits sichtlich auf die Nerven. Es war an der Zeit, dem lächerlichen Spuk ein Ende zu bereiten. Dabei verfiel man auf mich als die angeblich „hiefür geeignetste Persönlichkeit", sagten mir doch böswillige Zungen nach, ich sei bisweilen in der Wahl meiner Mittel nicht gerade zimperlich. Getreu diesem Ruf ging ich die Sache auch gleich anders an: Als erstes schnappte ich mir den breit grinsenden Octavian, denn da draußen würde zweifellos ein Dolmetscher für klare Worte vonnöten sein.

Solcherart verständigungsfähig, nahm ich dem nächstbesten rumänischen Berufsjäger seine Flinte sowie zwei Patronen ab und schoß damit einmal doppelrohrig in die Luft. Schlagartig trat allseits Ruhe ein. Via Octavian übertrug ich dann dem verdutzten jungen Forstingenieur kurzerhand die gerechte Verteilung der Hilfsgüter; er mochte später mit seinem Dienst-„Aro" ins Jagdschloß nachkommen. So traf ich quasi zwei Fliegen mit einem Schlag: Die unzweckmäßige Modenschau war beendet, und wir würden zu Hause mit Hostec ungestört Fraktur reden können – auch nicht schlecht! Sogar dem bereits merkbar ermatteten Walter schien diese Lösung nicht unwillkommen, und so konnten wir ohne weitere Verzögerung die Heimfahrt in unser teilverdunkeltes Märchenschloß antreten.

Dort wartete bereits der vielbegehrte Domule Hostec, sein Äußeres kannte ich ja bereits von zahlreichen Fotos her. Ich erblickte einen hochgewachsenen, schlanken Rumänen von etwa sechzig Jahren in Zivil, lässig bekleidet mit Pullover und grünen Jeans. Während die Freunde ihren so erfolgreichen Jagdleiter des Vorjahres stürmisch begrüßten, besah ich mir den Mann insgeheim näher. Nein, mich konnte Hostecs scheinbar legere Erscheinung nicht täuschen, diesen Typ kannte ich genau. Seine militärische Haltung, das offene Gesicht mit dem stahlharten Blick und das leicht

sarkastische, vielsagende Lächeln um die Lippen sprachen mehr als alle Worte: Hier stand ein Berufsjäger der Top-Elite, einer jener befehlsgewohnten Männer, die noch bis vor kurzem mit eiserner Disziplin, aber auch großem Erfolg für den gestürzten Conducatore Nicolae Ceausescu dessen berühmte Jagden ausgerichtet hatten.

Schon der folgende Jagdtag sollte dann meine erste Einschätzung eindrucksvoll bestätigen.

Unser diplomatischer Hubert bekam die nicht ganz unkomplizierte Situation gleich goldrichtig in den Griff: „Herr Hostec, wir alle freuen uns ganz außerordentlich, Sie hier zu sehen! Bitte betrachten Sie sich für heute abend als unser persönlicher Gast. Wir gehen uns nur schnell umziehen und besprechen dann alles Weitere in Ruhe bei Tisch!"

Mittlerweile hatte sich das Wetter weitgehend beruhigt, und fallweise leuchtete auch schon wieder der Mond zwischen durchziehenden Wolken hervor. Das war das Startsignal für unseren unermüdlichen Pinzgauer Hirschjäger. Nach eiligem Wechsel der Montur besorgte sich der energische Josef in der Küche ein paar belegte Brote und ließ die Thermosflasche mit Rumtee auffüllen. „I brauch' gor kan Adlatus beim Ansitz, der mocht eh nur Lärm!" erklärte er schlicht und entschwand sogleich ohne viel Federlesens in Richtung Erbsenfeld; den Weg dorthin kannte er ja bereits zur Genüge.

Im Vorfeld der nunmehr anstehenden „Verschwörung der Jäger zu Marghita" steckten Hubert, Cary, die beiden „Eidgenossen" und ich noch kurz die Köpfe zusammen und beschlossen, mit verteilten Rollen zu agieren. Beim folgenden Abendessen – auch der als Jagdleiter de facto kaltgestellte Forstingenieur weilte wieder unter uns – legte zunächst Hubert als Gruppenführer – ohne Dramatik, jedoch sehr bestimmt – unseren Standpunkt klar: „Es geht gar nicht um den Doktor oder mich persönlich, aber die Mehrzahl unserer Kameraden hat im Verlaufe von zwei vollen Treibjagdtagen nicht eine einzige Sau in Anblick bekommen – und das paßt ganz einfach nicht!" – „Im Jagdvertrag steht überdies Erstjagd, und das ist schlichtweg unwahr!" setzte ich mit betont amtlicher Miene sogleich vorwurfsvoll nach. Nun kamen die aufgefundenen Patronenhülsen im Kaliber 30.06 auf den Tisch; zur Sicherheit hatten wir diese eben noch schnell auf Hochglanz poliert. Es folgte des Eisbären Beitrag zum allgemeinen Klagelied: „Und wasch sollen wir unseren Jagdfreunden daheim erzählen, wie es in Rumänien gelaufen ischt?" fragte Julius vorwurfsvoll.

Letztere Beschwerde traf die Rumänen besonders empfindlich, hatte sich doch schon herumgesprochen, daß hier ein nicht gerade unbedeutendes Mitglied der internationalen Jägergilde am Tisch saß – so ein privater Learjet hat schon auch sein Gutes! Für einen möglichst starken Finaltag dieser ohnedies schon verunglückten Saujagd warfen wir schamlos die letzten Reserven in die Schlacht!

Um unseren geballten Vortrag bei Hostec & Co erst einmal gebührend wirken zu lassen, wandten wir uns dem gewohnt ausgezeichneten Abendmahl – Tafelspitz mit Cremespinat, Apfelkren und Röstkartoffeln – zu. Es war schon ein Jammer, daß die aktuellen Forstgranden von Marghita nicht halb so gut jagten, wie das Hauspersonal kochte!

Die anwesenden Beamten wechselten schnell einige Worte auf Rumänisch und entfernten sich dann mit dem Hinweis, sie müßten dringend telefonieren.

Bewußt signalisierte ich Octavian, er möge ihnen nicht nachspionieren; ich wußte aus Erfahrung auch so, was da lief: „Die rufen jetzt bei der „Silvexim"-Zentrale in Bukarest an und holen sich dort die Erlaubnis, uns morgen ans Eingemachte zu lassen!" erklärte ich den Freuden die Situation, „In Rumänien ist es noch aus Ceausescus Zeiten Tradition, daß jede staatliche Jagddirektion ein ansonsten gesperrtes Protokollrevier in Reserve hat; dies etwa für unvorhergesehen zugewiesene hohe Staatsgäste!"

So verhielt es sich dann tatsächlich auch hier: Nach gut einer halben Stunde kehrten unsere Gastgeber augenscheinlich zufrieden wieder und Hostec teilte uns mit knappen Worten mit: „Meine Herren! Sie werden morgen eine gute Jagd erleben! Abmarsch ist um 7 Uhr 30. Aber jetzt wollen Sie mich bitte entschuldigen, ich habe noch zu tun!" Sprach's und war auch schon von hinnen! Die übrigen rumänischen Berufsjäger folgten unverzüglich ihrem reinthronisierten Herrn und Meister. Keine Frage, Domule Hostec führte hier wieder im alten Stil das Kommando!

Natürlich blieben wir noch länger versammelt. Denn erstens folgte noch das Dessert – es gab köstlichen Apfelstrudel mit Vanilleeis – und zweitens hatten wir ja nun reichlich Gesprächsstoff: Die Spekulationen über die mutmaßliche Strecke des darauffolgenden Jagdtages gipfelten in sehr unterschiedlichen Prognosen.

Da öffnete sich plötzlich krachend die Eingangstüre zur Halle und herein polterte freudestrahlend ein bruchgeschmückter Josef: „Hirsch liegt!"

Das war wirklich eine tolle Überraschung, bei diesem Wetter hätte ich auf den Erfolg seiner Aktion keinen Pfifferling gesetzt! Sofort schnellte das Stimmungsbarometer unserer Gruppe sprunghaft in die Höhe: Wir alle umringten den glücklichen, noch immer aufgeregten Erleger mit stürmischem Weidmannsheil und wollten sogleich die näheren Einzelheiten erfahren. Der routinierte Octavian hingegen eilte bereits in Richtung Küche, um den jetzt fälligen Sekt herbeizuschaffen.

„Also ich saß noch keine Viertelstunde auf dem pitschnassen Hochstandbrett, da hörte ich im Bestand hinter mir bereits mehrmals ein lautes Knacken!" begann Josef seine Schilderung, „Zu sehen war vorerst absolut nichts. Nach etwa weiteren dreißig Minuten zog plötzlich rechts von mir ein großer dunkler Schatten ganz langsam auf den Wildacker hinaus. Distanz rund hundert Meter. Im Fernglas konnte ich gerade noch erkennen, daß es sich um einen älteren Hirsch handeln dürfte; ein genaueres Ansprechen war vorerst unmöglich. Die nächste halbe Stunde lang äste der Hirsch beharrlich am Rand des Erbsenfeldes, wo der Schlagschatten der Waldrandbäume das ohnehin sehr spärliche Mondlicht verdeckte. Es war buchstäblich zum Verzweifeln!

Doch als dann nacheinander drei Hasen und zwei Rehe direkt auf die frei beleuchtete Fläche auszogen, mißdeutete dies wohl auch der Alte als Sicherheitsgarantie und folgte ihnen nach. Erst jetzt konnte ich sein weitausgelegtes Geweih mit den langen Enden richtig erkennen: Es war tatsächlich der von den Rumänen angesagte gerade Kronenzehner. Da nach dem gesamten Habitus auch das Alter paßte, gab es für mich kein langes Fackeln mehr. Der aufgelegte Schuß selbst auf die Entfernung von exakt 95 Schritten war kein Kunststück, der Zehner lag im Feuer. Kinder, das ist mein erster jagdbarer Hirsch, ihr könnt euch gar nicht vorstellen, wie ich mich freue! Weidmannsheil!" Doch, wir konnten seine Euphorie sehr wohl nachvollziehen, und

dementsprechend ließen wir den sympathischen, immer bescheidenen Salzburger Jagdfreund auch hochleben. Inzwischen war die Kunde von dieser überraschenden Hirscherlegung auch bis zu den rumänischen Berufsjägern vorgedrungen: Alsbald erschienen sie vollzählig und entboten dem glücklichen Schützen mit erhobenen Gläsern ein kräftiges Weidmannsheil.

Die Wildbringung vom nicht allzuweit entfernten Erbsenfeld wurde unverzüglich veranlaßt. So kam es, daß wir gegen Mitternacht dieses ereignisreichen Tages nach einer mißglückten Saujagd sowie chaotischen Modenschau noch einen guten, reifen Erntehirsch vor unserem Märchenschloß weidgerecht zu Strecke legen konnten.

Dann aber scheuchte Hubert seine gewiß nicht mehr nüchterne Truppe schleunigst in die Federn, denn immerhin war uns für den folgenden Tag ein fulminantes Finale in Aussicht gestellt, und dafür sollten wir alle wiederum möglichst fit sein.

Der 3. November 1991 – Schlußtag dieser Saujagdexpedition – erfreute uns schon in der Früh mit strahlendem Sonnenschein bei völliger Windstille. Die Schauerwolken hatten sich verzogen, es blieb merklich wärmer als an den Vortagen. Beim Frühstück erschien Domule Hostec in Uniform und nahm die Zügel der Jagdleitung sofort straff in die Hand. Da gab es weder Pannen, noch Leerläufe oder gar Diskussionen, alles lief wie am berühmten Schnürchen – eben eine Protokolljagd guten alten Stils! Bejagt wurde das bewaldete Hügelland in der weiteren Umgebung des Jagdschlosses selbst. Schon aufgrund logischer Betrachtung handelte es sich hierbei zweifellos um das jagdliche Herzstück der gesamten Forstverwaltung. Demgemäß benötigten wir diesmal weder Bus noch „Aro", es wurde vom ersten bis zum letzten Trieb zu Fuß marschiert. Natürlich waren aber – für uns weitgehend unsichtbar – die entsprechenden Versorgungs- und Bringungsfahrzeuge unterwegs.

Schlag 7 Uhr 30 Uhr setzte Hostec unsere zehnköpfige Jagdgesellschaft zügig in Bewegung und bat sich absolutes Stillschweigen aus. Heute waren auch keine jausnenden Treiber zu sehen, denn letztere befanden sich bereits im Aufmarsch zum ersten Trieb. Wie es sich gehört, hatte unser Jagdleiter ein kleines Notizbuch zur Hand, in welchem die Standverteilung schon streng schematisch vorbestimmt war. Im Gegensatz zu den ersten beiden Tagen fanden wir durchwegs numerierte Stände vor; es waren dies kleine Bodenschirme oder auch nur bloße Markierungspflöcke. Dort teilte Hostec höchstpersönlich mit stummer, aber eindeutiger Geste dem betreffenden Schützen seinen Stand zu, wies ihn in die erlaubten Schußrichtungen ein und entbot ebenso schweigend mit dem Hut sein Weidmannsheil. So war es richtig, da gab es kein unnützes Herumgerede, welches die intelligenten Sauen schon auf Kilometerdistanz wahrnehmen konnten! Schon im ersten Treiben kamen mehrfach starke Rotten vor die Schützen und es knallte an allen Ecken und Enden. Mein „Premierenstand" befand sich in einem stark kupierten Buchenaltholz mit ungewöhnlich weitem Ausblick.

Ich selbst kam hier zwar nicht zum Schuß, konnte jedoch bei meinen Nachbarn mehrfach anwechselnde Sauen beobachten. Das war mir auch durchaus recht so, hatte ich doch an den beiden Vortagen fast schon peinlicherweise exakt die halbe Gesamtstrecke der ganzen Gruppe persönlich auf die Schwarte gelegt.

Das Resultat dieses Eröffnungstriebes konnten wir vorerst nicht besichtigen, dem Vernehmen nach waren aber etliche Sauen gefallen, darunter auch stärkere.

Im zweiten Treiben postierte mich unser Altmeister an einer steilen Grabenlehne mit Blickrichtung nach vorne auf einen etwa 80 Meter entfernten, mehrfach gewundenen Bachlauf. Letzteren säumten beiderseits ziemlich dichte Buschreihen, in die ich jedoch von oben her passablen Einblick und somit Schußfeld hatte. Der Wind stand gut. Vor meinem geistigen Auge sehe ich die Situation noch heute detailgenau vor mir, denn dort sollte sich bald eine überraschende, indes nicht minder erfreuliche und jedenfalls denkwürdige Sternstunde meines langen Jägerlebens ereignen: Gerade hatte ich hinter einer alten Buche auf dem Sitzstock Platz genommen und unter meinen Füßen das verräterische Fallaub behutsam weggescharrt, als der Trieb auch schon begann. Es dauerte nicht lange, da erklang rechts von mir, noch im für mich unsichtbaren Bereich des Bachoberlaufes, ein heftiges Brechen und Poltern. Mit lautem Getöse kam hier fraglos schweres Wild flüchtig auf mich zu. Donnerwetter, dachte ich bei mir, dem Lärm nach zu schließen mußten das schon ganz grobe Sauen sein, und ich nahm zur Sicherheit die Ferlacherin schon einmal in Halbanschlag. Doch ich hatte mich getäuscht: Statt des erwarteten Überkeilers erschienen in zügigem Troll drei aufhabende Hirsche! Damit hatte ich nun wahrlich nicht gerechnet, aber – warum nicht?

Schließlich waren Abschußhirsche ausdrücklich freigegeben, und man mußte die Feste feiern, wie sie fallen! Just am Bachbett unter mir verhofften die drei, wohl um die Lage zu erkunden. Jetzt hatte ich Gelegenheit, die Hirsche direkt durchs Zielfernrohr anzusprechen. Im Vergleich zu den Kapitalen der Ostkarpaten oder Südungarns wirkten alle eher mittelmäßig, so an der Grenze zwischen II B und I B. Die Geweihgewichte taxierte ich auf höchstens 5 bis 6 Kilogramm. Im Gebäude erschien mir der letzte des Trios allerdings deutlich massiger. Diesen besah ich mir nun näher: Rechts trug er eine massige Achterstange mit nicht allzu langen Enden, die linke Geweihhälfte war zum Teil verdeckt. Auf den ersten Blick schätzte ich den Hirsch auf etwa vom 6. oder 7. Kopf, also konnte insgesamt nicht viel verkehrt sein. Na dann! Kurz entschlossen hielt ich hochblatt an und schickte das dicke 9,3-mm-Torpedogeschoß auf die Reise. Im Schuß zeichnete der Hirsch ganz vorschriftsmäßig durch eine hohe Flucht und war sofort im Ufergebüsch verschwunden. Die beiden anderen stürmten prasselnd weg, ich konnte sie noch eine geraume Strecke beobachten; der Beschossene fehlte. Dann trat völlige Ruhe ein. Nach menschlichem Ermessen mußte der Hirsch liegen, zu sehen war allerdings vorerst nichts. „Jetzt hast du tatsächlich auf der Saujagd einen Hirsch geschossen!" ging es mir durch den Kopf, und prompt stellte sich nachträglich auch das Hirschfieber ein. „Hoffentlich ist er auch wirklich richtig, denn so genau war dein Ansprechen wieder auch nicht …!" folgten alsbald die ersten Bedenken auf dem Fuße. Immerhin hatte ich das gute Dutzend meiner bisherigen Rothirsche eigentlich stets während der Brunft nach vorherigem sorgfältigem Erwägen und Beurteilen erlegt. Diese Hirschjagdsituation war für mich somit neu. Noch dazu durfte ich im Moment nicht einmal den Anschuß aufsuchen, denn vor Triebende war es richtigerweise striktest untersagt, den Stand zu verlassen. Domule Hostec würde mir ein Zuwiderhandeln auch in diesem Sonderfall nicht durchgehen lassen.

Die nächste Dreiviertelstunde verging langsam und war begleitet von quälendem Bangen zwischen Zweifel, Hoffnung und Freude. Nur im Unterbewußtsein nahm ich wahr, daß irgendwo weit entfernt noch etliche Schüsse fielen. Endlich kamen die Treiber heran und mit ihnen auch ein rumänischer Berufsjäger in Uniform. Letzteren winkte ich sogleich aufgeregt herbei und wies den mit einer Flinte Bewaffneten zum nahen Anschuß ein. Zuvor hatte ich auf seinen fragenden Blick „Cerb – Hirsch!" geradebrecht und mit den Armen ein symbolisches Geweih angedeutet. Vom betreffenden Ort signalisierte der gute Mann sogleich freudig Schweiß. Dann drang er unverzüglich in das dichte Buschwerk ein, wo er bereits nach wenigen Metern – für mich nur akustisch nachvollziehbar – stehenblieb und unter lautem „Domule, Weidmannsheil!" seinen Hut hoch in die Luft warf. Jetzt gab es auch für mich kein Halten mehr: Ich stürmte hinunter und stand auch schon vor dem mit gutem Blattschuß längst verendeten Hirsch! Mein erster Eindruck war sogleich: Gott sei Dank, der paßt auf jeden Fall!

Vor mir lag, wenn man so will, ein ungerader Kronenzehner ohne Eissprossen. Rechts zeigte er tatsächlich die von mir richtig erkannte massige Achterstange. Links fand sich am Terminalsproß der Gabel noch ein fingerlanges Kronenende, und das Augende war bis auf einen kurzen Stumpf abgekämpft. Also alles in allem ein lupenreiner Abschußhirsch, ich konnte wirklich zufrieden sein. Bei näherer Betrachtung mochten zwar die sehr starken Rosen und der griesgrämige Gesichtsausdruck auffallen, doch in meinem Freudentaumel maß ich dem zunächst keine besondere Bedeutung bei. Mittlerweile hatte sich meine Hirscherlegung generell herumgesprochen, und auch Jagdleiter Hostec eilte mit schnellen Schritten herbei. Doch als der große Meister vor dem Gestreckten stand, erstarrte er plötzlich unter allen Anzeichen ungläubigen Erstaunens. „Was hat der bloß, es ist doch soweit alles ganz in Ordnung?" dachte ich verdutzt. Aber es kam noch dicker: Statt mir zu gratulieren und den nun fälligen Bruch zu überreichen, zog Hostec hastig sein Jagdmesser, schärfte dem Hirsch augenblicklich den Äser auf und inspizierte eingehend den Unterkiefer. Erst dann richtete sich der alte Berufsjäger auf, lüftete seinen verwitterten Jagdhut und reichte mir die rechte Hand. Ein leises, beinahe wehmütiges Lächeln umspielte seine Lippen, als er feierlich verkündete: „Weidmannsheil, Herr Doktor, sie haben den ältesten Hirsch des gesamten Revieres erlegt, er ist exakt vom 17. (!) Kopf – ich selbst habe ihn vor knapp achtzehn Jahren als Kalb markiert!" Dabei wies er stumm auf den deutlich sichtbar gekürzten rechten Lauscher; diese Beschädigung war uns zuvor noch gar nicht aufgefallen. Jetzt lag es an mir, vor Staunen meinen Unterkiefer herunterzuklappen! Von wegen Klasse II B, wo hatte ich bloß meine Augen gehabt, vor mir lag der weitaus älteste Hirsch meines ganzen Jägerlebens – ein echter Methusalem! Nun kannte der Jubel selbstredend keine Grenzen mehr, auch die hinzukommenden Kollegen wünschten ebenso aufrichtig wie stürmisch Weidmannsheil. Im allgemeinen Trubel der Begeisterung wurde der zumeist edle Inhalt sämtlicher nur irgend verfügbarer Jagdpullen meiner seltenen Beute geopfert, sprich restlos ausgetrunken! Nur mit Mühe konnte uns der wieder gefaßte Hostec schließlich zum letzten Trieb vor dem Mittagessen abkommandieren. Und wenn Diana und St. Hubertus schon einmal ihr Füllhorn ausschütten, dann geschieht dies in der Regel offenbar wirklich kräftig, denn auch an diesem Tage blieb ich der erklärte Günstling

der Jagdheiligen: Noch vor dem Schüsseltrieb lief mich der fast schon obligate Kugelfuchs an; er hat den Knall meiner Ferlacherin nicht mehr vernommen.

Und im allerletzten Treiben des Tages – somit auch dieser Jagdreise überhaupt – kam mir sogar noch eine sehr starke, einzelne Sau: Wir waren auf der Randschneise einer extrem steilen Hanglehne angestellt, wo streckenweise – wie im Gletschereis – sogar Trittstufen gegraben waren. Als der vermeintliche Keiler hochflüchtig diesen Steilhang querte, konnte ich ihm auf kürzeste Distanz die schwere 9,3 hinter den Teller setzen. Die Wirkung war verblüffend: Auf den Schuß hin schlug der mächtige Schwarzkittel den „vorschriftsmäßigen" Salto, wobei er jedoch gleichzeitig eine Drehung im rechten Winkel vollzog und in der Folge wie eine riesige rasende Kanonenkugel hangabwärts an der Schützenkette vorbeidefilierte – ein geradezu akrobatisches Schußzeichen! Leider handelte es sich dann doch wiederum um eine grobe, zum Glück ebenfalls nichtführende Bache.

Ganz abgesehen von meinem besonderen Weidmannsheil hat der alte Haudegen Hostec auch sonst sein am Vortag gegebenes Versprechen gehalten: Unsere heutige Tagesstrecke betrug 29 Sauen, 3 aufhabende Rothirsche sowie 2 Kugelfüchse. Die insgesamt zehn Schützen der Gruppe konnten somit durchaus zufrieden sein.

Zwar fehlten weitestgehend die erhofften reifen Keiler – diese waren wohl durchwegs schon zuvor als Einzelabschüsse erlegt worden – doch durften wir am Schlußtag eine wirklich exzellent ausgerichtete Hochwildtreibjagd klassischer Prägung erleben, so wie wir uns das eigentlich für die gesamte Unternehmung vorgestellt hatten.

Ich selbst fand natürlich überhaupt keinen Anlaß zur Klage, denn mit vier groben Sauen, dem uralten Vater aller Hirsche von Marghita sowie einem Kugelfuchs war mir hier wahrhaftig ein reichliches Weidmannsheil beschieden worden.

An dieser Stelle sei ausdrücklich noch die gute Schußleistung und das ausnahmslos disziplinierte Jagdverhalten meiner Kollegen lobend hervorgehoben. Sie haben sich speziell in schwierigen, oft frustrierenden Momenten stets als menschlich vorbildliche Weidkameraden erwiesen. Wiewohl wünschenswert, ist dies auf der Jagd leider durchaus keine Selbstverständlichkeit und soll daher nicht unerwähnt bleiben.

Beim abendlichen Festmahl – die Schloßköchin hatte sich mit gedünstetem Rindslungenbraten in Steinpilzsauce, Butternudeln und hausgemachtem Birnenkompott selbst übertroffen – saß dann auch eine durchaus hochzufriedene Jagdgesellschaft – Berufsjäger und Gäste kameradschaftlich vereint – an der festlich geschmückten Tafel. Nun ließ ein jeder die Erlebnisse der letzten Tage aus seiner ganz persönlichen Sicht Revue passieren – und mußte seine Story natürlich dem Nachbarn oder Gegenüber unbedingt sofort in epischer Breite mitteilen. Wenngleich diesbezüglichen Kummer gewohnt, kam unser guter Octavian beim Übersetzen bisweilen dennoch in Bedrängnis – besonders, wenn Eisbär & Co im Eifer des Gefechtes ihr Schwyzerdütsch hervorholten.

Die Stimmung erreichte ihren feuchtfröhlichen Höhepunkt, als die Rumänen nach und nach die in Rekordzeit feldpräparierten Trophäen in den Speisesaal brachten; diese wurden hier liebevoll mit Tannenzweigen drapiert sozusagen nochmals zur Strecke gelegt. Schließlich prunkten im Schein des flackernden Kaminfeuers neben unzähligen Sauwaffen und Haken vor allem auch vier blendendweiß ausgekochte Hirschgeweihe.

Wenngleich der edle Kronenzehner unseres Salzburger Josefs die bei weitem stärkste Trophäe trug, so bekam doch mein Methusalem auf Domule Hostec' Geheiß den Ehrenplatz: Sentimentale Reminiszenzen eines alten Hirschhegers!

Hochinteressant gestaltete sich dann noch die Diskussion darüber, wie wohl die Kollegen meinen Hirsch in der gegebenen Situation angesprochen hätten; machte ich doch aus meiner ursprünglichen Fehleinschätzung punkto Alter durchaus kein Hehl.

Daß der Hirsch schußbar war, stand außer Frage. Aber wie konnte es geschehen, daß sich ein doch nicht ganz unerfahrener Hirschjäger gleich um mehr als zehn (!) Lebensjahre irrte? Ich führte dies in erster Linie auf die für mich ungewohnt generell schwächeren Geweihe dieses Wuchsgebietes zurück: Im rumänischen Vrancea oder dem ungarischen Lenti trug auch ein überalteter Hirsch gut und gerne zehn Kilogramm und mehr auf dem Haupt – wie sehr auch immer das Geweih in den Enden oder sonstig zurückgesetzt sein mochte. Hostec hingegen meinte, daß die ganz alten Hirschgreise – ähnlich wie auch bei Rehböcken beobachtet – zuweilen wieder einen irgendwie jugendlichen Gesamteindruck vermitteln. Dies natürlich nur, soferne sie nicht schon infolge Nahrungsmangels klapperdürr daherkommen. Auch diese Ansicht hatte zweifellos einiges für sich!

So blieben wir bis in den frühen Morgen beim Wein um den Kamin versammelt, denn gleichgesinnten Jägern aller Länder dieser Erde geht bekanntlich nie der Gesprächsstoff aus …

Auf der Heimfahrt – wieder über Ferihegy, doch diesmal ohne Sektbrunch – waren Huberts Jägerhelden dementsprechend müde und verschliefen den größten Teil der problemlosen Reise. Solcherart frisch gestärkt, lieferte Schwager Cary mich samt Hirschgeweih dann in Wien – wie versprochen unversehrt – in den Armen meiner lieben Panthelina ab, bevor er sich selbst seinen heimatlichen Kärntner Penaten zuwandte.

Somit wäre ich eigentlich am Ende meiner Erzählung angelangt. Doch wie so vieles im Leben gibt es auch zu jenen ereignisreichen Jagdtagen von Marghita noch eine bemerkenswerte Nachgeschichte: Als wir etliche Jahre später dem übervölkerten Europa den Rücken kehrten und nach Südafrika auswanderten, kam neben all meinen anderen Trophäen natürlich auch das Geweih des Alten aus Marghita mit auf die Reise. Schon zuvor hatte dieser mir besonders ans Herz gewachsene Hirsch eine gewisse Bevorzugung erfahren: Ungeachtet diverser Umzüge fand er seinen Platz eigentlich immer in meinem jeweiligen Arbeitszimmer, und zwar stets an der Wand hinter meinem Schreibtisch. Irgendwie hatte ich das Gefühl, als ob dieses schlichte Geweih treusorgend über mich wachte, etwa so wie eine langjährige Kanzleileiterin oder ein altgedienter Stabsfeldwebel. Auch in meinem neu zu errichtenden afrikanischen Heim war dieser Stammplatz für den ungeraden Kronenzehner aus Rumänien bereits fix eingeplant. Allerdings mußte das Geweih – wie seine übrigen Artgenossen auch – während der mehrjährigen Bauzeit in einer wohlgepolsterten Transportkiste Zwischenstation machen. Kein Mensch dachte auch nur im entferntesten daran, daß ihm dort etwas zustoßen

könnte – wer brauchte schon in Afrika ein rumänisches Hirschgeweih? Doch „Man kann nie so dumm denken, wie es dann oft kommt!":

Eines weniger schönen Abends erreichte mich der Telefonanruf des benachbarten Farmverwalters mit der an sich fürsorglichen Mitteilung, anläßlich der routinemäßigen Kontrolle seines Wildzaunes hätten seine Boys vergrabenes Diebsgut gefunden, darunter auch zwei „komische Hörner an einem Holzbrett mit deutscher Aufschrift". Letztere befänden sich jetzt auf der Polizeistation in Magudu. In meinem Kopf läuteten sofort alle Alarmglocken Sturm, mir schwante Übles: Unverzüglich fuhr ich noch bei Nacht und Nebel zu dem etwa 40 Kilometer entfernten Wachrevier. Nachdem ich den dort Dienst versehenden – natürlich schwarzen – Beamten wachgerüttelt und ihm mein Begehr mühsam erklärt hatte, führte er mich bereitwillig zu einem kleinen Lagerraum gleich neben der Arrestantenzelle.

Und siehe da, wen fand ich dort? Meinen Kronenzehner aus Marghita vom 3. November 1991 in schönster Eintracht mit einem anderen, bereits im Jahre 1974 erbeuteten österreichischen Geweih! Beide Trophäen samt handgeschnitzten Barockschildern waren zwar stark verschmutzt, jedoch ansonsten glücklicherweise unbeschädigt. Ich konnte die dem schwarzen Polizisten völlig wertlos erscheinenden „Knochen" auch gleich mitnehmen. Der augenscheinlich aus purem Vandalismus oder grenzenloser Dummheit tätig gewordene Dieb wurde nie gefaßt. Allerdings habe ich, schon aus Präventivgründen, dem Unbekannten für den Fall von dessen Ausforschung lauthals eigenhändige Lynchjustiz angekündigt – und seit jener Drohung war und blieb einer meiner Bauarbeiter spurlos verschwunden …

Nun aber hängt das Geweih, bestens geputzt und poliert, seit langem wiederum dort, wo es hingehört: an der Wand schräg hinter dem Schreibtischsessel seines Erlegers.

Es hat schon etwas für sich, wenn man sagt: „Cervi sua fata habent!"

Berge, Wölfe, Capra Negra

Akt 1 – „Novembernebel"

Mitte November 1991, in Rumänien das Jahr zwei nach des Conducatore Fall und
Ende.

Noch immer erschütterten wirtschaftliche und politische Turbulenzen das Land am
Karpatenbogen, die Zunkunft erschien ungewiß. Meine „bessere Hälfte" E. und ich
waren eben erst Anfang Oktober aus dem urigen Vranceagebirge der rumänischen
Ostkarpaten in unser österreichisches Domizil heimgekehrt. Volle vierzehn Tage hatten
wir dort eine herrliche Hirschbrunft in der Weite unendlich scheinender Nadelwälder
sowie einsamer Almen – der sogenannten „Poianas" – erlebt, ehe uns dringende
Nachrichten in die Heimat zurückriefen. Dem fiel auch ein ursprünglich vorgesehener
Abstecher in die Südkarpaten, namentlich ins Fogaras-Gebirge, zum Opfer. Nachdem
E. und ich schon im Vorjahr in den Hochgebirgen des Retezatmassivs sehr erfolgreich
auf Gams, Bär und Sau geweidwerkt hatten, wollten wir diesmal auch die zweite aus
der Literatur bekannte Heimat der weltstärksten Gams jagdlich kennenlernen. Die
packenden Schilderungen des legendären Alexander v. Florstedt und seiner Zeitgenossen
lockten mit magischer Kraft dorthin. Immerhin lag der schon im Jahre 1933 im Fogaras
erlegte „Hessheimer-Bock" mit seinen mehr als 144 I.P. nach wie vor an der Spitze der
Bestenliste aller Gamstrophäen. Paradoxerweise war es dem schwer zuckerkranken
Apotheker Hessheimer aus Kronstadt vorbehalten gewesen, diesen einmaligen Gamsbock nach einem relativ bequemen Pferderitt und nur wenigen hundert Metern Fußpirsch
zu erlegen. Den Seinen gibt's der Herr im Schlafe – offenbar galt dies auch in den sonst
so unzugänglichen Hochgebirgspassagen des Fogaras!

Unser schlau ausgetüfteltes Vorhaben, dort schon Mitte Oktober unter relativ bequemen
Witterungsbedingungen auf Gams zu jagen, mußte somit abgeblasen werden. Doch das
Zauberwort aller Gamsjäger „Fogaras!" spukte auch weiterhin in meinem Kopf herum.
Die legendären Revierorte, wie u.a. das „Valea Laita", verfolgten mich noch in meinen
Träumen.

Mitte November – zur Jagd auf den Brunftgams der Südkarpaten reichlich spät – war
es dann soweit. Leider konnte ich dem Moloch Beruf nur insgesamt fünf Tage abringen.
Fünf Tage abzüglich zweier Reisetage, somit blieben nur magere drei Jagdtage übrig.
Das war in der Tat recht wenig Zeit für eine erfolgreiche Gamsjagd in diesem
weltberühmten, aber ob seiner konditionellen Anforderungen auch als schwierig
bekannten Hochkarpatenrevier. Ehefrau E., auf Jagdbegleitung in eisiger Kälte nicht
gerade erpicht, blieb diesmal daheim.

Ich würde allein nach Bukarest fliegen, wo mich unser bewährter Dolmetscherfreund Octavian erwarten und via Rimnicu Vilcea in das weit entfernte Jagdgebiet chauffieren sollte. Das mir von der staatlichen Jagdorganisation „Silvexim" zugeteilte Revier befand sich auf der Südseite des Karpatenhauptkammes, im sogenannten „Altrumänien". Diese Bezeichnung stammt noch aus jener Zeit, als die Nordregion zu Siebenbürgen und damit zum Gebiet der k. u. k. Habsburgermonarchie gehörte.

Das historisch und kulturell gleichermaßen bedeutsame Siebenbürgen weist eine höchst wechselvolle Geschichte auf. Erst nach 1945 fiel dieses Land der Kirchen und Klöster, Burgen und dunklen Wälder endgültig an das heutige „Großrumänien". Ich konnte mir unschwer vorstellen, daß es in den bizarren Gipfelregionen von Retezat und Fogaras, deren Hauptkamm ja die Grenze zwischen Ungarn und Rumänien bildete, oft recht heiß hergegangen sein mochte. Waren schon die beiden Staaten einander nicht immer gut gesonnen, so kamen speziell in den Südkarpaten noch die zahlreichen Schmuggler und Wilderer hinzu.

Das Programm meiner damaligen Jagdreise stand damit fest. Die Vorbereitungen zu dieser Expedition gestalteten sich in der Folge kabarettreif: schließlich wollten Ausrüstung und Proviant für eine winterliche Hochgebirgsjagd in Graf Draculas Gefilden wohlüberlegt sein. Was an Notwendigem fehlte, konnte sich vor Ort fatal auswirken, andererseits war jeglicher überflüssige Ballast unbedingt zu vermeiden – so das Rezept der „Altprofis" in deren zigmal studierten Standardwerken. Das klang in der Theorie absolut logisch, die Praxis sah dann allerdings anders aus. Am einfachsten war noch die Wahl der Waffe: Mein bewährter Repetierer Mauser 66 S Diplomat im Kaliber .300 Weatherby Magnum war ohne Zweifel schnell genug für Gams und notfalls stark genug für Sau oder Bär – wer wußte schon, welche Begegnungen dort meiner harrten! Komplizierter erschien mir schon der Bereich „Proviant, Bekleidung und sonstiges Gerät". Tagelang schaffte ich das mir erforderlich dünkende Material aller Art heran; allein die renommierte Delikatessenhandlung „Meinl am Graben" verzeichnete beachtliche Umsätze – „Herr Doktor fährt weit weg zur Jagd!" lautete dort die Devise. Alsbald türmten sich im kleinen Wirtschaftsraum unserer Wiener Wohnung, den ich kurzerhand zum Basislager erkoren hatte, wahre Berge an eßbaren und trinkbaren Dingen; von Bekleidung und weiterem Zauberzeug gar nicht zu reden. Meine Frau E., die in unserem wohlorganisierten Ehehaushalt seit jeher für das Gepäck zuständig war, rang die Hände: „Sag mal, du großer Karpatenjäger, weißt du überhaupt, wo und wie ihr untergebracht seid? Gibt's dort Öfen, Betten, Wasser? Worin soll ich das alles verstauen? Wer soll denn den ganzen Krempel schleppen? Vom Übergepäck im Flieger ganz zu schweigen!"

Keinen blassen Schimmer hatte ich! Mir war zu meinem nicht geringen Schrecken lediglich etwas von Reit- und Packpferden zu Ohren gekommen, doch darin erschöpfte sich bereits die gesamte Vorinformation. Auch telefonisch befragte Jagdfreunde, Rumänienfahrer der „Urzeit" vor 1974, wußten keinen Rat: „Im Winter sind wir eigentlich nie dorthin gefahren …" Also waren wir auf uns selbst angewiesen. Mannhaft verteidigte ich alle zusammengetragenen Schätze gegen die berechtigte Skepsis meiner „Feldzeugmeisterin". Das Ergebnis war erstaunlich – anläßlich einer Generalprobe

lachten E. und unser polnisches Haushaltsfaktotum „Kaschja" bei meinem Anblick Tränen: Als überdimensionales Bordgepäck prunkte ein 60 Jahre alter, mühsam zusammengeflickter Rucksack meines Vaters, unförmig vollgestopft mit Bergstiefeln, Isostardosen, Cognac, Proviant, Munition, Fernglas, Spektiv, Fotoapparat – kurzum mit allem Schwergut. Ich konnte dieses Monstrum kaum aufbuckeln, geschweige denn damit marschieren. In der einen Hand hielt ich den auseinandergeschraubten Bergstock, in der anderen meinen klebebandumwickelten Gewehrkoffer. Dazu noch ein riesiger Seesack, Original US-Navy, gesichert mit doppelten Vorhängeschlössern. „Herr Doktor auf Reisen" – ein Bild für Götter! Von einer häuslichen Gewichtskontrolle wurde gnädig Abstand genommen.

Es dämmerte der Morgen des 15. November, Leopolditag: Aufbruch zum Flughafen!

In Wien-Schwechat erwartete mich eine erste herbe Enttäuschung: „Die Frühmaschine der Austrian Airlines OS 841 nach Bukarest fällt wegen eines schweren Sturmtiefs über Rumänien aus, sie ist gestern auch nicht geflogen!" so lautete die erschütternde Durchsage. „Und meine Gamsjagd?" – die Groundhosteß der AUA konnte unseren Kummer nicht nachvollziehen, sie war ohnedies schon über meine äußere Erscheinung sehr erstaunt. Es folgten hektische Telefonate, sogar bis nach Bukarest, in die Zentrale der „Silvexim". Freund Robert, der die Jagd vermittelt hatte, wurde alarmiert und schaltete sich ein. Fazit meines beschwörenden Zuredens war, daß man Octavian in Bukarest erreichte und dieser eine neue Direktive erhielt: „In jedem Falle am Flugplatz Otopeni warten! Der Doktor kommt bestimmt, selbst wenn es morgen werden sollte!" Heute, im Zeitalter von Handy und Satellitentelefon, kann speziell der jüngere Leser die ausgebrochene Hektik kaum nachvollziehen, aber damals drehte man im Fernsprechamt von Bukarest noch an der Handkurbel! Endlich ertönte die erlösende Ansage: „Flug OS 841 startet nunmehr doch!" – „Weidmannsheil, komm gesund und ja nicht ohne g'scheiten Gams wieder zurück!" verabschiedete die verständnisvolle E. noch ihren verrückten Jägersmann, und schon wankte ich mit meinem gewaltigen Bordgepäck durch die Kontrollen. Zum Glück wurden diese nicht so genau genommen, der aus den Fugen geratene Flugplan bereitete offenbar aktuell mehr Kopfzerbrechen. Außerdem war die Maschine ohnedies fast leer – kein Wunder, wer flog damals schon freiwillig in aller Herrgottsfrühe bei Sturmwarnung nach Bukarest!

Der Flug selbst verlief dann letztlich problemfrei. Naßkaltes Wetter um den Gefrierpunkt herrschte in Bukarest-Otopeni, wo mich der brave Octavian grinsend empfing und schnellstens durch den Zoll schleuste. Wir lagen gewaltig hinter der Zeit, und Tempo „tat not", wollten wir noch bei Tageslicht unseren Treffpunkt in Rimnicu Vilcea erreichen. Octavians Bolide erwies sich als uralter, weitgehend schrottreifer Renault R 12. Nur mit Ach und Krach ließ sich unser umfangreiches Gepäck darin verstauen, und ab ging die Post. Als wir den Bukarester Großstadtverkehr hinter uns gelassen hatten, hetzte der stets risikofreudige Octavian sein museales Gefährt mit beachtlicher Geschwindigkeit auf der Autobahn in Richtung Pitesti – ungeachtet der bedenklich abgefahrenen Pneus. In diesem Ort, einer eher tristen Bergbaumetropole voll Industrie und Smog, verließen wir die Autobahn und bogen in beinahe rechtem Winkel nordwärts ab. Von nun an führte die nach wie vor gut ausgebaute Landstraße stetig bergan

in das Vorgebirge der Südkarpaten. Schließlich trafen wir tatsächlich noch vor Anbruch der Dunkelheit in Rimnicu Vilcea ein. Octavian und sein altertümliches Vehikel hatten die Fahrtstrecke von immerhin rund 200 Kilometern trotz Schlechtwetters und Sommerreifen – faktisch „slicks" – bravourös bewältigt. In Rimnicu Vilcea, einer typischen Verwaltungsstadt mit ca. 80.000 Einwohnern, lag bereits Schnee. Mittels einer handgezeichneten Skizze fand Octavian auch tatsächlich das etwas abgelegene Gebäude der örtlichen Forstdirektion. Man hatte uns bereits erwartet: Erschienen waren der reizend zuvorkommende Forstdirektor sowie dessen Freund und Studienkollege, nunmehr seines Zeichens wohlbestallter Hoteldirektor im „ersten Haus am Platze". Sogleich wurde deutlich, daß Streß und mitteleuropäische Hetze noch nicht bis hieher vorgedrungen waren: Uns umfing eine Atmosphäre gemütlich-großzügiger Gastfreundschaft, zudem mit jenem Hauch stolzer Eleganz, wie sie für die Mittel- und Oberschicht des alten Rumänien als typisch galt. Offenbar war es den „Segnungen" des Kommunismus glücklicherweise selbst durch Jahrzehnte nicht gelungen, auch diese Gebirgsregion zu erobern.

Überhaupt war mein gesamter Aufenthalt in diesen urigen Jagdgefilden von geradezu nostalgischer Aufmerksamkeit seitens unserer rumänischen Betreuer geprägt. Dies begann bereits mit dem Begrüßungsmahl noch in Rimnicu Vilcea: Die rührige Valentina Pascale – guter Geist der Bukarester „Silvexim"-Zentrale – hatte mich offenbar als VIP-Gast angekündigt. Daher auch der Aufmarsch des honorigen Hoteldirektors, welcher nach alter Protokolldisziplin in der Präsidentensuite seines ohnedies leeren Etablissements ein wahres Galadiner für uns ganze drei Personen vorbereitet hatte. Nicht weniger als drei Kellner sowie ein Ober bedienten den Forstdirektor, Octavian sowie meine Wenigkeit mit erlesenen Speisen und Getränken – natürlich alles am Schwarzmarkt requiriert. Es mundete hervorragend: Besonders in Erinnerung geblieben ist mir der ausgezeichnete Dragaseni-Wein aus den sonnenbegünstigten Hängen des südlichen Olttales. Aber der diensteifrige Ortsgastronom hatte noch weitere Überraschungen auf Lager. Nachdem er sich unserer vollsten Zufriedenheit vergewissert hatte, schlug er allen Ernstes vor, wir sollten doch, bitte, besser hier übernachten und einige Tage bleiben. Unterhaltsame Damen könnte er sogleich organisieren, wir müßten nur bekanntgeben, von welcher Haarfarbe und wie groß! Überhaupt war ihm unverständlich, warum die Herrschaften denn bei diesem Wetter partout selbst in die so unwirtlichen Berge zur Jagd fahren wollten; hier, in seinem Hause, wäre es doch viel komfortabler! Für passende Gamstrophäen würde sein Freund, der Forstdirektor, schon sorgen. Erst kürzlich habe ein hoher Jagdgast aus Frankreich dies ebenfalls so gehandhabt und sich dabei köstlich amüsiert. Der rumänische Herrscher über Wald und Wild nickte sogleich zustimmend, auch Octavian zeigte sich von diesen Aussichten sehr angetan. Offenbar störte es niemanden auch nur im geringsten, daß vor der Tür noch der Direktionsfahrer mit seinem rumänischen Geländewagen sowie irgendwo draußen im Revier das gesamte Jagdpersonal seit Stunden auf uns warteten!

Das erschien mir denn doch zuviel des Guten; ich drängte energisch auf eine unverzügliche Abfahrt ins Jagdquartier. Immerhin war es bereits nach sieben Uhr, längst stockdunkle Nacht, und ich hatte nicht die geringste Ahnung, wohin die letzte Etappe

unserer Reise denn eigentlich gehen sollte. Der solcherart jäh aufgemunterte Forstdirektor erläuterte mir den Weg anhand seiner Karte. Vor uns lagen nicht weniger als 130 Kilometer Fahrt durch Schnee und Eis, auf abgelegenen Nebenstraßen oder Forstwegen. Diese Route führte zunächst aus dem Olttal heraus in östlicher Richtung nach Curtea de Arges, der berühmten Krönungs- und Begräbnisstätte rumänischer Könige. Sodann ging es nordwärts, dem engen Tal der wilden Arges folgend, direkt hinauf ins Hochgebirge. Irgendwo dort oben, am Fuße der höchsten Berge des Fogarasmassivs, dem Negoiu (2.535 m) und dem Moldoveanu (2.544 m), sollte unsere Jagdmannschaft in einer „Cabana" – sprich Hütte – warten. Das alles bei Nacht und eisiger Kälte im „Aro"-Jeep mit seinem Stoffverdeck – na dann prost, Pepi-Tant! Aber was soll's, ich hatte eben nur diese drei Jagdtage zur Verfügung und die wollte ich nach der langen Anreise auch ausnützen. Also lautete die Devise: Gepäck umladen und sofortiger Abmarsch! Wie Sardinen hockten wir nunmehr vier Personen mit all unserer umfangreichen Ausrüstung dichtgedrängt im zugigen „Aro", einem von Natur aus nicht eben geräumigen, geschweige denn bequemen Gefährt. Zum Glück war der Tank voll und der rumänische Fahrer erwies sich als wahrer Könner seines Faches. Unser endlos scheinender Weg führte durch atemberaubende Schluchten, gischtsprühende Wildbäche und über klapprige Brücken – nur gut, daß im spärlichen Schweinwerferlicht davon bloß ein Bruchteil zu erkennen war.

Schließlich kamen wir, tüchtig durchgerüttelt und halb erfroren, gegen Mitternacht im Nirwana an. Dieses Nichts entpuppte sich bei näherem Hinsehen als eine baufällige Steinbaracke ohne Strom- und Wasserversorgung. Begreiflicherweise hatten sich bereits alle – vorerst unsichtbaren – Anwesenden längst zur Ruhe begeben. Nur mit Mühe konnten wir beim Schein der Taschenlampe einen schlafenden rumänischen Berufsjäger aufwecken. Dann allerdings wurde es um uns herum sehr schnell lebendig: Zu meiner Verblüffung erschienen aus den Tiefen dieser Cabana recht flott nicht weniger als sage und schreibe neun wild aussehende Bergjäger sowie eine Köchin unbestimmten Alters, die – einmal zum Erwachen gebracht – auch allesamt sogleich aktiv wurden. Uns vier Neuankömmlinge inbegriffen, zählte die gesamte Jagdmannschaft somit nicht weniger als 14 (!) Häupter – ein beachtliches Aufgebot für die geplante Erlegung von ein bis zwei Gamsböcken! Vernünftigerweise wurde zunächst tüchtig eingeheizt und im Schein einiger Petroleumlampen bekam unsere Luxusbehausung auch erkennbare Konturen. Das ganze Steinbauwerk bestand aus lediglich zwei Räumen: einem großen, der gleichzeitig als Küche, Aufenthaltsraum und Personalschlafzimmer diente, sowie einem angrenzenden Kabinett, wo Octavian und ich logierten. Im erstgenannten „Kasino" stand zentral ein großer Tisch mit Sitzbänken, an den Wänden waren reihum Militärbetten plaziert, und in der Ecke diente ein eiserner Herd als gemeinsame Heiz- und Kochstelle; das war alles. Unser Miniaturschlafzimmer wurde von einem Steinofen beheizt, zwei eiserne Militärbetten und ein wackeliger Tisch bildeten das gesamte Mobiliar – für mehr wäre auch kein Platz vorhanden gewesen. Zwecks Kälteschutz hatte man die beiden winzigen einscheibigen Fenster mit Zeitungspapier verklebt. Die Frontseite der Cabana wies ein schmales Vordach auf, darunter standen auf einem kleinen Tisch zwei Wasserkübel: das allgemeine Badezimmer. Ich wurde sogleich belehrt, es sei auch noch

ein „stilles Örtchen" vorhanden; dieses befand sich allerdings 200 Meter weit entfernt im Graben, und dazwischen brauste ein Wildbach. Um der Wahrheit die Ehre zu geben: Die umgebende Landschaft war prachtvoll, wenngleich wir diese naturgemäß erst am folgenden Morgen zu Gesicht bekamen. Unser Jagddomizil stand auf der langgestreckten Bachwiese eines Endtales, noch innerhalb der Waldzone der weitläufigen Vorgebirge des Fogaras. Frühmorgens grüßten uns aus ferner Höhe majestätisch die schneebedeckten Felsriesen im gleißenden Sonnenlicht – solange kein Nebel sie verhüllte. Noch in der Nacht hatte die hohe Jagdleitung das Programm für den kommenden Jagdtag ausgegeben: Abmarsch um 6 Uhr früh, und zwar per Reitpferd!

16. November 1991, irgendwo in den tiefen Tälern des Fogaras: Schon um 4 Uhr früh – ich suchte gerade via Wildbachdurchquerung die berühmte Luxuslatrine auf und fand im Schein der Taschenlampe nur mühsam wieder ins Quartier zurück – durchstreiften schemenhafte Gestalten die Umgebung unserer Cabana. Wilderer? Einbrecher? Kaum anzunehmen bei dieser geballten Streitmacht! Es handelte sich aber bloß um Jagdpersonal auf der Suche nach den im Wald freilaufend übernachtenden Reitpferden. Bald trieben die empfindliche Morgenkühle, aber auch Aufregung ob der bevorstehenden Jagd, Octavian und mich aus unserem spartanischen Schlafgemach. Nach eiliger „Katzenwäsche" im luftigen Badezimmer betraten wir tatendurstig den universellen Aufenthaltsraum; von dort erklang schon deutliches Rumoren. Im Flackerlicht von Petroleumlampe und Ofenherd bot sich ein überaus malerisches Bild: Bereits erwacht und lebhaft plaudernd, lagen unsere rumänischen Jagdkameraden in voller Montur mit umgeschnallten Dolchen auf ihren Militärbetten, die Gewehre griffbereit daneben aufgestellt. Für allgemeine Sicherheit war in der Tat gut vorgesorgt!

Beim frugalen Frühstück lernten wir unsere Jagdgefährten kennen, es waren durchwegs sympathische, äußerst humorvolle Gesellen. Sie bildeten ein sichtlich gut eingespieltes Team. Ein jeder erfüllte seinen speziellen Aufgabenbereich und war auf diesem Gebiet ein stolzer Vollprofi, ohne jedoch darum großes Aufheben zu machen.

Da gab es zunächst die „kämpfende Truppe", also die eigentlichen Pirschführer: vorweg die unvergleichlichen Brüder Michail und Djordje sowie deren Kollege Kostica.

Alle hatten Augen wie Luchse und sahen ohne Fernglas das Wild viel früher als ich mit meiner wertvollen Optik – eben Kinder dieser Berge. Wie wir später erfuhren, hatten sie bei den rumänischen Fallschirmjägern „Parachutistas", einer bekannten Eliteeinheit, gedient. Anführer dieser Berufsjäger war ein beleibter und überaus trinkfester Oberförster mit erstaunlich guter Kondition am Berg. Zahlreiche Rumänen werkten in der Abteilung „Troß", zuständig für die Pferde, Wasserholen, Brennholzmachen, Wildtransport sowie den gesamten Hüttenbetrieb. Einige „Jolly Joker" griffen überall dort zu, wo gerade Not am Mann war. Sicherlich mochten etliche Positionen überbesetzt sein, aber in Krisenfällen und bei schwierigen Wetterbedingungen bewährten sich derartige Reserven. Hinzu kam noch, daß mit der Betreuung ausländischer Jagdgäste zumeist reichlich gute Verpflegung und viel Unterhaltung, jedoch – nach einheimischen Begriffen! – kaum echte Strapazen verbunden waren. Natürlich fiel auch Trinkgeld an. Dieser Job war daher heiß begehrt, und alle waren mit großer Begeisterung dabei – vor allem dann, wenn

sich auch der Gast selbst als echter Jagdkamerad und nicht etwa „hochgestochen" erwies. Das stolze Bergvolk der rumänischen Karpaten hatte hiefür ein empfindsames Gespür.

An jenem Morgen rückten wir also schon frühzeitig aus, um vorerst das sehr ausgedehnte Vorgebirge der eigentlichen Gamsregion in Angriff zu nehmen. Unser Oberförster und ich waren jeweils hoch zu Rosse, die restliche Truppe marschierte per pedes. Meine Fortbewegung konnte man sicherlich nicht als Reiten im klassischen Sinne bezeichnen. Ich saß halt auf dem lammfrommen Gaul und bemühte mich, nicht herunterzufallen. Nur wenn das Pferd mitunter Anstalten traf, mein ihm sichtlich lästiges Gewicht an einem Baumstamm abzustreifen, mußte der mir nachfolgende Oberförster mit einem Gertenhieb eingreifen; ansonsten kam ich mit dem Tragtier ganz gut zurecht. Wie überall in den Hochkarpaten gestaltete sich der steile Anstieg – zunächst im Hochwald, dann durch Latschenfelder und schließlich in der offenen Almregion – überaus schwierig und kräfteraubend. Man brauchte dort kein Kletterkünstler zu sein; es waren die langgezogenen, nicht enden wollenden Höhenrücken, die Substanz kosteten. Leider habe ich bei meinen doch zahlreichen Gamsjagden in Retezat und Fogaras in den oberen Hochlagen nirgends brauchbare Übernachtungsmöglichkeiten vorgefunden. Weiters gab es in größeren Höhen kaum Wasser. Die geschilderten Strapazen wiederholten sich somit tagtäglich. Zwar regte ich mehrmals ein Biwak an, doch die rumänischen Jäger befürchteten stets, wir würden die scheuen Gams vergrämen. Auch diesmal keuchten unsere Infanteristen ganz ordentlich, und speziell dem armen Octavian machte seine Bukarester Raucherlunge arg zu schaffen. Wild kam vorerst nicht in Anblick. Nach und nach blieben immer mehr Begleiter zurück. Als wir jene Zone erreichten, wo der Felsboden bereits vereist war, stieg auch ich vom Pferd. Zwischenzeitig hatte sich das Wetter eingetrübt. Wir sandten daher den Haupttroß samt Pferden zur Cabana retour. Nur mit dem Trio Michail, Djordje und Kostica als „hartem Kern" stieg ich in die Gipfelregion, bis zu einer Seehöhe von rund 2.450 Metern, auf. Leider fiel plötzlich dichter Nebel, der berühmte „Gamshüter", ein. Zudem wehte ein eisiger Wind – eine wirklich ungewöhnliche Wetterkombination!

Wir erblickten noch einen mittelalten Gamsbock mit durchschnittlichen Krucken, der sich insgesamt als nicht schußbar erwies. Dann jedoch machte das Wetter endgültig „zu". Kurzfristig fanden wir etwas Deckung in einem verlassenen Schafunterstand aus Schiefergestein, aber dort lag der alte Schafmist halbmeterhoch und vertrieb uns mit seinem bestialischen Gestank. Es hatte auch keinen Sinn mehr, in der Naßkälte dort oben weiter zu verweilen: Die Sicht betrug nahezu null, mittlerweile hatte heftiges Schneegraupeln eingesetzt, und überdies begann es auch schon merkbar zu dunkeln.

Schweren Herzens stimmte ich zu, den Rückmarsch anzutreten. Dies schien mir umso bitterer, als wir uns laut Behauptung meiner Begleiter just unweit jener Stelle befanden, wo seinerzeit im Jahre 1933 der Weltrekordgamsbock gefallen war. Aber es half alles nichts, der Rückweg durch die bald stockdunkle Waldregion gestaltete sich ohnedies mörderisch. Unsere Taschenlampe fiel aus, wir sahen buchstäblich die Hand vor dem Gesicht nicht mehr und kamen oftmals vom Steig ab. Zuletzt versagte noch mein durch das ständige Bergabstolpern arg malträtiertes rechtes Knie total. Wirklich am Ende meiner Kräfte angelangt, wollte ich nur noch rasten. Ich bedeutete den

Rumänen, sie mögen mich hier lassen und allein weitergehen. Damit kam ich aber speziell bei Djordje schlecht an: Zwar sandte er seinen jüngeren Bruder Michail sowie Kostica voraus, um eine Lampe und allenfalls auch eine Trage zu holen, doch mir erteilte der altgediente Fallschirmjäger in seinem Kauderwelsch unmißverständlich den strengen Befehl zum Durchhalten und Weitermarschieren! Er habe noch nie einen Kameraden im Stich gelassen und gedenke dies auch hier nicht zu tun: Zu dieser Klarstellung benötigte der eisenharte Djordje keinen Dolmetscher, ich kapierte auch so. Auf die Schulter meines Führers gestützt, humpelte ich folgsam weiter bergab. Und siehe da, offenbar vermochte der bloße Wille doch Berge zu versetzen, zumindest in den Karpaten: die Schmerzen im ramponierten Knie ließen nach, und meine Kräfte kehrten wieder! Gegen Mitternacht trafen wir in der Cabana ein, gerade als der Rettungstrupp ausrücken wollte. Unter den Rumänen befand sich ein früherer Militärsanitäter; dieser verpaßte meinem Knie einen Umschlag mit essigsaurer Tonerde sowie mir selbst ein Glas steifen Grog. „Domule venatore domane ok!" – seine hoffnungsvolle Prognose verstand ich auch ohne Octavians Hilfe, und der gute Mann sollte tatsächlich recht behalten!

Am Morgen des 17. November erfreute mich zwar ein fast völlig ausgeheiltes Knie, doch leider keine Besserung der Wetterlage; es regnete in der Talregion, und oben hing dichter Nebel. Dies bremste den Tatendrang der Rumänen jedoch keineswegs: sie beschlossen, in den Tallagen großräumig zu riegeln. Wenn schon keine Gams, so könnten mir doch zumindest Sauen oder Raubwild kommen, lautete der allgemeine Tenor. Unser Oberförster erzählte mir beim Frühstück eine haarsträubende, doch angeblich wahre Begebenheit, die sich hier im Jahr zuvor folgendermaßen zugetragen hatte: Einen prominenten österreichischen Jagdgast wechselte im Treiben ein starker Wolf an, den er mit der Kugel leider nur weich traf. Der solcherart weidwunde Wolf flüchtete in eine nahegelegene Höhle. Gegen jede Regel begann der Schütze unvorsichtigerweise sogleich eigenmächtig mit der Nachsuche und wurde beim Höhleneingang von dem kranken Raubtier wütend empfangen. In der Hitze des sich nunmehr entwickelnden Getümmels verletzte der Wolf nicht nur den Jagdgast erheblich, sondern biß überdies das Zielfernrohr von dessen Büchse regelrecht ab! Besagtes Instrument wurde später von den herbeigeeilten Berufsjägern, ebenso wie übrigens auch der inzwischen verendete Wolf selbst, wieder gefunden. Diese unwahrscheinliche Geschichte klingt stark nach Baron Münchhausen, sie wurde mir aber von dritter Seite in vollem Umfang glaubhaft bestätigt.

Unweit dieses ereignisträchtigen Revierortes – es handelte sich um eine steile Hanglehne mit stark durchwachsenem Nadelaltholz – erhielt ich bei der nun stattfindenden Riegeljagd meinen Stand. Die Rumänen postierten mich recht geschickt auf einem kleinen Felskopf, so daß ich Einblick und Schußfeld auch in die vor mir zahlreich verlaufenden Gräben hatte. Im unentwegten Schnürlregen harrte ich, auf einem Baumstumpf sitzend, dort fast vier Stunden lang regungslos aus, doch trotz gutem Wind und bester Deckung kam mir kein Wild in Anblick. Später berichteten die Treiber, ein starker Bär habe sich im Trieb befunden, er sei jedoch leider woanders ausgewechselt. Schade, allein die bloße Begegnung mit „Frater Nicole" in freier Wildbahn war immer ein hochwillkommenes Erlebnis!

Nun aber hatten wir alle genug von dieser Dauerdusche – Treiber, Berufsjäger und auch ich selbst waren pudelnaß, außerdem begann es schon wieder zu dämmern.

Es war Zeit für den Rückmarsch ins Quartier, Zeit auch für ein ordentliches warmes Essen, und für heute stand Feuchtigkeit nur mehr zum innerlichen Gebrauch am Programm! Die Erzählungen der Rumänen beim abendlichen Hüttentisch waren dann wirklich hochinteressant und lehrreich. Sie vermittelten mir einen tiefen Einblick in das Leben sowie die Gedankenwelt dieser einfachen, aber grundanständigen Bergjäger. Natürlich wurden auch Jagdgeschichten zum besten gegeben, von denen manche stark nach Jägerlatein klangen – aber ganz genau wußte man das ja nie, siehe die obige Wolfsepisode! An diesem Abend saßen im rauchgeschwängerten „Kasino" der steinernen Cabana bald nur noch neugefundene Jägerkameraden der so herrlichen Karpaten, und in feuchtfröhlicher Stimmung wurde es dann noch recht spät. Draußen strömte unvermindert der Dauerregen, nunmehr bereits durchsetzt mit feuchten Schneeflocken. Triste Aussichten für den letzten Jagdtag!

Der 18. November brachte dann auch keinerlei Wetterbesserung; ganz im Gegenteil, der Nebel reichte schon bis ins Tal herab und nahm auch hier jegliche Sicht. Monoton trommelte matschiger Schneeregen aufs Hüttendach und gegen die zeitungsverklebten Fenster. Kein Jagdwetter – also umdrehen und weiterschlafen. Selbst gegen Mittag klarte es nicht auf; somit lautet die Partie zunächst 1:0 für die Gams des Fogaras. Ich würde morgen ohne die ersehnten Krucken in die Heimat zurückfliegen müssen, soviel stand erst einmal fest. Aber aufgeschoben war nicht aufgehoben: Nach einem herzhaften Imbiß nahmen der Jagdleiter und ich den Kalender zur Hand und planten einen neuerlichen Versuch noch in diesem Jahr, zwischen Weihnachten und Neujahr. Zwar mußte für diese späte Jahreszeit schon mit sehr hoher Schneelage gerechnet werden, doch dies konnte auch ein Vorteil sein: oft stellten sich gerade alte Gamsböcke im Hochwinter in windgeschützte Tallagen um. Außerdem gab es da ja auch noch die typischen Waldgams, und diese trugen erfahrungsgemäß nicht gerade die schlechtesten Krucken – vom Bart einmal ganz abgesehen. Bei einigen der umsitzenden Rumänen bemerkte ich dennoch skeptische Mienen. „Octavian, frag einmal nach, welche Bedenken die haben!" – „Die Jäger sagen, im tiefen Winter ist noch nie ein fremder Jagdgast in den Fogaras gekommen, alle scheuen die Kälte und den tiefen Schnee. Auch Sie werden nicht kommen, meinen die Jäger!" kam prompt die Auskunft. „Aber ich werde kommen, am Nachmittag des 26. Dezember sind wir in Rimnicu Vilcea, und wehe, es wartet dann dort niemand auf uns. Darauf trinken wir jetzt zum Abschied noch einen ordentlichen Schluck!" Der so unvermutet zu weihnachtlichen Dolmetschdiensten eingeteilte Octavian übersetzte diese starken Worte, und ich verteilte meinen letzten französischen Cognac, der eigentlich für's Tottrinken vorgesehen war. Das überzeugte die letzten Zweifler.

Es folgte noch ein herzlicher Abschied von unseren neuen rumänischen Freunden. Schließlich traten wir am späten Nachmittag im „Aro" die Rückfahrt nach Rimnicu Vilcea an. Dort erwarteten uns Wildnisjäger im „ersten Haus am Platze" zwar keine Damen, aber doch ein feudales Abendessen, ein heißes Vollbad und vor allem der Luxus bequemer Daunenbetten. Nach dieser erholsamen Übernachtung erweckte Octavian sein im Hof der Forstdirektion sicher geparktes Automobil wieder zu neuem

Leben, und der brave alte R 12 brachte uns dann auch ohne Pannen zurück nach Bukarest. Sogleich suchten wir Valentina Pascale und deren Chef im Zentralbüro der „Silvexim" auf. Auch dort erntete ich zunächst ungläubiges Kopfschütteln über mein nachweihnachtliches Gamsjagdvorhaben im Fogaras: „Herr Doktor, bitte glauben Sie uns, das kann nicht gutgehen. Sie werden nicht einmal bis Rimnicu Vilcea kommen, ganz zu schweigen von der Weiterfahrt ins Revier!" Doch ich blieb hart: „Ach was, in den Alpen jagen wir immer auf Wintergams. Octavian hat schon zugesagt, und zur Verstärkung bringe ich auch noch Robert mit!" Erstgenannter war zwar zuvor gar nicht gefragt worden, und Freund Robert hatte von seinem Glück überhaupt noch keine Kenntnis, doch angesichts dieses Aufgebots von Jagdnarren kapitulierten die rumänischen Allgewaltigen und erteilten ihr Einverständnis: „Aber bitte ganz auf Ihre eigene Verantwortung, wir können für nichts garantieren!" Mir sollte dies recht sein. Hauptsache, die Gamsjagd war bewilligt; mit Schwierigkeiten würden wir schon fertig werden!

Da bis zum Abflug meiner Maschine nach Wien noch einige Stunden Zeit blieb, lud ich Octavian und Valentina Pascale zum Mittagessen ins Hotel Intercontinental ein. Auf dem Weg dorthin unternahmen wir eine kleine Stadtrundfahrt und besichtigten vor allem Nicolae Ceausescus monumentalen „Volkspalast", der nun situationsbedingt vorerst leerstand. Wenngleich unübersehbar ein Ausdruck der Gigantomanie des gestürzten Conducatore und seines Systems, handelte es sich doch um ein sehr beachtliches Bauwerk. Meiner Schätzung nach übertrafen seine Ausmaße bei weitem sowohl das Wiener Schloß Schönbrunn als auch Chateau Versailles bei Paris.

Nicht umsonst nannte man früher Bukarest das „Paris des Ostens", und die Anlage des „Volkspalastes" am Ausgangspunkt der Bukarester Pracht- und Paradestraße wurde zweifelsohne vom Vorbild der Champs d'Elysees inspiriert. Insgesamt erschien mir – soweit man dies aufgrund unserer kurzen Tour beurteilen konnte – die Lage in Bukarest im Vergleich zu meinem letzten Besuch im September dieses Jahres merklich stabilisiert. Es herrschten Ruhe und Ordnung, weiters fiel insbesondere eine deutlich aufstrebende Handelstätigkeit auf. Meine Begleiter bestätigten diesen Eindruck. Unser Abschiedslunch im Intercontinental entsprach dann auch durchaus hohem westlichen Standard. Bei Tisch bemerkte Valentina beiläufig: „Ich wußte gar nicht, daß Robert zu Jahresende nach Rumänien kommt." – „Ich auch nicht", lautete mein trockener Konter, „aber da sind wir schon drei, denn Robert weiß es selbst noch nicht!" Dieser den Tatsachen entsprechende Scherz auf Kosten des nichtsahnenden, abwesenden Freundes löste schallendes Gelächter aus. Anschließend besprachen wir noch das Programm der für Anfang Dezember im Raum Satu Mare gebuchten Treibjagd auf Sau und Wolf, zu welcher Octavian wieder mitkommen würde. Dann wurde es Zeit für den Abschied: die beiden brachten mich zum Flughafen Otopeni, wo meine Maschine pünktlich heimwärts startete. In Wien erwartete mich schon E., und noch am selben Abend fand beim Heurigen die Manöverkritik im vertrauten Kreis statt. Auch Robert war gekommen, und er vernahm staunend sein ihm bisher unbekanntes Reiseprogramm.

Aber Ehre, wem Ehre gebührt: der alte Rumänienfahrer erklärte sofort, ohne eine Sekunde zu zögern: „Abgemacht, ich komme mit ins Fogaras!"

Akt 2 – „Jägerweihnacht"

Weihnachten 1991, 26. Dezember, Stefanitag: Nachdem ich den üblichen Familientrubel in Dornbirn glücklich überstanden hatte, war endlich der Tag gekommen, an dem es galt, mein im November den rumänischen Jagdfreunden im Fogaras gegebenes Versprechen auch einzulösen. Also stand ich am späteren Vormittag diesmal in der großen Abflughalle des Flughafens Zürich-Kloten, um die Mittagsmaschine der Swissair nach Bukarest zu besteigen. Hier herrschte ein riesiges Gedränge: Wahre Heerscharen von Weihnachtsurlaubern aus aller Welt waren unterwegs, die einen im Schidreß, die anderen tropisch gewandet auf der Reise zu südlichen Badestränden. Als offenbar einziger Jäger unter all den zehntausenden Schickimickis fiel ich auf wie ein bunter Hund: In grünen Daunenhosen, Jagdparka und schweren Bergstiefeln, die pelzgefütterte Lodenkappe am Kopf, schob ich meinen Gepäckwagen vor mir her; letzterer war zudem vollbeladen mit so suspekten Dingen wie Gewehrkoffer, einem Seesack der US-Navy mit zwei Vorhängeschlössern sowie einem monströsen Uralt-Rucksack. Meine Erscheinung wirkte entschieden deplaziert. Hinzu kam noch, daß das Schweizer Flughafengebäude natürlich gutbeheizt war, so daß ich in meiner mehr auf die arktischen Temperaturen in Bukarest-Otopeni abgestimmten Kluft zunehmend ins Schwitzen geriet. Die Verabschiedung von meiner zivil gekleideten Familie, die ihren augenscheinlich schrulligen Ehemann und Vater hierher chauffiert hatte, vollzog sich dann auch in ungebührlicher Eile. Noch stand mir das Einchecken beim Schalter der Swissair bevor; hier gab es keinen hilfsbereiten „Spezi Romulus" von der „Tarom" in Wien, und mit Schrecken registrierte ich, wie genervt das völlig überlastete Bodenpersonal angesichts dieses Urlaueranstums bereits schien. Das konnte ja heiter werden! Zum Glück bestand wenigstens keine Zeitnot; listig suchte ich mir einen Schalter aus, an welchem eine nicht allzu hübsche, blonde, etwas fülligere Schweizerin mit irgendwie bäuerlichem Aussehen amtierte – erfahrungsgemäß waren das die gutmütigeren Alpenkinder. Trotzdem tönte es sogleich: „Nach Bukarest? – Aber Sie haben ja 64 Kilogramm Übergepäck!" Im stillen dachte ich bei mir: „Und du hast meinen Rucksack noch gar nicht gesehen, der macht den Hunderter locker voll!" Also verlegte ich mich aufs Handeln und flunkerte etwas von karitativen Gaben an die hungernde Bevölkerung Rumäniens – so etwas zieht im Mutterland des Roten Kreuzes immer, speziell zur Weihnachtszeit. Tatsächlich war dies nur halb gelogen, denn ich führte ja wirklich beachtliche Proviantmengen mit mir. Zum Glück erwies sich die Maschine nach Bukarest als fast leer, und hinter mir in der Warteschlange murrten schon eilige Fluggäste anderer Destinationen. Wir einigten uns schließlich auf den zusätzlichen Betrag von 85 Schweizerfranken, und ich war durch.

Während des Fluges kreisten meine Gedanken natürlich schon um die zu erwartenden Jagdverhältnisse: Wie wird das Wetter, wieviel Schnee liegt wirklich? Wo stehen derzeit die Gams? Hoffentlich ist Robert von Wien planmäßig abgeflogen! Werden die Rumänen Wort halten und uns in Rimnicu Vilcea erwarten?

Als wir die Südkarpatenkette entlangflogen, herrschte noch freie Bodensicht. Auch ohne die Borddurchsage des aufmerksamen Kapitäns hätte ich die Bergmassive von

Retezat und Fogaras sofort erkannt; sie erschienen mir ziemlich tief verschneit, man sah kaum freien Fels.

Weiter östlich schloß sich die Wolkendecke, und bei der Landung in Bukarest-Otopeni herrschte das vorausgesehene Wetter: dichter Nebel, leichter Schneefall und bittere Kälte. Trotzdem fühlte ich mich hier gleich heimischer als in der künstlich-mondänen Glitzerwelt von Zürich-Kloten! Meine Stimmung steigerte sich zum Hochgefühl, als mich Robert und der treue Octavian tatsächlich schon erwarteten und mit stürmischen Umarmungen begrüßten. Wir hatten großes Glück, meine Maschine sowie Roberts TAROM aus Wien zählten zu den ganz wenigen, die an diesem Tag Bukarest überhaupt erreichten – die Mehrzahl der Flüge fiel aus. Nun waren wir komplett, es konnte losgehen! Octavians mir bereits wohlbekannter roter Renault R 12 stand recht einsam am schon nachtdunklen Parkplatz, als wir auch noch mein umfangreiches Gepäck verstauten. Drei Personen, wovon Robert und ich „recht gut im Futter standen", dazu die Ausrüstung, kurzum der Kleinwagen war bis zum Dach „gerammelt" vollgeladen. „Heut kunnt ma net amol a fesches Madl mitnehmen!" tönte Robert ächzend aus dem Fond, lag doch mein US-Navy-Seesack auf seinem Schoß!

Die vielbefahrene Autobahn Bukarest – Pitesti wartete mit katastrophalen Straßenverhältnissen auf: eine einzige spiegelglatte Eisplatte, das rechte Bankett meterhoch mit weggefrästem Schnee bedeckt, dazu noch dichtester Nebel und fallweise Schneeschauer. All dies in stockdunkler Nacht und bei Temperaturen um minus 15 Grad Celsius! Kein Wunder, daß wir speziell auf der Gegenfahrbahn laufend Massenkarambolagen mitansehen mußten. Wie wir später erfuhren, war auch Valentina Pascales Ehemann an diesem Tag in so einen Großunfall verwickelt. Er wurde nur leicht verletzt, am Auto entstand Totalschaden. Octavian – jung, nervenstark und an die haarsträubenden Zustände auf Rumäniens Straßen gewöhnt – leistete als Fahrer Großes, ich konnte manchmal gar nicht mehr hinsehen. Zum Glück hatte Robert den Trostspender griffbereit: „A dreifachbrennter Vogelbeer – I hob'n von mein Bauern zu Weihnachten kriagt!" lobte er zu Recht das edle Gesöff, wovon Octavian allerdings vorerst natürlich nichts abbekam. Plötzlich auf meiner Seite ein lauter, dumpfer Knall, und der Wagen geriet sofort gefährlich ins Schlingern: Reifenplatzer rechts hinten! Mit äußerster Mühe konnte Octavian sein Auto vorsichtig auslenken und zum Stillstand bringen, hier half wohl auch der Vorderradantrieb mit. Die nun folgende Montageaktion mochte ich meinem ärgsten Feind nicht wünschen: Stockdunkel, eiskalt, die uralten Radmuttern vereist und verbissen, am Bankett verstellten Schneemassen den nötigen Platz, dazu noch der pausenlos vorbeitobende Autobahnverkehr. Als technisches Antitalent mußte ich meine Mitarbeit zwangsläufig auf das Leuchten mit der Taschenlampe beschränken, aber selbst dabei kam ich mir vor wie beim russischen Kegelspiel – als Kegel, wohlgemerkt. Gottlob ging auch diese Aktion gut zu Ende, aber der heilige Christophorus und alle sonstigen Schutzpatrone müssen wirklich ihre rettenden Hände über uns gehalten haben. Unter Millionen Fahrkilometern in aller Welt war dies wohl die kritischste Pannensituation, die ich jemals erlebt hatte. Endlich hatten wir in Pitesti diesen gefährlichsten Streckenabschnitt hinter uns gebracht und setzten die abenteuerliche Fahrt auf ruhigeren, wenngleich verschneiten Nebenstraßen fort. Schließlich trafen wir gegen

20 Uhr wohlbehalten in Rimnicu Vilcea ein. Hier herrschte schon tiefste Nachtruhe – kein Wunder am zweiten Weihnachtsfeiertag, zumal bei solch üblem Wetter. Es war in der Tat ein spannender Augenblick, als wir an jenem denkwürdigen 26. Dezember 1991 in den Hof der dunklen Forstdirektion von Rimnicu Vilcea einbogen: Nirgends war ein Licht zu erblicken, wurden wir überhaupt erwartet?

Da leuchtete plötzlich aus der Finsternis ein Scheinwerferpaar auf, in einer offenen Garageneinfahrt ertönte das wohlvertraute Knattern eines startenden „Aro"-Zweitaktmotors, und heraus auf den verschneiten Hof rollte langsam der bekannte Direktionsjeep. Diesem entstiegen zwei dickvermummte Gestalten in Forstuniform.

Eine Szene wie in „High Noon", nur zur Nachtzeit im winterkalten Rumänien!

Wir hätten die beiden korrekt grüßenden Rumänen – es handelte sich um den schon im November bewährten Chauffeur sowie einen „neuen" Forstingenieur – am liebsten umarmt, doch das schickte sich zumindest in Amtsnähe nicht. So begrüßte Robert unser Empfangskomitee zunächst einmal mit dem „Dreifachbrennten".

Wie sich dann im Gespräch nach und nach herausstellte, hatte bei den momentanen Wetterverhältnissen in Wahrheit niemand mehr mit unserem Kommen gerechnet. Seit Tagen berichteten Fernsehen sowie Rundfunk über ein Schneechaos in Bukarest und geschlossene Flughäfen. Selbst die Telefonverbindungen zur Hauptstadt waren zeitweilig unterbrochen. Lediglich aus Vorsicht, für den unwahrscheinlichsten aller Fälle, postierte unser Forstdirektor – höflich wie die Rumänen von Natur aus waren – seinen Wagen samt Besatzung am vereinbarten Tag und Ort in Rimnicu Vilcea. Immerhin konnte man bei diesen verrückten Jägern aus dem Westen nie so ganz wissen! Jene Wache war dann aber auch schon die einzig getroffene Maßnahme.

Der hohe Forstdirektor selbst hatte sich in sein weihnachtliches Heim zurückgezogen. In Anbetracht des feiertäglich geschlossenen und auch nicht beheizten Gebäudes wartete dann die entsandte Fahrzeugbesatzung samt „Aro" seit Mittag in der besagten Garage. Die nun per Funk unverzüglich durchgegebene Meldung unserer Ankunft traf somit den allgewaltigen Amtschef und seine Mannen total unvorbereitet. Doch hier zeigte sich mit vollendeter Nonchalance der wahre Meister der Improvisation: Sogleich ließ der Direktor durch Octavian übermitteln, es sei ihm sowie seiner Familie eine Freude und Ehre, uns heute abend bei sich privat zu einem nachweihnachtlichen Festmahl begrüßen zu dürfen; wir sollten nur schnellstens mit dem Dienstwagen kommen, es stünde schon alles bereit! Ich möchte vorausschicken, daß ich diesem Forstdirektor im Anschluß an unsere Novemberjagd einen Kontakt zu maßgeblichen Kreisen des österreichischen Schweißhundewesens vermittelt hatte und in der Folge behilflich war. Vielleicht fühlte er sich mir aus diesem Grunde besonders verpflichtet. Jedenfalls luden wir sofort alles Gepäck in den direktoralen „Aro" um, parkten den braven R 12 in der jetzt freien Garage und verabschiedeten uns von dem freundlichen jungen Forstingenieur. Dann starteten wir zum zweiten Mal in diesem Jahr – nunmehr zu viert, dafür bei noch mehr Kälte, Eis und Schnee – neuerlich in finsterer Nacht zu jener abenteuerlichen Tour, die über Curtea de Arges nordwärts in die Berge des Fogaras führt. Irgendwo dort oben, im Tal der wilden Arges und angeblich „nicht mehr allzuweit entfernt" von unserer Steincabana, sollte sich das Domizil des Forstdirektors befinden. Tatsächlich hielten wir nach geraumer Fahrtzeit,

schon tief im verschneiten Waldgebiet und fernab von jeder Siedlung, vor einem recht schmucken, größeren Gehöft. Heraus traten unser Gastgeber sowie sein noch rüstiger Schwiegervater, beide in festlicher Montur, und geleiteten uns ins Innere.

Zu meiner nicht geringen Überraschung betraten wir ein wirklich großes Speisezimmer in vollem Weihnachtsschmuck. Hier begrüßte uns die ebenfalls recht stattliche Dame des Hauses freundlich und bat sogleich zur festlich gedeckten Tafel. Es waren sogar dienstbare Geister vorhanden, die beflissen zuerst den Aperitif anboten und danach bei Tisch durchaus formvollendet servierten. Ein fast herrschaftlicher Haushalt mitten in den Karpatenwäldern – uns blieb vor Staunen der Mund offen.

Die Gastgeber parlierten recht passabel französisch – im früheren Rumänien ein sicheres Anzeichen für Herkunft aus gutem Hause und sorgfältige Erziehung. Der Form halber entschuldigte ich mich zunächst für unsere wenig festliche äußere Erscheinung, doch der Direktor winkte nur ab. Dann genossen wir ein opulentes Diner in gemütlicher Atmosphäre, bei ebenso interessanter wie gepflegter Konversation; es zog sich bis gegen Mitternacht hin. Der Schwiegervater – offenbar ein pensionierter höherer Beamter und ebenfalls passionierter Jäger – wartete mit einer geradezu atemberaubenden Jagdgeschichte auf. Allen Ernstes behauptete er so beiläufig: „Übrigens, erst vor wenigen Tagen habe ich hier auf diesem Hof, direkt vom Fenster meiner Wohnung aus, drei Wölfe geschossen!" Ich dachte zuerst, der Alte habe unbemerkt wohl zuviel getrunken oder es handle sich um einen verfrühten Silvesterscherz; auch Robert und Oktavian lächelten ungläubig. Der Rumäne aber erkannte wohl unsere Zweifel, denn er stand auf – und führte uns in eine Art großen Wirtschaftsraum. Dort wies er wortlos auf drei sauber aufgespannte, aber noch im grünen Zustand befindliche, starke Wolfsbälge und die danebenstehend eingewässerten, noch ungebleichten Schädel des Raubwildes. Jetzt war es an uns, um einen doppelten, nein dreistöckigen Schnaps zu bitten! Die nähere Schilderung ergab, daß er just in der Nacht vom 23. auf den 24. Dezember, durch die ungewohnten Geräusche der verängstigten Haustiere geweckt, die besagten drei Wölfe auf dem verschneiten Misthaufen im Innenhof des Anwesens erblickt hatte. Bei Mondlicht gelang es ihm dann, die Räuber auf kurze Entfernung durch Schüsse aus seinem Suhler Drilling zu erlegen. Möglicherweise war auch noch ein vierter Wolf dagewesen und entkommen. Unwillkürlich blickten wir uns heimlich mehrmals um, als wir daraufhin in der herrschenden Finsternis quer über den nämlichen Hof wieder in das hellerleuchtete Speisezimmer zurückkehrten …

Jetzt war aber endgültig der Zeitpunkt für unseren Aufbruch gekommen; sehr herzlich nahmen wir Abschied von Madame und ihrem Vater, dem erfolgreichen Wolfsjäger. Als wir dann in die kalte, klare Winternacht hinaustraten, leuchtete ein glitzernder Sternenhimmel von solcher Pracht, wie ich ihn nur in der reinen Luft bewaldeter Hochgebirge erlebt habe. Der Forstdirektor bestand darauf, uns persönlich zu unserem Quartier im „Jagdhaus" – sprich der steinernen Barackencabana – zu begleiten. Also zwängte auch er sich noch in den engen „Aro"-Jeep, allerdings nicht ohne Mitnahme von zwei Pullen Krimsekt „als Wegzehrung". Inzwischen war offenbar auch der Fahrer kräftig verköstigt worden – er zeigte sich bei bester Laune. Die fidele Fahrt durch den verschneiten Karpatenwald konnte beginnen. Mir fiel sogleich auf, daß während unseres

Festmahls, wenn schon keine Heinzelmännchen, so doch ein mächtiger Allradtraktor mit Schneeketten und Pflugschild am Werk gewesen sein mußte, denn unser Waldweg war nagelneu vorgespurt. Beiderseits der Fahrrinne türmte sich der weggeschobene Schnee meterhoch. Nur diese Schrittmacherdienste zu mitternächtlicher Zeit machten es überhaupt möglich, daß wir nach mehrstündiger Fahrt mit dem „Aro" schließlich um 2 Uhr morgens bei der Cabana eintrafen. Und da stand er auch schon, unser „Eisbrecher", groß wie ein Panzer! Im Zuge dieser letzten Etappe unserer Anreise – sie verlief dank der Getränke an Bord trotz Kälte überaus beschwingt – war mir auch klargeworden, wie geschickt der schlaue Forstdirektor die Regiefäden im Hintergrund gezogen hatte: Während wir in seinem gastfreundlichen Hause bei Speis und Trank möglichst langandauernd unterhalten wurden, war trotz Nachtzeit die ganze Jagdorganisation angelaufen. Dies ebenso heimlich wie fieberhaft, weil doch zuvor niemand mehr mit unserem Eintreffen gerechnet hatte!

Erster sichtbarer Erfolg dieser Bemühungen war die Tätigkeit des Schneepflugs, der uns auch an den folgenden Tagen hilfreich zur Verfügung stand. Sicherlich fuhr der umsichtige Direktor in erster Linie deshalb mit bis zur Cabana, weil er das Resultat seiner Anordnungen persönlich kontrollieren wollte. Dann verabschiedete sich der rumänische Jagdchef mit den Worten: „Gute Nacht und Weidmannsheil, Aufbruch zur Jagd morgen bitte um 8 Uhr früh!" und ratterte samt Chauffeur davon. Noch bei unserer nächtlichen Ankunft trafen wir nur den Traktorfahrer mit seinem Adlatus an, die dankenswerterweise auch das Einheizen besorgten. Diesmal bezogen Robert und ich das „Extrazimmer", während Octavian im „Kasino" logierte. Reichlich übermüdet, machten wir uns über den kommenden Jagdverlauf keine großen Gedanken mehr, sondern legten uns gleich schlafen. Wie Octavian in seinem „universellen" Quartier quasi live miterlebte, klappte dann der „Aufmarsch des Jagdkommandos" auch wie am Schnürchen: noch während der Nacht rückte laufend massive Verstärkung an.

Als Robert und ich am folgenden Morgen, es war der 27. Dezember, gegen 7 Uhr aufstanden, um zunächst einmal versuchshalber die Lage zu peilen, staunten wir nicht schlecht: uns miteinbezogen, war die gesamte Gamsjagdmannschaft auf nicht weniger als gezählte 17 Personen plus einen Hüttenhund angewachsen! Alle begrüßten uns mit großem Hallo und wollten sichtlich schon zur Tat schreiten. Altbekannte Gesichter tauchten auf, so vor allem die Gebrüder Djordje und Michail, der junge Kostica sowie die Köchin unbestimmten Alters. Auch der trinkfeste Oberförster war wieder erschienen und übernahm sogleich das Kommando. Offensichtlich hatte sich unsere November-gamsjagd ganz allgemein als vergnügliche Unternehmung herumgesprochen. Der Doktor aus Österreich galt als zwar jagdnärrisch, aber sonst durchaus umgänglich, und obendrein gab es auch reichlich gute Verpflegung. Auf die Kunde meiner Ankunft hin waren nun praktisch alle damaligen Teilnehmer wiedergekommen, und sie brachten auch gleich ein paar Kollegen mit. Jetzt im Hochwinter gab es ohnedies sonst kaum Arbeit, denn bei der hohen Schneelage ruhte selbst die Holzbringung. So einfach war das in den abgelegenen Karpatentälern des Fogaras! Freund Robert, mit den hiesigen Gebräuchen noch nicht vertraut, staunte nicht schlecht: „Was wolln denn die do olle, ziag ma in Kriag?" Octavian konnte ihn beruhigen, es handle sich bloß um die rumänischen Freunde des Herrn Doktor.

Mir war es recht so, auf ein paar Kostgänger mehr oder weniger kam es bei den Preisen hier wirklich nicht an. Da vor unserem Hauptquartier außer dem Riesentraktor auch noch zwei „Aro"-Jeeps standen, schickte ich in weiser Voraussicht gleich zwei Männer mit einem Wagen zum Einkaufen nach Curtea de Arges: sie sollten unseren Küchenvorrat aufstocken und vor allem ordentlich viele Getränke mitbringen.

Nach dem Frühstück absolvierte ich noch schnell mit meiner Mauserin, Kaliber .300 Weatherby Magnum, den obligaten Probeschuß auf die Scheibe – alles paßte bestens.

Dann erfolgte der allgemeine Aufbruch zur Jagd. Bei herrlichem Sonnenschein sowie allerdings auch hoher Schneelage, rückten wir im Gänsemarsch aus: An der Spitze spurten die Brüder Djordje und Michail, dann kam ich, dicht gefolgt von Dolmetscher Octavian; dahinter Freund Robert, weiters unser Oberförster mit seinem Adjutanten, und den Schluß machte Kostica. Der trockene Schnee knirschte unter den Profilsohlen unserer Bergstiefel, heute bewährten sich auch die darüber geschnürten Gamaschen. Ohne viel Worte stiegen wir durch enge, steile Gräben bergan – wir Städter waren noch nicht akklimatisiert und rangen um Luft. Außer Gewehr, Glas und Bergstock hatte ich nichts zu tragen, das Spektiv führte Octavian griffbereit mit sich.

Unsere Rucksäcke mit dem Proviant für die vorgesehene Mittagsrast ließen wir vorerst zurück. Spezielle „Jagdsherpas" sollten diese Lasten später nachbringen, sie brauchten lediglich unseren Spuren im Schnee zu folgen. Eingefleischte Puristen unter den Lesern mögen über soviel Aufwand vielleicht die Nase rümpfen, doch diese Kritik ist nicht gerechtfertigt. Echte Winterjagd in den Hochkarpaten weist einfach andere Dimensionen auf als ein Hegespaziergang in der Mark Brandenburg. Mit Zwischenfällen wie Lawinen, Steinschlag, plötzlichem Wettersturz oder auch nur einem verstauchten Knöchel mußte jederzeit gerechnet werden. Im schwierigen Gelände und bei den großen Distanzen jener entlegenen Reviere wäre der einzelne Jäger – ja oft selbst ein Zweimannteam – schlichtweg verloren gewesen. Davon ganz abgesehen: Was machen Sie allein, wenn in den Hochlagen ein starker Keiler, ein Bär oder Hirsch zur Strecke liegt? Dann mußten mehrere hundert Kilogramm Wildbret noch am selben Tag gebracht werden, weil andernfalls das Raubwild sich selbst bediente oder der Schnee über Nacht alle Spuren verwehte! Letztlich ist zu bedenken, daß zur Zeit meiner damaligen Jagden High-Tech-Geräte wie Funk, Handy und GPS nicht zur Verfügung standen – ich kann im übrigen beim Weidwerk auch heute noch sehr gut ohne sie leben. Nein, unsere Jagdunternehmungen mit großem Aufgebot hatten schon ihren Sinn – ganz zu schweigen von der geselligen Kameradschaft, die ich auch keinesfalls missen mochte!

Doch zurück zu meiner damaligen Gamsjagd im Fogaras. Bei aller Winterpracht der tiefverschneiten Nadelurwälder im gleißenden Sonnenlicht: was bis dato fehlte, war der Anblick von Wild, ja wir kreuzten nicht einmal seine Fährten! Nach den Stürmen und heftigen Schneefällen der letzten Tage schien die Natur eine allgemeine Ruhepause eingelegt zu haben – und so war es ja wohl auch. Die hohe Neuschneelage stellte das Wild vor eine neue Situation. Hoch droben in den Gipfelregionen gab es sicherlich vom Sturm freigewehte Äsungsflächen, aber Lawinenhänge und Tiefschneemulden versperrten uns den Weg dorthin; unser Aktionsradius blieb zwangsläufig auf die Gräben der Tal- und Mittellagen beschränkt.

Am späteren Vormittag, nach stundenlanger Fußpirsch durch endlose Gräben, erspähten wir endlich die ersten Gams. Sie standen ziemlich weit enfernt am oberen Rande eines großen Kahlschlages. Sogleich brach hektische Betriebsamkeit aus: Der Oberförster kommt schnaufend durch den Schnee zu mir herangerobbt und drängt zum Schuß. Djordje vermeint mit seinen Luchsaugen einen sehr guten, älteren Bock zu erkennen. Oktavian reicht leider ihm und nicht mir das Spektiv. Das erweist sich als Fehler, denn durch die ungewohnte Vergrößerung wird der Gams zum Hochkapitalen und der Ex-Fallschirmjäger rastet völlig aus: „Capra Negra phantastica, please shoot!" tönt es neben mir eindringlich. Bäuchlings auf einem Schneehaufen hingestreckt, kämpfe ich um eine sichere Auflage, jetzt fehlt wirklich der Rucksack. Zu allem Unglück kommt mir auch noch Schnee in den Gummischutz der Okularlinse. Zwar steht der betreffende Gamsbock breit, doch scheint es mir sehr weit zu sein – eher 300 als 250 Meter! Andererseits: die schnelle Weatherbypatrone und wer weiß, wie lange das Wetter noch hält! Näher heranpirschen? – Nein, bei diesem Gelände unmöglich, außerdem pfeift es schon von irgendwo! So lasse ich mich schließlich zu dem Weitschuß hinreißen und – fehle den schwarzen Bock! Glatt überschossen, durchs Zielfernrohr sah ich selbst den Kugeleinschlag weiter oben im Schnee stauben.

Der Gamsbock – ob kapital oder nicht, das blieb nun ewig ungeklärt – verhoffte noch ein, zwei Sekunden, dann sprang er mit dem übrigen Rudel flüchtig ab. Gesund entlassen, aus der Traum! Unsere Stimmung sank schlagartig auf den Nullpunkt.

Als wir noch beratschlagten, wie es nun weitergehen sollte, kamen die Träger mit den Rucksäcken samt Proviant herangestapft. Zur Sicherheit wies ich Kostica und einen „Sherpa" hinauf zum Anschuß ein, ihre spätere Fehlmeldung gab uns wenigstens Gewißheit. Als nächstes brachte der gute Robert aus dem Rucksack den Dreifachbrennten als Nerventonikum zum Einsatz; sein Bauer mußte ihn wirklich reich beschenkt haben, der Vorrat an dem edlen Getränk erschien unerschöpflich.

Dann schlugen die Rumänen einen strategischen Stellungswechsel vor. Unsere Hauptstreitmacht sollte weiter bis zu einer Bergkuppe aufsteigen, von der aus freie Rundsicht in die umliegenden Hänge und Gräben bestand. Dort würde auch Mittagsrast gehalten, und zwar ohne verräterisches Feuer. Michail und einen weiteren Jäger jedoch beorderte der Oberförster in einen vorgelagerten Talkessel, an dessen Lehne – man höre und staune, was es hier alles gab – ein hohes „Observatorium" errichtet war. Von dieser luftigen Kanzel aus hatten sie auch Einblick in den toten Winkel unter unserem Standort. Den Behauptungen der hohen Jagdleitung zufolge gab es dort einen Fichtenjungwald, welchen angeblich das Gamswild bevorzugt aufsuchte – und verbiß. Djordje blieb bei uns und hielt mit seinem Bruder Michail Sichtkontakt. Käme passendes Wild in Anblick, so sollte der Außenposten Alarmzeichen geben.

Plan klang gut, Plan wurde daher ausgeführt!

Nach einer halben Stunde übler Schinderei durch den lockeren Schnee hatten wir endlich die besagte Bergkuppe erklommen und machten Picknick. Mit Salamibrot und Isostar, danach zur Abwechslung einmal Cognac, wurde auch mein seelisches Gleichgewicht wiederhergestellt. Gespannt harrte ich der Dinge, die da kommen sollten. Zunächst kam nichts, sondern sie ging vielmehr, nämlich die Sonne – und im nunmehr

herrschenden Schatten wurde es ohne wärmendes Lagerfeuer empfindlich kühl. Urplötzlich gab Djordje Alarm – sein Bruder signalisierte Wild!

Sofortiger Aufbruch! Nur zu dritt – der Oberförster, Oktavian zwecks Verständigung und ich – kollern wir zunächst buchstäblich die dem Geschehen abgewandte steile Berglehne hinunter, machen im Eilschritt eine weitläufige Umgehung und erreichen schließlich völlig außer Atem das ominöse Observatorium. Zu sehen ist zumindest von unten nichts, doch aus hoher Plattform gebietet Michail äußerste Vorsicht. Also entern wir heimlich wie Strauchdiebe das himmelhohe Bauwerk, Sprossentritt für Sprossentritt, ferngesteuert durch Michails Handzeichen. Der wiederum erhält seine Informationen geflüstert von dem durchs Fernglas beobachtenden Kollegen – die klassische Rolle des „vorgeschobenen Artilleriebeobachters". Endlich waren wir, vom Wild zum Glück offenbar unbemerkt, oben angelangt. Aufgeregt deuten Michail und sein Begleiter in Richtung Gegenhang, wo sich die vorerwähnte Fichtenschonung erstreckt. Diese weist einige Fehlstellen auf und dort sind wirklich dunkle Punkte im weißen Schnee auch mit freiem Auge zu erkennen – Gams! Die Distanz beträgt in gerader Linie etwa 180 Meter. Das Wild ist schwer auszumachen, geschweige denn sicher anzusprechen, weil es dauernd hin und her zieht. Längst hat der Oberförster mein Spektiv an sich genommen und linst durch die Optik, während ich mich für alle Fälle an der Kanzelbrüstung „einrichte". Durch das achtfache Zielfernrohr scheint mir ein einzelner schwarzer Gams im Wildbret deutlich stärker zu sein als die übrigen Stücke des Rudels. Jetzt tritt er ganz ins Freie heraus und ich erkenne deutlich einen sehr guten Bock mit hohen Krucken und beachtlichem „Wachler". Da kommt auch schon das oberförsterliche Kommando: „Schießen!" Ich fahre vorsichtshalber etwas hinter das Blatt und drücke ab. Im Schuß zeichnet der Bock deutlich, doch zugleich verschwindet er auch im dichten Fichtenjungholz.

Jetzt wird es drüben lebendig, bisher verdeckt gewesene Gams flüchten nach allen Richtungen, andere wiederum verhoffen – das Rudel ist sich über die Lage nicht im klaren. Ich habe automatisch repetiert und suche in dem Getümmel hektisch nach meinem Bock. Plötzlich erblicke ich neben einer Jungfichte einen niedergetanen Gams, nur der Vorschlag mit Haupt und Träger ist spitz von vorne zu erkennen. Schnell entreiße ich dem Oberförster das Spektiv, erkenne ein Haupt mit verschwommenen Zügen sowie weitausgelegte hohe Krucken – tatsächlich, dort sitzt mein Bock im Wundbett! Etwas seitlich verlagert, ist er nun sicher schon mehr als 200 Meter entfernt. Ich komme auf das ruhige Ziel gut ab, und dieser Fangschuß hebt den Gams regelrecht aus: er kugelt über eine kleine Wand herunter. Dann bleibt der schwarze Bock – im Schnee nach wie vor deutlich sichtbar – auf einem schmalen Felsband verendet liegen.

Puh, war das aufregend! Erst jetzt kam in mir so richtig das Jagdfieber auf. Vor Aufregung zitternd, besah ich mir nun durch das 30fache Spektiv meine Beute. Es gab keinen Zweifel, der stand nicht mehr auf. Ich hatte wirklich im Fogaras einen starken Gamsbock geschossen, noch dazu im tiefsten Winter zur Weihnachtszeit! Meine Freude war groß, die Begleiter wünschten stürmisch Weidmannsheil, und allgemeine Jubelstimmung brach aus.

Die Bringung gestaltete sich dann aber noch überaus schwierig; mit einigem Bangen mußte ich zusehen, wie zwei rumänische Jäger über den gefährlich vereisten Steilhang zum Gams aufstiegen. Dort angekommen, schwenkten sie jedoch begeistert ihre Pelzkappen, und der Rückzug verlief gottlob ohne Zwischenfall. Mittlerweile waren auch die Freunde von ihrem Feldherrnhügel herabgekommen. Am Fuße des so bewährten Observatoriums legten wir den Gams weidgerecht zur Strecke. Mein Bock war noch besser als angesprochen: das Urteil der rumänischen Gamsgurus lautete schließlich auf ein Alter von 14 Jahren, und die Bewertung der Krucken ergab später 114 Internationale Punkte. Grund genug, noch am Ort des Geschehens sogleich Dreifachbrennten und Cognac kreisen zu lassen. Auch der Oberförster zauberte einen Flachmann mit edlem, wenngleich höllisch scharfem Inhalt hervor: Zirbengeist!

Sehr sorgsam rupfte dann Michail den prachtvollen Bart und verpackte ihn vorsichtig in mitgeführtem Zeitungspapier. Nach getaner roter Arbeit traten wir beschwingt den Heimweg an. Bergab, im glatten Schnee gezogen, bereitete der Transport meiner stolzen Beute jetzt keine Mühe mehr. Unterwegs machten die Berufsjäger mit ihren überaus scharfen Augen auf mindestens einen Kilometer Entfernung noch vier aufhabende Hirsche aus – ein sehr seltener Anblick in diesem Hochgebirgsrevier, zumal jetzt gegen Ende Dezember. Schließlich erreichten wir den End- und Wendepunkt der Forststraße, wo die Träger bei ihrem mittäglichen Versorgungsmarsch die zwei „Aro"-Jeeps zurückgelassen hatten. Unsere doch ziemlich kopfstarke Korona klemmte sich nun in sowie auf die Jagdautos, der Gams fand auf der Motorhaube des Führungswagens Platz, und der Konvoi bewegte sich auf dem vereisten Forstweg vorsichtig talwärts.

Kurz bevor wir den engen Graben verließen und in das Haupttal zur Cabana einbogen, wurde es dann nochmals dramatisch: Djordje, auf der hinteren Stoßstange des ersten „Aro" stehend, schlug plötzlich mit der flachen Hand wuchtig auf das Stoffverdeck: „Capra Negra!" Seine geradezu unglaublichen Luchsaugen hatten auf halber Höhe der tiefverschneiten Hanglehne mitten im dichten Stangenholz einen einzelnen Gams erspäht. Alles Stopp! Noch im Ausrollen lasse ich mich durch die geöffnete Türe vom Beifahrersitz in den nächstbesten Schneehaufen fallen, den Repetierer krampfhaft hochgehalten. Schon landet Octavian mit dem Spektiv neben mir und weist mich nach Djordjes rumänischer Beschreibung ein.

Es herrschte bereits allerletztes Büchsenlicht. Trotz weißem Schneeboden benötigte ich einige Zeit, um in der Dämmerung den Gams überhaupt zu orten, zumal dieser selbst bis zur Blattmitte vom Tiefschnee verdeckt war. Hut ab vor der phänomenalen Beobachtungsgabe des rumänischen Ex-Fallschirmjägers, der mit freiem Auge den Gams während der Fahrt wahrgenommen hatte! Nun bereitete es große Schwierigkeiten, den Gams verläßlich anzusprechen. Zwar handelte es sich erkennbar um einen starken Bock, doch sein Alter erschien mir fraglich. In Anbetracht der guten Auslage sollte er nach den rumänischen Richtlinien als A-Bock schon mehr als acht Lebensjahre aufweisen. Unter dem Zeitdruck der einbrechenden Dunkelheit bemühte ich abwechselnd mein Spektiv sowie das zehnfache Leitz-Trinovid. Letzteres war eigentlich E.'s Fernglas, welches ich mir ob seines geringen Gewichtes für diese Bergjagd ausgeliehen hatte. Ich wurde mir nicht schlüssig, mir erschien der Bock eher nur mittelalt; nach dem großartigen

Jagderfolg vom heutigen Nachmittag wollte ich diesen herrlichen Jagdtag möglichst nicht durch einen nachfolgenden „Druckfehler" trüben. Djordje, Robert sowie der Oberförster waren dezidiert anderer Meinung: sie hielten den Bock für alt und somit schußbar. Bekanntlich läßt man sich zu allem, was man im Grunde genommen selbst gerne will, auch leicht überreden! So setzte ich dem Gams schlußendlich doch auf etwa 120 Meter Distanz die Kugel aufs Blatt. Er hat den schneegedämpften Knall nicht mehr vernommen und stürzte beinahe im freien Fall die extrem steile Grabenlehne bis zum Talboden hinunter.

Es kostete die rumänischen Berufsjäger in der Folge noch ein hartes Stück Arbeit, durch das verfilzte Gestrüpp und Dorngesträuch der Grabensohle im metertiefen Schnee bis zum verendeten Bock vorzudringen. Hierbei mußten sie überdies einen arg vereisten Wildbach durchqueren. Zum Glück hatte die starke Wirkung der .300er Magnumpatrone einen tüchtigen Ausschuß hinterlassen, so daß die rote Schweißspur der Absturzstrecke im Schnee auch mit der Taschenlampe gut zu halten war. Nicht ohne Grund führte ich speziell in den urigen Revieren Osteuropas meine geliebte Mauserin auch auf mittelstarkes Wild, selbst wenn dies von Jagdkollegen manchmal als „Overkill" gelästert wurde. „Klotzen, nicht kleckern – besser haben als hätten!" lautet seit jeher meine Devise bei der Wahl der Waffe – und damit bin ich stets gut gefahren!

Schließlich hatte es das brave Bringkommando doch geschafft und der Gamsbock lag – es war schon Nacht – endlich vor uns auf dem Forstweg. Jetzt entpuppte er sich als eine der so seltenen positiven Überraschungen: vor uns lag wirklich ein alter Bock von mindestens 13 bis 14 Jahren! Das diffuse Dämmerlicht und wohl auch die nicht allzu hohen, aber sehr massigen Krucken mit ihrer weiten Auslage hatten mich beim Ansprechen verunsichert. Vielleicht war der Bock sogar noch älter, weil bei seinen – für den Waldgams typisch – stark verpechten Krucken die Jahresringe sich nicht mehr exakt feststellen ließen. Die spätere Bewertung ergab dann 106 Internationale Punkte. Für die Verhältnisse des Fogaras war dies keine Spitzentrophäe, aber doch recht gut; eben ein ewiger „Durchschwindler" – und das freute mich noch zusätzlich.

„I wünsch' dir a kräftiges Weidmannsheil! Dos Ansprechen von die Gams konn nit a jeder glei, aber du wirst es von uns Rumänen lei scho no lerna!" tönte dann auch die urkärntnerische Gratulation meines lieben Jagdfreundes Robert, deren wortgetreue Übersetzung bei den gebürtigen Rumänen wahre Lachsalven hervorrief. Ich jedoch gab dankbar ein Zweiglein meines Erlegerbruches an den tüchtigen Djordje weiter: denn dessen Verdienst an der Erlegung des Bockes war ungleich größer als mein vergleichsweise kunstloser Schuß.

Djordje „beichtete" mir allerdings im späteren Verlauf des Abends, er habe diesen an sich sehr standorttreuen Waldgams seit Jahren gekannt, doch mehrere Jagdgäste ließen sich gleich mir täuschen und „trauten sich nicht drüber"; so konnte der Bock sein hohes Alter erreichen. Nach eiligem Bartrupfen und Aufbrechen leistete der zweite Gams dem Kapitalbock vom Nachmittag auf der „Aro"-Kühlerhaube Gesellschaft. Es folgte der Triumphzug durch den völlig finsteren Winterwald heim ins wohlbeheizte Quartier. Dort angekommen, verstauten wir zuallererst meine stolze Beute – mittlerweile bretthart gefroren – stilgerecht mit den Krucken eingehängt am Querbalken des Verandadaches.

Für den nächsten Tag waren bei hoffentlich gutem Licht und in aller Ruhe würdige Erinnerungsfotos mit der gesamten Jagdmannschaft geplant.

Als nächstes wurden schnell die Gewehre versorgt; wir selbst schälten uns aus den total vereisten Jagdklamotten und legten legeren Hüttendreß an. Solcherart bequem gewandet, eilten Robert und ich dann unverzüglich nach nebenan ins „Kasino", wo es bereits hoch herging. An diesem Abend sollte die alte Steincabana ein zünftiges Gamsjägerfest mit allem Drum und Dran erleben, von dem die Jäger des Fogaras hoffentlich noch lange sprechen würden – und so kam es dann auch!

Meine entsandten Menage-Einkäufer waren zwischenzeitig in Curtea de Arges ebenfalls erfolgreich gewesen und vollbeladen heimgekehrt. Die Hüttenköchin und ihre Helfer hatten ihren großen Tag: Der langgestreckte Tisch in der Mitte des Raumes bog sich bei unserem Eintreffen bereits voll deftiger Hausmannskost, und vom nahen Herd rollte ständig Nachschub heran. Wahre Flaschenbatterien voll Bier, Wein sowie geistigen Getränken sorgten für die nötige Befeuchtung von innen. Unsere Rumänen saßen rundum dichtgedrängt auf den Bänken, ein jeder sein langes Jagdmesser in der Hand, und langten kräftig zu. Schweinebraten, Hühner, Schinken, Speck, Würste jeglicher Art, Käse, Butter, Schmalz, Grammeln, Gurken, Pfefferoni, Brot und natürlich die unvermeidliche „Mamaliglia" – eine Art fetttriefende Maispolenta – gelangten in schier unvorstellbaren Mengen zum Verzehr. Auf den Hauptgang folgten noch selbstgemachte Mehlspeisen wie Topfenrouladen, Grammelpogatschen, süße Nudeln usw.; manche Speisen kannte ich nicht einmal beim Namen. Nach dem langen, so erfolgreichen Jagdtag schmeckte es allen sichtlich großartig. Insgesamt eine köstliche Völlerei, begleitet von mehr als reichlichem Alkoholkonsum. Jedem der heute so verbreiteten Vegetarier, Biofreaks und sonstigen Gesundheitsapostel wären die Haare – so vorhanden – zu Berge gestanden, aber derlei Personen befanden sich nicht in unserem Jägerkreis; man kann nicht sagen, wir hätten sie vermißt.

Robert, ich selbst sowie der mittlerweile ebenfalls eingelangte Oberförster – er logierte irgendwo in einem Nebental – waren zentral plaziert. Nur unser Octavian mußte seine Dolmetscherdienste sozusagen ambulant neben dem jeweiligen Erzähler verrichten, denn auf Distanz war in dem herrschenden Trubel kein Wort zu verstehen. Die heutigen Erlebnisse bildeten natürlich den Hauptgesprächsstoff, ein jeder erzählte das Jagdgeschehen aus seiner Sicht. Besonders amüsant fand ich die Kommentare der Rumänen zu unserem persönlichen Verhalten; sicherlich war manch kritische oder deftige Anmerkung eigentlich nicht für unsere Ohren bestimmt, doch Octavian machte seine Sache sehr gut. Es folgten die obligaten Reden und Trinksprüche, dann wechselten wir zu allgemeinen Jagdgeschichten, und schlußendlich wurde gesungen.

Der weitere Verlauf des Abends verschwimmt in meiner Erinnerung. Ich weiß nur noch, daß ich auf vielfachen Wunsch den Jägerchor aus dem „Freischütz" – einstimmig und am Tisch stehend! – in dreifacher Wiederholung zum besten gab. Dabei war mir weder der Text bekannt, noch kann oder konnte ich überhaupt singen!

Mehrfach trat auch der Fall ein, daß Mitglieder unserer Tafelrunde vom Ausmarsch auf ein stilles Örtchen nicht wiederkehrten. Das war nicht weiter verwunderlich, denn erstens herrschte draußen grimmige Kälte, zweitens lag meterhoher Schnee, und letztlich

befand sich unsere Luxuslatrine rund zweihundert Meter von der Cabana entfernt in einem tiefen Graben; dazwischen brauste überdies ein Wildbach. Mir waren diese Lokalitäten ja schon vom November her wohlbekannt. Die ausgesandten Suchtrupps haben aber dann die Vermißten immer noch geborgen. Nur zuletzt versagten alle Künste, als nämlich der sonst so trinkfeste Oberförster an diesem Tage doch des Guten zuviel tat und plötzlich still und leise regelrecht unter den Tisch sank. Von dort war er auch mit der Hilfe seines Leibchauffeurs um keinen Preis der Welt mehr hervorzuholen. Alle Bemühungen, den weit über hundert Kilogramm schweren Nimrod zu tragen, scheiterten an dessen heftiger Gegenwehr. Doch der Fahrer wußte offensichtlich aus Erfahrung Rat: Obwohl selbst erheblich illuminiert, bestieg und startete er den oberförsterlichen Dienst-„Aro" und holte die etliche Kilometer weit entfernt im Nebental stationierte Frau (!) Oberförster. Dieser ebenso resoluten wie infolge jahrzehntelanger Ehe augenscheinlich nahkampferfahrenen rumänischen Walküre gelang es dann buchstäblich im Handumdrehen, ihren leicht komatösen Ehegespons in die häuslichen Gefilde zurückzuapportieren. Jedoch, um der Wahrheit die Ehre zu geben: Schon am frühen Nachmittag des nächsten Tages war der Forstgewaltige wieder zur Stelle: lebhaft, lustig und – durstig wie eh und je!

Nach diesem bühnenreifen Finale hatten auch wir genug gefeiert und trollten uns in das wartende Bett. Ich allerdings unternahm noch einen kurzen Abstecher zu meinen beiden Gamsböcken, die als tiefgefrorene Statisten brav auf der Veranda hingen.

Sie waren also noch da, ich hatte nicht bloß geträumt – beruhigt konnte so ein glücklicher Karpatenjäger ebenfalls schlafen gehen ...

Verständlicherweise sah uns der folgende Morgen, der 28. Dezember, erst am Vormittag auf den Läufen. Wir hatten aber nichts versäumt: Schneefall und dichter Nebel bis ins Tal nahmen praktisch jegliche Sicht, an Jagd war vorläufig nicht zu denken. Also zunächst einmal kräftig frühstücken, um die doch etwas angeschlagenen Lebensgeister zu neuen Taten zu erwecken; vielleicht würde es später etwas aufklaren. Die Rumänen dachten wohl ähnlich und gingen den Tag ebenfalls gemächlich an. Als sich dann die Wetterlage noch immer nicht besserte, kam der große Fototermin: im Schnee der windgeschützten „Hüttenwiese" reichte die Beleuchtung allemal für meinen lichtstarken 400-ASA-Film. Die beiden gefrorenen Gamsböcke als Hauptakteure in der Mitte und die gesamte Jagdmannschaft malerisch darum postiert, wurden Fotos in jeder nur denkbaren Zusammensetzung geknipst; nicht einmal der semmelgelbe Hüttenhund durfte fehlen. Tatsächlich gelangen mir sehr stimmungsvolle Aufnahmen: vorn die beiden Gamsböcke im schwarzen Winterhaar, umrandet von einer Korona uriger Karpatenjäger in dicker Winterkleidung mit ihren typischen Lammfellmützen, dazu als Hintergrund eine verschneite Christbaumkultur – die ganze Atmophäre unserer Gamsjagd im winterlichen Fogaras wurde auf den Bildern wirklich wieder gegenwärtig und lebendig!

Bei gleichbleibend unwirtlichem Wetter unternahmen wir dann – mehr aus Pflichtgefühl, denn mit echter Begeisterung – eine Tiefschneepirsch entlang der Sohle eines vorerst romantisch erscheinenden Grabens; mit Anblick von Wild rechnete ohnedies niemand ernsthaft. Allerdings erwies sich diese Aktion als nicht ungefährlich: wir wanderten nämlich auf der zugeschneiten Schwemmholzdecke einer darunter-

liegenden, total vereisten Wildbachklamm – sozusagen ein winterlicher Trapezakt ohne Netz!

Dies wurde offenbar, als der diesmal hinter mir gehende Robert plötzlich sang- und klanglos versank: weg war er, es blieb nur ein gähnendes Loch im Schnee! „Helft's mir, I bin do unten!" klang es aus der Tiefe. Gemeinsam mit den neuen rumänischen Begleitern dieses Tages – die Fallschirmjägerbrüder Djordje und Michail waren daheim geblieben, um die Trophäen zu präparieren – konnten wir den erschrockenen Freund zwar unverletzt bergen, der unbewußte Leichtsinn hätte aber genausogut zumindest einen Beinbruch zur Folge haben können. Unser Verlangen nach Wildbachromantik war danach restlos gestillt und wir traten unverzüglich den Rückmarsch an. In der Cabana hatte sich mittlerweile auch der Oberförster wieder eingefunden und verpaßte den Begleitjägern gleich einen heftigen Anpfiff, weil sie uns in derart gefährliches Terrain hatten vordringen lassen.

Da wir nun schon einmal „gestiefelt und gespornt" waren, fuhren wir sodann mit dem altertümlichen Allradtraktor – unserem „Panzer" – durch einen anderen Graben bergauf bis zum Ende der Forststraße. Wir hofften nämlich, der Nebel im Tal könnte vielleicht nur eine Zwischenlage sein und weiter oben würde klare Sicht herrschen. Doch dem war nicht so: auch an der Endstation präsentierte sich die gleiche Wetterlage. Als wir daraufhin noch einen schweißtreibenden Aufstieg bergwärts unternahmen, gerieten wir sogar in zunehmend „dickere Suppe". Es blieb demnach nur der Rückzug. Immerhin hat diese Tour die letzten vorabendlichen Alkoholreste endgültig vertrieben; dafür inhalierten unsere Lungen während der Rückfahrt auf dem offenen Traktor eine volle Ladung Dieselauspuffgase – von wegen „gesunde Bergluft"!

Im Jagdhaus warteten als Entschädigung schon die blendendweiß ausgekochten Gamskrucken vom Vortag. Die Köchin war gleichfalls nicht untätig geblieben und empfing uns mit einem zünftigen rumänischen Gamsragout samt fetttriefender Mamaliglia, Landbrot und Senfgurken – eine wahre Götterspeise. Jetzt, geraume Zeit nach Ende der Brunft, war auch bei den alten Böcken keinerlei Beigeschmack zu bemerken, sie mundeten köstlich. Ganz allgemein empfand ich das rumänische Gamswildbret irgendwie zarter und schmackhafter als jenes aus den Alpen; die Ursache dafür mochte in den wesentlich höheren Wildbretgewichten liegen. Aber vielleicht handelte es sich auch nur um einen subjektiven Eindruck infolge meines gesunden Appetits nach der reichlichen Bewegung auf der Jagd. Sicherlich trug die sofortige Verwertung ohne langen Zwischenhandel ebenfalls zum Wohlgeschmack bei.

Nach diesem kulinarischen Exkurs zurück zum damaligen Hüttenabend des 28. Dezember 1991. Für den nächstfolgenden Tag stand zwar noch ein jagdlicher Generalangriff auf dem Programm, wegen der schlechten Wetterlage würden wir jedoch anschließend unverzüglich die weite Rückreise nach Bukarest antreten. Diese drohte ohnehin, sich kritisch und jedenfalls zeitraubend zu gestalten. Unsere Flugtickets waren für den 30. Dezember fix gebucht und wir wollten keinesfalls riskieren, über Neujahr in den rumänischen Bergen – so herrlich diese bei Schönwetter auch sein mochten – eingeschneit festzusitzen. Also war an diesem Abend auch die Abschiedsfeier fällig. Es verstand sich von selbst, daß wir speziell die vom Vortag übriggebliebenen vollen

Weinflaschen nicht der Gefahr aussetzen konnten, in der Cabana oder gar bei einem Rücktransport einfrieren zu lassen. Nein, diese mußten schon aus Pietätsgründen ihrer ursprünglichen Bestimmung zugeführt werden, zumal das stark gepfefferte Gamsgulasch samt fetter Mamaliglia eine ausgezeichnete Unterlage dafür bot!

Auf dem Tisch sorgten nicht zuletzt die beiden tadellos präparierten Bocktrophäen für entsprechende Atmosphäre: die traditionsbewußten rumänischen Berufsjäger hatten sie überaus stilvoll auf Tannengrün und sogar mit Kerzenschmuck drapiert.

So wurde es neuerlich ein stimmungsvolles und auch überaus feuchtfröhliches Fest, wenngleich ich diesmal hinsichtlich des für den kommenden Tag geplanten Jagdvorhabens auf einem zeitgerechteren „Zapfenstreich" bestand.

Immerhin haben wir alle zusammen im Zuge dieser beiden Hüttenabende allein vom ausgezeichneten rumänischen Weißwein – der geneigte Leser verhülle sein Haupt – nicht weniger als gezählte 147 Bouteillen à 0,7 l geleert.

Die letzte Nacht im Schlafkabinett der Steincabana brachte dann für mich noch eine ganz besondere Sensation. Während Robert auf seinem eisernen Militärbett wie üblich gleich einem viergatterigen Sägewerk mit Dampfantrieb schnarchte, wurde ich mitten in der Nacht plötzlich dadurch geweckt, daß der Hüttenhund in ganz seltsamen Tönen massiv anschlug – Wölfe vorm Haus!!! Leider waren ja die Fenster mit Zeitungspapier als Kälteschutz verklebt. So blieb nur die hölzerne Zimmertür.

In der rechten Hand den Repetierer schußbereit im Halbanschlag, versuchte ich mit der Linken diese Pforte möglichst geräuschlos und vorsichtig zu öffnen. Doch dies gelang nur halb: ein winziger Ton genügte schon – und die überaus scheuen Räuber flüchteten sofort. Ich sah nur mehr ganz kurz einige schemenhafte Schatten aus der schneebedeckten Wiese in die angrenzende Fichtendickung wischen, das war alles – nicht der geringste Funke einer Chance zum Schuß! Der frische Schweiß meiner am ersten Tag erlegten Gams, von denen der eine nach wie vor auf der Veranda hing, hatte die Wölfe wohl angelockt. „Sch …eibenkleister!" schimpfte ich laut vor mich hin und schloß wieder die besagte Tür. Das leider unvermeidliche Geräusch und wohl auch der von draußen kommende eisige Windstoß weckten meinen Zimmergenossen: „Wos mochst du denn mit'n Gewehr?" fragte Robert etwas verunsichert – er dachte wohl an schlafwandeln. „Wölfe greifen an!" war meine knappe Antwort. Doch diese stieß auf Unglauben: „Du spinnst wohl! Wos du scho wieda tramst, hast z'viel g'soffn heit!" ertönte nur eine beleidigende Unterstellung. Schon drehte sich Robert um und sägte seelenruhig weiter. Am nächsten Morgen kam der Jagdfreund allerdings aus dem Staunen nicht heraus, als er im Schnee die unverkennbar frischen Wolfsspuren bis ganz knapp vor die Hütte reichend vorfand. „Wann ma dos vorher g'wußt hätt'n!" sinnierte er laut. Ja, wenn …!

Wie der Wolfsepisode zu entnehmen ist, hatte irgendwann im Verlauf der Nacht der Schneefall aufgehört, aber der Himmel blieb dicht bewölkt sowie nebelig verhangen. Es war merklich kälter geworden, und trotz Nebels wehte auch ein spürbarer Wind.

Dennoch brachen wir schon in aller Frühe dieses 29. Dezember zu unserer geplanten Großpirsch auf. Es sollte dann auch ein sehr ereignisreicher letzter Jagdtag werden. Großräumig wandten wir uns wiederum jenem Gebiet zu, wo ich am ersten Tag so

erfolgreich Weidmannsheil hatte. Allerdings lag nun noch mehr Schnee, so daß unsere beiden „Aros" gar nicht bis zum Wendeplatz durchkamen. Die Fahrzeuge blieben daher zurück, und wir kämpften uns durch den Tiefschnee bergwärts weiter. Noch von der zugewehten Forststraße aus kam schon ein starkes Gamsrudel in Anblick, welches durch den dort lichten Wald stetig bergauf wechselte; die Distanz betrug allerdings gut 500 Meter. Wir hielten kurz Kriegsrat und trennten uns dann: Unter Djordjes bewährter Führung sollten Robert und ich quer über den steilen Waldhang hinauf dem Rudel folgen, den Gams nach Möglichkeit den Wechsel abschneiden und solcherart Vorpaß halten. Fraglos stand uns ein äußerst mühevolles Umgehungsmanöver mit steilem Anstieg durch den brusthohen Schnee bevor. Außerdem war unbekannt, welche Windverhältnisse dort oben am Bergkamm herrschten.

Hingegen würde das Gros mit dem Oberförster an der Spitze entlang der kaum erkennbaren Forststraße bis zu einem etwas windgeschützten Platz unweit des bekannten Observatoriums marschieren und dort auf uns warten. Käme den Kameraden schußbares Wild in Anblick, so sollte der an seiner Uniform leicht erkennbare Jagdleiter die Pelz-mütze abnehmen; dies wäre für uns ein mit dem Spektiv auch auf größere Entfernung erkennbares Signal.

Um es gleich vorwegzunehmen, diese Operation mißlang gründlich!

Wohl konnten wir – wenngleich unter ungeheuren Strapazen – durch den lockeren Neuschnee bis auf den dortigen Bergkamm in eine Seehöhe von rund 2.000 Meter vordringen, doch als wir dann endlich oben angelangt waren, blieben uns von den erhofften Gams nur mehr deren auswechselnde Fährten im Schnee. Wider Erwarten hatte sich das Rudel auf der dem Wind abgewandten Seite nicht eingestellt, sondern war einfach durchgewechselt – mit unbekanntem Ziel in den jedenfalls für uns unerreichbaren Fernen der angrenzenden Bergmassive. Da standen wir also: hier ganz heroben, im tiefen Schnee und bei eisiger Kälte, über uns nur mehr der jetzt azurblaue Winterhimmel. Was nun? – Guter Rat schien teuer! Während Djordje und ich, so gut es unsere Sprach-kenntnisse eben zuließen, den weiteren Jagdplan beratschlagten, vertrat sich Robert gegen die Kälte etwas die Beine – und stieß im Schnee auf eine ganz frische Bärenfährte! Um diese Zeit, am vorletzten Tag des Jahres! Meister Petz mußte aus irgendeinem Grund aus seinem Winterschlaf erwacht sein, wie es laut Literatur ja immer wieder vorkommen soll. Die Spur führte steil bergab, und zwar auf der unserem vorangegangenen Anstieg entgegengesetzten Bergseite. Wir folgten ihr sogleich und auch lange, doch dann verlor sie sich in einem für Menschen absolut undurchdringlichen Windwurf. Aus der Traum vom Bärenfell im Dezember!

Die zunächst euphorische, schlußendlich aber erfolglose Pirsch auf der Bärenfährte brachte fatalerweise mit sich, daß wir uns nun in einer Gegend befanden, die auch Djordje nicht geläufig war. Natürlich blieb immer noch der weite Rückweg den Berg hinauf, aber dazu hatten wir jetzt wirklich keine Lust mehr.

Aus weiter Ferne erreichte uns schließlich – im Schnee stark gedämpft – ein knackendes Geräusch, welches einem Schrotschuß entfernt ähnlich klang. Djordje war sofort im Bilde: „Kollega!" Also wandten wir uns in die betreffende Richtung, welche angenehmerweise bergab wies. Weniger sympathisch war allerdings, daß wir uns alsbald

mitten in einem angewehten Lawinenfeld wiederfanden! Eine detaillierte Schilderung unseres Rückmarsches würde hier zu weit führen, nur eines sei gesagt: angenehm war er wahrlich nicht! Letztlich kamen wird dann aber doch wohlbehalten bei unseren Jagdgenossen an; wir fanden diese gemütlich rund um ein lustig flackerndes Frühstücksfeuer geschart. Und um die Ironie des Schicksals auf die Spitze zu treiben, zeigte der Oberförster freudestrahlend eine frischerlegte starke Wildkatze vor: er hatte selbige mit seiner Flinte im Sitzen (!) erlegt, als sie – offensichtlich vom Geruch des schmorenden Specks angelockt – in Richtung Feuer geschnürt kam. Es war wirklich wie beim seligen Apotheker Hessheimer: Den Seinen gibt's der Herr im Schlafe!

Wir wärmten uns nun ebenfalls am Lagerfeuer auf und holten das versäumte Gabelfrühstück nach. Dann zwang uns der erneut aufkommende und zunehmend heftiger wehende Schneesturm auch hier zum Rückzug; letzterer verlief recht einsilbig. Endlich erreichten wir unsere zurückgelassenen Geländewagen. „Aufsitzen, Motor anwerfen und volle Pulle heizen!" lautete das Gebot des Augenblicks, doch nur mühsam brachten wir die selbst halb eingefrorenen Zweitakter in Gang.

Mit äußerster Vorsicht rollte unser kleiner Konvoi dann talwärts, denn bergab verhindert bekanntlich auch der beste Allradantrieb nicht eine gefährliche Rutschpartie.

Just an der Stelle, wo zwei Tage zuvor im letzten Licht der „Durchschwindlerbock" gefallen war, flüsterte mir diesmal eine innere Stimme zu, doch die Duplizität der Fälle zu versuchen. Also ließ ich anhalten und stieg aus, um die Umgebung mit dem Fernglas „abzuleuchten". Ein jeder mag über derlei Eingebungen denken, wie er will: Tatsache ist, daß damals Djordje mit seinen phänomenalen Augen am nämlichen Gegenhang, nur etwas weiter oben, wieder einen Gamsbock erspähte!

Den aufgeregt geflüsterten Äußerungen dieses ebenso tüchtigen wie verläßlichen Berufsjägers entnahm sogar ich sogleich, daß vor uns nicht bloß irgendein x-beliebiger Gams, sondern ein wahrhaft Hochkapitaler stehen mußte. Also Alarmstufe drei! Alle Mann in volle Deckung! Das Weitere entwickelte sich wie schon einmal gehabt: Wieder liege ich am Straßenrand bäuchlings im eiskalten Abendschnee, Octavian mit dem Spektiv ist gleichfalls umgehend neben mir gelandet und auch der „Rat der drei Weisen", bestehend aus Robert, Djordje sowie dem Oberförster, hat sich eingefunden. Gemeinsam kauern wir bibbernd vor Kälte hinter einem Schneehaufen in Deckung und linsen vorsichtig nach oben. Dort steht ein Gamsbock der Weltklasse, die massigen Krucken unwahrscheinlich hoch und ideal ausgelegt. Diesmal sind wir uns jedoch völlig einig: „Alt genug, hochkapital – mindestens 125 Punkte, unbedingt schießen!" Aber ein anderes Problem tut sich auf: Das Ziel unserer begehrlichsten Wünsche steht zwar nur rund 150 Meter – wenngleich steil bergauf – entfernt, doch ständig verdecken irgendwelche Bäume oder Sträucher den Wildkörper. Der Bock hat uns offenbar noch nicht wahrgenommen und zieht langsam, förmlich schrittweise, seiner abendlichen Wege. Nie jedoch passiert er auch nur die mickrigste Lücke, wo ich ihn anpfeifen könnte – immer befinden sich Äste oder Zweige, wenngleich nur knapp, deckend vor dem Gams. Gut 20 Minuten lang liege ich mit gestochener Büchse ununterbrochen steil bergauf im Anschlag, von unten her werde ich zunehmend selbst ein Eisklumpen; es ist wirklich zum „aus der Haut

fahren", doch ich bekomme den Bock nie frei! Die gamskundigen Jagdgenossen neben mir leiden sichtlich mit!

Langsam, aber sicher wurde es wieder dunkel, auch näherte sich der Kapitalgams einer geschlossenen Dickung. Gewiß, ein unfehlbarer Jagdpapst hätte sich nun gemäß stoischer Philosophie in sein Schicksal ergeben, die Büchse entladen und wäre heimgefahren. Aber solche Gestalten erscheinen selten in den hintersten Tälern des Fogaras, schon gar nicht Ende Dezember; man findet sie viel öfters in neunmalklugen Druckwerken. Mir und auch meinen Begleitern war eine derart bewundernswerte Abgeklärtheit jedenfalls nicht gegeben. „Jetzt probier's halt lei amol mit deiner Dreihunderter-Kanon', de Buschn stengan eh knapp vorm Blatt!" kommt Robert's lockender Ratschlag. Gemurmel bei den Rumänen. „Die Jäger meinen, Herr St. hat recht!" übersetzt Octavian ungewohnt förmlich. Da reißt auch mir die Geduld und mich reitet der Teufel. „Wohin sollen sich denn 180-grains-Noslergeschoße innerhalb eines halben Meters schon verflüchtigen?" denke ich im stillen – und riskiere den Schuß durchs Gebüsch. Erfolg negativ! Der Bock bleibt nur Bruchteile einer Sekunde stehen, dann springt er hochflüchtig ab, und zwar steil bergaufwärts. Im lichten Wald können wir seinen Fluchtweg gegen den weißen Schneehintergrund noch lange verfolgen – bis der Kapitale endgültig über den Berggrat verschwindet. Aus!

In Anbetracht der Situation begannen wir sofort mit der Nachsuche, es dauerte ohnedies seine Zeit, bis die Berufsjäger, von mir exakt eingewiesen, den Anschuß erreichten. Dort fand sich zwar etwas Schnitthaar, aber es stammte einwandfrei vom Bart und war ohne Haarwurzeln abgeschossen. Jedoch nicht der geringste Schweiß!

Die Rumänen gingen der im Schnee gut sichtbaren Fluchtfährte bis über die Schneid nach, suchten extrem penibel – nichts! Selbst Robert kletterte noch persönlich – unter Lebensgefahr – im nun schon dunklen Wald durch den steilen Eishang und kontrollierte nach. Es half alles nichts, der Bock war gesund entlassen und somit unerreichbar. Rückblickend betrachtet, habe ich mich wohl allzusehr mit dem Problem der deckenden Äste befaßt und dabei eine fundamentale Regel mißachtet: „Bergauf und bergunter halt drunter!" So kam es, daß ich steil bergauf den Bock offenbar ganz knapp überschossen hatte. Der wachelnde Bart mag optisch dazu noch beigetragen haben, Kälte sowie Aufregung taten ihr übriges. Ich glaube noch heute, ein zielgenauer Treffer aus der ultrastarken .300 Weatherby Magnum mit dem 180 grains schweren Noslergeschoß hätte den Gams auch durch den betreffenden Strauch hindurch auf den Platz gebannt, zumal die dürren Zweige nicht im Saft standen, sondern vielmehr frostspröde waren. Selbst im Falle einer Zerlegung des Geschosses hätten sich bei der kurzen Zwischendistanz zum Wildkörper letale Splitterfolgen, zumindest jedoch sichtbare Schußzeichen ergeben müssen. Was bleibt, ist natürlich die Frage nach dem Restrisiko. Wer von sich behaupten kann, unfehlbar zu sein, der werfe ruhig den ersten Stein …

So beschloß ein Finale mit ausgesprochenem „Hubertuspech" unsere weihnachtliche Gamsjagd im Fogaras. Bei diesem letztgeschilderten Kapitalbock handelte es sich ohne Zweifel um den weitaus stärksten Gams, den ich jemals in meinem Leben auf schußbare Distanz vor der Büchse hatte – aber es sollte wohl nicht sein. Dennoch war ich mit meiner

Ausbeute keineswegs unzufrieden und gedenke noch heute dankbar der herrlichen Jagderlebnisse, die uns diese Wintertage im urigen Fogaras beschert haben.

Noch am selben Abend traten wir in mehreren Etappen die lange Rückreise über Rimnicu Vilcea nach Bukarest an. Diese Fahrt auf den total vereisten Straßen gestaltete sich erwartungsgemäß zum Alptraum, und mehrmals entgingen wir nur knapp einer Unfallkatastrophe; allen treuen Schutzengeln sowie Octavian ob seiner hohen Fahrkunst sei an dieser Stelle herzlichst gedankt. Erst gegen 5 Uhr morgens des 30. Dezember kamen wir schließlich todmüde in Bukarest an, wo wir im Hause von Octavians betagter Großmutter dankenswerterweise einige Stunden Schlaf fanden. Unsere liebenswürdige Gastgeberin, die Witwe eines königlich-rumänischen Admirals, überließ Robert und mir sogar das vormals eheliche Schlafgemach. Diese kurze Nachtruhe, neben mir im Ehebett der wie üblich furchtbar schnarchende Robert sowie rund um uns herum plaziert eine Unzahl zwitschernder Kanarienvögel in ihren Käfigen, war dann auch die letzte bizarre Episode unserer an Überraschungen wahrlich nicht armen Gamsjagdreise ins weihnachtliche Fogaras. Am Vormittag bedankten wir uns höflichst bei der reizenden alten Dame für ihre so großzügig gewährte Gastfreundschaft, und es folgte noch ein gemeinsamer Brunch mit Octavian und Valentina Pascale im Hotel Intercontinental. Dann aber kam unweigerlich der Abschied von unseren rumänischen Freunden. Nach einem letzten Weidmannsheil bestiegen Robert und ich in Otopeni die TAROM-Maschine nach Wien. In Schwechat wohlbehalten gelandet, trennten sich dort auch unsere Wege: Robert fuhr nach Kärnten weiter und ich nahm den Anschlußflug nach Zürich, wo schon die Familie, aber auch lästige berufliche Aufgaben auf mich warteten. Wie heißt es doch so treffend in Abwandlung von Schillers Drama „Don Carlos“:

„Ade, mein Karpatenjäger, die schönen Tage im Fogaras sind vorüber!“

Rehbockparadies Dolj

Im Jahre 1992 feierte ich einen „runden" Geburtstag – Grund genug auch für ein besonderes Jagdprogramm! Sieht man vom zwar stimmungsvollen, aber eher platonischen Schnepfenstrich ab, so begann das Jagdjahr bei uns traditionsgemäß mit dem Maibock in den weiten Jagdgefilden Osteuropas. Seit frühester Kindheit hatte das Zauberwort „Rehbockjagd" für mich einen magischen Klang, und daran vermochten auch zahlreiche Großwildjagdexpeditionen in alle Welt bis zum heutigen Tage nichts zu ändern; der ebenso anmutige wie kämpferische kleine Ritter fasziniert mich jedes Jahr aufs neue.

Im Jubiläumsjahr beabsichtigte ich, mir einen besonders kapitalen Rehbock zu gönnen, nach Möglichkeit den „Lebensbock" – die Zeiten wurden damals nicht gerade besser! Von vornherein stand fest, daß meine liebe Ehefrau E., genannt „Panthelina", mich begleiten und in bewährter Manier auf der Jagd unterstützen würde. Gemeinsam wollten wir, so ganz altmodisch nur zu zweit, einen gemütlichen Jagdurlaub ohne Zeitdruck und Kindergeschrei genießen; volle zwei Wochen hatte ich mir nach arbeitsreichen Monaten für dieses Vorhaben „herausschinden" können. Geist und Seele benötigten dringend ein Rundumservice, und da kam die aufgehende Bockjagdsaison gerade recht.

Doch wohin sollte diesmal die Reise gehen? Zur Diskussion standen nur Ungarn oder Rumänien: Rotweißgrün durchlebte gerade die jagdlichen Krisenjahre großer gesellschaftlicher Umwälzungen, so daß selbst die traditionsreiche MAVAD keine festen Zusagen für wirklich reife Kapitalböcke machen konnte. Andererseits hatten wir im Vorjahr in der nordwestrumänischen Region um Satu Mare, hart an der ukrainischen Grenze, urwüchsige, wenngleich strapazreiche Bockjagdfreuden genossen. Goldmedaillenböcke allerdings wuchsen dort – wie überall – auch nicht an jedem zweiten Baum, außerdem schreckten die mühsame Anreise sowie das möglicherweise noch kühle Wetter ab. „Vier Tage Autofahrt plus zehn Tage im Regen zu frieren sind nicht gerade das passendste Geburtsgeschenk", gab die kälteempfindliche E. zu bedenken. Schließlich konsultierten wir bei einem guten Glas Wein unseren bewährten Jagdfreund und Vermittler Robert. „Warum fahrt ihr nicht hinunter in die Dolj, dort herrscht um diese Jahreszeit – die Bockjagd beginnt erst am 16. Mai – herrliches Mittelmeerklima, und die Region ist für ihre starken Rehböcke seit jeher bekannt!" schlug der profunde Rumänienkenner vor. „Dolj – nie gehört! Wo liegt denn das?" fragten E. und ich unisono erstaunt. „In der Walachei, auch Altrumänien genannt. Die Dolj ist das Gebiet um Craiova bis zur Donau, die im Süden die Staatsgrenze zu Bulgarien bildet", wurden wir belehrt. Der Blick auf die Landkarte zeigte ein flaches Tiefland entlang der Donauzuflüsse Jiu und Olt, durchzogen von zahlreichen Gewässern; eine eher dünn besiedelte, offenbar vorwiegend landwirtschaftlich genutzte Gegend. Dies klang nicht schlecht für gute Rehböcke, erinnerte das Kartenbild doch verheißungsvoll an die Große Ungarische

Tiefebene entlang der Theiß, also die berühmten „Bockkomitate" Szolnok und Bekes, nur eben ein Stück weiter südlich.

„Und wie kommen wir dorthin? Die direkte Route über Belgrad und die Donaubrücke bei Calafat ist ja wohl versperrt!" lautete meine logische nächste Frage – in Jugoslawien herrschte damals gerade wieder einmal Bürgerkrieg. Doch auch da wußte Freund Robert einen guten Ausweg: „Ihr fliegt nach Bukarest, und dort holt euch Octavian ab. Das schwere Gepäck nehme ich einige Tage zuvor im Wagen nach Rumänien mit, ich habe ohnedies bei der „Silvexim" in Bukarest zu tun und fahre dann gleich weiter nach Bulgarien!" Die verlockende Aussicht, uns so die lange Autofahrt sowie vor allem die erfahrungsgemäß lästigen Grenzübertritte zu ersparen, gab den Ausschlag: Also auf in die Walachei, der ehemaligen Strafkolonie des alten römischen Reiches und späteren Geburtsstätte des großen „Conducatore" Nicolae Ceausescu! „Na gut Robert, dann sprich mal schön mit deiner Valentina Pascale bei der Bukarester „Silvexim"! gab E. den Startschuß und spielte dabei auf seine gerüchteweise enge Beziehung zu der genannten Beamtin in der staatlichen rumänischen Jagdverwaltung an.

Schon wenige Tage später kündete Roberts Telefonat von guten Nachrichten aus Rumänien. Abends trafen wir einander beim Heurigen in Wien, unser Freund war groß in Fahrt: „Ich kann euch gratulieren, ihr jagt in der Zeit vom 16. bis 28. Mai als einzige Gäste bei der ROMSILVA von Craiova. Das ist ein staatliches Protokollrevier von mehr als 35.000 Hektar, wo bis vor kurzem fast nur Diplomatenjagden abgehalten wurden. Auch der Conducatore selbst kam alljährlich mehrmals gerne dorthin und hat dann im selben Jagdhaus Bratovoesti gewohnt, in dem auch ihr untergebracht seid. Nach Valentinas Beschreibung ist es ein Palast. Ceausescus Geburtsort liegt übrigens ziemlich in der Nähe, daher hat er diese Gegend dem Vernehmen nach sehr bevorzugt. Ihr könnt schießen, was ihr wollt, mindestens 10 bis 15 jagdbare Rehböcke sind frei. Proviant sowie Bettzeug usw. brauchen nicht mitgenommen zu werden, es ist alles in super Qualität reichlich vorhanden; ein „Aro"-Jeep samt Fahrer wird von der Verwaltung gestellt. Treffpunkt mit dem Jagddirektor am Freitag, dem 15. Mai 1992, nachmittags in Craiova. Alles Weitere müßt ihr vor Ort selbst bestimmen, der Jagdvertrag kommt mit der Post. Weidmannsheil!"

Auf diese starke Ansage konnten wir wirklich getrost anstoßen, unser guter Robert hatte wie immer ganze Arbeit geleistet. In der begeisterten Vorfreude auf kommende Ereignisse wurde es noch ein recht vergnügter, feucht-fröhlicher Abend. Beschwingt vom Geist des Weines träumte ich während der folgenden Nacht von gewaltigen Jagdzügen im Schatten römischer Imperatoren, des Grafen Dracula sowie des Conducatore Ceausescu und seiner berüchtigten Gattin Elena.

Schon am nächsten Tag setzten dann die ernsthaften Reisevorbereitungen ein. Zumindest für mich war ohnedies nicht mehr viel zu erledigen: Als Waffe würde ich meinen bewährten Repetierer Mauser 66 S im rasanten Kaliber 6,5 x 68 mitnehmen, wogegen die Wahl der übrigen Ausrüstung und das mir verhaßte Packen in E.'s Ressort fiel; auf ihre erprobte Erfahrung konnte ich mich hundertprozentig verlassen.

So vertiefte ich mich zur Einstimmung in die Jagdliteratur und suchte hieraus etwas über die Verhältnisse zu erfahren, die wir in der Dolj vorfinden würden. Aber seltsam,

so viel die bekannten Klassiker etwa über Siebenbürgen, die Karpaten und das Donaudelta berichteten, so wenig jagdliche Schilderungen betrafen unser bevorstehendes Zielgebiet. Lediglich den Katalogen und Trophäenlisten der diversen Jagdausstellungen konnte ich entnehmen, daß diese Region in der Vergangenheit tatsächlich recht respektable Rehgehörne, aber auch gute Hirschgeweihe und vor allem Damschaufler hervorgebracht hatte.

Damit war die erlangbare Vorinformation aber bereits erschöpft; auch unter den mir bekannten älteren Rumänienfahrern aus der legendären Zeit noch vor 1974 fand sich eigenartigerweise niemand, der mir aus eigener Erfahrung etwas über die Rehböcke der Dolj hätte erzählen können. Selbst vom „Hörensagen" war da herzlich wenig zu erfahren. Der geneigte Leser kann sich vorstellen, daß demzufolge meine Spannung beträchtlich stieg und ich den Tag unseres Abfluges kaum noch erwarten konnte.

Über den einzelnen Verlauf unserer immerhin zweiwöchigen Jagdreise, die mir dann wirklich einen echten Höhepunkt meines langen Jägerlebens beschert hat, möchte ich in der Folge mein Jagdtagebuch direkt zu Wort kommen lassen:

Montag, 11. Mai 1992
Heute hat E. Geburtstag. Zur Feier des Tages gehen unser schweres Gepäck sowie der schlußendlich doch noch umfangreiche Proviant mit Robert per Auto nach Bukarest ab. Er selbst will auch zum vereinbarten Treffpunkt am 15. Mai, 14 Uhr Ortszeit, Flughafen Bukarest-Otopeni, kommen. Als Chauffeur ins Jagdgebiet hat sich unser bewährter Freund und Dolmetscher Octavian A. mit seinem betagten roten Dacia angesagt.

Mittwoch, 13. Mai 1992
Nach wochenlanger Funkstille meldet die ungarische MAVAD plötzlich um 17 Uhr 30 per Fax ganz aufgeregt, es sei in einem Luzernenfeld nahe Szolnok ein Kapitalbock mit sicherlich 550 g Gehörngewicht bestätigt worden; ich möge doch, bitte schön, gleich morgen zur Frühpirsch kommen und diesen erlegen. Jetzt auf einmal, rund 14 Tage nach Beginn der ungarischen Schußzeit! Ein schlechter Witz, doch ein gutes Beispiel dafür, wie hektisch und planlos die neuen Machthaber in Budapest agieren. Ziemlich kühl lasse ich zurückschreiben, ich hätte bereits anders disponiert.

Zu spät, meine Herren, im heurigen Mai fahren die Züge woanders hin!

Freitag, 15. Mai 1992
Endlich geht es los! Recht leger, nur mit Waffenkoffer und leichtem Gepäck, beginnen wir die Reise im grünen Jeep Cherokee – bis zur Tiefgarage des Wiener Hilton.

Auch das Auto hat nun Ruhepause für eine gründliche Wartung und Reinigung. Per Airport-Shuttlebus geht es dann gleich weiter zum Flughafen Wien-Schwechat. Bei strahlend schönem Wetter ist es mit 25 Grad Celsius für diese Jahreszeit recht heiß, so daß wir nur leichte Safaribekleidung tragen. Unser AUA-Flug OS 841 nach Bukarest startet pünktlich um 11 Uhr 50. An Bord wird mittels Wahlkarte für die Stichwahl des österreichischen Bundespräsidenten am 24. Mai gewählt; im Rennen sind noch Thomas

Klestil und Rudolf Streicher. In Bukarest-Otopeni lacht die Sonne vom blauen Himmel und es ist noch wärmer als in Wien. Programmgemäß erwartet uns Octavian mit freundlichem Lachen; auch der verläßliche und stets gutgelaunte Student freut sich sichtlich über das Wiedersehen sowie auf die kommenden Jagdtage. Zum Glück ist unser Gepäck vollständig zur Stelle, allerdings fehlt Robert. Octavian berichtet über dessen Mißgeschick: „Dem armen Robert hat man auf der Reise aus dem Auto 30.000,– Schilling nebst fast allen Dokumenten sowie zahlreiche Waren gestohlen. Jetzt ist er mit der polizeilichen Abwicklung voll beschäftigt und fährt dann gleich nach Bulgarien weiter. Aber er hat mir diesen Zettel für euch mitgegeben!"

Er überreicht mir eine handgeschriebene Nachricht des bedauernswerten Freundes: „Alles Sch …, aber macht euch um mich keine Sorgen! Ihr trefft den Jagdchef der Dolj, Herrn Inspektor Ing. Victor Stefanitza, heute nachmittag im Hotel Jiu in Craiova. Für Notfälle hier seine Dienstanschrift sowie die Privatadresse, jeweils mit Telefon.

Ich wünsche euch einen schönen Urlaub und ein kräftiges Weidmannsheil! Robert."

Wir rechnen es dem Verfasser hoch an, daß er bei all seinen persönlichen Problemen noch so fürsorglich an uns gedacht hat. Im übrigen ist es das alte Lied: weite Überlandreisen, egal mit welchem Verkehrsmittel, soll man tunlichst niemals alleine unternehmen – bei Stops jeglicher Art hat immer ein „Wachhabender" aufzupassen!

Octavians roter Dacia – das rumänische Modell des Renault R 12 – ist wahrlich nicht mehr neu, aber gut gepflegt. Mit dem nunmehr vollbeladenen Wagen nehmen wir sogleich die rund 250 Kilometer lange Fahrt nach Craiova in Angriff. Um mir die bereits bekannte und wegen des intensiven Schwerverkehrs gefürchtete Autobahnstrecke über Pitesti zu ersparen, wählt Octavian bewußt die etwas kürzere, jedoch ungleich langsamere Südroute auf der normalen Landstraße. So bietet er uns einen unmittelbaren Eindruck von dieser Gegend; zur Eile besteht kein Grund, da die Bockjagdsaison ja erst morgen aufgeht. Von der Bukarester Ringautobahn weg geht es nach Südwesten durch fruchtbares Agrarland: Wir passieren Alexandria und Rosiori de Vede, überqueren dann vor Caracal den breiten Olt-Fluß und erreichen schließlich nach etwa vierstündiger Fahrt die Bezirkshauptstadt Craiova. Je weiter südlich wir gelangen, desto bizarrer werden Land und Leute. Craiova entpuppt sich auf den ersten Blick als unsagbar häßliches Industriezentrum mit rund einer Viertelmillion Einwohner, allerdings gibt es dort auch eine Universität sowie ein bedeutendes Kunstmuseum.

Am Parkplatz des Hotel „Jiu" erwartet uns wie angekündigt der sehr nette Jagdchef des Bezirkes mit blankgeputztem „Aro"-Geländewagen samt Chauffeur in Forstuniform.

Ing. Victor Stefanitza selbst trägt Zivil und erweist sich als kultivierter Herr in mittleren Jahren, der perfekt Französisch spricht; er ist uns auf Anhieb sympathisch. Von einem Restaurantbesuch in Craiova – auch nur auf den von mir offerierten Willkommensdrink – rät der Jagdboß völlig zu Recht kategorisch ab: allein das Aufsuchen eines gewissen Örtchens in dem angeblich Vier-Sterne-Lokal gestaltet sich einfach unbeschreiblich – E. flüchtet entsetzt mit allen Anzeichen tiefen Erschauerns!

Ganz anders ist dann der Empfang im 30 Kilometer südlich entfernten Jagdhaus Bratovoesti, einem höchst gepflegten, angeblich sogar dem bevorzugten Quartier des früheren Staatspräsidenten Nicolae Ceausescu. Inmitten einer wunderschön angelegten, hermetisch eingezäunten Parklandschaft mit herrlichem Altbaumbestand – die Eiche, unter welcher ich diese Zeilen schreibe, ist sicherlich 400 Jahre alt – erwarten uns nicht nur ein luxuriöses, blitzsauberes und geschmackvoll eingerichtetes Domizil, sondern auch überaus zuvorkommendes Personal alten Stils. Da reicht man nach alter Landestradition gleich zur Begrüßung auf der Veranda Brot, Salz und Schnaps; im offenen Kamin des holzgetäfelten Speisesaales prasseln heimelige Eichenscheiter und an der stets reichbestückten Tafel glänzen auf weißem Damast wertvolles Porzellan, komplette Kristallglasgarnituren sowie erlesenes Silberbesteck. Küche und Keller bieten nicht nur ausgezeichnete Landesspezialitäten, sondern auch internationale Delikatessen einschließlich französischer Spirituosen, kurzum alles, was man sich auch in einem mitteleuropäischen Herrschaftshaushalt nur vorstellen kann. Unsere Gastgeber lesen uns buchstäblich auf Schritt und Tritt jeglichen Wunsch von den Augen ab; man merkt, hier ist ein streng ausgewähltes, auf unzähligen offiziellen Staatsempfängen protokollarisch geschultes Personal am Werk.

Apropos Personal: Im Jagdhaus Bratovoesti sind einzig und allein für uns kleines Wiener Jägerehepaar zumindest folgende Betreuer ständig stationär im Einsatz: ein Oberkellner und gleichzeitig Butler (im Smoking mit Mascherl), ein weiterer Kellner (mit Jackett und Krawatte), eine sogenannte Hausdame, ein für die Dauer unseres Aufenthaltes offenbar karrenzierter Kanzleioberförster, ein weiterer Förster, zwei Hilfsförster, ein „Jagdtechniker" (?), ein Koch, zwei weitere weibliche Hilfskräfte, ein Chauffeur und natürlich unser Octavian als Dolmetscher. Hinzu kommen noch die regionalen Revierjäger sowie Jeepfahrer des immerhin 35.000 Hektar großen Jagdgebietes, in Summe weitere rund 15 Mann. Dieses beachtliche Truppenaufgebot wird von Ing. Victor Stefanitza (offizieller Titel: Generalinspektor und Jagdchefingenieur) souverän und mit penibler Genauigkeit geleitet; hier wird unübersehbar seine Routine als langjähriger Organisator von Diplomatenjagden deutlich. Zwischendurch fungiert der Jagdchef noch als charmanter Unterhalter, spielt tagsüber mit mir Karten und begleitet uns oftmals auch persönlich zur Pirsch – man fragt sich ernsthaft, wann der Mann denn eigentlich zum Schlafen kommt!

Soweit der wirklich imposante Rahmen unserer Unterkunft und Betreuung.

Leider bringt die übliche „Stabsbesprechung" am Vorabend des ersten Jagdtages trotz allem höflichen Zuvorkommen ans Licht, daß es mit den jagdlichen Verhältnissen selbst nicht ganz so ideal bestellt ist: sämtlichen Reviermeldungen zufolge mangelt es vorerst an echten Kapitalböcken – diese sind angeblich in ganz Rumänien kaum mehr vorhanden! Auch die im Jagdhaus Bratovoesti zur Schau gestellten Rehkronen kann man nur als zwar gut, von einem „Lebensbock" aber weit entfernt, bezeichnen. Wesentlich besser erscheinen mir die Geweihe der Rothirsche aus dem Revier unmittelbar rund um unser Quartier; diese dürften dort wohl „die erste Geige spielen". Auch Damwild ist hier reichlich vertreten, es gibt sogar einen eigenen Museumspavillon mit Ceausescus imposanten persönlichen Schauflertrophäen.

Unweit davon findet sich der obligate Hubschrauberlandeplatz, und auch die auffallend fragile Holzbrücke über einen tiefen Wassergraben knapp vor der einzigen Parkzufahrt ist noch vorhanden. Letztere dient dem vorsorglichen Schutz vor Panzerangriffen all-

fälliger Putschisten, welche alle Diktatoren dieser Welt wohl nicht ohne Grund besonders fürchten. Diese ominösen Brücken sind bewußt so schwach ausgelegt, daß sie dem Gewicht eines darüberrollenden Panzers keinesfalls standhalten, sondern mit Sicherheit zusammenbrechen würden. Das schwere Fahrzeug eines ungebetenen Besuchers müßte so zwangsläufig in den darunterliegenden Schutzgraben fallen. Übrigens ist dieser Gedanke gar nicht so neu: auch die alten Ritter haben ihre Wehrburgen ähnlich gesichert, wenngleich zumeist mit Zugbrücken. Gegen Luftattacken aller Art hat der um seine Sicherheit besorgte Staatspräsident Ceausescu in Bratovoesti – so wie auch in allen seinen anderen Jagdhäusern – einen gutausgebauten ABC-Bunker installieren lassen. Eine solche Anlage war schon im Vorjahr anläßlich der Rehbockjagd in Satu Mare der bevorzugte Spielplatz unseres damals mitgereisten fünfjährigen Sohnes Constantin gewesen.

Abgesehen von derart martialischen Kriegsängsten gedenken die Mitglieder der Belegschaft hier in Bratovoesti ihres verstorbenen vormaligen Hausherren durchaus nicht nur negativ. Und damit haben sie persönlich im Grunde genommen gar nicht so unrecht, denn der Conducatore hat allem Anschein nach zumindest für die Jagd und auch sein Personal gut gesorgt.

Allerdings dürften ihm da die Rehböcke vergleichsweise weniger am Herzen gelegen sein als Hirsche, Damschaufler und Bären. Oder liegt das behauptete landesweite Manko an alten Kapitalen eher daran, daß sich Rehe viel leichter per Rucksack in einheimische Kochtöpfe befördern lassen als Großwild?

Samstag, 16. Mai 1992

„Gut' Ding braucht Weile und die ersten Pflaumen sind madig!" – dieses alte Sprichwort gilt offenbar auch für die Rehbockjagd in der vielgerühmten Dolj, denn unsere erste Pirsch verläuft wenig verheißungsvoll: Nach äußerst früher Tagwache – immerhin geht ja heute die Bockjagd auf! – rattern wir zunächst noch in stockdunkler Nacht mit dem „Aro"-Geländewagen etwa 80 Minuten lang ins Nirwana, um dann an einem vorerst unsichtbaren Revierort auf eine bestellte „Carozza", die rumänische Jagdkutsche, zu warten. Diese Bezeichnung erweist sich als reichlich hochgestochen, denn schließlich erscheint eine simple Mistkarre mit einem ausgesprochenen Mistvieh von Pferd als vorgespanntem Zugtier. Ich sitze wie ein Fakir vorne in der Carozza auf einer Art eingehängten Papageienstange, und die auf Stahlschraubfedern gelagerte Eisendeichsel dieses seltsamen Gefährts quietscht bei jeder Bewegung entsetzlich.

Ungeachtet aller Kommandos des kutschierenden Försters bleibt das Pferd nie stehen, wenn einmal wirklich Wild in Anblick kommt, und zu allem Überfluß furzt und stinkt der Gaul auch noch erbärmlich. So ist es kein Wunder, daß wir am „Premierenmorgen" trotz bestem Wetter in diesem an sich schönen Wald-Feld-Revier außer einem ganz jungen Rehbock sowie einigen Gaisen nichts sehen. Schwer enttäuscht treten wir schließlich am späteren Vormittag die weite Rückfahrt ins Jagdhaus an. Dort machen wir unserem Unmut gehörig Luft und denken ernsthaft an Heimreise. In der akuten Not kontaktieren wir sogar Valentina Pascale in Bukarest, doch diese zeigt sich auch nicht als große Hilfe; am Telefon erklärt sie lediglich lapidar, einen Rehbock, wie ich ihn mir

vorstelle, gäbe es in ganz Rumänien nicht mehr. Alle Heimflug-, Heimfahrt- und sonstigen Überlegungen, einschließlich einer Übersiedlung nach Ungarn zum „Luzernenbock" bei Szolnok erweisen sich als undurchführbar. Verärgert rauche ich die seit Monaten wiederum ersten Zigaretten, trinke zuviel Wein, esse zu reichlich Salami – und erleide prompt einen scheußlichen Brechdurchfall: selber schuld!

Nolens-volens trete ich aber dann doch zur Abendpirsch an, und diese führt uns in ein erfolgversprechenderes Revier: die sogenannte Sergarcia Cobia bzw. Panaghia Cobia.

Dieser landschaftlich wunderschöne Mischwaldkomplex wird vorwiegend jagdlich genutzt. In seinem Zentrum befindet sich eine weitläufige Fasanerie, wogegen die umliegenden Bestände im Ausmaß von etwa 3.000 Hektar als großzügige Hegemaßnahme von einem quadratischen System breiter Wildackerschneisen durchzogen sind. Auf diesen gedeihen typische Äsungspflanzen wie Luzernenklee, Erbsen, Markstammkohl sowie andere Köstlichkeiten speziell für das Wild. Auf der Revierkarte sind die Schneisen zwecks leichterer Orientierung genau numeriert, so daß für die dortige Jagdausübung mitunter regelrechte Strategien entworfen werden, was der Sache natürlich einen zusätzlichen Reiz verleiht. An diesem Abend pirsche ich gemeinsam mit E. einen auf weite Distanz interessant erscheinenden Rehbock an, doch der Erfolg unserer Aktion scheitert am Übereifer eines örtlichen Hilfsjägers: Der in ein rotkariertes Hemd gekleidete Rumäne vermeint uns unbedingt Hilfestellung geben zu müssen. Auch meine unmißverständliche Aufforderung, er möge sich sofort in nichts auflösen und verschwinden, kann den Ungebetenen leider nicht davon abhalten.

So kommt, was kommen mußte: Sichtlich vergrämt springt der Bock unter lautem Schrecken ab. Ende der Vorstellung!

Durch dieses Mißgeschick gewitzigt und um eine Erfahrung reicher, erkläre ich unseren Begleitern ganz rigoros, daß künftig jegliches Angehen von Wild oder sonstige „Nahkampfaktionen" ausnahmslos nur noch durch E. und mich alleine erfolgen. Es ist ohnedies manchmal „einer schon zuviel". Unser oftmals recht kopfstarker Jagdtroß erscheint mir allzu üppig und bei der Pirschjagd auf Rehböcke völlig unangebracht. Sicherlich meinen es die Rumänen nur gut, aber sie sind – von wenigen Ausnahmen abgesehen – ein planmäßig durchdachtes Jagen nicht gewohnt und können oftmals auch unsere Überlegungen nicht nachvollziehen. So lautet ab sofort die strikte Devise: bestätigen: ja; begleiten und beobachten: auch ja; einen Jagderfolg gemeinsam feiern: selbstverständlich ja; aber sobald es wirklich ernst wird, rücken Herr und Frau Doktor alleine aus! Diese klare Ansage wird von Octavian wörtlich übersetzt sowie mehrmals wiederholt, nach einigem Hin und Her gibt auch Ing. Stefanitza als Jagdchef sein offizielles Placet dazu, und die Maßnahme bewährt sich in der Folge sehr.

Als es langsam dämmerig wird, sitzen E. und ich an diesem Abend in der Panaghia Cobia noch auf einen legendären Kapitalbock an, der aber glänzt durch Abwesenheit. Phasenweise beginnt es leicht zu regnen. Immerhin bekommen wir dort einige Rehböcke, wenngleich keinen schußbaren, in Anblick. Auch ein mittlerer Keiler gibt uns die Ehre; wie in den meisten Bezirken Rumäniens ist aber Schwarzwild bis zum August vernünftigerweise generell geschont. Schon zuvor war uns eine starke Rotte Sauen – durchwegs Bachen mit ihren Frischlingen, darunter ein gescheckter – begegnet. Kurz

vor Einbruch der Dunkelheit entdecke ich im angrenzenden Getreidefeld auf beträchtliche Entfernung ein dunkelrotes, im Habitus auffallend starkes Reh. Die Optik zeigt einen hohen Rehbock, doch Genaueres ist vorerst nicht zu erkennen. So gehe ich im letzten Licht aufs Geratewohl durch die Frucht direkt auf den Bock zu und komme tatsächlich auf etwa 50 Meter Distanz heran. Mittlerweile ist es jedoch schon so dunkel geworden, daß ich selbst aus der Nähe nicht mehr verläßlich ansprechen kann, daher unterbleibt der Schuß ins Ungewisse.

Bereits am ersten Jagdtag wird deutlich, daß die in Rumänien kürzlich durchgeführte Bodenreform, mit der das Ackerland in kleinsten Parzellen auf die Bevölkerung aufgeteilt worden ist, für den Jagdbetrieb höchst nachteilige Folgen nach sich zieht. Es mangelt sehr an begleitenden organisatorischen Maßnahmen und vor allem an einer gewachsenen bäuerlichen Struktur. So wandern augenscheinlich planlos überall wahre Heerscharen von Menschen umher und bearbeiten anhand von imaginären Ortszeichen ohne erkennbaren Sinn irgendein Fleckchen Erde. Auch dürfte verstärkt gewildert werden: Schon am ersten Tag hören wir in der Cobia gegen 18 Uhr ganz in der Nähe – wohl von der Straße aus – einen ungeklärten Kugelschuß fallen. Wie bisher noch mit jeder Revolution, so geht auch mit der jüngsten hier offensichtlich ein rasanter Verfall von Ruhe und Disziplin einher; die zunehmende Ohnmacht der staatlichen Ordnungskräfte, sei es nun Polizei, Militär oder auch Jagdschutz, ist evident.

Der insgesamt doch positive Verlauf dieser Abendpirsch hat die Gemüter wieder halbwegs beruhigt, so daß wir den Abend in leicht gehobener Stimmung verbringen.

Zwecks Magenschonung nehme ich allerdings nur einen spärlichen Imbiß zu mir und in Erwartung hoffentlich kommender Ereignisse verkünde ich um 22 Uhr schon relativ früh den Zapfenstreich.

Sonntag, 17. Mai 1992

Ich erwache erfrischt und ausgeruht mit einem vorerst unbegründeten Hochgefühl: Heute wird es klappen! Ein herrlicher Tag bricht an: Als wir unter klarem Sternenhimmel starten, ist die Nacht noch empfindlich kühl, später wird es bei wolkenlosem Sonnenschein hochsommerlich heiß. Im ersten Schußlicht spekulieren E. und ich zunächst die Feldkante ab. Wir sehen einige ganz gute Böcke, doch erscheinen mir alle noch zu jung. Wir beschließen, uns mit dem „Aro" zur Cobia „umzustellen", um dort im Bereich der Fasanerie sowie auf den umliegenden Luzerneschneisen unser Weidmannsheil durch eine ausgedehnte Tagespirsch zu versuchen. Während der Fahrt dorthin springt am Waldrand ein starker Bock ab. Ich lasse sofort halten, und diesmal müssen wirklich alle Begleiter, sogar E., im Wagen zurückbleiben. Dann beginne ich, nur mit Gewehr, Fernglas und Bergstock bewaffnet, die nicht allzu große Waldparzelle systematisch abzuspüren. Bald schon wird klar, daß ich es offenbar mit einem sehr gewieften alten Hausherren zu tun habe. Im Laubholzdschungel eingesprengt, sind einzelne armdicke Kiefern rotleuchtend verfegt. Etwa eine Stunde dauert meine Suche bereits, doch ich gebe nicht auf und schleiche nach wiederholter Einholung des passenden Windes immer wieder vorsichtig durch den popcorntrockenen Eichenfilz. Schon vor 18 Jahren im Gösinger Ötscherland bei Mariazell sowie erst kürzlich 1991 bei Satu Mare in

Nordrumänien war ich mit dieser Methode erfolgreich. Und wirklich, nach ungezählten Schleichpartien wird auch diesmal der Bock vor mir im Holz auf etwa 80 Meter flüchtig hoch, bleibt jedoch auf meinen Pfiff hin reichlich verdeckt kurz stehen, so daß ich schemenhaft den gedrungenen Wildkörper und darüber ein ganz weißes Haupt erkennen kann. Eine vermeintliche Lücke nutzend, schieße ich kurz entschlossen über den Bergstock „quer durchs Gemüse", aber die Kugel verschlägt doch an einem der wahrlich zahlreich vorhandenen Äste. Allerdings kennt sich der Rehbock jetzt selbst nicht mehr aus! Schnell repetiert, halte ich nochmals auf die nach wie vor sichtbare Silhouette des zweifellos alten Bockes – er hat diesen zweiten Schuß nicht mehr vernommen! Nun bin ich auf meine Beute schon selbst sehr gespannt, denn viel mehr als ihr ungefähres Alter ist auch mir nicht bekannt. Trotz aller Dramatik habe ich die Anschußstelle nicht aus den Augen verloren. Schnell werden die ärgsten Spinnweben, Zweige und Kiefernnadeln aus dem verschwitzten Gesicht entfernt, dann trete ich vorsichtig mit schußbereiter Büchse bis knapp an die besagte Stelle heran. Da leuchtet es auch schon rot: die hochrasante 6,5 x 68 hat knapp unter dem Rückgrat Leben gefaßt und den alten Recken schlagartig verenden lassen. Ein flüchtiger Blick beruhigt mich: Der Rehbock „paßt" in jeder Beziehung.

Einer inneren Regung folgend, hole ich zu allererst die wartenden Gefährten herbei: Gemeinsam mit ihnen möchte ich den feierlichen Augenblick der endgültigen Inbesitznahme genießen, sie sollen daran auch ihren Anteil haben! Tatsächlich warten noch alle brav draußen am Feldrain im und um den „Aro" gruppiert, „Panthelina" auf die beiden Schüsse hin schon vertrauensvoll mit dem silbernen Flachmann in der Hand.

„Das dauert aber lange, wenn man dich einmal alleine losschickt! Und überhaupt – wo ist der Bruch?" empfängt sie ihren sichtlich abgekämpften Weidmann. Ich flunkere etwas von unsicheren Schußzeichen und veranstalte ein wenig „Nachsuchentheater" in Schwarmlinie, damit auch die Freunde ein bißchen vom Segen dieser bürstendicken Eichendickung auf den Kopf bekommen, aber schließlich stehen wir doch bald am Stück.

Vor uns liegt ein ungerader Achterbock mit knuffigen, nicht allzu hohen, dafür aber reich geperlten Stangen auf wuchtigen Rosen. Auch Vereckung, Auslage sowie Farbe des edlen Gehörns lassen keinen Wunsch offen, kurzum ein echter Erntebock im Alter von etwa 8 Jahren; er erreicht später bei der Bewertung die Silbermedaille nach CIC.

Jetzt ist der allseitige Jubel natürlich groß, und E. fällt mir bei der Bruchüberreichung um den Hals. Draußen im hellen Sonnenlicht legen wir den alten Platzbock der Panaghia Bala, denn so heißt der Revierort seiner Erlegung, feierlich zur Strecke. Nach ausgiebigem Fotografieren bei idealen Bedingungen schmeckt das improvisierte Jagdfrühstück aus dem Rucksack verständlicherweise besonders gut.

Um das herrliche Wetter auszunutzen, fahren wir anschließend noch weiter zur Fasanerie. Auf den schier endlosen Luzernenbahnen dieser wunderschönen Wildkammer ist auch tagsüber immer Betrieb: Rehe und Sauen fühlen sich hier sichtlich wohl und ungestört. Ohne eigentliche jagdliche Absichten – nach dem beglückenden Erfolg des Morgens könnte mich nur ein besonders Kapitaler noch zum Schuß reizen – unternehmen E. und ich eine ausgedehnte „Faulpirsch"; dabei bekommen wir mehr als ein Dutzend Rehe, darunter 8 Böcke, ganz vertraut in Anblick. In aller Ruhe kann ich meiner Frau

die einzelnen Altersstufen des Rehwildes bei vollem Tageslicht in natura – zum Teil sogar simultan – vorführen und erläutern. Wann bzw. wo besteht in den überlaufenen Revieren Mitteleuropas heute noch Gelegenheit zu einem derartigen Anschauungsunterricht? Als es gegen Mittag dann brütend heiß wird, treffen wir nach diesem eindrucksvollen Naturerlebnis hochzufrieden wiederum bei unserer Begleiterschar ein. Vor der Rückfahrt zum Jagdhaus halten wir noch einen kleinen Lokalaugenschein bei dem Getreidefeld ab, wo ich gestern im letzten Licht den dunkelroten Rehbock gesehen habe, aber nicht mehr ansprechen konnte. Als Ergebnis kurzer Stabsplanung bauen wir in Waldrandnähe aus Eichenzweigen einen kleinen Ansitzschirm; dort wollen E. und ich heute abend vor Einbruch der Dunkelheit auf den Unbekannten warten. Den rumänischen Jagdhelfern teile ich gleich jetzt mir günstig erscheinende Beobachterposten zu, so braucht es am Abend kein störendes Diskutieren mehr. Am Heimweg begegnen wir noch einem Hochzeitszug mit fröhlicher Zigeunerkapelle an der Spitze – wenn das kein gutes Omen ist!

Im Jagdhaus angekommen, kann ich durchsetzen, daß unser Bock entgegen der in Rumänien sonst üblichen Handhabung gleich kurz, das heißt ohne Oberkiefer, gekappt wird. Dafür habe ich wohlweislich meine eigene Schablonenlehre mitgebracht; diese Vorsorge bewährt sich erfahrungsgemäß sehr, wenn schließlich nach Gehörngewicht abgerechnet wird. Jetzt befindet sich die Trophäe im Wasserbad, und auch wir haben eine rasche Dusche vor dem Mittagessen recht nötig.

Beim gemütlichen Lunch mit interessanten Fachgesprächen komme ich unserem Jagdchef Ing. Victor Stefanitza auch menschlich näher. Wir erkennen in ihm einen hochgebildeten, kultivierten Herrn mit erstaunlich weitem Horizont sowie feinem Sinn für Humor. Sein geschliffener Witz und manchmal auch sarkastische Ironie beleben erfrischend unsere Tischgespräche. Beide vorgenannten Eigenschaften wird er in diesen schwierigen Zeiten sicherlich dringend nötig haben …

Nunmehr sitze ich beschaulich im Park unter der alten Eiche, und die Vögel zwitschern, während ich diese Zeilen schreibe. Endlich habe ich meine lang entbehrte Ruhe und das so wichtige seelische Gleichgewicht wiedergefunden.

Mir ist vollends bewußt, welch heutzutage einmalige Gelegenheit uns hier geboten wird, in dieser gepflegten Atmosphäre herrschaftlicher Nostalgie, gepaart mit beinahe orientalischer Großzügigkeit, faktisch unbegrenzt weidwerken zu dürfen. So nehme ich mir fest vor, die noch folgenden Jagdtage in dieser herrlichen Umgebung in vollen Zügen zu genießen.

Jetzt wird es langsam Zeit, mich umzuziehen und bedächtig meine Siebensachen für die Abendpirsch herzurichten. Auch „Panthelina" ist noch aus ihrem nachmittäglichen Schlummer zu wecken.

Bei nach wie vor prachtvollem Wetter beginnen E. und ich die abendliche Unternehmung auf der Mittelschneise der Cobia, wo wir von unserem Ausgangspunkt unweit der Fasanerie mit dem 30fachen Spektiv auf ca. 3 bis 4 Kilometer (!) Distanz einen im Wildbret sehr starken Rehbock ausmachen. Am Waldrand dieses schnurgeraden Wildackers entlangpirschend, gelingt uns vorerst das Herankommen trotz der vielen

„zwischenliegenden" Rehe – insgesamt haben wir an diesem denkwürdigen Abend rund 60 Stück in Anblick, darunter mindestens 30 Böcke. Doch plötzlich stehen wir vor drei wildernden Hunden, die ebenfalls in Richtung unseres Rehbockes jagen! Den stärksten von ihnen, einen Wolfsbastard, schieße ich freihändig auf etwa 150 Meter, den sofort wegflüchtenden zweiten fehle ich leider zweimal. Infolge dieser Kanonade ist der besagte Bock natürlich ebenfalls verschwunden, dennoch setzen wir unsere Pirsch in die ursprüngliche Richtung fort. „Wenn hier offenbar ständig gewildert wird und es laufend kracht, so sollte der Bock die Störung nicht allzu tragisch nehmen!" bemerke ich eben leise zu meiner Frau, als schon vor uns ein Reh aus dem Wald auf die Luzerne hinausprescht. Ein stärkeres zweites Stück stoppt hart am Feldrain hinter einem Strauch und beginnt dort heftig zu plätzen. Der Altbock treibt einen jüngeren Rivalen! Da wir in diesem Augenblick dummerweise ohne viel Deckung selbst frei am Rande der Kleefrucht stehen, nehmen uns die Rehböcke ungeachtet ihrer privaten Auseinandersetzung sehr bald wahr: beide verhoffen stichgerade auf uns zu. In meiner Bewegung erstarrt, erkenne ich mit freiem Auge, daß der linke Bock fast doppelt so stark ist wie sein rechts stehender Kontrahent, allerdings ist dieser noch halb verdeckt. E. hat eine Zehntelsekunde mehr riskiert und ihr Fernglas oben: „Der Linke!" haucht sie und reicht mir auch schon den Bergstock vor. Jetzt bewährt sich unser langjährig eingespieltes Teamwork, für ein Ansprechen durchs Spektiv ist wahrlich keine Zeit mehr. In höchster Eile nehme ich die Mauserin hoch und schieße am Bergstock angestrichen etwa 150 Meter weit auf den Starken; allerdings befinden sich immer noch einige Zweige unmittelbar vor dem Wildkörper und ich sehe im Zielfernrohr mehr Grün als Rot. Dieser erste Schuß, entweder verwackelt oder die Kugel verschlagen, zeigt keinerlei Wirkung, der Bock steht ungerührt wie eine Statue hinter seinem Busch. Nach fieberhaftem Repetieren verläßt die nächste 6,5 Teilmantelspitz den Lauf und tut diesmal ihre Schuldigkeit: Im Knall zeichnet der Beschossene durch eine einzige Steilflucht schräg nach vorne, dann versinkt die rote Silhoutte für uns unsichtbar in den bereits recht hohen Luzernen. „Paß auf, er schlegelt noch!" ruft E.; sie hat das ganze Geschehen durch ihren Gucker beobachtet und sieht einige Kleehalme wackeln. Einen Krellschuß befürchtend, laufe ich schnellstens zum Anschuß und setze dem tatsächlich noch nicht verendeten Rehbock einen Fangschuß auf den Träger. Eigentlich wäre dies nicht mehr erforderlich gewesen, denn der erste Treffer sitzt kurz hinter dem Blatt. Aber sicher ist sicher und haben besser als hätten! Jetzt erst bricht bei mir das Jagdfieber voll aus; ich muß ein paarmal kräftig duchatmen, ehe ich E.'s Weidmannsheil und die Brüche gebührend in Empfang nehmen kann.

Der dramatische Ablauf und die etwas zweifelhafte Schußleistung haben mein Nervenkostüm doch erheblich strapaziert!

Vor uns liegt ein wirklich alter Abschußbock mit interessanter, leicht abnormer Trophäe, deren eine Stange dolchartig ausgebildet ist. Daß der Alte seine sichtlich bereits zurückgesetzte Hauptzier sehr effektiv als Waffe einzusetzen vermochte, hat er uns nicht nur selbst vorgeführt, sondern bezeugen wohl auch zahlreiche Schmisse auf der Decke. Der Zahnabschliff deutet auf ein Alter von 8 bis 10 Jahren. Allerdings vertrete ich seit jeher den Standpunkt, diese Schätzungsmethode sei nicht unproblematisch. Gerade mein

heutiger Platzbock bestätigt wiederum diese Ansicht: er ist mugelfeist und auch sonst in bester körperlicher Verfassung, was eigentlich gegen ein Greisenalter spricht. Die wahrhaft riesigen Körperausmaße dieses Rehbockes sind überhaupt auffallend: Aufgebrochen und ohne Haupt beträgt das Wildbretgewicht bahnfertig nicht weniger als volle 40 Kilogramm! Generell dürften die Rehe der Dolj im Habitus sowie speziell nach den Schädelmaßen durchwegs etwas größer dimensioniert sein als ihre mitteleuropäischen, aber auch nordrumänischen Artgenossen. Das gleiche Erscheinungsbild findet sich bekanntlich auch bei den Karpatengams. Im Gegensatz zu letzteren scheinen jedoch die südrumänischen Rehbocktrophäen nicht allgemein stärker als etwa jene aus Ungarn oder Siebenbürgen. Auch darin bewahrheitet sich einmal mehr die alte Erkenntnis, daß die Spezifika gerade dieses kleinsten unserer heimischen Cerviden besonders komplex gelagert sind.

Doch nach derart theoretischen Erwägungen wieder zurück in die Panghia Cobia zum aufregenden Jagdgeschehen dieses Abends: Bei der warmen, windstillen Witterung bedecken sogleich Myriaden von Gelsen unsere Beute; daher erfolgen Fotografieren und Versorgen des Bockes im Eiltempo. Danach ziehen wir den Wildkörper ins Waldrandgebüsch, ich lege zwei leere Patronenhülsen darauf, und gegen zweibeiniges Gesindel verblenden wir das Ganze zusätzlich mit E.'s Lodenumhang.

Auf dem langen Rückmarsch kommt noch viel Wild in Anblick, jedoch kein reifer Rehbock mehr. Schließlich treffen wir einen Teil unserer Begleitmannschaft und versuchen noch eine kurze Pirsch auf den schon am Vortag gesuchten „Sagenhaften"; doch dieser ist wieder nicht zu Hause. Wer weiß, vielleicht hat er schon längst ein unrühmliches Ende durch Wildererhand gefunden! Mittlerweile kommen nach Einbruch der Dunkelheit auch Ing. Stefanitza und dessen Adjutant mit dem „Aro" zu uns zurück. Der Jagdchef hat von seinem Beobachtungsposten aus einen recht starken Kreuzbock gesehen, der einsam auf den erst spannlangen Pflanzen eines riesigen Sonnenblumenfeldes äste. In seiner humorvollen Art meint Ing. Stefanitza, dieser wirke „wie ein Kamel in der Wüste". Schon hat dieser Bock seinen Spitznamen „das Kamel" weg, und morgen wollen wir uns eifrig um ihn kümmern. Dann holen wir alle gemeinsam unsere stolze Beute ein, und auch die Rumänen staunen nicht schlecht über die Wildbretstärke des Alten. Meinen Abschuß des wildernden Hundes kommentieren sie anerkennend und bedauern nur, daß uns die anderen Übeltäter entwischen konnten. Beglückt von den Ereignissen dieses erfolgreichen Jagdtages treten wir – auch schon etwas hungrig und durstig – die Heimfahrt nach Bratovoesti an.

Möglicherweise werden besonderes kritische Weidgenossen unter den Lesern an unserem jägerischen Verhalten den einen oder anderen Punkt auszusetzen haben. Wer gewohnt ist, in supergepflegten heimatlichen Minirevieren ausschließlich todsicher bestätigtes Wild von bequemen Kanzeln aus quasi auf Armeslänge zu strecken, der mag damit vielleicht auch recht haben.

Man darf aber nicht übersehen, daß wir urige, weitgehend unkontrollierbare Riesenreviere in einem postrevolutionären Land bejagen, wo ganz andere Verhältnisse herrschen als auf den verbliebenen Restjagdflächen der mitteleuropäischen Kultursteppe; gleichen doch letztere oft nicht bloß äußerlich einem Golfplatz, sondern werden auch wie ein

solcher rund um die Uhr wohlbehütet. Insofern unterscheiden sich sohin schon die Rahmenbedingungen der Jagd hier und dort grundlegend voneinander; sie sind daher auch nach verschiedenen Maßstäben zu beurteilen. Chacun a son gout!

Wir jedenfalls feiern beim sonntäglichen Abendessen im Jagdhaus Bratovoesti unsere Jagd vom Tage in vollen Zügen und lassen uns die aufgetischten Köstlichkeiten nach Herzenslust schmecken. „Panthelina" bekommt sogar als Vorspeise ihre geliebte frisch geröstete Rehleber mit viel Zwiebeln, wogegen ich bei Innereien aller Art eher passe. Dafür munden mir die ganz hervorragenden Weine aus der Region „Stefanesti-Arges" sowie der lokal gebrannte Pflaumenschnaps „Tuica" besonders gut. Es wird noch ein sehr vergnügter Abend im beschwingten Kreis gleichgesinnter Jäger, ehe wir lange nach Mitternacht schlafen gehen.

Montag, 18. Mai 1992

Das Wetter hat total umgeschlagen, es regnet und ist recht kalt. E. leidet an Migräne, mit einiger Verspätung starten wir ohne sie ins Revier. Dieser Morgen beschert meinen rumänischen Begleitern und mir nur sehr wenig Anblick, auch eine wilde Pirschfahrt quer durch unwegsame Eichenurwälder bringt nichts, außer daß unser „Aro" diese Tortur nicht übersteht – er gibt genau vor der Militärkaserne von Craiova seinen Geist auf. Große Aufregung beim dortigen Wachposten, man unterstellt uns Spionage! Erst nach langem Hin und Her trifft ein Ersatzwagen der Forstverwaltung ein und bringt uns ins Jagdhaus Bratovoesti. Die Stimmung ist gedrückt. Nachmittags fühlt sich E. zum Glück wieder etwas besser; wir wollen uns gemeinsam auf das „Kamel" ansetzen. Die weite Anfahrt über aufgeweichte schlammige Feldwege wird zur Qual, vor allem auch wegen der miserablen „Aro"-Sitze.

Das berühmte Kamel glänzt natürlich durch Abwesenheit. Dafür kommt uns ein anderer, recht guter, hoher Bock in Anblick. Seine schwarzen Stangen sowie blitzend weißen Enden prahlen in ihrer Nässe eindrucksvoll und lassen mich lange schwanken. Bei vollem Tageslicht studiere ich den im Sonnenblumenfeld vor uns äsenden Rehbock in aller Ruhe durch das Spektiv, um ihn dann schließlich doch zu pardonieren. Insgesamt scheint er mir kaum älter als 4 Jahre zu sein und wäre so auf der Strecke wohl nur eine Enttäuschung geworden. Als dann am Spätnachmittag die Sonne durchbricht, kommt Bewegung ins Wild: Wir sehen noch einige andere Rehböcke, sie sind jedoch allesamt entweder schwach oder eindeutig zu jung.

Bevor es dunkel wird, beschert uns der Ansitz in der „Kamelwüste" noch eine, wenngleich negative, Überraschung: Zunächst ziehen drei Gaisen auffallend nervös zu Felde. Die Erklärung für dieses Verhalten läßt nicht lange auf sich warten, denn es folgt alsbald ein riesiger schwarzer Hund, der die Rehe munter zu jagen beginnt. Dies allerdings nicht mehr lange, denn dann setzt die rasante 6,5 x 68 aus meiner Mauserin seinem Wildererleben ein Ende. Gerade als wir den im Knall Verendeten – wegen der Tollwutgefahr mit aller Vorsicht – in einen Feldgraben bugsieren, tauchen vom Waldrand her noch zwei Hunde, diesmal ein grauer und ein semmelgelber, auf! Leider erfassen diese – wohl aus Erfahrung – blitzartig die Situation, und ich komme um wenige Sekunden zu spät. Hochflüchtig, verschwinden sie im nächsten Gebüsch.

Verständlicherweise ist das Wild im weiten Umkreis höchst beunruhigt, denn die wildernden Hunde jagen hier offenbar überall in Rudelmanier wie Wölfe. Und das mitten in der Setzzeit!

Diese untragbaren Mißstände sind dann natürlich das Thema Nr. 1 beim Abendessen im Jagdhaus. Wie sich aus dem Tischgespräch ergibt, scheut die neue rumänische Regierung aus unerfindlichen, wahrscheinlich politisch motivierten Gründen davor zurück, ihr eigenes (!) Jagdschutzpersonal ordentlich zu bewaffnen. Nicht einmal unser Jagdchef Ing. Stefanitza – immerhin als Generalinspektor absoluter Herr über 35.000 Hektar Staatsjagdfläche und einst einer der engsten Jagdberater des Staatspräsidenten Ceausescu – verfügt über ein persönliches Kugelgewehr.

Um unseren fürsorglichen Gastgeber nicht unnötig zu kränken – ändern können wir ja doch nichts – wechsle ich das unerquickliche Thema und bitte Ing. Stefanitza, uns doch etwas aus seinem gewiß reichen Erfahrungsschatz mit prominenten Jagdgästen zu erzählen. Die dann folgenden Erlebnisschilderungen von zahllosen Protokolljagden im Revier Bratovoesti sind in der Tat ebenso historisch interessant wie zum Teil köstlich skurril; speziell jene mit jagdunerfahrenen Gästen aus dem diplomatischen Corps. So fiel beispielsweise einmal der damalige österreichische Botschafter in Bukarest, Exzellenz Dr. B., als Gast einer Protokolljagd in diesem Revier dadurch unangenehm auf, daß er beim anschließenden Diner – offenbar in einem Anfall von plötzlichem Irrsinn – alle Silbergabeln geradebog (!!!), und zwar nicht nur seine eigenen, sondern auch die der übrigen Teilnehmer an der Speisetafel. Besagter Diplomat soll zuvor durch zehn Jahre in Kuba akkreditiert gewesen sein und war dort anscheinend übergeschnappt. Auch mit prominenten italienischen Jägern – speziell aus dem Süden, so der Region um Neapel usw. – muß schon allerhand vorgekommen sein. Der altgediente Kanzleioberförster sekundiert seinem Chef und erheitert uns besonders durch seine ab und zu eingestreuten trockenen Zwischenbemerkungen.

Bei all diesen amüsanten Reminiszenzen an vergangene Zeiten – natürlich ermuntern wir unsere Erzähler laufend durch kräftiges Nachschenken vom köstlichen Rumänenwein – wird es dann wieder recht spät. Da überdies erneut Landregen einsetzt, beschließen wir, die morgige Frühpirsch ausfallen zu lassen und dafür gründlich auszuschlafen. Schließlich sind wir ja im Urlaub und nicht auf der Flucht.

Dienstag, 19. Mai 1992

Nach später Tagwache und gemütlichem Frühstück steht zunächst Trophäenkult auf dem Programm. Meine beiden bisher erbeuteten Rehgehörne werden genau bewertet und ergeben beachtliche Punkteziffern; der diesbezüglich interessierte Leser findet die Daten im Anhang zu diesem Kapitel. Da es noch immer leicht regnet, gebe ich mich beschaulich einer meiner Lieblingsbeschäftigungen hin: Mittels Nadel und Pinzette reinige ich die Rehkronen penibel von allerletzten Härchen, Rindenstücken, Bastresten, Staubpartikeln und dergleichen. Es ist erstaunlich, was dabei alles noch zum Vorschein kommt, speziell bei knuffigen Rosen und starker Perlung. Nach meiner subjektiven Empfindung vermittelt erst diese eigenhändige Tätigkeit eine intensive Beziehung zur bzw. das

„persönliche Entdecken" der erbeuteten Trophäe. Ich jedenfalls möchte diesen letzten Akt der Inbesitznahme nicht missen.

Dann spiele ich mit dem Jagdchef ein bißchen Karten – 66er-Schnapsen – und er erweist sich auch darin als durchaus sattelfest. Schade, daß uns die erforderlichen Partner für eine gepflegte Bridgepartie fehlen, eine solche hätte zum Ambiente von Bratovoesti geradezu ideal gepaßt.

Für den Nachmittag planen E. und ich eine gemeinsame Erkundungspirsch nach Indianerart in dem Waldstück, wo der „sagenhafte" Rehbock beheimatet sein soll. Hoffentlich hört es zu regnen auf, andererseits dämpft der durchweichte Boden alle Geräusche ab. Wir werden jedenfalls bei jeglichem Wetter ausrücken. Im nassen Laubwald, wo man heute nahezu lautlos pirschen kann, rechne ich mir gute Chancen aus, den aktuellen Einstand dieses angeblichen Kapitalbockes anhand von Plätz- und Fegestellen sowie Fährten etc. ausfindig zu machen – und nach Möglichkeit den alten Herren natürlich auch zu erlegen. Der Jagdchefingenieur ist mit unserem Alleingang grundsätzlich einverstanden, er besteht jedoch darauf, daß wir uns durch Signalschüsse melden, wenn wir bis 22 Uhr nicht zum vereinbarten Treffpunkt zurückgekehrt sein sollten. Pirschjagd anno 1992, ohne Funk und Handy – aber dafür wohl um einige Nuancen romantischer als zu späteren Zeiten!

Unser Abmarsch vom Abstellplatz des „Aro" im Revier ist schon für 13 Uhr 30 vorgesehen. Man denkt hier in anderen Dimensionen: Das „kleine Waldstück", wo wir diesen bestimmten einzelnen Rehbock suchen wollen und zu finden hoffen, umfaßt einen geschlossenen, ungegliederten Mischwaldkomplex von gut 3.000 Hektar!

Gegen 13 Uhr kommt wirklich die Sonne durch. Ing. Stefanitza erläutert mir anhand der Revierkarte nochmals den betreffenden Geländeverlauf, und dann starten „Panthelina" und ich unsere strategisch geplante Aktion. Ab 14 Uhr kämmen wir die in Frage kommenden Parzellen in bewährter Marschformation systematisch durch: vorne ich nur mit Gewehr und Pirschglas, hinter mir – dicht aufgeschlossen – meine E. mit Bergstock, Gucker und Spektiv – letzteres wird wohl vorerst nicht zum Einsatz kommen. Als jahrzehntelang bestens aufeinander eingespieltes Jagdduo ist für uns jede weitere Absprache überflüssig. Heute erwartet uns hier ein äußerst mühsames Unterfangen: wir schleichen Allee auf, Allee ab, stets den Blick mit wahren Röntgenaugen nach beiden Seiten in den dichten Wald gerichtet – ich als Rechtsschütze nach links und E. nach rechts. Das Gefühl von Einsamkeit droht keineswegs, denn es befinden sich leider noch sehr viele andere Leute im Wald: Pilzesucher, Holzmacher, Heudiebe, Viehhirten und andere Zeitgenossen mehr. Die meisten halten sich hier wohl illegal auf, denn sie verschwinden bei unserem Anblick meist blitzartig. Eine ungewöhnliche Patrouille, das Doktorehepaar aus Wien im rumänischen Wald! Etwa um halb 4 Uhr machen wir einen mittelalten Sechserbock aus – ich kenne ihn schon, er wird sicher noch besser. Wir durchstreifen eine wunderbar urwüchsige Waldlandschaft. Auch das Wetter spielt bestens mit: eine kaum merkbare Brise weht aus konstanter Richtung bei nur leicht bedecktem Himmel. Bald wird mir allerdings klar, daß sich der vom „Jagdtechniker" ausgemachte Rehbock umgestellt haben muß und nunmehr woanders aufs Feld zur Äsung zieht. Die Frage ist bloß: Wo hat er seinen Tageseinstand und wo verläuft sein Wechsel? Irgendwo

dort müssen wir ihn abpassen, denn bei Schußlicht läßt sich der wohl alte Schlaumeier im Freien nicht blicken. Der rumänische Jäger mutmaßte ihn ursprünglich im „Alten Wald", aber dieser scheidet wegen der dauernden Störungen aus. Gegen 19 Uhr, nach rund 5stündiger (!) Pirsch, entdecke ich in einer Jungwaldpassage, wo ich den Bock insgeheim eigentlich immer schon vermutet habe, einige ganz frische Fegestellen: sie wirken recht massiv und stammen sicher von heute. Hier also befindet sich wohl der gesuchte Tageseinstand, doch vom Hausherrn ist weit und breit nichts zu sehen, sosehr wir uns auch bemühen. Wohin mag er gewechselt sein? In erster Linie kommen dafür zwei frische Schläge im Wald und eine langgestreckte Wildackerschneise in Betracht. Wir entscheiden uns für die zweite Variante.

Um halb 8 Uhr richte ich ein inständiges Bittgebet zu allen Jagdheiligen und deren oberstem Boß. Noch eine letzte Windprüfung und dann pirschen wir vorsichtig am Waldweg in Richtung Wildacker. „Panthelina" macht ihrem Rufnamen alle Ehre, wie die Raubkatzen schleichen wir schrittweise voran. Wir mögen noch 150 Meter von der besagten Schneise entfernt gewesen sein, als ich plötzlich links im Bestand auf etwa die gleiche Distanz den gesuchten Rehbock erspähe. Aber im selben Augenblick hat auch dieser uns schon wahrgenommen! Der semmelgelbe, im Wildbret wie in den Stangen äußerst starke Sechser hat sehr hoch und eng auf; als er das Haupt ein ganz klein wenig wendet, sehe ich lange Enden blitzen. Hier geht es um Sekundenbruchteile: Der Bock steht spitz von uns weggedreht, verhofft jedoch unablässig zu uns zurück und hat die drohende Gefahr fraglos bereits erkannt – er kann jeden Moment abspringen! Im Vertrauen auf meine bewährte Mauserin 6,5 x 68 riskiere ich den an sich unbedingt tödlichen, aber dennoch ungeliebten Schuß spitz von hinten über die Rückenlinie auf den mir zugewandten Träger; dies im Schlamm des pitschnassen Waldweges sitzend, über Knie, Ellbogen und Bergstock aufgestützt. Der Bock liegt im Feuer, er ist aber noch nicht verendet. Ich stürme sofort nach vorne, verliere im Stangenholz Hut und Stock, kann jedoch schon nach Sekunden den Fangschuß aufs Blatt setzen. Ein toller Augenblick! E. kommt langsam nach und klaubt dabei meine hinterlassenen Utensilien auf. Als wir im letzten Büchsenlicht gemeinsam an den Gestreckten herantreten, liegt vor uns ein wirklich sehr guter Rehbock, hier paßt sogar die vielstrapazierte Bezeichnung „kapital": es ist tatsächlich der gesuchte „Sagenhafte".

Nun dunkelt es im Bestand aber rapide. Nach der Suche und Überreichung würdiger Brüche haben wir mit unserer gewichtigen Beute im Schlepptau einige Mühe, den Ort der Schußabgabe am bewußten Waldweg wiederzufinden. Dann verblenden wir den Bock noch rasch zum Schutz vor zweibeinigem Gesindel und verwittern den Wildkörper mit der leeren Patronenhülse. Vorsichtshalber werden noch einige Richtungsbrüche gelegt, und ab geht die Post auf den langen Heimweg zu Fuß durch den nächtlichen Wald. Exakt um 21 Uhr 30 langen wir bruchgeschmückt und stolz wie die Spanier am Treffpunkt ein. Die Rumänen staunen nicht schlecht, doch wir können uns jetzt nicht lange mit Erzählungen und Gratulationen aufhalten; gilt es doch, in der Stockfinsternis zum Erlegungsort zurückzufinden. Anhand unserer Richtungsbrüche gelingt dies auch überraschend gut, und bald ist der bleischwere Rehbock (40 Kilogramm aufgebrochen, bahnfertig ohne Haupt) im „Aro" verstaut. Trotz der späten Stunde kann ich es mir nicht

verkneifen, unseren rumänischen Begleitern die gefundenen Pirschzeichen und den Ablauf der Jagd an Ort und Stelle zu erläutern – sie zeigen sich reichlich beeindruckt.

Mein Bock ist mindestens 8 Jahre alt und wohl am Höhepunkt seiner Entwicklung erlegt worden. Besonders imponiert die Stangenlänge von mehr als 27 Zentimetern, ein Eindruck, welcher durch die enge Stellung natürlich noch verstärkt wird. Die gut 10 Zentimeter langen, blankpolierten Hinterenden stehen etwas nach innen, so daß ihre Spitzen einander fast berühren. Unsere Pirsch in der „Dilga Bala"– so der Reviername – durch ca. 25 Kilometer streckenweise unwegsames Waldgelände hat 7 ¹/₂ Stunden gedauert.

Noch in derselben Nacht wird der „Sagenhafte" im Park des Jagdhauses von Bratovoesti würdig zur Strecke gelegt und verblasen sowie mit Blitzlicht ausgiebig fotografiert.

Dem anschließenden Abendesssen zu fast mitternächtlicher Stunde folgt eine ausgiebige Feier im fröhlichen Jägerkreis. In vorgerückter Stimmung werden unzählige Jagdgeschichten zum besten gegeben – darunter wahre und wohl auch einige gut erdichtete …

Mittwoch, 20. Mai 1992

E. spürt die Folgen ihrer Ermüdung vom Vortag und „schwänzt" die heutige Frühpirsch. Auch wir übrigen Jäger rücken erst gegen 6 Uhr morgen aus, dann allerdings in großer und hochkarätiger Besetzung: „Generalinspektor" Ing. Stefanitza, weiters der „Jagdtechniker", Octavian als Dolmetscher und schließlich der „Aro"-Chauffeur bilden meine Begleitmannschaft – na, wenn das nicht zum Erfolg führt! Wieder gilt die Jagd einem geheimnisumwitterten Kapitalbock, welcher seinen Tageseinstand im zentralen Sumpfgebiet eines großen Waldkomplexes haben soll. Angeblich wurde dort vor 22 Jahren (!) ein Weltklassebock erlegt, der damals ganz vorne auf der ewigen Bestenliste rangierte. Bei anhaltend schwülem Wetter bieten wir in diesem Feuchtbiotop den Gelsen natürlich ein gefundenes Fressen, aber was nimmt man nicht alles gerne in Kauf, wenn es einem phänomenalen Phantom gilt! Nach kurzer Einweisung in die örtlichen Gegebenheiten werde ich bei der Pirsch heute vom Jagdtechniker begleitet, der, wie befohlen, stets zehn Meter hinter mir nachmarschiert. So kann ich ungebunden agieren, wenngleich mir E. als der gewohnte Jagdpartner doch sehr fehlt. Der Anmarsch über kilometerlange morastige Wildäcker – es handelt sich um riesige Erbsenfelder – gestaltet sich mühsam und ist überdies taktisch falsch gewählt. So kommt es, wie es kommen muß: Zwei bis dato unsichtbare Rehe springen empört unter lautem Schrecken ab und alarmieren so alles Wild im weiten Umkreis. Unsere Faulpirschaktion auf den heimlichen Alten findet damit erfolglos ein frühes Ende. Allerdings kann ich mir anhand der im besagten Wald tatsächlich vorgefundenen zahlreichen Fegestellen ein Bild über die Situation machen und entwickle im stillen bereits einen eigenen Schlachtplan für kommende Tage. Anläßlich der folgenden Lagebesprechung beim Mittagessen findet dieser – entsprechend diplomatisch vorgetragen – dann auch die volle Zustimmung unseres gutmütigen Jagdchefs. Zunächst soll in dem heute so rüde gestörten Gebiet einmal etwas Ruhe einkehren, doch schon morgen nachmittag wollen wir dort „nach-

haken". Gemäß meinem schriftlich kurz skizzierten Konzept wird dieser Großangriff mit genauer Aufgabenverteilung für 15 Uhr 15 angesetzt: E. und ich als „schleichende Sturminfanterie", die übrige Jägerschaft einschließlich Octavian als „vorgeschobene Beobachter" auf wohlüberlegten Positionen. Soweit steht zumindest die Theorie fest! Überhaupt konnten wir bisher die rumänischen Jäger davon überzeugen, daß es mir im Gegensatz zu anderen Jagdgästen nicht um Massenstrecken gehe, sondern vielmehr ausschließlich auf die selektive Erlegung wirklich reifer Ernteböcke ankomme. Die Jagdleitung anerkennt diese Haltung großzügig und zuvorkommend, indem sie uns in geradezu unglaublichem Ausmaß – sicherlich in Überschreitung der eigenen Vorschriften – bei unseren Unternehmungen völlig freien Spielraum läßt. Demgemäß bemühen sich alle Begleitjäger fortan sehr dezent, uns wirklich nur die gewünschte Assistenz zu leisten. Die gemeinsame Jagd klappt nunmehr bestens.

Doch zurück zu unserer heutigen Vormittagspirsch: Dem Fiasko im ersten Anlauf folgt ein nicht minder beschwerlicher Rückzug zum wartenden Geländewagen. Was nun? Mittlerweile ist es schon halb 10 Uhr und unerträglich heiß geworden. Zum Glück verfügt unser neuer „Aro" über Fenster, die sich auch öffnen lassen; sein Vorgänger hat endgültig den Geist aufgegeben. Ich muß gestehen, daß mir schon jetzt die Heimfahrt zum Jagdhaus gar nicht unwillkommen wäre, denn dort lockt die magische Vision einer gemütlichen Kartenpartie mit Ing. Stefanitza im kühlen Schatten der alten Parkeiche bei einem – oder mehreren! – eiskalten „G'spritzten" vom köstlichen Rumänenwein.

Doch der Jagdtechniker hat anderes im Sinn: er will noch eine etwas entfernt gelegene Waldwiese im Revier „Panaghia Radovan" aufsuchen, wo er einen alten Bock als ziemlich sicher bestätigt weiß. Im Hinblick auf die fortgeschrittene Tageszeit und die herrschende schwüle Hitze halte ich persönlich von diesem Vorhaben wenig, will jedoch schon aus Höflichkeit nichts Gegenteiliges erwidern. Umso mehr verblüfft mich das folgende Geschehen, das dann mit geradezu unheimlicher Präzision und exakt gemäß der Vorhersage und Regie des Jagdtechnikers abläuft: Nach kurzem Anmarsch erreichen wir ein mitten im Wald gelegenes großes Feld, welches zu meiner Überraschung – ähnlich einem Reisfeld – völlig unter Wasser steht. Dieses kaum an eine Rehbockjagd erinnernde Szenario wird noch durch zahlreiche Bauern verstärkt, die jene imaginäre Frucht emsig bearbeiten. Ich staune nicht wenig, als kurz nach unserem Eintreffen gerade dort plötzlich – offenbar aus einer unsichtbaren Insel dieses „Wasserfeldes" – ein sehr hoher, enggestellter Sechserbock von riesenhafter Statur hoch wird und dem „Ufer" zu flüchtet. Es hätte gar nicht der unmißverständlichen Gebärde des Jagdtechnikers bedurft, ich bin im Bilde: Sobald der Rehbock den uferseitigen Wiesenstreifen erreicht hat, pfeife ich ihn auf rund 130 Meter Distanz an, er verhofft kurz – und ein reichlich hoher Blattschuß läßt den Starken im Feuer verenden. Natürlich trägt sich all dies viel schneller zu, als ich es hier niederzuschreiben vermag. Es dauert einige Zeit, bis ich mich wieder beruhigt und das soeben Erlebte vollends realisiert habe. Beim Herantreten ist dann allerdings die Freude groß: Vor uns liegt mein heuer bisher ältester Rehbock mit wiederum eher engem, prachtvoll verecktem Gehörn auf wuchtigen Rosen, den ich auf diesem – wie sich herausstellt Salweidenfeld – um 10 Uhr vormittags im hellen Sonnenschein erlegt habe. Besonders auffallend ist der enorm dicke Träger des nach

meiner Schätzung rund 10jährigen Bockes. Zum Fotografieren finden wir dann in der Nähe noch eine wunderschöne Wiese mit unzähligen Dotterblumen und Himmelschlüsseln als prachtvollem Hintergrund. Bemerkenswerterweise zeigen die beiden Altböcke von gestern abend und heute früh keinerlei Anzeichen von Zurücksetzen, sieht man von den jeweils auffallend langen Hintersprossen ab. Weiters sind beide extrem stark im Wildbret. Dies bestärkt meine langjährige Meinung, daß bei allseits guten Lebensbedingungen auch der Rehbock in der Regel spätreif ist und sein bestes Gehörn erst mit etwa 7 Jahren und mehr aufsetzt. Diese Theorie habe ich speziell in Ungarn und Rumänien über einen Beobachtungszeitraum von mehr als 20 Jahren kontinuierlich bestätigt gefunden. Allerdings handelt es sich bei den von mir bejagten Revieren durchwegs um entlegene Gebiete mit relativ geringer Wilddichte sowie ohne nennenswerten Bevölkerungsdruck.

Beim Verfassen dieser Zeilen fällt mir spontan als weitere Gemeinsamkeit auf, daß diese osteuropäischen Jagdgefilde allesamt einen beachtlichen Schwarzwildbestand aufweisen und die Rehe auch im Winter nicht gezielt gefüttert werden. Anders als die – zumeist selbsternannten – Jagdpäpste maße ich mir aber nicht an, aus meinen Erfahrungen allgemeingültige Regeln abzuleiten; dafür erscheinen mir die Lebensgeheimnisse des Rehwildes viel zu komplex. Jeder interessierte Leser möge sich darauf seinen eigenen persönlichen Reim machen.

Nun aber schnell zurück in die schöne Dolj, denn heute abend ist hier großer Fußballtag: Rumänien spielt in der Weltmeisterschaftsausscheidung daheim in Bukarest gegen Wales, und anschließend steht das Finalspiel im Europacup der Landesmeister 1991, Sampdoria Genua gegen den FC Barcelona, in London auf dem Programm. Beide Spiele werden im rumänischen TV live übertragen, und unsere örtlichen Fußbaltiger von Bratovoesti sind deshalb schon ganz aus dem Häuschen.

„König Fußball" ist in Rumänien Volkssport Nummer 1; es erscheinen wöchentlich mehrere Fachzeitungen mit ausführlichen Berichten aus ganz Europa. Beispielsweise ist unser rühriger Kanzleioberförster stets genauestens informiert: Aus dem Steigreif nennt er Ergebnisse sowie Tabellenstand der wichtigsten europäischen Ligen, vom rumänischen Fußballgeschehen natürlich ganz zu schweigen. Und ebenso selbstverständlich setzen alle im Toto. Demzufolge fallen die heutige Abendpirsch und – mit meiner Zustimmung – in kluger Voraussicht auch die Morgenpirsch vom 21. Mai aus. Selbst fußballbegeistert, mache ich aus der Not eine Tugend und stifte zum Fußballfest das nötige Importbier für die gesamte Jagdhausmannschaft. So fahren wir nach der Vormittagsjagd samt erlegtem Rehbock gleich zum Biereinkauf nach Craiova und erstehen gegen harte DM einige Kästen deutsches Beck's.

E. und ich nutzen die Nachmittagspause zu einer Besichtigungstour im persönlichen Wohnhaustrakt von Staatspräsident Nicolae Ceausescu. Jagdchef Ing. Stefanitza fungiert als der aufgrund seiner eigenen Erinnerung ideale Museumsführer. So zeigt er uns die große, überdachte Jagdveranda des Conducatore, wo auch dessen absolut letzter, Ende 1989 in Bratovoesti erlegter Damschaufler über dem Kamin hängt. In der frühen Dämmerung folgt dann noch eine eindrucksvolle Pirschfahrt mit der „Carozza" durch das wunderschöne Feuchtbiotop von Bratovoesti. Unser Jagdhaus wird zur Gänze von

einem naturbelassenen Auwald umschlossen, worin die Eiche vorherrscht, aber auch viele andere – zum Teil seltene – Laubbäume vertreten sind.

Als studierter Forstakademiker ist unser Jagdchef natürlich in seinem Element: es spricht der fachkundige Gastgeber par excellence. Hier fanden und finden im Winter die großen diplomatischen Protokolljagden statt, und dabei wird wohl auch so manche wichtige staatspolitische Entscheidung gefallen sein. Von der diesmal wirklich bequemen Jagdkutsche aus bekommen wir außer viel Rotwild – die besseren Hirsche haben schon gut einen Meter geschoben – auch zahlreiches Damwild, Enten und sogar Wasserschildkröten (!) in Anblick. Lediglich die hier noch vertretenen, europaweit bereits sehr seltenen Schwarzstörche zeigen sich nicht. Insgesamt erinnert diese imponierende Landschaft stark an die österreichischen Donau- und Marchauen, so etwa das Reservat des World Wildlife Fund bei Marchegg.

Beim abendlichen Fußballfest im weitläufigen Speisesaal des Jagdhauses herrscht beste Stimmung. Die Verwaltung läßt sich auch nicht lumpen und läßt zum Bier ein üppiges Abendessen kredenzen. Es gibt hervorragende Schweinesteaks sowie Rinderfilet vom Grill samt Beilagen aller Art, weiters die landesüblich üppigen Vor- und Nachspeisen. Diese massive „Unterlage" für durstige Kehlen ist aber auch vonnöten, denn es wird ein langer Abend. Reichlich Tuica bringen die Gäste selbst mit, und auch an Wein mangelt es wahrlich nicht. Die rumänischen Fußballpatrioten kommen voll auf ihre Rechnung: Das Nationalstadion von Bukarest mit seinem Fassungsraum für 100.000 Besucher ist seit Wochen restlos ausverkauft, am Spieltag befinden sich in der Arena vorsichtigen Schätzungen zufolge gut 130.000 Zuschauer; Agioteure und Kartenfälscher haben Hochsaison. Sogar das Fernsehen vermittelt einen lebendigen Eindruck von der herrschenden unbeschreiblichen Stimmung. Das rumänische Fußballidol Hagi – dieser verdient seine Brötchen als Legionär bei Real Madrid – enttäuscht seine Fans nicht und erzielt den Hattrick. Schlußendlich triumphiert Rumänien über Wales mit 5:1 (5:0). Welch ein Unterschied zur müden Vorstellung der österreichischen Mannschaft kurz zuvor in Wien: in derselben Qualifikationsgruppe reichte es im Heimspiel gegen Wales vor leeren Rängen gerade mal zu einem matten 1:1 Remis. Die Schattenseite der übersättigten Wohlstandsgesellschaft ohne Idole …

Hier im Jagdhaus von Bratovoesti gehen angesichts der fünf rumänischen Tore die Wogen der Begeisterung verständlicherweise himmelhoch. Dennoch sind das Personal und sogar unser Jagdchefingenieur trotz mehrmaliger Aufforderung nicht dazu zu bewegen, vor dem Fernsehschirm den Respektabstand von gut 5 Metern hinter unseren Plätzen zu überbrücken; so tief verwurzelt ist hier noch hierarchisches Gedankengut. Aber das deutsche Beck's Importbier schmeckt ihnen ausgezeichnet, und über Fußball fachgesimpelt haben wir auch genug. Im gleichfalls ausverkauften Londoner Wembley-Stadion schlägt anschließend der FC Barcelona durch ein glückliches Tor in der Verlängerung Sampdoria-Genua mit 1:0. Damit holt der königsblaue Nobelklub aus Barcelona (sogar der Papst ist zahlendes Mitglied!) erstmals den Europapokal der Landesmeister nach Katalonien. Auf beiden Seiten sind auffallend gute Torhüterleistungen zu sehen. Dies interessiert mich besonders, weil ich doch in meiner Jugend selbst viele Jahre lang das Trikot mit der Nummer 1 getragen habe.

Während der Fußballübertragungen sitze ich im großen Speisesaal von Bratovoesti direkt vor dem mächtigen Steinkamin des einst ebenso mächtigen Conducatore, wo riesige Eichenscheiter prasseln. Ringsherum hängen die hochkapitalen Hirschgeweihe und Damschaufler Ceausescus und scheinen mich streng anzublicken: Was machst Du denn hier? Unwillkürlich überkommt mich dabei ein seltsam nachdenkliches Gefühl betreffend die Vergänglichkeit alles Irdischen … Doch was soll's, wir sind zur Jagd hierhergekommen, und die wollen wir noch möglichst lange in vollen Zügen genießen!

Donnerstag, 21. Mai 1992
Heute streiken – offenbar nach deutschem Negativvorbild – Post und TV-Gewerkschaft, so daß unser armer Jagdchefingenieur die sonst telefonischen Revierberichte über gesichtetes Wild im „Aro" fahrend abfragen muß. Gründlich ausgeschlafen und nach dem gestrigen „Sportbacchanal" auch „ausgelüftet", widme ich den späteren Vormittag meinen bisher erbeuteten Trophäen sowie der fälligen Waffenpflege.

Jetzt ist alles wieder tipptopp einsatzbereit. Am Nachmittag schreiten wir dann zur Tat: Gemäß unserem gestern ausgeklügelten „Aufmarschplan" gilt es dem Rehbock auf der Schneise 46, rumänisch „patruchest", bzw. deren Umfeld. „Panthelina", Jagdchef Ing. Stefanitza, Octavian, der Jagdtechniker, dessen Försterassistent, jeweils beider Chauffeure und schließlich meine Wenigkeit bilden unsere beachtliche Streitmacht; dieses Aufgebot wird natürlich fotografisch festgehalten. Um 16 Uhr zeichnen wir mit dem Bergstock noch einen letzten Schlachtplan in den Sand des Vorgartens, und dann geht's los. Am Revierort eingelangt, beziehen unsere Helfer gleich die verteilten Posten. Dann umschleichen E. und ich systematisch das fragliche Einstandsgebiet von etwa 2.000 Hektar Größe. Wir bekommen zunächst einige Rehgaisen sowie einen Fuchs in Anblick, dann erspäht „Panthelina" im Wald ein Zelt (?!). Dieses entpuppt sich in der Folge als Planverdeck eines Pferdewagens – daneben der dazugehörige Bauer beim Grasstehlen. Unser durch das kilometerlange Pirschen im schwülen Sumpfwald verschwitzter und zerzauster Anblick, ich zudem mit Gewehr im Halbanschlag, muß in der Tat furchteinflößend gewirkt haben („Vietnam live"), denn das Bäuerlein – offensichtlich ein Zigeuner – verläßt über Aufforderung schuldbewußt und fluchtartig die Szene. Also weiter, da capo al fine! Um 20 Uhr 15 betreten wir mit der gebotenen Vorsicht wieder einmal die Parallelschneise 51 und hören zu unserem Grimm gerade erneut Zigeuner im Wald lärmen, als plötzlich der vielgesuchte Sechserbock auf nur 50 Meter Entfernung erscheint. Donnerwetter, der hat ja wirklich enorm auf, das ist er!

Auch die dicht hinter mir folgende E. hat die Situation sofort richtig erkannt, und schon kommt der Bergstock nach vorne. Ich fahre mit der Mauserin auf, der breitstehende Kapitalbock sichert seitwärts zu den lärmenden Zigeunern hin, das Fadenkreuz geht bereits aufs Blatt des gedrungenen Wildkörpers, also alles kein Problem – ja, wenn im Zielfernrohr nicht gleichzeitig auch der weißhaarige Kopf des Jagdtechnikers etwa 200 Meter weit entfernt erschienen wäre. Ich kann den Schuß aus der gestochenen Büchse gerade noch halten, mir stellen sich die Nackenhaare auf! Der Unglücksrabe hat völlig pflichtwidrig seinen Hochstand verlassen und es sich – weiß der Himmel warum – davor auf der Schneise im Grünen gemütlich gemacht. An einen Schuß ist natürlich nicht zu

denken, mit Müh und Not unterblieb soeben ein furchtbares Unglück, dieser Einfaltspinsel von Jagdtechniker kann seinen Schutzengeln wirklich zweimal Danke sagen! Nach gut einer halben Minute erscheinen die holzstehlenden Zigeuner mit Krawall, verständlicherweise wird es dem Rehbock nun zu bunt und er springt laut schreckend ab; gleich danach sekundiert ihm eine im Dickicht nachfolgende Gais. Aus der Traum!

Ich schultere mein nunmehr wieder gesichertes Gewehr und trete wortlos den Rückzug an. E., die ihren Mann in derlei Situationen kennt, sagt klugerweise ebenfalls kein Wort und wandert stumm hinter mir her. So erreichen wir schließlich frühzeitig den abgestellten „Aro", wo auf Signalpfiff nach und nach auch unsere Außenposten eintreffen. Diese wundern sich natürlich über das nichtprogrammgemäße Abgehen vom Einsatzplan, auf dessen strikteste Einhaltung ich doch so nachhaltig bestanden habe.

Es ist E., die mit knappen Worten auf den Jagdtechniker zeigt. Dieser meint später, er habe sich ohnedies „geduckt" – Kommentar überflüssig. Aber zu diesem Zeitpunkt sitze ich bereits stumm wie eine Pagode mit steinernem Gesicht auf dem Beifahrersitz des Führungs-„Aro" und deute nur mit der rechten Hand unmißverständlich „heimwärts!" Es folgt eine sehr schweigsame Fahrt zurück zum Jagdhaus.

Beim Abendessen bin ich vorerst unansprechbar: Immerhin haben wir gemäß unserem sorgsam durchdachten Plan – wie geschildert – nach rund viereinhalb Stunden Pirsch durch schwülen Feuchtdschungel, von Myriaden Gelsen gepeinigt, auf der riesigen Fläche zur genau richtigen Minute wirklich den gesuchten einzelnen Kapitalbock schußgerecht aufgespürt – und dann diese Pleite! E. meint einsilbig, sie werde nun ihr verfilztes Blondhaar waschen und sich dann zur Ruhe begeben. Dazu fehlen mir aber zunächst noch die nötigen Nerven. Also spüle ich meinen Ärger mit reichlich Alkohol hinunter. Der diplomatische Ing. Stefanitza hat völlig recht, wenn er mir fleißig nachschenkt und zu Humor rät. Zu guter Letzt kann ich über unser Mißgeschick doch wieder selbst lachen – das ist die beste Medizin. Dann spiele ich mit dem Jagdchef noch Karten, bis dieser meint, schlafen gehen lohne sich jetzt nicht mehr!

Freitag, 22. Mai 1992

Mit leicht brummendem Schädel wecke ich E. um 3 Uhr 30 morgens. Es zieht mich mit Macht hinaus ins Revier. „Panthelina" registriert erfreut meine wiederum gute Laune und hält sogleich mit. Unser Ziel ist die Sergarcia Cobia, das bereits bekannte Waldgebiet rund um die Fasanerie, wo eigentlich immer Rehe stehen und ich mir auch Chancen auf das „Kamel" ausrechne. Unser Jagdchef, noch sichtlich müde von der nächtlichen Kartenpartie, bezieht Posten auf dem nahen „Observatorium" und will nach Möglichkeit einen guten Bock für mich bestätigen. Die klare, kalte Nachtluft läßt mich frösteln, auch ich spüre jetzt den verabsäumten Schlaf. Zwischen Feldkante und Wald verläuft ein Bewässerungskanal, den wir nun vorsichtig entlangpirschen.

Im ersten Licht erspäht E. einen allem Anschein nach starken Rehbock, aus dem ich zunächst nicht recht klug werde: rechts eine sehr hohe, massige Sechserstange mit langen Enden, aber links? Als es dann heller wird und das Spektiv zum Einsatz kommt, klärt sich dieses Rätsel auf: der wohl 7- bis 8jährige Platzbock hat die linke Stange knapp über dem Kampfsproß komplett abgekämpft. Pech für mich und Glück für den Rehbock, denn nächstes Jahr wird dieser Starke sicherlich wieder ein reguläres Gehörn schieben; heuer ist er als „Torso" für mich tabu. Im Verlaufe des Vormittags kommt uns dieser unverkennbare Bock übrigens noch mehrmals in Anblick, es handelt sich zweifelsfrei um den Hausherrn der nördlichen Cobia. Also pirschen wir weiter.

Der südliche Teil der Fasaneriewaldung wird von einem rauflustigen älteren Sechser beherrscht, dessen nur durchschnittlicher Hauptschmuck mich allerdings nicht reizt; möglicherweise ist der Bock auch erst 5 Jahre alt. Nach Sonnenaufgang entwickelt sich ein wunderschöner Frühsommermorgen. Die taunassen Wildäcker trocknen ab und wir bekommen in dieser Kinderstube unzählige Rehe, zumeist jüngere Böcke und Gaisen, in Anblick. Dann begegnet uns eine Fuchsfähe samt Fasanbeute im Fang. So unbarmherzig ich wildernde Hunde bei jeder sich nur bietenden Gelegenheit liquidiere, so viel Verständnis habe ich für die Fuchsmutter, welche ja schließlich nur ihr Geheck versorgt. So freuen wir uns auch über diesen Anblick, und ich „erlege" die Fähe nur symbolisch durchs Zielfernrohr. Nach einer abwechslungsreichen Pirsch über rund 15 Kilometer auf bequemen, trockenen Wegen habe aber auch ich genug.

In der mittlerweile sengenden Hitze holen wir unseren Jagdchef samt „Aro" und Fahrer beim Fasaneriehochstand ab und wenden uns heimwärts. Als wir an dem kleinen Wäldchen vorbeikommen, wo ich am Sonntag, dem 17. Mai, meinen ersten hiesigen Bock erlegt habe, bemerkt Ing. Stefanitza in seiner freundlich-ruhigen Art: „Hier hat sich wieder ein guter Rehbock eingestellt, wir sollten ihn uns zumindest einmal ansehen!"

Hundemüde wie ich bin, lockt mich im Moment die Aussicht auf eine neuerliche Expedition durch diesen Eichenfilz nicht sonderlich, und so fahren wir vorerst weiter.

Meine Passion kehrt allerdings blitzartig wieder, als wir kurz danach plötzlich am dahinterliegenden Feld auf weite Entfernung zunächst ein einzelnes Reh, dann zwei weitere ausmachen; dem Habitus nach befindet sich darunter ein stärkerer Bock. Stopp, halt, Spektiv heraus! Die 30fache Optik zeigt im flimmernden Licht – es ist schon 10 Uhr vormittag, und die Sonne brennt heiß vom Himmel herab – einen sichtlich alten Rehbock mit nicht allzu hohem, jedoch knuffigem Gehörn. Mehr ist auf diese Distanz von gut einem Kilometer nicht feststellbar. Der Bock steht mitten in einem riesigen Getreideschlag, so daß ein Anpirschen zu Fuß mangels Deckung aussichtslos erscheint. Es führt jedoch ein Feldweg in seine Richtung, an dessen Rand ich ein baumartiges Gebüsch erkenne; von dieser Position aus könnte es gehen! Trotz der fortgeschrittenen Tageszeit probieren wir daher ein direktes Anfahren mit dem „Aro": hinter dem besagten Strauch hält der Wagen kurz an; so gedeckt, springe ich rasch heraus, und schon fährt der Jeep ruhig weiter. Tatsächlich halten die Rehe, wenngleich bereits mißtrauisch verhoffend, dieses Manöver aus. Ein kurzer Kontrollblick durchs Fernglas auf den gut 200 Meter entfernten Bock. Zwar vermag ich sein Gehörn auch jetzt nicht exakt anzusprechen, aber allein nach der Figur paßt er allemal. Also dann! An meiner bescheidenen Buschdeckung findet sich eine Astgabel als Auflage, und mit Haltepunkt hochblatt sende ich die giftige 6,5 x 68 auf die Reise. Im Feuer versinkt der Beschossene ohne weiteres Zeichnen einfach im Getreide, wogegen die ihn begleitende Gais noch

längere Zeit unschlüssig hin und her tritt; erst dann springt sie zögerlich ab, und die Bühne ist leer.

Zweifellos liegt mein Bock dort draußen verendet im gut halbmeterhohen Weizen, aber deswegen haben wir ihn noch lange nicht auf der Strecke. Ich darf meinen Standort auf gar keinen Fall verlassen, denn im unendlich scheinenden Halmenmeer gibt es für den Anschuß keinerlei Orientierungshilfe. Daher präge ich mir, so gut es geht, zumindest die Richtung ein und belasse mein zwischenzeitig entladenes Gewehr überdies in der aufgelegten Schußposition. Während ich so voll Ungeduld auf das Eintreffen meiner Gefährten warte, bemerke ich im angrenzenden Feld hinter mir eine Hundertschaft landwirtschaftlicher Taglöhner, die das Geschehen voll Interesse beobachtet. Diese Begleitarmee ist mir zuvor im „Eifer des Gefechts" völlig entgangen. Unter den Leuten befinden sich mit Sicherheit einige Liebhaber von Rehbraten, wohl auch Interessenten für andere nützliche Dinge wie beispielsweise die Inneneinrichtung eines „Aro"-Geländewagens. Jetzt sind auch die Kameraden heran, leider operieren wir heute ausnahmsweise nur „in kleiner Besetzung". Ing. Stefanitza, mit den örtlichen Verhältnissen natürlich bestens vertraut, bestätigt sofort meine insgeheimen Befürchtungen: „Obacht auf das Diebsgesindel!" Das klingt klar und deutlich. Verstärkung ist nicht verfügbar, zumal schon wegen der Hitze mußte mein Bock schnellstmöglich gefunden und versorgt werden. Zu dumm, daß ausgerechnet heute Octavian fehlt, er ist frühmorgens wegen einer Universitätsprüfung nach Bukarest gefahren. Im ehrenden Vertrauen auf meine Schießkünste haben die Rumänen nicht einmal eine eigene Waffe mitgenommen, und natürlich gibt es im weiten Umkreis keinen brauchbaren Jagdhund. Beispielsweise meinen fermen DK-Rüden würde ich jetzt das betreffende Weizenfeld einfach frei absuchen lassen, und der Fall wäre in wenigen Minuten gelöst. Hier hingegen kann ich höchstens selbst bellen – es ist das alte Leiden: In den Oststaaten fehlen unbegreiflicherweise zumeist die vierläufigen Jagdhelfer. Hier hilft jedoch kein Wenn und Aber, Taten sind dringend gefragt! So dirigiere ich zunächst einmal den „Aro" als Rückendeckung genau hinter das ominöse Gebüsch und bringe dann als erstes die verläßliche und nervenstarke E. in Einsatz: „Paß gut auf, „Panthelina", dir kommt nun eine tragende Rolle zu!" – „Wie immer!" unterbricht mich meine Frau keck, „Wie viele Kilogramm sind es denn diesmal?" Zum Glück verstehen weder der Jagdchef noch unser Fahrer diese ungehörige Zwischenfrage, und so lasse ich mich nicht beirren: „Mit dem Taschentuch habe ich dir die Mauser an diesem Ast genau in Schußrichtung festgebunden. Kontrolliere laufend durch das Zielfernrohr, ob wir nicht von der Direktion abkommen; gegebenenfalls gibst du uns Zurufe oder Zeichen mit deinem Hut. Außerdem mußt du ständig die Banditen hinter dir im Auge behalten. Dein Gewehr sollte sie zwar abschrecken, doch man weiß nie. Die Büchse ist jetzt gänzlich entladen, aber da hast du zur Sicherheit 20 Patronen, im Krisenfall schießt du einfach in die Luft. Alles klar?" Die letzte Frage ist rein rhetorisch, E. weiß schon selbst, worauf es ankommt.

Unser bescheidenes Dreierteam rückt in Schwarmlinie aus, bei glühender Hitze beginnt eine mühsame Nachsuche in dem riesigen Weizenfeld. Ich gehe in der Mitte, die Frucht steht schon höher als angenommen, sie reicht mir bis über die Knie. Mit E.'s Hilfe sowie

anhand einiger Punkte am Horizont glaube ich die Richtung in etwa zu halten, aber die Tiefenentfernung! Sind das jetzt 180, 200 oder schon 220 Meter? Wieviel betrug überhaupt exakt die Schußentfernung? Also das Ganze kehrt, und nochmals von vorne beginnen! So suchen wir gut eine Dreiviertelstunde, bis ich plötzlich durch puren Zufall vor dem am Anschuß längst verendeten Bock stehe, fast wäre ich auf ihn gestiegen. Doch dann kommt eine ganz überaus positive Überraschung: Auf der Strecke liegt ein massiger ungerader Achterbock! Aus wuchtigen Dachrosen erheben sich zunächst zwei starke reguläre, schaufelförmig verbreiterte Sechserstangen mit langen Enden und guter Perlung. Doch als Clou ragt aus der linken Stange unmittelbar über der Rose ein weiteres, gut fingerlanges Ende nach vorne unten (!), und zwar etwas einwärts gerichtet, über das Stirnbein bis auf die Höhe der Lichter. Auch dieses Ende ist ganz normal gefärbt, verfegt und geperlt. Anders als bei vielen Abnormitäten dürfte hier keine Bastverletzung oder dergleichen vorliegen, sondern es handelt sich einfach um eine Laune der Natur. Auch beim Auskochen zeigt sich die Krone durchaus als harmonische und homogene Einheit. Augenscheinlich hat der zusätzliche Achtersproß den wohl 8jährigen Rehbock in keiner Weise behindert, denn dieser ist recht stark im Wildbret und allgemein in bester Kondition. Sieht man vom zusätzlichen Ende ab, weist das Gehörn in jeder Beziehung eine auffallende Ähnlichkeit mit jenem vom vergangenen Sonntag auf; immerhin zeigt ja auch letzterer ungerade acht Enden, wenngleich an anderer Stelle. Hier besteht sicher eine Verwandtschaft, zumal beide Böcke aus demselben Revierteil stammen. Ich getraue mich jedoch nicht, defintiv zu entscheiden, welcher der ältere von beiden ist, vielleicht handelt es sich ja um Brüder. Jedenfalls sind sie schon ein hervorragender Rehschlag, die Böcke aus der Panaghia Bala! Interessanterweise ist der heutige, doch recht markante Bock bisher keinem der örtlichen Revierjäger aufgefallen, obwohl er im „Rehwildkerngebiet" und überdies in Straßennähe stand. Nur der aufmerksame Ing. Stefanitza registrierte den starken Altbock anläßlich einer zufälligen Inspektionsfahrt, wobei der Jagdchef trotz bescheidener optischer Ausrüstung sogar dessen Abnormität bemerkt hat. Hut ab vor dieser Ansprechleistung!

Mit vereinten Kräften ziehen wir meine wiederum recht gewichtige Beute zum Feldweg, wo beim „Aro" E. noch immer einsam Wache hält. „Herr Oberst, ich melde: keine besonderen Vorkommnisse!" lautet humorvoll ihre korrekte Ansage, bevor sie den Abnormen bestaunt und mir auf mehr private Weise herzlich Weidmannsheil wünscht. Das Heer der beobachtenden Agrikel ist noch immer anwesend, und ich glaube durch das Fernglas einige enttäuschte Gesichter zu erkennen, als wir den Bock im „Aro" verstauen – ade, du schöner Sonntagsbraten!

Erst gegen 12 Uhr 30 langen wir schließlich selbst ziemlich „halali" im Jagdhaus Bratovoesti ein, und es bedarf bei aller Erlegerfreude einiger kühler Bierchen, um die müden Lebensgeister wieder zu erwecken. Beim wohlverdienten Mittagessen lassen wir den ereignisreichen Vormittag nochmals Revue passieren. Im Mittelpunkt stehen diesmal zwei schier unerschöpfliche Themen: Jagdhunde und Büchsenkaliber.

Wie schon so oft, hinterfrage ich aus Anlaß der heutigen Nachsuche wieder einmal den Grund für die erstaunliche Tatsache, daß auch in ansonsten hervorragend geführten Jagdbetrieben Osteuropas in der Regel kaum auf Schweiß brauchbare Jagdhunde zur

Verfügung stehen. Dabei schicke ich gleich voraus, daß hier Argumente etwa der Haltungskosten nicht akzeptiert werden können, weil sich ein guter Nachsuchenhund allein aus dem Ergebnis seiner Arbeit sozusagen selbst ernährt – und das sogar überreichlich. Auch Fragen der Unterbringung sollten keine Rolle spielen, betrachtet man die durchwegs großzügig angelegten Jagdhäuser und Förstereien. Zu meiner Überraschung erwidert Ing. Stefanitza, des Pudels wahrer Kern liege gar nicht in jenen oft gehörten Scheinbegründungen, sondern in ganz anderen Überlegungen.

Speziell unter dem totalitären Regime Ceausescus sei eine Hundehaltung durch das Jagdpersonal „oben" nicht so gerne gesehen worden, weil man die Ansicht vertrat, ein gut abgeführter Jagdhund verleihe seinem Herrn eine gewisse Unabhängigkeit.

Gerade dies war aber unerwünscht. Man kann einen treuen Hund weder bestechen noch zum Schweigen verpflichten, ja nicht einmal bedrohen. Sicherlich besteht die Möglichkeit, den Hund umzubringen, aber darin liegt wiederum nicht der Sinn der doch arbeitsaufwendigen Abführung und Haltung von Jagdhunden. Außerdem fällt das plötzliche Fehlen eines Jagdhundes unter Umständen allgemein mehr auf als das Verschwinden eines Menschen; letzterer könnte ja immerhin kurzfristig versetzt worden sein. Weiters gab es immer wieder Konfliktsituationen mit den persönlichen Schutzhunden des Conducatore, die ihren Herren grundsätzlich überallhin, so auch zur Jagd begleitet haben. Vielleicht trifft diese Argumentation im speziellen Fall Rumäniens teilweise zu, allgemein vermag sie mich aber nicht zu überzeugen. Warum liegt nämlich dann die Hundehaltung auch im seit jeher moderaten Ungarn im argen? Und zu früheren Zeiten gab es doch gerade in absoluten Systemen eine Hochblüte des Jagdhundewesens! Man denke nur an das zaristische Rußland oder das Dritte Reich.

Diplomatisch lächelnd rückt dann unser pfiffiger Jagdchef mit einem verblüffenden Argument heraus, welches mir allerdings sehr wohl plausibel klingt: Vor allem das untere Jagdpersonal, insbesondere aber deren Familien, sind selbst auf Jagdhunde gar nicht so erpicht, weil diese sozusagen kontraproduktiv wirken! Viele der offiziell angeblich erfolglosen bzw. aussichtslosen Nachsuchen bleiben dies nämlich keineswegs für ewig. Nur wird das letztendlich doch zur Strecke gebrachte Wild nicht gemeldet, sondern heimlich privaten Zwecken, sprich dem eigenen Herd etc. zugeführt. In diesem weitverbreiteten System stört ein erfolgreicher Schweißhund wie der sprichwörtliche Elefant im Porzellanladen: er gefährdet sozusagen die fix eingeplante Nahrungsquelle.

Andererseits könnte man auf die Dauer kaum plausibel erklären, warum denn der womöglich hochprämierte Jagdhund plötzlich permanent erfolglos bleibt. Daher das Fazit der Geschichte: besser von vornherein kein Jagdhund! Für den Kenner der wahren Verhältnisse Osteuropas tatsächlich eine zwingende Begründung, der Gedankengang allein könnte einer Gogolschen Figur entstammen!

Unser Jagdchef wäre nicht er selbst, käme von ihm nicht sofort die elegante Volte weg von diesem etwas heiklen Thema: „Mais, Monsieur le docteur, so wie Sie schießen und bei Ihrer Superpatrone brauchen Sie doch gar keinen Jagdhund zum Nachsuchen!" Charmant gesagt und wohl auch gut gemeint – aber nicht haltbar, mon Inspecteur General de Chasse! Zum einen zeigt nämlich gerade das heutige Beispiel, daß gut, ja sogar augenblicklich tötend „treffen" noch keineswegs auch „finden" bedeuten muß, und

zum anderen passiert auch dem besten Schützen mit der stärksten Patrone ab und zu ein schlechter Treffer. Daher gilt unverändert der Grundsatz: Jagd ohne Hund ist Schund!

Unabhängig davon ist freilich der Hinweis auf die Patronenwahl nicht von der Hand zu weisen: Hier vertrete ich besonders bei der Auslandsjagd den simplen Grundsatz: Klotzen, nicht Kleckern! Ich verlange von meiner Patrone nicht mehr und nicht weniger, als daß das Wild auch bei schlechten Treffern im Bereich des „zentralen Wildkörpers" im Feuer liegt oder nur mehr eine ganz geringe Fluchtstrecke zurückzulegen vermag. Dabei verwende ich bewußt den vorgenannten Begriff, welcher nach meiner Auffassung insbesondere auch Weich- und Keulenschüsse miteinschließt. Eine Patrone, welche beispielsweise ein Reh mit tiefem Laufschuß sicher zur Strecke bringt, gibt es nicht und wird es wohl auch nie geben. Aber abgesehen von solchen Extremen existiert ein breiter Mittelbereich, welchen eben die eine Patrone verläßlich abdeckt und die andere nicht.

Seit vielen Jahren verwende ich auf Reh- und Gamswild mit bestem Erfolg ausschließlich zwei Laborierungen:
- primär die 6,5 x 68 mit dem 6-Gramm-Teilmantelspitzgeschoß von RWS sowie
- die .300 Weatherby Magnum mit dem 180-grains-Noslergeschoß (Original Weatherby oder Federal Premium) überall dort, wo auch mit stärkeren Sauen sowie Großraubwild (Bär) zu rechnen ist.

Jetzt höre ich geradezu schon die Jagdpäpste aufheulen: „Overkill! Der Rückstoß! Die Wildbretzerstörung!" Jedoch: nur langsam, liebe Weidgenossen, nur mit Gemach!

Erstens ist mir noch nie ein Fall zu Ohren gekommen, wo Wild nicht zur Strecke kam oder unnötig lange leiden mußte, weil die Schußwirkung zu stark war; dies darf nicht mit unangemessen harten Geschossen verwechselt werden. Alles Gerede um angeblich „zu brutale" Patronen erweist sich im Grunde als scheinheilig: Wir jagen nun einmal, um zu töten und nicht, um das beschossene Wild danach im Lazarett zu kurieren! Zweitens fällt in der Relation zu den sonstigen Jagdkosten ein allenfalls geringfügig höherer Wildbretverlust wirtschaftlich überhaupt nicht ins Gewicht. Die eifrigen Verfechter der angeblich „wildbretschonenden" (?) Munition sollten einmal überdenken, wie viele etwas größere Ausschüsse etc. anfallen müssen, um nur ein einziges verludertes Stück aufzuwiegen. Von jagdethischen und tierschutzrechtlichen Gesichtspunkten ganz zu schweigen. Und drittens ist der Rückstoß in erster Linie das Ergebnis der Relation von Projektilwucht gegenüber Waffengewicht, wozu noch der mindernde Effekt einer richtig passenden Schäftung kommt. Viele kleinkalibrigen Kipplaufbüchsen stoßen wie ein Pferd, wogegen ich mit meiner völlig ident geschäfteten Mauser 66 S Magnum hier nie Probleme habe. Es ist erstaunlich, daß so mancher Jäger im Schrank ein wahres Arsenal verschiedenster Kugelwaffen stehen hat, sich jedoch aus Kostengründen keine Gedanken darüber macht, ob deren Schäftung und Fernrohrmontage auch wirklich seinen Körpermaßen entspricht. Derselbe Weidgenosse führt aber oft eine Maßflinte und käme nie auf die Idee, seinen guten Sonntagsanzug „von der Stange" zu kaufen. Auch Ing. Stefanitza bestätigt aus seiner reichen Erfahrung, daß wirkliche Nachsuchenprobleme fast durchwegs auf zu schwache Kaliber der Gästewaffen zurückzuführen sind. Hingegen

hat das berühmte „Weatherbymonokel" als Folge schlampigen Gewehranschlages seines Wissens noch nie ein ganzes Jagderlebnis ruiniert. Dem kann ich nur beipflichten.

Ich habe selbst miterlebt, wie ein guter Jagdfreund in Slowenien seinen Lebensbock von mindestens 600 g Gehörngewicht auf höchstens 100 Meter leider nur weich getroffen hat; dies mit der .243 Winchester. Nach gehöriger Wartepause fanden wir am Anschuß einen daumennagelgroßen Brocken Panseninhalt, und das war es dann auch schon. Trotz zweitägiger Suche mit Hilfe der halben Dorfbevölkerung kam der Rehbock in dem hüfthohen Huflattichdschungel nicht zur Strecke, obwohl er sicher qualvoll verendet ist. Der unglückliche Schütze grämt sich deswegen heute noch.

Die Jagd auf den riesigen Ackerflächen und Waldgebieten des Ostens erfordert ganz einfach leistungsstarke Patronen mit reichlich Reserven auch für den Fall schlechter Treffer. Lautet doch das Motto: besser haben als hätten!

Während dieser Fachsimpelei, die sich noch endlos fortsetzen ließe, genießen wir das köstliche Mittagessen – in Rahm gedünsteten Rehrücken mit Nudeln und Preiselbeeren – und sind längst vom Bier zum Wein sowie schließlich zum Mokka samt Cognac übergewechselt.

Heute abend soll es in Richtung Donau, in ein uns noch unbekanntes neues Gebiet, den „Sud" (Süden), gehen. Der Jagdchef stellt eine urige Gegend in Aussicht und zeigt uns vorab auf der Karte das Revier „Sadova Sud", das bereits nahe der bulgarischen Grenze liegt. Auf unserem Weg dorthin folgen wir der breiten Flußebene des Jiu, einer nur dünn besiedelten Region mit einzelnen entlegenen Ortschaften. Es handelt sich um reine Zigeunerdörfer und augenscheinlich den „Hinterhof Rumäniens", denn dort herrschen wahrhaft „atemberaubende" Zustände.

Im Revier angekommen, erwarten uns ein ausgedehntes Sumpfwaldgebiet mit zum Teil wunderschönen Laubholzbeständen, aber auch Myriaden von Gelsen. Diese große Waldinsel liegt inmitten endloser Felder; hier steht die Frucht bereits so hoch, daß man darin auch ein aufrecht stehendes bzw. verhoffendes Reh kaum noch sieht. Bald zeigt sich, daß die idyllische Aulandschaft leider von ganzen Horden suspekter Gestalten bevölkert wird, darunter Gras- und Holzdiebe, illegale Schaf- und Rinderhirten sowie natürlich Wilderer jeglicher Art.

Ing. Stefanitza erklärt zunächst kurz die Revierlage und entläßt dann E. und mich auf eine Waldpirsch nach Belieben; er hat längst erkannt, daß wir Erfahrung haben, keinen leichtsinnigen Unfug treiben und sich der Jagderfolg am ehesten einstellt, wenn man uns freie Hand läßt. Außerdem bereitet uns der liebenswerte Jagdchef als aufmerksamer Gastgeber sichtlich immer gerne eine Freude. Um 20 Uhr ist wieder Treffpunkt; anschließend wollen wir noch mit dem „Aro" eine abendliche Pirschfahrt entlang der Feldkante unternehmen. Bei brütender Nachmittagshitze zeigt sich wenig Wild, dafür aber umso mehr menschliches Gesindel. An sich besteht im Wald dieses Staatsjagdrevieres zwar Betretungsverbot, doch existiert längst kein effizienter Forst- und Jagdschutz mehr. Die neue Demokratie wird mißverständlich allgemein mit Anarchie und Chaos gleichgesetzt, kurzum es herrscht echte Endzeitstimmung – und die Zeche hiefür bezahlt – wie stets – das völlig unschuldige Wild. Leider haben wir Gelsenspray und Mückenschleier im Auto zurückgelassen, so daß uns die Blutsauger bei dieser

Schwüle fürchterlich quälen. Im Verlaufe unserer Bummelpirsch quer durch die Waldbestände entdecke ich zwar einige sehr starke, vielversprechende, frische Fege-stellen, doch fehlt mir aufgrund der Gelsenplage die rechte Lust und Muße, diese auch nachhaltig auszuwerten. So kehren wir zur vereinbarten Zeit etwas mißmutig zum Treffpunkt zurück. Auch unser Jagdchefingenieur und dessen Fahrer hatten keinen nennenswerten Anblick; Octavian weilt nach wie vor in Bukarest.

Kaum sind wir mit dem „Aro" ein paar hundert Meter gefahren, da ändert sich die Lage allerdings schlagartig: Es ist diesmal der jagdpassionierte Chauffeur, welcher im freien Feld auf etwa 600 Meter Entfernung ein einzelnes Reh erspäht. Er hält an und weist uns ein. Tatsächlich, in Blickrichtung Wald, dort wo im Hintergrund ein verlassenes Gehöft und einzelne Bäume stehen, läßt sich im Weizen phasenweise ein starker Rehbock, oder besser gesagt dessen Haupt, durchs Fernglas ausmachen. Spektiv her! Die Optik zeigt unverkennbar einen alten Bock, der offenbar gigantisch hoch aufhat, jedoch – schlagartig im hohen Getreide wieder verschwunden ist!

In diesem Moment verlieren – ohne daß dafür ein Grund vorliegt, vielleicht liegt es am schwülen Wetter – meine Mitstreiter urplötzlich die Nerven und leider auch jeden Überblick. Selbst Ing. Stefanitza und sogar E. werden von einer unbegreiflichen Hysterie erfaßt und erteilen völlig absurde Kommandos.

So holpert der „Aro" zunächst völlig zwecklos quer durchs Feld in die ungefähre Richtung des Bockes, dies allerdings einzig mit dem Ergebnis, daß wir zwar den Alten nicht wiederfinden – dieser hat sich im Getreide wahrscheinlich schlicht niedergetan – dafür aber in dessen Nahbereich zwei andere, weitaus schwächere und jüngere Rehböcke hochmachen. Diese nehmen auf der deckungslosen Fläche unser Vehikel natürlich sofort wahr und verhoffen bereits mißtrauisch; sie können jeden Augenblick laut schreckend abspringen und endgültig alles verderben. Begreiflicherweise bin ich jetzt ebenfalls aufgebracht, zumal meine drei Begleiter nun anscheinend auch das Ansprechen total verlernt haben und alles durcheinanderbringen: hektisch drängen sie mich zum Schuß auf den einen oder anderen Jüngling. Selbst der „Aro"-Fahrer entwickelt plötzlich eigene, wenngleich unsinnige Ideen. Octavians Fehlen wird nun besonders schmerzlich spürbar, außerdem sorgt die hereinbrechende Dunkelheit für zusätzlichen Streß. In meinem französisch-italienischen Mischmasch, gemixt mit ein paar Brocken Rumänisch, gehe ich haarscharf an einer Meuterei vorbei. Schließlich gelingt es mir nur durch einige schon sehr autoritäre Kommandos, wieder System und Sinn in unsere Jagdaktion zu bringen. Zunächst dirigiere ich den „Aro" zurück in die Ausgangsposition, wo wir den alten Bock zum ersten Mal gesehen haben. Dort steige ich schnell aufs Autodach und präge mir anhand der vorerwähnten Gebäuderuinen sowie markanter Büsche die ungefähre Richtung ein. Wie ein Kletteraffe baume ich flugs wieder ab, und dann geht es über ausgeschwemmte Feldwege im Eiltempo zum Waldrand, um dem nach wie vor unsichtbaren Bock die für unser Vorhaben fatale Rückzugsmöglichkeit in den Bestand abzuschneiden. Plötzlich erblicke ich den Gesuchten, obwohl meine Mitfahrer stur behaupten, es sei ein anderer. Stopp!

Erneut turne ich aufs „Aro"-Dach, lege mich flach hin und hoffe, daß der im Getreide ohnedies nur schemenhaft sichtbare Altbock noch etwas aushält.

Rund 150 Meter entfernt, verhofft er bereits deutlich mißtrauisch in unsere Richtung. Kommandos nach unten: Ruhe!! Repetierer! Jacke! Noch eine Jacke! Fieberhaft baue ich an der wackeligen Auflage für mein Gewehr. Schuß!! Unter mir im Auto ist der Teufel los: jeder glaubt etwas anderes gesehen zu haben und erteilt aufgeregt entsprechende Ratschläge. Tatsächlich konnte ich den Bock wegen der deckenden Getreidehalme nur ganz hoch anfassen, dennoch aber nicht vermeiden, daß die Kugel einige Weizenspitzen touchierte und als Querschläger ankam. Auf den Schuß hin bricht der Rehbock zunächst schlagartig zusammen, er wird jedoch sogleich wiederum hoch und zieht recht flott nach rechts. Im Zielfernrohr erkenne ich am Ziemer deutlich einen roten Schweißfleck und versuche verzweifelt, nochmals abzukommen. Aber nach etwa 40 Metern wird der Bock auf einmal langsamer, beginnt zu taumeln – und fällt verendet um. Selbstredend ereignet sich dieser dramatische Geschehnisablauf im letzten Dämmerlicht viel schneller, als man es in Worte fassen kann. Jetzt ist es endgültig dunkel, doch ich bleibe – von Millionen Gelsen umschwirrt – oben am Autodach liegen, um nicht die Richtung aus den Augen zu verlieren. Dann schicke ich meine drei Begleiter zur Nachsuche mit der Taschenlampe in den hohen Weizen; wahrlich keine beneidenswerte Aufgabe, hier fehlt wiederum der ferne Jagdhund. Zum Glück finden sie, meinerseits mit Worten und von den Gelsen mit Stichen angefeuert, relativ schnell den Bock. Andernfalls hätten im Verlaufe der kommenden Nacht die zahllosen wildernden Hunde und umherstreunenden Zigeuner von unserer Beute wohl kaum etwas übriggelassen. So jedoch ist die Freude allseits groß und jeglicher Hader vergessen. Im Licht von Autoscheinwerfer und Taschenlampe liegt vor uns ein imposanter Altbock mit fast weißem Haupt und gewiß nicht alltäglicher Trophäe:

Ein dolchspitzes Stangenpaar mit langen Hinterenden ragt 30 Zentimeter hoch (!) aus mächtigen Dachrosen. Rechts findet sich noch ein tief angesetzter Kampfsproß, der linke ist schon zu eine bloßen Leiste zurückgesetzt. Alles in allem eine sehr beachtliche und wohl auch kampferprobte Hauptzier. Der großrahmige Bock ist bei bester Kondition und wiegt aufgebrochen 36 kg, bahnfertig ohne Haupt. Im Unterkiefer sind die Zähne bis zur Knochenleiste abgeschliffen, das Alter läßt sich nur mehr grob erahnen. Muß das vor 3 – 4 Jahren ein Kapitalbock gewesen sein! So endet unsere erste Expedition in den „Sud" nach viel Aufregung doch noch höchst erfolgreich.

Auf der Heimfahrt ereilt uns ein heftiges Gewitter, wie es aufgrund der vorangegangenen Schwüle auch zu erwarten war. Dennoch kehren wir wohlbehalten nach Bratovoesti zurück, wo natürlich noch eine zünftige Feier folgt. Entsprechend der rauhen Heimat unserer Beute wird heute „privater Naturwein" aus der Umgebung kredenzt. Das aus Direktträgertrauben gekelterte, etwas herbe Getränk mundet – speziell als Tischwein mit Sodawasser gespritzt – ganz ausgezeichnet. Da draußen weiterhin der Regen mit Blitz und Donner niederprasselt, beschließen wir, die Frühpirsch zu verschlafen. Ich aber nehme mir fest vor, morgen abend wieder in den „Sud" zu fahren. Der Alte muß doch dort einen Sohn, Enkel oder Neffen hinterlassen haben. Und überhaupt, die Fegestellen – man könnte vielleicht spätabends am Rande der Waldlichtung einen Baum erklettern und …

Samstag, 23. Mai 1992

Der Vormittag vergeht mit Ausruhen, Körperpflege und Trophäenkult. Jetzt wird auch das Jagdtagebuch auf den aktuellen Stand gebracht. Um 17 Uhr 15 wollen wir starten – natürlich in Richtung „Sud". Schwere Regenwolken ziehen auf, es hat deutlich abgekühlt, und in der Nähe ist wohl schon ein Guß niedergegangen. Als wir im Sud eintreffen, beginnt gerade ein massives Gewitter mit Sturzfluten. Wir erwischen die üblichen Holz- und Grasdiebe, ein Zigeunerbauer regt sich aus für mich unerfindlichen Gründen fürchterlich auf. Unser Fahrer macht sich Sorgen, er könne mit dem „Aro" im total aufgeweichten Sumpfwald steckenbleiben und möchte daher dieses Gebiet möglichst bald verlassen. Ich wiederum hoffe auf den „Gewitter-Nacheffekt" und bestehe darauf, zu bleiben. Die wenig einladenden Rahmenbedingungen vermögen E. nicht aus dem zumindest insektendichten Geländewagen herauszulocken. Schließlich unternehmen Ing. Stefanitza und ich allein eine ausgedehnte Fußpirsch. Wir werden patschnaß, und die Gelsen stechen schauderlich. Knapp vor Einbruch der Dunkelheit erreichen wir jenen Einstand, wo wir einen Nachkommen unseres gestrigen Altbockes – sozusagen den „Juniorkapitalen" – vermuten. Gerade als ich vorsichtig um eine Dickungsecke biege, taucht dort urplötzlich tatsächlich ein Rehbock auf und hat mich im nächsten Augenblick auch schon weg. Das diffuse Licht gaukelt mir scheinbar starke Stangen vor; brennendes Gelsenmittel in den Augen, Wasser am Glas und die hektischen Umstände bewirken ein übriges – kurzum, ich spreche schlampig an und lasse mich zu einem vorschnellen Schuß hinreißen. In solchen Fällen fehlt man bekanntlich nie, und so liegt auch hier auf ca. 150 Meter der Bock mit der Kugel am Trägeransatz im Feuer. Es handelt sich jedoch zu meinem Entsetzen nur um einen mäßigen Dreijährigen, unverdient glücklicherweise allerdings ein richtiger Abschußbock: rechts eine angedeutete Sechserstange, links überhaupt nur eine Gabel. Dennoch ärgere ich mich sehr, bin aber an diesem Desaster nun ganz alleine selbst schuld. Der Jagdchef trägt's gelassen: immerhin handle es sich um ein junges „Küchenstück" mit diesbezüglich idealem Schuß. Das nenne ich wahre Diplomatie!

Wie vom routinierten Fahrer zuvor befürchtet, bringen wir den „Aro" nur mit Ach und Krach unter Einsatz aller technischen Hilfsmittel aus dem Sumpfwald heraus. Erst spätabends treffen wir bei wieder strömendem Regen im Jagdhaus ein. Es wäre gelogen, die allgemeine Stimmung als „himmelhochjauchzend" zu bezeichnen. Speziell „Panthelina" hat nicht gerade ihr Herz an den sumpfigen Sud mit seinen Gelsen, Zigeunern und sonstigen Bewohnern verloren. Vorsorglich kündigt sie an, morgen früh zu passen; immerhin sei Sonntag, und da pflege man gemeinhin die Ruhe …

Sonntag, 24. Mai 1992

Das Wetter ist bedeckt, aber trocken, und hat stark abgekühlt; erstmals weht ein beachtlicher Wind. E. bleibt wie beabsichtigt zu Hause, und so fährt der Jagdchef tapfer mit mir wieder in Richtung Sadova Sud. Sowohl er selbst als auch sein Chauffeur husten erbärmlich, sie scheinen durch den laufenden Jagdeinsatz schon deutlich ramponiert zu sein. Auch unser „Aro" hat gestern einiges abbekommen und klappert verdächtig. Ich bin zwar ausgeschlafen und guten Mutes, mache mir jedoch aufgrund der Witterung

nur wenig Hoffnungen auf eine erfolgreiche Jagd. Um 5 Uhr 30 treffen wir im Sud ein, und zwar diesmal auf dessen Nordseite. Überraschenderweise ist aber recht viel Wild auf den Läufen: Zuerst bekommen wir ein fünfköpfiges Damwildrudel in Anblick, welches im vollen Tageslicht vom Feld zurück in den Wald einzieht.

Mit zunehmender Tageserwärmung gerät dann auch das Rehwild in Bewegung: Wir sehen mindestens 25 Rehe, darunter nicht weniger als 8 verschiedene Böcke. Nach dem gestrigen Mißgeschick bin ich jedoch heute beim Ansprechen doppelt vorsichtig und pardoniere letztlich alle. Immerhin liegen schon 7 Rehböcke auf der Strecke dieser Jagdreise, so daß keinerlei Erfolgsdruck besteht. Wenn schon, dann möchte ich nur noch etwas ganz Besonderes erlegen. Schließlich erblicken wir von der Krone eines Hochwasserdammes aus auf etwa 500 bis 700 Meter Distanz einen älteren Rehbock mit dicken schwarzen Stangen, die oben prachtvoll weiß vereckt prahlen. Das Spektiv bestätigt den ersten Eindruck: der würde schon noch passen! Also starten wir ein vorsichtiges Umgehungsmanöver über diverse Feldwege. Als wir bei gutem Wind und ohne erkennbare Störung unser angepeiltes Ziel glücklich erreichen, sind zwar noch so ziemlich alle zuvor im Feld erspähten Rehe anwesend, nur der gesuchte Schlaumeier hat sich klammheimlich verdrückt. Ich konnte mir aber zuvor seine Charakteristika genau einprägen und plane schon jetzt für die kommenden Tage weitere Aktionen auf diesen Rehbock. Die abschließende Pirschfahrt durch den nach wie vor nassen Sudwald bringt nichts: Einige Rehe springen flüchtig ab, noch ehe wir sie ansprechen können. Die ständige Beunruhigung des Wildes zeigt eben deutlich ihre Folgen. Auf der Rückfahrt überkommt dann auch mich die Müdigkeit. Zu Hause in Bratovoesti ist leider Octavian noch immer nicht aus Bukarest eingetroffen und somit überfällig. Für die Abendpirsch planen wir entweder einen Ansitz im Sud auf den heute morgen entwischten „Schwarzstangigen" oder wir wollen unseren alten Bekannten auf der „patruchest" (Schneise 46) erwarten – hoffentlich hat sich letzterer nach dem Radau vom Donnerstag wieder beruhigt. Den Tag verbringen wir recht beschaulich mit „Jagdhauszauber" sowie Trophäenreinigung. Draußen ist es nach wie vor empfindlich kalt, so daß der brennende Kamin im Salon besonders gemütlich wirkt. Dann trifft Octavian gerade noch rechtzeitig für die Abendpirsch ein; zum Glück ist er nicht verunfallt, es herrschte auf der Strecke einfach nur sehr starker Verkehr.

E. ist abends wieder mit von der Partie, und das gibt den Ausschlag: Auf zur „patruchest"!

An Ort und Stelle im Revier angelangt, stellen wir zunächst in taktisch bewährter Manier ab. Der nach wie vor bekümmerte Jagdtechniker feiert ein Comeback und schwört, er werde diesmal auf seinem Hochstand regelrecht anwachsen. E. und ich pirschen vorsichtig die patruchest hinauf. Bereits zuvor ist zu unserer linken Hand, knapp vor Octavians Hochstand, ein Reh so flott über die Schneise gezogen, daß ich gar nicht zum Ansprechen kam. Weiter unten äst schon um diese frühe Tageszeit, es ist etwa 18 Uhr 30, ganz vertraut ein Rottier. Die Mittelschneise bei der großen Wildwiese ist hingegen leer. Als wir jedoch zur Muldensenke, d.h. zur Kreuzung mit der Schneise 51 kommen, stellt sich uns am hellichten Tag ein unerwartetes Hindernis entgegen: hier erwartet uns eine sehr starke Bache mit ihren 6 Sprößlingen, alles recht stramme

Rehbockparadies Dolj: *Verfasser mit seinen tüchtigen Helfern im Rehbockparadies Dolj. Zweiter von rechts: der stets strenge Jagdchefinspektor Dipl.-Ing. Stefanitza.*

Panthelina müde, aber glücklich: Nach 7 ½ (!) Stunden anstrengender Pirsch kreuz und quer durch die „Dilga Bala" kam der Kapitale „Sagenhafte" doch noch zur Strecke.

Der knuffige ungerade Achter aus der Panaghia Cobia...

...und sein offenkundig verwandtes, abnormes Gegenstück vom selben Revierort.

Eimal getraute ich mich, meinem Begleiter zu widersprechen – und behielt Recht: der kapitale Altbock aus dem Revier Sadova Sud.

Die Krönung unserer Rehbockjagdreise: der edle Hochkapitale aus der Salcia Filiasi.

Geheimnisumwitterte Region „Sadova Sud". Im Hintergrund ein verlassenes Nonnenkloster. Nicht Ceausescus Häscher, nein, eifersüchtige Bäuerinnen (!) haben die Gottesfrauen vertrieben.

Hochzeitsgesellschaft von Zigeunern auf der Straße nach Craiova.

Winter pur und Schweinelotto: „Kaiserwetter" am ersten Tag der Saujagd von Adam-Draguseni. Zweiter von links: unser eleganter Betreuer „Maec". Rechts außen der mittlerweile leider verstorbene Willi.

Große Begeisterung bei Jagdleiter und Treibern über meinen ersten Keiler des Tages. Zuvor waren wahre Fangschußsalven ertönt.

Der „Bechsteinflügel" ist gestreckt. Ein ganz großer Tag im Jägerleben des Verfassers! Man beachte die Bockdoppelkugel „oben ohne".

Deftiger Imbiß zwischen zwei Treiben, die Stimmung ist allgemein prächtig!

Die Prachtexemplare von „Dracula City". Bemerkenswert ist die Größenrelation zum Verfasser.

Frischlinge von gut 10 bis 15 Kilogramm und noch im Pyjama. Die Sauen brechen im Erbsenfeld der regenweichen 51er, daß es eine helle Freude ist. Um den ohnedies recht empfindlichen Rehbock nicht durch den Krawall einer abspringenden Schwarzwildrotte zu alarmieren, starten wir ein weiträumiges Umgehungsmanöver durchs Hochholz. Mittlerweile, obwohl schon 19 Uhr 30, botanisieren die Sauen noch bei Sonnenschein, seelenruhig die Schneise hinauf und vereinigen sich schließlich mit einer anderen Frischlingsrotte samt Mutterbache. Heute scheint überhaupt ein besonderer Schwarzwildtag zu sein, denn von unserem vorsichtig bezogenen Ansitzplatz am Rande der 51er aus beobachten wir rechts unten beim Observatorium überdies einen guten Keiler im Gebräch. Zu ihm gesellen sich später noch zwei Damtiere sowie eine Rehgais; die Erbsen üben offenbar eine magische Anziehungskraft auf alles Schalenwild aus. Unser sehnsüchtig erwarteter Kapitalbock glänzt allerdings durch Abwesenheit. Lediglich im Bestand ertönt einmal ein ärgerliches, tiefes Schrecken – der Hausherr ist dort wohl auf Sauen gestoßen. Obwohl ich nicht zu Schuß komme, so werden wir doch durch den mannigfaltigen Anblick reichlich entschädigt und wandern bei einbrechender Dunkelheit zufrieden zum Treffpunkt. Die Rückfahrt nach Bratovoesti gestaltet sich unerwarteterweise noch insoweit aufregend, weil unser bewährter Chauffeur überraschende Konditionsschwächen zeigt und mehrmals Fuhrwerke beinahe rammt; auch findet er nur mit Mühe den Heimweg auf der altbekannten Straße. Als wir dennoch glücklich im Jagdhaus ankommen, erfahren wir vom stets bestens informierten Kanzleioberförster, daß in Österreich Dr. Thomas Klestil mit 57 Prozent der Stimmen in der Stichwahl zum neuen Bundespräsidenten gewählt worden ist.

Montag, 25. Mai 1992
Dieser denkwürdige Jagdtag, welcher schließlich den krönenden Höhepunkt unserer Jagdreise bildet, beginnt zunächst mit Pannen und Chaos. Geplant ist ein Generalangriff mit voller Besetzung auf den gestern früh in Sadova Sud gesichteten, schwarzstangigen Rehbock mit den langen weißen Enden. Zur vereinbarten Zeit sind zwar Ing. Stefanitza, E., Octavian und ich pünktlich im Salon versammelt, doch gibt es kein Frühstück, und es fehlt – was weit schlimmer wiegt – weit und breit der unbedingt benötigte „Aro" samt Chauffeur; letzterer hat sich bekanntlich bereits am Vorabend reichlich seltsam benommen. Alkohol schien mir dabei allerdings nicht im Spiel; als alter Sportschütze höre ich zwar schlecht, meine Nase ist aber fast so gut wie die eines Schweißhundes. Wie dem auch sei, ohne Geländewagen sind wir völlig mattgesetzt. Zum ersten Mal sehe ich bei unserem sonst so beherrschten Jagdchef kaum verhaltene Wut hochkommen. „Panthelina" schweigt vielsagend mit hochgezogenen Augenbrauen.

Ein Rollkommando wird losgeschickt: Der allzeit getreue Kanzleioberförster Alessandru sowie Octavian mit seinem Dacia sollen einen fahrbaren Untersatz herbeischaffen, egal mit welchen Mitteln und in welchem Zustand! Mein Rumänisch reicht nicht aus, um die Botschaft zu verstehen, welche der erboste Generalinspektor den beiden mit auf den Weg gibt; Freundlichkeiten sind es jedoch bestimmt nicht. Tatsächlich treffen „Aro" samt Fahrer dann mit dreiviertelstündiger Verspätung ein und werden vom Jagdchef entsprechend herzlich empfangen. Wollen wir die Morgenpirsch

noch retten, ist jedoch für lange Diskussionen jetzt nicht der rechte Zeitpunkt. „Dalli, dalli, Abfahrt!" scheuche ich für alle verständlich die gesamte Crew in den Geländewagen, und mit Karacho geht die rasende Fahrt in Richtung Sadova Sud. Unterwegs versucht E. von Ing. Stefanitza den Grund der Misere zu erfahren, doch dieser schweigt sich aus; wahrscheinlich handelt es sich um Schlamperei oder innerdisziplinäre Probleme.

Gerade noch rechtzeitig zu Aufgang des Büchsenlichtes treffen wir im Revier beim Norddamm ein. Durch den frühmorgendlichen Dunst sehe ich im Getreide auf ziemlich weite Entfernung einen offenbar starken Rehbock schräg nach links ziehen, dann verschwindet dieser wieder im Halmenmeer des riesigen Weizenfeldes. Glutrot geht am Horizont die Sonne auf, und mit beginnender Tageserwärmung werden im Feld allerorts Rehe hoch; der Gesuchte ist allerdings nicht darunter. Ich bin noch beim „Sortieren" mittels Spektiv, als E. plötzlich rechts hinter uns im Feld ein starkes Reh entdeckt, welches zügig in Richtung Wald zieht. Ein rascher Schwenk mit dem Spektiv zeigt klar: unser Bock! Sofort packe ich Büchse wie Bergstock und laufe, so schnell ich kann, vom Damm gedeckt zur Waldkante. Tatsächlich kann ich so den Rehbock noch kurz vor dem Einwechseln abfangen, er zieht nichtsahnend stichgerade auf mich zu. Doch aus der Nähe betrachtet, werden nun die schon am Vortag leise gehegten Zweifel stärker: Man kann es drehen und wenden wie man will, der Kontrollblick durch die Optik zeigt einen zwar sehr guten, aber noch lange nicht reifen Zukunftsbock im Alter von eher 4 als 5 Jahren. Die blitzend langen Enden des hohen Gehörns können über die fehlende Masse und den jugendlichen Gesamteindruck nicht hinwegtäuschen. So macht der Stecher der gesicherten Mauserin bloß „klick", und der erwartete Schuß bleibt aus. Ich wünsche dem Bock eine gute Zukunft und insgeheim ein Wiedersehen in 2 bis 3 Jahren. Sehr zufrieden mit mir selbst wandere ich nun weitaus gemächlicher retour zum „Aro" und erläutere meinen gespannten Begleitern die Situation. Nachdem solcherart unser vorgesehener Hauptakteur sozusagen infolge Jugend ausgefallen ist, tuckern wir mit dem Wagen mehr oder minder ohne festen Plan über die Wege der Feldmark. Etliche Rehe kommen in Anblick, doch es ist nichts wirklich Passendes dabei.

Dann ist es wieder E. mit ihren Luchsaugen, die schräg vorne links im hohen Weizen einen Bock erspäht; dieser ist nur etwa 60 Meter entfernt und tritt sogar auf eine kleine Feldkante heraus. Während diesmal der Jagdchef höchstpersönlich diesen Rehbock unrichtig auf „trop petit" und maximal 4jährig taxiert, sehe ich die Lage völlig anders: Zwar zeigt das hohe Gehörn wirklich noch viel Masse im oberen Bereich, und auch die Maske ist einfärbig braun, aber der Bock hat eine gedrungene Statur, sehr dicke Stangen mit langen Enden, und zudem ist das linke Hauptsproßende gegabelt. Wer sagt denn, daß wirklich alle alten Rehböcke nadelspitz dünne Enden und ein weißes „Gesicht" haben müssen? Nein, hier brauche ich kein Spektiv mehr, schon der Blick durchs Zielfernrohr bestätigt meinen ersten Eindruck: alt und reif! Der Bock hat uns natürlich längst wahrgenommen, verhofft stichgerade zu uns her und kann jeden Moment abspringen. So setze, ich ihm auf die kurze Distanz das Fadenkreuz spitz von vorne auf den Träger und lasse fliegen. Er hat den Knall nicht mehr vernommen.

Großes Rätselraten bei der gesamten Besatzung, auch ich bin begreiflicherweise sehr aufgeregt, immerhin habe ich mir doch vorgestern selbst einen klassischen „Druckfehler" geleistet. Als wir dann nach zehn Minuten – diesmal gehe ich bewußt die wenigen Schritte voran – zum Bock kommen, ist jedoch alles klar: Vor uns liegt ein echter Hauptbock, ein kapitaler Alter am Gipfel seiner Lebenskraft! Die überaus edle Krone ist langsprossig und zeigt beiderseits ein kurzes Achterende. Besonders aber besticht die ungeheure Masse in allen Bereichen des Gehörns. Im Zusammenwirken mit der beachtlichen Wildbretstärke haben diese Proportionen wohl den Generalinspektor auf den ersten Blick hin getäuscht. Ein Wunschtraum, den ich seit der Erlegung meines ersten Rehbockes vor 27 Jahren stets gehegt habe, ist nunmehr in Erfüllung gegangen, ist hier im rumänischen Sadova Sud nahe der Donau zur faßbaren Realität geworden. Zweifelsfrei liegt hier im kräftig grünen Jungweizenfeld bei strahlendem Sonnenschein mein bisher weitaus bester Rehbock – wenn auch vielleicht nicht nach der CIC-Punkteformel.

„Panthelina" sowie der hinzukommende Ing. Stefanitza gratulieren aus ganzem Herzen und verstärken so meine überschwengliche Freude. Auch hinsichtlich des geschätzten Alters sind wir nun einer Meinung: Minimum 7, eher 8 Jahre.

Der Unterkiefer erbringt jedoch dann eine weitere Überraschung; ein wahrer Kraftsenior von zumindest 10 bis 12 Jahren hat noch diese kapitale Krone geschoben! Ganz entgegen meiner sonstigen Abneigung gegen die Altersbestimmung nach dem Zahnabschliff lasse ich mir später auch den total heruntergeschliffenen Unterkiefer auskochen, bleichen und sogar amtlich bestätigen; ich habe in der Folge mit seiner Hilfe so manche Wette im Kreise erfahrener Rehwildjäger gewonnen! Leider streikt dann aus heiterem Himmel meine sonst so brave CONTAX und verkündet digital: „Leere Batterien!" Da ist nichts zu machen, die Ersatzbatterien befinden sich im Jagdhaus von Bratovoesti. Nach unserer triumphalen Rückkehr dorthin wird mein Kapitalbock im Park des ehemaligen Ceausescu-Anwesens feierlich gestreckt und natürlich ausgiebig fotografiert. Ich vereinbare allerdings gleich mit dem Jagdchef, daß wir morgen unbedingt noch einmal in den Sud fahren, um dort die wunderbare Landschaft rund um den heutigen Erlegungsort auch mit der Kamera festzuhalten. Es folgt ein kräftiges Jägerfrühstück, bei welchem wir zu Ehren des alten Recken von Sadova Sud etliche ebenfalls recht honorige Bouteillen aus dem Jagdhauskeller leeren. Dann fährt E. mit Octavian und Alessandru zum traditionellen Einkaufsbummel nach Craiova, während ich bei strahlendem Sonnenschein in ebensolcher Stimmung unter der alten Eiche mit Ing. Stefanitza Karten spiele.

Ich fühle mich wie „Gott in Frankreich" und könnte die ganze Welt umarmen. Mit der Erlegung des heutigen Hauptbockes habe ich ja nun eigentlich das gesteckte Ziel unserer frühsommerlichen Rehbockjagdreise in die Dolj erreicht. Aber der Appetit kommt bekanntlich beim Essen. Uns stehen die hiesigen prachtvollen Reviere sowie unsere aufmerksamen Gastgeber noch für einige Pirschtage zur Verfügung, das Wetter ist herrlich, und außerdem wurde der Rückflug ja erst für den 28. Mai gebucht. Man muß auch auf der Jagd die Feste feiern, wie sie fallen! Wer weiß schon, was die Zukunft gerade in dieser unruhigen Region bereits morgen bringt?

Meine verständnisvolle E. meint dazu beim verspäteten Mittagessen: „Ich habe mir das ohnehin so vorgestellt und nichts anderes erwartet!" Für unseren rührigen Jagdchef ist es sowieso eine Selbstverständlichkeit, daß wir am Abend wieder zu neuen Taten ausrücken. Der obligate Mokkaplausch fällt somit heute aus und wir halten dafür ein erholsames Nachmittagsschläfchen. Die Parole lautet: Abfahrt 15 Uhr 30!

Pünktlich zur genannten Stunde starten wir diesmal in nördliche Richtung; unser Ziel ist das Revier Salcia Filiasi, wo wir am Morgen des ersten Tages unseren – allerdings erfolglosen – Einstand in den gesegneten Jagdgefilden der Dolj hatten. Unzählige spannende Erlebnisse durften wir seit jener etwas verunglückten samstäglichen Premiere gemeinsam mit unseren neugewonnenen rumänischen Jagdfreunden in dem hiesigen Revier genießen! Gemäß der telefonischen Reviermeldung des örtlichen Försters sollen in Filiasi zwei gute Rehböcke bestätigt sein, nähere Details erfahren wir vorerst nicht. Während der 60 Kilometer langen Anfahrt ins Revier klingt im „Aro" die Hochstimmung der heutigen Frühpirsch noch fort: Beschwingt durchqueren wir Craiova und folgen dann dem malerischen Jiu-Tal flußaufwärts. Wir passieren mehrere recht schmucke Ortschaften; allgemein erscheint diese Region wesentlich zivilisierter als der doch sehr verlotterte „Sud". Auch hier soll die Zigeunerrasse stark vertreten sein. Beiderseits der Flußniederung erheben sich sanfte Hügel, teils bewaldet, teils landwirtschaftlich genutzt. Dazu kommen Wiesen sowie zahlreiche Obstbäume, kurzum ein Landschaftsbild wie etwa in der österreichischen Südsteiermark.

An Ort und Stelle erwartet uns mit strammer Meldung der noch junge, recht sympathische Revierförster, welcher allerdings etwas melancholisch wirkt. Seine auffallende Schwermut erweist sich in der Folge als nur allzu begreiflich, da im Vorjahr seine 26jährige Ehefrau bei einer Butangasexplosion in der Küche tragisch ums Leben gekommen ist; nun muß der Arme ein erst dreijähriges Kleinkind alleine versorgen. Angesichts dieser tragischen Misere halten wir uns in der Försterei nicht lange auf, sondern fahren bei nach wie vor prachtvollem Wetter gleich ins Revier. Mit fünf Personen schwerbeladen – E., Ing. Stefanitza sowie der zugestiegene Förster sitzen im Fond – keucht der „Aro" den nächstgelegenen Hügel hinauf. Rechts und links erstrecken sich Getreidefelder soweit das Auge reicht, dazwischen liegen zahlreiche Mischwaldinseln. Mit einem Wort: ein Rehwildbiotop, wie man es sich kaum besser wünschen kann. Ich hätte gerne Näheres über den Wildbestand und die sonstigen Revierverhältnisse erfahren, doch leider ist unser trauriger Begleiter nicht sehr mitteilsam. Immerhin ermahnt er uns zu höchster Aufmerksamkeit, denn einer der beiden von ihm gesichteten Rehböcke sei „sehr gut". Zunächst jedoch kommt ein starker Fuchs in Anblick. Er schnürt durchaus in Schußentfernung vorbei, aber derer von Reineke sind um diese Jahreszeit nicht unbedingt meine Passion. Im hohen Unterwuchs ist überdies nicht erkennbar, ob es sich um Rüde oder Fähe handelt, und deshalb wird der rote Räuber pardoniert. Wer von uns ahnt schon in diesem Augenblick, daß wir einander nur wenig später unter dramatischen Umständen neuerlich begegnen würden. Den knappen Anweisungen des Revierförsters folgend, umrundet unser Fahrer mit dem Geländewagen mehrmals einen bestimmten Waldkomplex. Fünf jagdpassionierte Augenpaare leuchten ständig die umliegenden riesigen Getreidefelder ab, doch ist darin mit Ausnahme einer einsamen

Rehgais vorerst kein Wild zu erblicken. Allerdings steht die Frucht schon derart hoch, daß vom Reh nur noch das Haupt aus der Deckung ragt. Demzufolge fühlt sich das Wild im Getreide vollkommen sicher und verbringt dort wohl auch den ganzen Tag. In der Salcia Filiasi herrschen derzeit Festwochen fürs Wild, aber schwierige Jagdverhältnisse für uns!

Kurz nach 18 Uhr kann ich bei strahlendem Sonnenschein weit entfernt im Getreide ein Rehhaupt ausmachen. Dieses Stück steht auf etwa 700 Meter in der hellen Frucht, welche dort vielleicht eine Spur niedriger sein mag als auf den umliegenden Feldern. Sofort halt, alles aussteigen! Mein Spektiv kommt zum Einsatz und zeigt auf den ersten Blick einen sehr starken, nein kapitalen Bock!

Selbst auf die große Distanz sind die extrem langen Enden des korbförmigen Gehörns deutlich zu erkennen. Die starken Stangen müssen auch sehr hoch sein, weil deren Kampfsprossen erst erheblich über den Lauscherspitzen ansetzen. Unter Anzeichen hellster Aufregung schildere ich der Begleitmannschaft meine Beobachtungen, leider ist mein Spektiv das einzige an Bord. Die Rumänen können mit ihrer bescheidenen optischen Ausrüstung natürlich keine Details feststellen, wobei Ing. Stefanitza ohnedies schon gewohnheitsmäßig das Ansprechen in erster Linie mir überläßt.

E.'s gutgemeinte Warnung vor übergroßer Euphorie – „Schau ihn dir lieber nochmals an!" – kann mich nicht verunsichern: ich weiß genau, vor uns steht ein Hochkapitaler! Mit dieser Erkenntnis allein ist allerdings wenig gewonnen, denn bei der gegebenen örtlichen Situation hat vorerst eindeutig der Rehbock die besseren Karten. Zum einen steht er bis zum Haupt gedeckt im Halmenmeer, und zum anderen erblicke ich im weiten Umkreis keinerlei Deckung für eine erfolgversprechende Pirsch. Um das Maß an Problemen voll zu machen, erscheint jetzt neben dem Bock auch noch das Haupt einer Rehgais. Guter Rat ist teuer, doch es muß ganz einfach eine Lösung geben; diesen Ausnahmebock lasse ich jedenfalls nicht kampflos in der Botanik stehen! Eine Annäherung zu Fuß scheidet im hüfthohen Getreide von vornherein aus. Selbst im sehr unwahrscheinlichen Falle, daß es mir gelingen sollte, unbemerkt an den Bock heranzukommen, wäre dann eine Schußabgabe höchstens auf Stelzen oder mittels einer Leiter möglich; beides haben wir nicht zur Verfügung. Weit und breit ist auch kein Pferd oder Rind zu sehen, mit dem ich allenfalls, wie bei der Trappenjagd, parallel vorgehen könnte. Bleibt demnach nur der „Aro". Mit dem Geländewagen starten wir eine weitausgreifende Umfahrung querfeldein durch die Frucht. Daheim in Mitteleuropa wäre dies undenkbar, und auch hier soll uns tunlichst kein Bauer begegnen. Vorsichtig dirigiere ich unser Vehikel auf eine etwas erhöhte Feldkuppe, nicht ohne zuvor die gesamte Besatzung zu absoluter Ruhe zu vergattern. Niemand wagt sich auch nur zu mucksen, hier bewegt sich ein Wachsfigurenkabinett auf Rädern! Am Endpunkt dieses Manövers wird der Motor abgestellt, und nach der Art einer Schildkröte riskiere ich einen vorsichtigen Rundblick. Das Ergebnis ist ernüchternd: Wir befinden uns exakt zwischen dem nunmehr doch schon sehr aufmerksam gewordenen Kapitalbock und der ihn begleitenden Gais. Überdies steht in der unmittelbaren Nachbarschaft noch ein Rehbockjüngling, welcher ursprünglich gar nicht sichtbar war. Von diesen Rehen ragen jeweils gerade noch Lichter und Lauscher sowie, soweit vorhanden, das Gehörn aus dem

Getreide. Alle drei signalisieren bereits unverkennbar höchstes Befremden über unser Erscheinen. Im Augenblick überwiegt vorerst ihre Neugierde; wie lange noch, kann freilich niemand sagen. Jetzt oder nie! Durch die hohe Frucht selbst gedeckt, krieche ich heimlich aus der halbgeöffneten Beifahrertür des „Aro", nehme Repetierer und Mantel mit und erklimme von der unserem Bock abgewandten Fahrzeugseite her im Zeitlupentempo das Stoffverdeck des Wagens. Dessen Insassen unter mir befürchten ein Durchbrechen meiner – einschließlich Ausrüstung – gut 100 Kilogramm und tun dies, gottlob gedämpft, auch kund. Bäuchlings liege ich möglichst flach auf der fragilen Leinwand und schiele nach dem gar nicht weit entfernten Bock: Hurra, er ist noch da! Der nahe Anblick seiner mächtigen Krone bewirkt bei mir einen zusätzlichen Adrenalinschub. Aus meiner erhöhten Position sind von der Rückenlinie abwärts maximal 15 cm des Wildkörpers einigermaßen frei; zuvor aus der „Unterwelt" ist überhaupt nur das Haupt sichtbar gewesen. Schnell baue ich mir aus Mantel und Hut eine kleine Auflage, dann setze ich mit einem Stoßgebet zu St. Hubertus dem Kapitalen die Kugel knapp über dem Getreidehorizont sehr hoch aufs Blatt.

Es ist dies fraglos eine riskante Entscheidung, die ich jedoch in der speziellen Situation im Vertrauen auf meine punktgenau schießende Mauserin mit der starken 6,5 x 68 glaube vertreten zu können. Im Schuß verschwindet der Bock schlagartig, er hebt aber – soweit sichtbar – noch mehrmals das Haupt. Nicht ohne Grund befürchte ich einen Krellschuß und bleibe mit der blitzschnell repetierten Büchse im Anschlag. Die Rehgais irrt noch geradezu rührend mehrere Minuten im Feld umher, eine außerhalb der Brunft ungewöhnliche Verhaltensweise, die ich schon am vergangenen Freitag in der Panaghia Bala anläßlich der Erlegung des Abnormen beobachtet habe.

Mir ist nun ob meiner gewagten Schußabgabe doch ziemlich mulmig zumute, denn eine Nachsuche in diesem Gelände wäre eine Katastrophe. Vorerst herrscht „über allen Gipfeln Ruhe", dies sowohl am Anschuß als auch unter mir im „Aro". Natürlich können meine Begleiter nicht wissen, was hier überhaupt vor sich geht. Als nach Ablauf von 20 Minuten die Lage noch immer unverändert ist, erlöse ich meine nach wie vor vorbildlich stillhaltenden Jagdgefährten aus ihrem rollenden Verlies und setze sie kurz ins Bild. Dann werden Panthelina, Ing. Stefanitza und der Förster zur Nachsuche eingewiesen, der Chauffeur bleibt sicherheitshalber bei mir. Octavian hat heute abend Ruhepause, für ihn wäre in dem einzigen Jeep auch kein Platz mehr frei gewesen. Die Nachsuchenden benehmen sich in der fraglichen Gegend reichlich seltsam, erregte Zurufe werden laut, und offenbar untersuchen sie etwas für mich Unsichtbares. Als dann auch noch der „Aro"-Fahrer in seinem Rumänisch zum Ausdruck bringt, der Bock sei „in den collo (Wald) davongelaufen", ist es auch mit meiner Fassung restlos vorbei. Ich springe vom Autodach, entsichere den von dort heruntergeangelten Repetierer und rase persönlich zum vermeintlichen Anschußort – wo ich im Getreide über den längst verendeten Rehbock stolpere! Dessen Trophäe verschlägt mir buchstäblich die Sprache!

Doch vorweg die Erklärung des mysteriösen Verlaufes dieser Nachsuche: Meinen ausgesandten Helfern war ein offenbar äußerst hungriger Fuchs zuvorgekommen und hatte nur rund 10 Minuten (!) nach dem Schuß unverzüglich begonnen, den verendeten Bock im Bereich der hohen Blattschußwunde anzuschneiden! Erst als meine Frau und

die rumänischen Jäger in der Frucht auf Sichtweite herantraten, trennte sich Reineke von seinem Festmahl. Im Wegflüchten ist er dann als roter Schatten im Getreide mit dem Rehbock verwechselt worden. Die entsetzten Ausrufe der Nachsuchenden veranlaßten wiederum den Chauffeur zu seinem mich alarmierenden Kommentar. Meine Erzählung klingt zugegebenermaßen stark nach Münchhausen, ausnahmsweise entspricht sie jedoch bis ins kleinste Detail der Wahrheit. Es ist schon allerhand, was auf der Jagd so alles vorkommt!

Jetzt aber zurück zu unserem Kapitalbock: Die vollkommen regelmäßige Trophäe des wohl achtjährigen Sechsers übertrifft bei weitem sämtliche Rehgehörne, welche ich bisher jemals in freier Wildbahn in Anblick bekommen habe, einschließlich meines heutigen Hauptbockes aus Sadova Sud. Diese schlichte Tatsache besagt mehr als alle Punkte, zumal ich mich schon über ein Vierteljahrhundert lang alljährlich sehr intensiv den Rehböcken widme – sei es als Schütze, Pirschführer oder nur als stiller Beobachter. Ohne Übertreibung kann ich mit ruhigem Gewissen behaupten: Die Anzahl der von mir in meinem bisherigen Jägerleben angesprochenen Rehböcke ist Legion.

Die edle Form der massigen und reich geperlten Krone mit den knuffigen Rosen kommt dem oftbeschriebenen Idealbild eines Erntebockes so nahe, daß man sie etwa bei einer künstlichen Nachbildung als wirklichkeitsfremdes Klischee empfinden könnte.

Ich glaube, treffender läßt sich diese Goldmedaillentrophäe nicht beschreiben.

War der Alte vom heutigen Morgen ein „knuffiger Fürst", so liegt nunmehr der regierende „Royal" vor uns. Interessanterweise reicht sein Wildbretgewicht mit knapp 27 Kilogramm aufgebrochen, bahnfertig ohne Haupt, nicht einmal annähernd an die Werte meiner Böcke aus der Südregion heran; dies trotz bester körperlicher Verfassung. Der gesamte Wildkörper sowie die Schädelmaße sind deutlich zierlicher. Somit liegt die Annahme nahe, daß auf relativ engem Raum bei in etwa gleich guten Lebensbedingungen hier zwei verschiedene Rehwildschläge leben, wie wir dies ja auch beim Rotwild beobachten können. Möglicherweise ist dieses Phänomen auf Unterschiede in der Bodenbeschaffenheit zurückzuführen, zumal auffallenderweise auch das spezifische Gehörngewicht der „Südböcke" jenes ihrer nördlichen Artgenossen durchwegs übertrifft.

Gleich zwei Kapitalböcke an einem einzigen Tag zu erlegen, das klingt auf den ersten Blick in der Tat etwas üppig. Wer jedoch die hiesigen Jagdverhältnisse selbst erlebt hat, weiß, daß dieser unterschwellige Vorwurf nicht gerechtfertigt ist. Urwüchsige Jagd ist kein Diätplan, und sehr oft kommt es vor, daß Jagdgäste – es sind nicht die schlechtesten – der Wunschtrophäe ihrer Träume jahrzehntelang nachlaufen, um letztlich doch erfolglos zu bleiben. Nur ein Narr würde den Regenschirm aufspannen, wenn schon Diana ihr Füllhorn einmal kräftig ausschüttet!

Bewußt lasse ich den alten Monarchen der Rehe von Salcia Filiasi direkt am Erlegungsort würdig zur Strecke legen und fotografieren; aus den Bildern des Getreidefeldes im Hintergrund gehen die aufregenden Begleitumstände dieser Jagd lebendig hervor. Durch das Jagderlebnis und im allgemeinen Jubel ist auch unser armer Förster etwas aufgetaut; er will uns nun noch seine übrigen Rehe vorführen. Tatsächlich ziehen mehr oder minder alle angekündigten Böcke auf die Feldflur aus. Ohne böse

Absichten können wir sie durchs Spektiv in aller Ruhe ansprechen und taxieren, es erweisen sich dabei sämtliche als viel zu jung! Mit der Erlegung meines Kapitalen hatte ich also riesigen Dusel, nein, ein echtes Weidmannsheil!

Da auf der Heimfahrt immer noch die Sonne scheint, besichtigen wir unter der Führung des offenbar allseitig sachkundigen Ing. Stefanitza unterwegs noch einen alten orthodoxen Friedhof mit interessanter Trivialmalerei. Ganz besonders beeindruckt mich dort die guterhaltene Kirche, welche vor mehr als 600 Jahren ganz aus Holz, ohne jegliche Verwendung anderer Werkstoffe, errichtet worden ist; sogar die Nägel hat man damals aus Hartholz geschnitzt. Es ist schon wahr, Rumänien weist wirklich in vielerlei Beziehung eine historisch große Vergangenheit auf: Wo immer man hinsieht, erwarten den interessierten Besucher bemerkenswerte Kulturdenkmäler. Die äußerst turbulente Geschichte des Landes bis herauf in die jüngste Vergangenheit brachte natürlich auch ihre Schattenseiten mit sich: Beispielsweise fällt mir auf unserer Fahrt in irgendeinem Zigeunerdorf ein besonders „bizarres" Anwesen auf. Ich lasse anhalten und steige aus dem „Aro", um zu fotografieren. Dabei muß ich zwangsläufig mein stets griffbereit gehaltenes Gewehr zurück in den Wagenfond reichen. Die Bewohner der Bruchbude nehmen diesen Vorgang offenbar wahr, denn als ich mich mit besten Absichten nähere, stürzt angsterfüllt und händeringend die Besitzerin – eine Frau mittleren Alters – unter Mitnahme ihres Notgepäcks – Ausweis, Zahnbürste, Seife, Wäsche usw. – heraus. Sie befürchtet allen Ernstes, verhaftet zu werden – augenscheinlich eine durchaus alltäglich drohende Gefahr! Nur mit Mühe und etwas Schokolade gelingt es mir, die Ärmste – wie sich herausstellt, die überaus tüchtige Töpferin des Dorfes – wieder zu beruhigen.

Im Prinzip ähnliche Sitten, nur diesmal spiegelverkehrt, werden uns in der Bezirkshauptstadt demonstriert. Als wir Craiova durchqueren, erleben wir mitten im Stadtzentrum bei vollem Tageslicht live einen soliden Raubüberfall: Ein älterer Mann wird etwa 20 Meter vor unserem Auto am Gehsteig von zwei halbwüchsigen Zigeunern so brutal niedergeschlagen, daß er wie ein Torpedo waagrecht auf die Straße stürzt – und anschließend gleich beraubt. Ich will schon mit meinem in diesen Gefilden stets geladenen Repetierer eingreifen, doch unsere rumänischen Begleiter raten hievon dringend ab: Das Opfer hat sich aus eigener Kraft wieder erhoben, die Täter sind längst geflüchtet, also was könnte ich noch tun? Man bekommt wirklich ein abwechslungsreiches Programm geboten, hier in Südrumänien! Wie in fast allen Fällen, haben auch die diversen rumänischen Zwangsbeglücker es leider verabsäumt, der Bevölkerung zur vielgepriesenen Demokratie auch die Gebrauchsanleitung samt Benimmregeln mitzuliefern. Nicht ärgern, nur wundern!

Dienstag, 26. Mai 1992

Der unwiderruflich letzte Jagdtag unserer Jubiläumsreise ist angebrochen. Für den morgigen Mittwoch habe ich nur mehr Ausruhen, Packen, „Administratio" – sprich Verrechnung – sowie eine zünftige Abschiedsfeier vorgesehen. Auch möchte ich vermeiden, daß ein etwaiger Abschuß in letzter Minute unnötige Probleme mit der Trophäenpräparation schafft. Unsere rumänischen Gastgeber haben sich in jeder Beziehung als sehr großzügig erwiesen, und diese Harmonie soll keinesfalls durch ein

hektisches Finale getrübt werden. Schließlich bin ich durch meine bisherige Strecke von nicht weniger als 9 Rehböcken – 8 Wunschkinder und 1 „Verkehrsunfall" – durchaus genossen gemacht. Andererseits ist es mein eiserner Grundsatz, am Ende jeder Jagdreise vor Ort zu bezahlen und die Trophäen unbedingt gleich auf die Heimreise mitzunehmen. Hiemit bin ich stets gut gefahren, man muß diese Handhabung dem örtlichen Jagdpersonal aber auch möglich machen. Mich stimmt der bevorstehende Abschied von diesem herrlichen Revier und seinen so freundlichen Betreuern bereits jetzt traurig. E. hingegen – typisch Frau und Mutter! – freut sich schon auf die Rückkehr ins traute Heim sowie auf das Wiedersehen mit den Kindern.

Da der gestrige Abend im Jagdhaus naheliegenderweise wieder sehr lange gedauert hat und überdies kein ernsthafter Einsatz mehr drängt, bleibt Panthelina heute morgen im Bett. Auch Octavian hat um Freistellung angesucht, die Tage in Bukarest dürften in mehrfacher Hinsicht anstrengend verlaufen sein. Also rücken wir nur zu dritt aus: der Jagdchef, sein wieder auf Kurs gebrachter Chauffeur sowie meine Wenigkeit. Es geht wie geplant in südliche Richtung, steht doch der vereinbarte Fototermin in Sadova Sud als Hauptpunkt am Programm. Allerdings unternehmen wir zunächst einen „kleinen Abstecher" von gut 50 Kilometer in ein mir bislang unbekanntes Revier; dort hat der zuständige Förster im Bereich einer Apfelplantage angeblich mehrmals einen alten Rehbock bestätigt und gestern telefonisch wärmstens empfohlen. Vor Ort erwartet uns jede Menge Obst, aber kein Rehwild. In dem forstlich gepflegten, jedoch jagdlich steril wirkenden Revier bekommen wir nur einen einsamen Damhirsch mit Kolbengeweih in Anblick. Also fahren wir weiter nach Sadova Sud, wo uns, ganz im Sinne unseres Vorhabens, strahlender Sonnenschein empfängt. Versorgt mit reichlich Filmmaterial, kann ich die gestrige Frühpirsch in allen Phasen fotografisch nachvollziehen.

Im Weizenfeld nördlich des Schutzdammes stehen wieder viele Rehe, und zu meiner besonderen Freude zeigt sich auch der gestern pardonierte Jungbock mit seinen schwarzen Stangen und blitzend weißen Enden.

Als Abschluß der Kamerajagd gelingen mir noch ein paar Schnappschüsse auf nahestehende Rehe im Weizen – alles neugierige, hoffnungsvolle Jugend. Vollauf zufrieden mit der Filmausbeute dieses Morgens kehren wir glücklich nach Bratovoesti zurück.

Mittags bringt Alessandru, der Kanzleioberförster, die bereits fertig abgekochten Bocktrophäen vom Vortag; ich bin regelrecht überwältigt, jetzt kommen auch die knuffigen Rosen erst so richtig zur Geltung. Unverzüglich mache ich mich an die von mir so geliebte Zeremonie der letzten Endreinigung, und dann folgt das Sonnenbad mit Bleichmittel. Schon um 15 Uhr prunken die beiden Prachtstücke schneeweiß.

Zur abendlichen Abschiedspirsch rücken wir in voller Besetzung aus – natürlich in das Revier um die „patruchest". Zunächst inspizieren wir das Hintergelände des bekannten Waldgebietes. Wir suchen einen bestimmten Rehbock, den der Jagdchef einige Tage zuvor auf den dortigen Schafweiden ausgemacht hat. Bei der herrschenden Hitze läßt sich jener aber an diesem Nachmittag nicht blicken, wahrscheinlich ruht er irgendwo im kühlen Wald. Am Rückweg passieren wir eine Sandkuhle, wo sich ein ausgedehnter Fuchsbau befinden soll. Tatsächlich erspähe ich in den Randbüschen eine flüchtige

Bewegung und kann kurz danach mit der Kugel einen Jungfuchs erlegen. So kommt Freude auf! Dann meldet sich der Jagdtechniker zu Wort und berichtet von einem „interessanten Bock", der auf einer nahegelegenen Waldwiese seinen Einstand haben soll. Bei dem Mann weiß man nie, woran man ist, es wechseln Licht und Schatten: Ich erinnere nur an den Salweidenbock einerseits, aber auch an das Fiasko auf der patruchest andererseits. Da uns die Tageszeit für die stets heikle Kernzone im Kreuzungspunkt der 46er mit der erbsenbewachsenen 51er auch windmäßig noch zu früh erscheint, unternehmen E. und ich den vom Jagdtechniker vorgeschlagenen Pirschversuch. Bei gutem Wind erreichen wir ohne merkliche Störung die mitten im Wald gelegene Wiese. Sie entpuppt sich als ziemlich ausgedehnter Luzernenschlag. Trotz der frühen Stunde ist dort bereits eine Rehgais ausgezogen und äst ganz vertraut im grellen Sonnenlicht. Hinter einem der zahlreichen Sträucher gut gedeckt, beziehen wir am Waldrand Position und warten vorerst ab, es ist ja noch recht zeitig. Nach rund einer halben Stunde folgt dann tatsächlich der angekündigte Rehbock auf die Luzerne heraus und gesellt sich im hellen Tageslicht zur vorgenannten Gais. Man kann sagen, was man will, der Jagdtechniker steht mit seinen Rehen anscheinend wirklich auf du und du! Bei genauem Ansprechen durch das Spektiv erweist sich der Neuankömmling als höchstens vierjährig, allerdings – und auch diesbezüglich hat unser rumänischer Informant richtig beobachtet – ist seine rechte Stange abnorm: der Hauptsproß verläuft gamsartig nach hinten gebogen, wogegen knapp über der Rose ein fingerlanger Spieß gerade nach vorne weist. Soweit ersichtlich, dürfte es sich um eine Bastverletzung handeln. Speziell für Liebhaber abnormer Gehörne wäre dies gewiß ein interessanter Rehbock. Nicht zuletzt im Hinblick auf den grandiosen gestrigen Tag möchte ich jedoch heute keinen vierjährigen „Dutzendbock" mehr schießen, zumal ich persönlich auch kein Faible für abnorme Trophäen habe. So ziehen wir uns vorsichtig zurück und lassen die beiden Rehe auf der Luzerne unbehelligt. Nunmehr ist es jedoch an der Zeit für die kurze Überstellungsfahrt in unser „Leib- und Hofrevier". Während unsere Begleiter die ihnen bereits vertrauten Beobachtungsposten beziehen, unternehmen E. und ich zum letzten Mal die stimmungsvolle Pirsch durch das uns schon so vertraute, urige Gebiet der „patruchest". Es ist ein wunderschöner Abend, klar und völlig windstill.

Langsam bummeln wir in bewährter Formation auf der 46er bergwärts, bis wir die Wiesenquerschneise erreichen; von dort führt die Pirsch vorsichtig weiter zur Muldenkreuzung mit der 51er und dann links den Hügel hinauf, von wo wir die lange 51er mit dem riesigen Erbsenwildacker voll übersehen können. Am rechten – äußeren – Schneisenrand schieben wir uns in ein als Schirm grob zurechtgestutztes Wildrosengebüsch ein. Ich sitze auf dem vom Generalinspektor geliehenen Jagdstuhl, E. vor mir am Boden auf ihrem Lodenwetterfleck. Bald haben wir regen Anlauf, es ist als ob unser geliebtes Wild eine Abschiedsparade vereinbart hätte: ein Rothirsch mit kurzen Kolbenspießen, ein starker Keiler, zwei Damtiere, ein Damhirsch mit halbmeterlangem Kolbengeweih, eine starke Fuchsfähe und gleich danach ein Hase ziehen in bunter Folge völlig vertraut aus und ein. Nur der gesuchte alte Rehbock, dem vor einigen Tagen die Gedankenlosigkeit des Jagdtechnikers buchstäblich in allerletzter Sekunde das Leben gerettet hat, glänzt durch Abwesenheit. Nicht ganz zu Unrecht traut

er dem Frieden wohl nicht und bleibt der Parade lieber fern. Einmal zieht hinter uns ein Reh als schemenhafter Schatten quer durchs Stangenholz, aber dies war wohl eher eine Gais. Als das Büchsenlicht langsam schwindet, setzen wir uns vorsichtig ab. Nach einer Wegstrecke von etwa 20 Metern ein letzter Blick zurück, da zieht exakt an der Stelle, wo wir eben noch angesessen sind, ein mittlerer Keiler aus und äugt uns wie zum Abschied nach. Er hat wohl etwas wahrgenommen, sich jedoch dann infolge des guten Windes und der einsetzenden Dunkelheit wieder beruhigt; das Sehvermögen des Schwarzwildes ist ja auch nicht besonders gut. Wir pirschen leise den vertrauten Weg über die Schneise 51 und dann auf der patruchest heimwärts, da begegnen wir noch einer Rehgais mit ihrem winzigen, ganz frisch gesetzten Kitz; dieses steht aber bereits auf den Läufen und versucht ungelenk mitzuhalten. Um nicht zu stören, ziehen wir uns im Krebsgang zurück. Im bereits unteren Abschnitt der patruchest – es ist mittlerweile fast finster geworden – tritt dann auf 15 Meter Entfernung eine starke Bache heraus. Sie hat uns sichtlich wahrgenommen und bläst warnend: ihre Frischlinge befinden sich wohl knapp dahinter in der Dickung. Wir bleiben ruhig stehen, aber die alte Mutterbache läßt sich nicht täuschen. In kurzer Zeit identifiziert sie uns endgültig, bläst nochmals empört – als Warnlaut für den Nachwuchs bestimmt? – und braust dann wie eine Lokomotive in die Dickung zurück. Wir warten noch gut eine Minute und gehen dann weiter. Später sehen wir in bereits tiefer Dunkelheit nochmals schemenhaft Sauen über die „patruchest" wechseln, und prompt tönt hierauf aus dem angrenzenden Dickungskomplex ein tiefes Schrecken. Ich könnte wetten, wer sich da über die nächtliche Störung durch lärmende Sauen beschwert: fraglos ist es unser gesuchter Kapitalbock! Der alte Herr blieb bei unserem spannenden Gegenspiel zumindest für heuer endgültig der Schlauere und somit auch der Sieger. Ich hätte ihn gerne geschossen, bin aber auch so rundum sehr zufrieden. Bei tiefer Dunkelheit erreichen wir unsere rumänischen Begleiter und treten mit dem ARO ein letztes Mal die vertraute Heimfahrt zum Jagdhaus von Bratovoesti an.

Im Verlaufe der nunmehr zu Ende gegangenen 12 Jagdtage haben wir nicht nur reiche Beute gemacht, sondern vor allem auch unvergeßliches Weidwerk der alten Art erleben dürfen. Jagd in dem uns gebotenen, großzügigen Stil findet heutzutage europaweit, ja auf der ganzen Welt, kaum noch statt. Nur das ungewöhnliche Zusammentreffen günstiger Umstände, namentlich langjährig gepflegte Wildbestände und eine noch intakte Personalhierarchie einerseits sowie geringe Nachfrage seitens ausländischer Jagdgäste als Folge der latenten Krisensituation im Lande andererseits, haben uns dieses nostalgische Feudalerlebnis wohl letztmalig ermöglicht.

Die beiden einzigartigen Jagdwochen von Bratovoesti vermittelten uns aber auch eine Vorstellung von jener hochklassigen Jagdkultur, wie sie hierzulande vor dem Ersten Weltkrieg sowie allenfalls noch in den zwanziger Jahren dieses Jahrhunderts gang und gäbe war. Jahrzehntelang habe ich fasziniert die einschlägigen Schilderungen der klassischen Jagdliteratur in Gedanken nachvollzogen; nunmehr ist dieser langjährige Traum Wirklichkeit geworden. Hiefür ergeht, fernab von jeder Politik, mein stiller Dank auch an den unglückseligen Nicolae Ceausescu, den ich solcherart – wiewohl ungewollt – beerben durfte. Nach dem Zweiten Weltkrieg und den anschließenden Revolutionswirren waren die einst weltberühmten Wildbestände Rumäniens fast zur Gänze

vernichtet. Der verstorbene Diktator hat zumindest für deren Wiederaufbau unbestreitbar viel geleistet, so daß der heute neu auferstandene Jagdtourismus des Karpatenlandes zu einem guten Teil noch von den Früchten dieser Hegebemühungen lebt. Unbestritten hafteten dem Regime des toten Conducatore auch auf jagdlichem Gebiet negative Auswüchse an, doch ist dies ein Kapitel für sich.

Aus der heutigen Sicht eines zum Glück politisch unbeteiligten, um strikte Objektivität bemühten Betrachters möchte ich mir abschließend einige Randbemerkungen zur aktuellen Lage der rumänischen Jagd im Jahre 1992 erlauben. Auch hier zeigt die Uhr bereits fünf Minuten vor zwölf: Die jüngste Revolution hat ein Chaos hinterlassen, überall fehlen effektive Ordnungskräfte sowie vor allem die taugliche rechtliche Basis. Eine zügellose Bevölkerung plündert weitgehend ungehindert Wald und Wild; neuerdings steht der Schußwaffenerwerb auch Zivilisten offen, wodurch die Wilderei rapide zunimmt. Zudem wurde – fraglos aus politischen Erwägungen heraus – eine Art Lizenzjagdsystem für einheimische Jäger eingeführt, welches den geographischen Gegebenheiten und der historisch gewachsenen Jagdstruktur Rumäniens in keiner Weise Rechnung trägt. Die überwiegende Mehrzahl der „Neojäger" ist primär an günstigem Wildbret, jedoch kaum an der Trophäe und ganz sicherlich nicht an einer nachhaltigen Wildbewirtschaftung interessiert.

Fachliche Schulung und jagdethisches Verantwortungsbewußtsein gegenüber dem Wild sind den neuerdings jagenden Volksmassen unbekannte Begriffe. Meiner Ansicht nach ist nun in erster Linie die traditionell hochklassige Berufsjägerschaft Rumäniens gefordert, hier schnellstens und landesweit wieder geordnete Verhältnisse zu schaffen. Es versteht sich von selbst, daß dies nur mit Hilfe entsprechender Rückendeckung seitens der staatlichen Ordnungsmacht möglich ist. Immerhin ist den Rumänen dieses Kunststück schon einmal, nämlich unmittelbar nach dem Ersten Weltkrieg, unter der straffen Leitung eines hervorragenden zentralen Jagddirektorates innerhalb erstaunlich kurzer Zeit gelungen. Nur auf ähnlichem Wege sowie mit Gottes Segen kann dieses Ziel auch in unserer Zeit erreicht und die rumänische Jagd bewahrt sowie zu neuen Höhen geführt werden. Im Interesse aller echten Weidmänner wünsche ich diesem unvergleichlichen Wild- und Jagdparadies im Kranze der Karpaten jedenfalls aus tiefstem Herzen eine glückliche Zukunft.

Mittwoch, 27. Mai 1992

Bis in den Vormittag hinein schlafen wir uns heute zunächst gründlich aus. Dann erfolgt die den Rumänen heilige Zeremonie des Auspunktierens der Trophäen. Unter Zuhilfenahme umfangreicher Fachliteratur werken Ing. Stefanitza, Kanzleioberförster Allessandru, zwei weitere Förster sowie meine Wenigkeit stundenlang mit äußerster Konzentration. Es wird um jeden Viertelpunkt ernsthaft diskutiert und gerungen, daß die Köpfe rauchen.

Die absolut korrekte Punktebewertung nach internationalen Maßstäben ist für die rumänischen Jagdgurus eine Frage der Ehre und ihre Unterschrift am Protokoll keineswegs bloß Formsache. Dabei handelt es sich nur um jagdfachlichen Sport, sozusagen

reines „l'art pour l'art", denn die Verrechnung der Rehböcke erfolgt ausschließlich nach dem Trophäengewicht!

Die eigentliche „Administratio" wird dann auch rasch und problemfrei erledigt. Hiebei ist geradezu rührend mitanzusehen, auf welch primitive Hilfsmittel die rumänischen Verwaltungsbeamten an der Schwelle zum 21. Jahrhundert angewiesen sind: statt Heftklammern gibt es nur Stecknadeln, und mangels Blaupapier müssen sämtliche Protokolle mühselig vierfach mit der Hand geschrieben werden! Aber das ist alles halb so schlimm, und unsere Freunde tragen die technischen Unzulänglichkeiten mit Humor, zumal die ganze Prozedur im gemütlichen Jagdhaus abläuft; in den schöpferischen Pausen ist hier für Speis und Trank reichlich gesorgt.

Abends steigt dann im Speisesaal von Bratovoesti ein großes Abschiedsfest, an dem alle Beteiligten der vergangenen Jagdtage in bester Stimmung teilnehmen. Im Zentrum der festlichen Tafel prunken, blitzblank geputzt und ausstellungsreif auf Tannengrün drapiert, meine insgesamt neun Rehbocktrophäen. Eine auch qualitativ beachtliche Strecke, wie sie als Krönung von bisher 27 Bockjagdsaisonen aus Anlaß meines 40. Geburtstages gerade zum richtigen Zeitpunkt kommt. Die genauen Punktewerte nach der CIC-Formel sind im Anhang angeführt. Hier sei nur soviel gesagt, daß der Alte aus „Sadova Sud" das höchste Gewicht aufweist, wogegen der Kapitalbock aus „Salcia Filiasi" vom selben Abend die höchste Punktezahl erreicht. Viel mehr als alle trockenen Zahlen auszudrücken vermögen, wiegen für mich jedoch unsere unvergeßlichen Erlebnisse während dieser oft mühsamen, immer aber spannenden und insgesamt wunderschönen Jagdwochen in den paradiesischen Revieren der Dolj.

Donnerstag, 28. Mai 1992

Schon frühmorgens um 8 Uhr starten wir mit Octavians vollgepacktem Dacia in Richtung Bukarest. Obwohl unser Rückflug nach Wien erst für 16 Uhr 25 gebucht ist, wollen wir keinerlei Risiko eingehen: Sicher ist sicher, und wer weiß schon, wie lange die Zollabfertigung unserer zahlreichen Trophäen dauert. Zuvor gab es nach dem gestrigen Fest nur mehr einen kurzen, aber herzlichen Abschied von unseren so fürsorglichen Gastgebern: Weidmannsdank, wir kommen wieder!

Die Rückfahrt in die Hauptstadt erfolgt diesmal über die nördliche Autobahnroute und verläuft ohne besondere Vorkommnisse; Octavian chauffiert wie immer souverän.

Bei einem guten Mittagessen im „Bucuresti Interconti" nehmen wir auch Abschied von unserem treuen Octavian, und dann geht es schon hinaus zum Flughafen Otopeni.

Wie wenn ich es geahnt hätte, kommt es dort noch zu einer Schrecksekunde, als der Zöllner bei Präsentation unserer Begleitpapiere bedenklich den Kopf schüttelt: nicht vollständig, retour nach Craiova! Tatsächlich hat Ing. Stefanitza, oder wer auch immer seitens der Forstdirektion, die Eintragung der Trophäenexportnummern verabsäumt.

Ich weiß gar nicht, daß solche existieren, noch im Vorjahr hat kein Mensch danach gefragt. O du heiliger Bürokratius! Die vom Zollmenschen vorgeschlagene Rückfahrt kommt natürlich nicht in Frage. Nach kurzer Beratung mit Octavian gebe ich vor, über das in Wahrheit gar nicht vorhandene Autotelefon mit den Jagdbeamten in Craiova Rücksprache zu halten. Tatsächlich trage ich am Parkplatz selbst neun x-beliebige

fortlaufende Nummern auf dem Formular ein, und in meinen Paß kommt ein säuberlich gefalteter Hundertmarkschein.

So hat dann alles seine schönste Ordnung, und wir passieren die Kontrolle im zweiten Anlauf klaglos. Gewußt wie! Die „Friendly Airline" fliegt uns anschließend gut und sicher ins heimatliche Wien. Bei den Polizei- und Zollbeamten am Flughafen in Schwechat bin ich kein Unbekannter, und sie winken uns nur lässig durch. Es folgt noch der Bustransfer zum Terminal des „Vienna Hilton", wo in der Garage bereits unser frisch gewarteter und geputzter treuer Jeep wartet. Wir sind wieder zu Hause!

Soweit der Originalbericht aus meinem Jagdtagebuch von 1992. Mittlerweile sind mehr als zehn Jahre vergangen, und viel hat sich seither verändert; manches zum Guten und manches zum Schlechten. Zwar wurde die Welt angeblich „kleiner", aber beispielsweise Jagdflugreisen gestalten sich zunehmend schwieriger: Schikanöse Auflagen erschweren den Waffentransport, und an den EU-Außengrenzen werden unsere Trophäen so argwöhnisch empfangen wie Mikrobenbomben.

Mit großer Freude entnehme ich Erzählungen meiner rumänischen Freunde, daß es nach einem vorübergehenden Tief Anfang der neunziger Jahre nun im Karpatenland mit der Jagd wieder steil bergauf geht. Berichte der Jagdpresse sowie internationale Trophäenschauen bestätigen dies eindrucksvoll. Wie jeder Mensch nicht frei von Eitelkeit, erfüllt es mich mit besonderer Genugtuung, zu vernehmen, daß diese überaus erfreuliche Entwicklung im großen und ganzen durch Maßnahmen bewirkt werden konnte, wie ich sie schon vor mehr als einem Jahrzehnt anläßlich meiner ersten Jagd in der Dolj als vordringlich empfohlen habe.

So hoffe ich mit gutem Grund, daß auf der „patruchest" und der 51er Schneise, in Sergarcea und Panaghia, in Salcia, Filiasi, Sadova und all den anderen herrlichen Revieren wie eh und je Reh und Hisch, Sau, Fuchs und Hase sowie alles übrige Wild in Wohlbefinden ihre Fährten ziehen. Und auch unseren treuen rumänischen Jagdbegleitern von damals sei an dieser Stelle ein herzliches „Weidmannsheil und Weidmannsdank!" übersandt.

Immer dann, wenn irgend jemand wissen will, wie und wo ich denn meinen 40. Geburtstag gefeiert habe, so bekommt er folgende Antwort zu hören:

„Wir haben eine Jagdreise unternommen in die südrumänische Dolj: Dort fanden wir das Paradies der Rehböcke und fühlten uns wie im Himmel!"

Streckenliste der Rehbockjagd in der Dolj, Mai 1992

Wildart	Datum	Revier/Waldort	Wertziffer (CIC)	Medaille
Rehbock	17.05.1992	Panaghia Bala	116,60 IP	Silber
Rehbock	17.05.1992	Panaghia Cobia	99,25 IP	-
Rehbock	19.05.1992	Dilga Bala	112,85 IP	Bronze
Rehbock	20.05.1992	Panaghia Radovan	111,05 IP	Bronze
Rehbock	22.05.1992	Panaghia Bala	112,37 IP	Bronze
Rehbock	22.05.1992	Sadova Sud	111,20 IP	Bronze
Rehbock	23.05.1992	Sadova Sud	-	-
Rehbock	25.05.1992	Sadova Sud	119,30 IP	Silber
Rehbock	25.05.1992	Salcia Filiasi	142,40 IP	Gold

Sonstiges:	17.05.1992	1 wildernder Hund
	18.05.1992	1 wildernder Hund
	26.05.1992	1 Jungfuchs

Anmerkungen: Panaghia liegt zwischen Calopar und Segarcea
Salcia liegt nordwestlich von Filiasi
Sämtliche Reviere befinden sich in der Region DOLJ,
Kreis CRAIOVA, Südrumänien

Winter pur und Schweinelotto

Anfang Jänner 1993, früher Nachmittag, Flughafen Wien-Schwechat: In der empfindlich kühlen Abflughalle – draußen herrschten grimmiger Frost und Schneetreiben – versammelte sich eine kleine Schar jagdlich gekleideter Männer um eine beachtliche Menge von Gepäck und Ausrüstung. Unser bewährter Freund, Vermittler und Gruppenführer Robert hatte zur viertägigen Sautreibjagd im winterlichen Ostrumänien gerufen, aber nur drei weiteren „Unentwegten" war es gelungen, der Tyrannei von Familie, Schulferien und Schiurlaub glücklich zu entfleuchen. Willi, Richard und meine Wenigkeit bildeten den zahlenmäßig doch etwas kümmerlichen harten Kern von Roberts erprobter Saujägertruppe, sozusagen „Das letzte Aufgebot", wie das bekannte Tiroler Gemälde aus den napoleonischen Befreiungskriegen so treffend betitelt ist. Würde unser Quartett denn ausreichen, um den bekannt starken Wildschweinen in den Ausläufern der Ostkarpaten, hart an der moldawischen Grenze, auch erfolgreich auf die Schwarte zu rücken?

Die rumänischen Veranstalter erwarteten mindestens 6 bis 8 Schützen, doch noch in letzter Stunde hatten einige sonst verläßliche Weidkameraden abgesagt: „Klingt ja sehr verlockend, und ich wollte eigentlich wirklich, aber meine Frau und die Kinder …!"

Ich hätte da wohl mit einem bekannten Ausspruch aus der Armee des großen Bonaparte gekontert, aber zum Glück war diesmal Robert unser „Chef", und der ist etwas diplomatischer – schon rücksichtlich künftiger Unternehmungen …"

Mußten wir denn wirklich nur um der Schweine willen im Hochwinter so weit reisen, gleich bis an den Prut, dem Grenzfluß zur ehemaligen Sowjetunion?

Diese Frage hatten wir mit dem guten Robert bei mehreren „Jägerheurigen" zuvor eingehend diskutiert. Viele Jahre lang hatte unser Freundeskreis im nachbarlich nahen und so gastfreundlichen Ungarn stets bequem Gelegenheit zu hervorragenden winterlichen Sautreibjagden vorgefunden. Doch damit war es in der Tat seit kurzem vorbei: Tiefgreifende gesellschaftliche Umwälzungen hatten auch vor unseren kommoden ungarischen Jagdgefilden nicht haltgemacht: Große Reviere wurden vielfach zerteilt, der bislang unbekannte Begriff „Wildschaden" war plötzlich ein Thema, es gab immer mehr einheimische Jäger und leider auch zunehmend Wilderer, dafür kaum noch starke alte Keiler – kurzum, wie bei allen Revolutionen der Geschichte, die Zeche bezahlte erst einmal das Wild. Sicher, man fand und findet in Ungarn noch ergiebige Gatterjagden, doch die waren wiederum kein Weidwerk nach unserem Geschmack und überdies horrend teuer.

Nichts währt eben ewig, und so mußten wir passionierten Saujäger uns nach Alternativen umsehen. „Auf nach Rumänien!" – das für westliche Auslandsjäger erst kürzlich wiedergeöffnete Jagdparadies im Karpatenbogen bot sich geradezu an.

Tatsächlich waren erste Testjagden in den zu Ungarn grenznahen Revieren Westrumäniens überaus erfolgreich verlaufen, doch dieser Segen hielt nicht lange an.

Im Überschwang der Begeisterung, speziell angesichts der aus dem Jagdtourismus hereinströmenden Devisen, übersahen die neuen Machthaber völlig, daß „schnelles Absahnen durch Ausnützen von bestehendem Nachholbedarf" und „nachhaltige Wildbewirtschaftung" zwei verschiedene Paar Schuhe sind.

So kam es, daß nach der ursprünglichen Euphorie bald die ersten Jagdgruppen mit langen Gesichtern aus den Regionen um Oradea, Satu Mare oder Arad heimkehrten.

„Alles ausgeschossen, überall neues Personal ohne Erfahrung, keine alten Keiler, lauter Gauner!" so tönte es je nach Erlebnis und Temperament der Betroffenen.

Unser Robert, ein Rumänienkenner der ganz alten Garde noch aus der Zeit vor 1974, wußte da Abhilfe: „Wir müssen weiter in den Osten, in's letzte Eck', wo sonst niemand hinfährt. Dort liegen auch die gepflegten Reviere, in denen der Conducatore wirklich selbst gejagt hat!" Das leuchtete allgemein ein. Schwungvoll deutete der Freund, die Landkarte wie stets zur Hand, auf das Dreiländereck Rumänien-Moldawien-Ukraine. Diese Gegend war mir nicht unbekannt: Schon in den denkwürdigen Herbsttagen des Jahres 1991, als gerade in Bukarest die „Konterrevolution der Bergleute" stattfand, erlebte ich im Vrancea-Gebirge herrliche Hirschbrunfttage. Auch der unvergessene Dr. Laszlo Studinka jagte einst dort mit Hans v. Aulock, dem vormaligen Erleger des berühmten MAVAD-Wappenhirsches; beide haben darüber in der Literatur berichtet.

Somit konnte ich den Jagdfreunden die urige Schönheit der dortigen Jagdgründe bestätigen. „Aber wahnsinnig weit und entlegen ist es schon, wie kommt man denn dort überhaupt hin, noch dazu im Winter?" lautete der erwartete und nicht unberechtigte Einwand. „A was, tut's euch nichts an, im Wiener Stadtpark werden wir keine Goldmedaillenkeiler schießen. Wir fliegen mit der TAROM – mein alter Spezi Romulus macht uns einen Superpreis – nach Bukarest, und ab dort stellt die ‚Silvexim' einen Bus mit Chauffeur!" entkräftete Robert die Bedenken. Schließlich erhielt er von der Korona den Auftrag, die geplante Jagdexpedition einmal etwas genauer auszuarbeiten. Beim nächsten Heurigentreffen erfuhren wir schon Näheres: „Also mein Traumrevier Vaslui können wir vergessen, das hält eine deutsche Gruppe fest im Griff, auf Jahre hinaus gebucht und angeblich sogar vorausbezahlt. Aber wir bekämen für zwei Tage das Ceausescu-Revier ‚Adam-Draguseni', dann in der Nacht Revierwechsel in den Süden nach Calarasi und dort zwei weitere Treibjagdtage. In Calarasi jagten bis im Vorjahr Spanier, die schossen Keiler – ich kann euch sagen, wahre Bären! Terminvorschlag: Abflug am 3. Jänner, Rückkehr am 8. Jänner. Wer macht mit?" Zunächst waren alle Feuer und Flamme für dieses Unternehmen, gerade daß wir keine Warteliste anlegen mußten. Aber wie dem so ist, nach und nach bröckelten etliche der forschen Weidkameraden – wohl unter häuslichem Druck – ab; übrig blieb schließlich am besagten 3. Januar 1993 nur das oben genannte Quartett: Robert – der Organisator und Gruppenführer, Willi – unser Senior und stets ruhiges Erfindergenie, Richard – Zivilingenieur und jagdlicher Weltenbummler, sowie ich selbst – Jurist und unbestrittener Jagdnarr. Dieser „harte Kern" bildete eine verschworene Gemeinschaft, der Jagdneid

und sonstige Mißgunst von vornherein völlig fremd waren; insoweit hatte unsere geringe Teilnehmerzahl auch ihr Gutes.

Tatsächlich war der gelobte „Spezi Romulus" – seines Zeichens TAROM-Chef für Österreich – pünktlich zur Stelle, und mit seiner Hilfe verlief das Einchecken trotz reichlich Übergepäck problemfrei. In Anbetracht der voluminösen Winterausrüstung – Robert im Originalton: „Burschen, ziagt's euch warm an, ich kann euch nur sagen, es wird kalt!" – verzichteten wir alle auf die Mitnahme eines Reservegewehrs.

Ich führte meine altbewährte Ferlacher Bockdoppelbüchse im Kaliber 9,3 x 74 R mit Ejektor und variablem Zeiss-Zielfernrohr 1,5–6 x 42. Dieses väterliche Erbstück hatte mich schon auf vielen Jagdreisen treu begleitet und nie im Stich gelassen. Als Munition benützte ich wie immer das TUG 19,0 g von RWS.

Die Wartezeit am Gate bis zum Aufruf unserer Maschine – durch die frostbeschlagene Glasscheibe beäugten wir zu Unrecht etwas mißtrauisch die schon ziemlich bejahrte Tupolev 154 der Tarom – nützte Robert zu einer genauen Erläuterung unseres Reiseplans anhand der Landkarte: „Von Bukarest-Otopeni fahren wir mit dem Bus via Buzau – Rimnicu Sarat – Focsani – Tecuci direkt ins Jagdhaus ‚Adam' bei Draguseni. Morgen und übermorgen jagen wir dort im weiteren Umkreis. In der folgenden Nacht überstellt uns der bequeme Bus via Galati und Braila nach Calarasi; wir beziehen Quartier im Jagdhaus und jagen in den dortigen Revieren am 6. sowie 7. Januar. Dann noch eine Übernachtung und am 8. Jänner vormittags Bustransfer nach Bukarest-Otopeni zum Rückflug nach Wien." Ein wahrlich stabsmäßiges, allerdings auch sehr kilometerreiches Unterfangen! „Und wo bleibt der Schlaf?" dachte ich heimlich im stillen. Um möglichst leistungsfähig zu bleiben, nahm ich mir vor, diesbezüglich alle Fahrzeiten zu nutzen. Sichtlich aufgekratzt ob der Dinge, die da folgen sollten, bestiegen wir unser Flugzeug; die Maschine war halbleer. Da ich die Route nach Bukarest schon kannte und infolge der geschlossenen Wolkendecke ohnedies nichts zu sehen war, umfing mich – bei Flügen gewohnheitsmäßig – bald ein gesunder Schlummer. Als ich wieder erwachte, befanden wir uns schon im Sinkflug auf Bukarest-Otopeni. Es war bereits stockdunkle Nacht, und aus dem Bordlautsprecher ertönte die Stimme des Flugkapitäns: „Wir landen plangemäß um 19 Uhr Ortszeit, die Bodentemperatur in Bukarest beträgt minus 21 Grad Celsius!" Na denn prost, Pepi-Tant'!

Der Bukarester Flughafen Otopeni zog alle Register seiner an sich schon düsteren Erscheinung: Die Zubringer und das Vorfeld waren eine einzige vereiste Schneefläche, nur sporadisch beleuchtet, dafür geisterhaft garniert mit teils verlassenen, teils noch immer besetzten MG-Türmen, dazwischen Schützenpanzer und MP-Patrouillen der Miliz. Das Betongebäude selbst wies nach wie vor zahllose Einschußlöcher auf; im Inneren präsentierte sich die große Halle halbdunkel sowie vollkommen unbeheizt und daher eiskalt. Außer uns waren an diesem Abend nur einige Chartermaschinen aus Westeuropa gelandet; sie brachten scharenweise englische sowie holländische Schitouristen, die ein billiges Arrangement auf der „Poiana Brasov" gebucht hatten. Die Leute konnten einem leid tun: Schon geschockt durch das herbe Empfangsszenario, das sich den demokratiegewohnt verweichlichten Westeuropäern da bot, warteten die mehreren hundert Menschen samt Sack und Pack seit Stunden in der Ankunftshalle völlig

unbeachtet, sich selbst überlassen. Die rumänischen Zöllner dachten gar nicht daran, in der Eiseskälte zu amtieren und diese Legionen zur Einreise abzufertigen. Sie hatten sich vielmehr in ihre gut geheizten Dienstunterkünfte zu abendlichem Speis und Trank zurückgezogen. Dieser Situation standen auch die fassungslosen Reisebegleiter – meist junge Studenten – sichtlich hilflos gegenüber.

Uns osterfahrene Rumänienjäger konnte die Lage hingegen nicht überraschen – wir hatten vorgesorgt. Wohlweislich vorweg mit Westgütern aus Roberts unerschöpflichem Fundus ausgerüstet, konnte sich unser „Silvexim"-Empfangskomitee spendenfreudig an den rumänischen Zollbeamten vorbeimanövrieren. Fröhlich winkend, erwarteten sie uns schon in dem für Zivilisten ansonsten streng verbotenen Bereich: an der Spitze die legendäre Valentina P., gefolgt vom Dolmetscher Octavian A. und einer unbekannten jüngeren Person weiblichen Geschlechts.

Valentina, damals Chefsekretärin der „Silvexim" in Bukarest und „guter Geist" aller ankommenden Jagdgäste, stellte sofort die befürchtete Frage: „Bitte schön, und wo sind die anderen?" Nur langsam konnten wir ihr schonend beibringen, daß unser Gesamtaufgebot an Schützen vor ihr stand. „Aber meine Freunde sind allesamt Super-Schweineschützen!" versuchte Robert, dem böse Zungen zarte Bande zu Valentina nachsagten, die Wellen zu glätten. „Na, da wird sich die Revierleitung aber freuen!" kommentierte Valentina dennoch spitz. „Auch wir freuen uns schon ganz riesig auf die Jagd!" – mit dieser bewußt mißverständlichen Zustimmung half ich unserem Gruppenführer etwas aus seiner Verlegenheit, wobei ich Valentina das vorsorglich mitgebrachte Kaffeepaket samt Bonbonniere gleich in die Hand drückte. Die erste Krise war glücklich gemeistert, doch die nächste folgte auf dem Fuße. Infolge der ewigen Rivalität um die Gunst der ausländischen Jagdgäste und die begehrten Begleitjobs war unser jagderprobter bisheriger Dolmetscher Octavian mit Valentina derzeit herb zerstritten. Das Ergebnis: Valentina hatte entgegen unserem Wunsch diesmal eine neue Dolmetscherin namens „Alina" eingeteilt. Octavian selbst war nur aus alter Freundschaft privat zur Begrüßung am Flugplatz erschienen. Besagte Alina – jung, nicht unhübsch mit ihrem Kurzhaarschnitt, jedoch von eher kleinem Wuchs – sprach gut Deutsch und war auch sichtlich bemüht; sie hatte allerdings keinerlei Jagderfahrung. Der gute Robert, ein alter Charmeur und als gebürtiger Kärntner der Damenwelt naturgemäß sehr zugetan, erblickte in Alina durchaus eine Bereicherung dieser Jagdgesellschaft.

Richard hingegen sah die Dinge mehr sachlich und bezeichnete unsere arme Dolmetscherin fortan nur als den „stichelhaarigen Zwergdackel".

Zwar hatte unser Begrüßungskommando unter Einsatz der obengeschilderten Mittel eine Sonderabfertigung durch den Zoll in einem separaten Dienstraum arrangiert, aber dennoch verging wertvolle Zeit, bis alle Stempel beisammen sowie die sonstigen Formalitäten erfüllt waren. So konnten wir erst nach 20 Uhr, im Stockdunkeln und bei grimmiger Kälte, unser von Robert als Luxusbus angekündigtes Gefährt am vereinsamten Flughafenparkplatz aufsuchen. Das von der „Silvexim" gestellte Vehikel erwies sich zwar als groß und geräumig, aber auch als sehr alt. Immerhin machte der geduldig wartende Fahrer einen vertrauenserweckenden Eindruck. Beim Einladen unseres umfangreichen Gepäcks zeigte er auch noch realistisch-praktischen Sinn durch seine

Anweisung: „Die Gewehre samt Munition in den Innenraum; wir müssen unterwegs tanken, und da weiß man nie!" Ich glaube, der gute „Zwergdackel" – durchfroren wie er in seiner unzureichenden Bekleidung bereits war – hat gar nicht realisiert, was er da übersetzte! Doch zunächst bestand für Kampfhandlungen noch keinerlei Anlaß; es erwartete uns bloß eine Fahrt von über 350 Kilometern bei fragwürdigen winterlichen Straßenverhältnissen. Seit frühester Kindheit zeichnet mich neben vielen schlechten auch zumindest eine gute Eigenschaft aus: mir wird bei Fahrten aller Art, ob zu Lande, Luft oder Wasser, nie schlecht und ich schlafe dabei wie ein Murmeltier.

In seliger Erinnerung an zahlreiche Busfahrten anläßlich von Wandertagen meiner Schulzeit bezog ich sofort die hinterste Sitzbank des Busses. Dort richtete ich mich bequem ein: auftragsgemäß die Doppelbüchse in Griffweite, aber auch Salamistange und Cognacflasche. So gerüstet und warm gekleidet, gedachte ich die sicher lange Fahrt gemütlich schlummernd zu verbringen; die Landschaft blieb in der Dunkelheit ohnehin unsichtbar. Doch diese Idylle war nur von kurzer Dauer: Jäh wurde ich geweckt, und zwar durch den dramatischen Ruf: „Der Bus brennt!!!" Tatsächlich schlugen helle Flammen aus der Haube des altertümlichen Spitzkühlers, und im Fahrgastraum breiteten sich auch bereits beißender Gestank und Rauch aus.

Schöne Bescherung! Also nichts wie raus aus der Mühle! Durch die hintere Nottüre wuchtete ich mein Gepäck sowie mich selbst ins Freie und ging zunächst einmal am Straßenrand hinter einer Scheewächte in Deckung. Der Chauffeur bekämpfte inzwischen den Kabelbrand – glücklicherweise handelte es sich nur um einen solchen – erfolgreich mit einem antiken Trockenpulverlöscher; bloß sah er selbst jetzt wie ein schneebestaubter Weihnachtsmann aus: der Gute war offenbar in den Gegenwind geraten.

Feuer aus, alles wieder einsteigen! Immerhin ein guter Grund, die Flaschen mit hochprozentigem Inhalt kreisen zu lassen, nur der „Zwergdackel" schien jetzt noch eine Nuance blasser. Wir befanden uns im Nirwana der schneeverwehten rumänischen Landschaft – irgendwo zwischen den Ostkarpaten und dem Schwarzen Meer – in tiefster Nacht auf einer unbefahrenen einsamen Nebenstraße. Was wäre, wenn – solche Überlegungen darf man in derartigen Situationen gar nicht anstellen! Jedenfalls waren wir alle heilfroh, als die Fahrt wieder fortgesetzt werden konnte; damals standen uns nämlich weder Bordfunk noch Mobiltelefon zur Verfügung, und menschliche Behausungen kamen auch nicht in Sicht. Nach ein paar Stunden – Mitternacht war längst überschritten – ein neuerlicher Halt: der angekündigte Tankstopp. Aus unerfindlichen Gründen befand sich das betreffende Dieselspritdepot, sehr spärlich beleuchtet, in der offenen Landschaft. Anwesend war nur ein unbewaffneter alter Mann: der Tankwart. Aber damals galt Dieseltreibstoff als rarer, vielbegehrter Artikel, selbst im erdölreichen Rumänien. Eingedenk der Anordnungen des Chauffeurs bei der Abfahrt in Bukarest, besetzten wir vier Saujäger mit den Büchsen im Halbanschlag die strategischen Eckpunkte der Tankstelle. Es muß ein wahrhaft martialischer Anblick gewesen sein, denn der Dolmetscherin blieb vor Schreck – oder Staunen – der Mund offen! Indessen mühten sich unser Fahrer und der ob unserer Aktion gleichfalls verschüchterte Tankstellenmensch damit ab, die rachitische Zapfpumpe in Gang zu setzen, was schließlich auch gelang. Es war dies zweifelsohne der denkwürdigste Tankstellenhalt

meines bisherigen Lebens. Allerdings bleibt offen, welche Reaktion eine zufällig vorbeikommende Milizstreife gezeigt hätte, erweckten wir doch bei Uneingeweihten zweifellos den Eindruck eines massiven bewaffneten Raubüberfalles.

Aber mit derartigen behördlichen Störungen war dort offenbar nächtens nicht zu rechnen; wir bezahlten brav unsere Rechnung, der Alte erhielt zwei Dosen Bier, und schon ging es weiter.

Schließlich erreichten wir die zur nachtschlafenden Zeit menschenleere Stadt Tecuci. Dort hielt der Bus vor einem unscheinbaren Haus im Stadtzentrum plötzlich an. „Wir müssen Maec aufnehmen." erklärte Alina. Maec, wer zum Kuckuck ist das schon wieder? Auch Robert, unverzüglich rüde geweckt, wußte hierauf keine Antwort. Wir erlebten sogleich die nächste Überraschung: Aus dem unbeleuchteten Haus trat – man höre und staune – ein hochelegant gekleideter junger Mann von blendendem Aussehen, im langen Mantel aus feinem Tuch, in der Hand ein in blitzblauen Samt gebundenes Notizbuch, und begrüßte uns höflich in akzentfreiem Englisch! Eine Erscheinung wie ein etwas jugendlicher Herrschaftsbutler aus einem englischen Film, und das in Tecuci um 2 Uhr morgens! Nachdem Maec zugestiegen war und sogleich auf dem Sitz neben dem Chauffeur Platz genommen hatte, dirigierte er mit leiser, aber befehlsgewohnter Stimme den Bus direkt zum Jagdhaus „Adam". Dieses befand sich unweit der winzigen Ortschaft Draguseni, unsererseits alsbald „Draculacity" getauft.

Allein hätten wir, einschließlich Fahrer und Dolmetscherin, auch bei noch so genauer Wegbeschreibung niemals dorthin gefunden, so verwinkelt war die Anfahrt. Wie wir später erfuhren, war dies durchaus bewußt und gewollt – und wir hatten ja Maec!

So nach und nach trat dann die Funktion des mysteriösen Maec zutage, ganz klar wurde sie uns aber nie. Offiziell war er unser persönlicher Betreuer, der dafür zu sorgen hatte, daß diese Jagd klaglos verlief und es uns an nichts mangelte; Maec hat seine Aufgabe von der ersten bis zur letzten Stunde mit höflicher Nonchalance perfekt erfüllt. Aber in diesem bis vor kurzem noch „Protokollrevier" und somit Staatsjagdgebiet des Conducatore kamen ihm zweifellos noch andere, viel weitergehende Aufgaben zu. Jegliches Ereignis, schien es auch noch so unbedeutend, wurde in seinem ominösen Samtnotizbuch penibel vermerkt – von der Anzahl der Schüsse bis zur Strecke, das Benehmen des Personals, der Ablauf der einzelnen Treiben, die Menüfolge und so weiter … Maec entging nichts! Aus dem Verhalten des gesamten Personals bis hinauf zum Jagdleiter war ausnahmslos zu erkennen, daß Maec trotz seiner Jugend eine unangefochtene Respektsperson darstellte. Und so wird es wohl der Wahrheit am nächsten kommen, daß Maec– nach erlesener Schulung – ursprünglich dazu ausersehen war, die hohen und höchsten Staatsgäste des seinerzeitigen Regimes umfassend zu betreuen, zu bewachen – und nach Möglichkeit sicher auch zu bespitzeln. Nach der Revolution wurde er dann offensichtlich kein Opfer der allgemeinen Säuberungswelle, sondern die neuen Machthaber Rumäniens erkannten seine großen Fähigkeiten und übernahmen ihn in mehr oder minder unveränderter Funktion. Eine andere plausible Erklärung wäre, daß es sich bei Maec um den Abkömmling oder Protegé eines ganz hohen Spitzenpolitikers handelte – dafür sprachen sein perfektes Benehmen und seine zweifellos ausländische Erziehung.

Wie dem auch sei, wir haben es durchaus genossen, während unseres Aufenthaltes in den Jagdgefilden von „Adam" derart aufmerksam betreut und umsorgt zu werden – auch wenn von uns keine Staatsgeheimnisse in Erfahrung zu bringen waren. Unserem guten Maec hiefür an dieser Stelle nochmals ein herzliches Weidmannsdank!

Trotz der ungewöhnlich späten Stunde unseres Eintreffens im Jagdhaus „Adam" gegen 3 Uhr morgens, erwartete uns noch das gesamte Jagd-, Küchen- und Servierpersonal wie selbstverständlich mit einem mehrgängigen warmen Abendessen. Diese braven Leute durften wir nicht enttäuschen, so müde wir auch waren. Demzufolge lautete die Devise unseres hohen Gruppenführers: „Schnellstens Quartier beziehen und in zehn Minuten Treffpunkt im Speisesaal!" Kaum hatte ich mit freundlicher Hilfe mein umfangreiches Gepäck im wirklich sehr komfortablen Zimmer verstaut, da überkam mich – nach der langen Fahrt durchaus verständlich – ein ebenso heftiges wir dringendes „menschliches Rühren". Das Badezimmer samt dazugehörigen Einrichtungen befand sich am anderen Ende des geräumigen Obergeschoßes. Ich nichts wie rein in dieses Etablissement, die Türe hinter mir zugeschlagen und scheppernd hörte ich noch die Klinke auf den Fliesenboden fallen.

Endlich Erleichterung! Erst jetzt fand ich Muße, mich im schummerigen Licht der einzigen Glühbirne etwas umzusehen: Grimmiger Frost und wohl auch ausbleibende Pflege hatten der einst feudalen Örtlichkeit schon deutlich zugesetzt. Mehrfach aufgefrorene Wasserleitungen, losgelöste Kacheln und ein zerbrochenes Fensterglas zeugten von fortschreitendem Verfall. Zitternd vor Kälte und notgedrungenermaßen ohne die sonst übliche Waschung wollte ich den Ort des Geschehens schleunigst verlassen. Aber denkste! Die am Boden liegende Klinke erwies sich fatalerweise als der „weibliche" Teil des Türbeschlages, die Türe selbst als bummfest zu, und nirgends lag ein Vierkanteisen in Sicht – ich war gefangen! Schöne Sch…, im wahrsten Sinn des Wortes!

Nur ganz undeutlich hörte ich, wie aus weiter Ferne, meine bereits unten im warmen Speisezimmer versammelten Gefährten; die Jagdhäuser des Conducatore waren zweifellos von massiver Bauweise. Zu Müdigkeit und Kälte gesellten sich nunmehr Hunger sowie aufkommende Panik: nur angetan mit Hemd und Hose, konnte meine Lage bei gewiß minus 20 Grad kritisch werden. Soviel ich auch schrie und gegen die Türe hämmerte, vorerst bemerkte mich niemand. Erst nach längerer Zeit fiel offenbar mein Fernbleiben auf, und ich wurde aus meinem eisigen Verlies befreit. Bei den schon wartenden Kameraden gab es natürlich ein großes Hallo über mein Erlebnis. Um jeder Verkühlung vorzubeugen, genehmigte ich mir zunächst einen steifen Grog nach dem bekannten ostpreußischen Rezept: „Rum muß, Zucker kann, Wasser braucht nicht!" Das – übrigens vorzügliche – Abendessen verlief zeitbedingt beschleunigt, hieß es doch seitens der Jagdleitung: „Aufstehen bitte um 7 Uhr, Abmarsch um $3/4$ 8 Uhr, wir machen morgen vier Triebe, und der Wintertag ist kurz!" Im Eilzugstempo bezogen wir dann unser gut geheiztes Nachtlager zu kurzer Ruhe.

Sicherheitshalber schon um 6 Uhr 30 ertönte, in unserer Gruppe traditionsgemäß, mein lauter Weckruf: „Tagwache! Alles heraustreten!", und das übliche Rumoren setzte ein.

Es war noch reichlich finster, als wir bereits in winterfester Marschkleidung, schwer bepackt mit Gewehr, Rucksack, Daunenmantel, Pelzstiefeln, Sitzstock usw. über eine

solide Holztreppe hinunter ins Erdgeschoß stapften; dort erwarteten uns schon Maec und die hohe Jagdleitung. Natürlich hatte unsere unerwartet geringe Schützenzahl die vorgesehene Standverteilung total durcheinandergebracht, doch die Rumänen improvisierten geschickt. Beim wiederum ausgezeichneten Frühstück erfolgte die übliche Einweisung: „Geschossen werden Sauen einschließlich nichtführender Bachen, weibliches Damwild samt Kälbern sowie Fuchs!" gab der sympathische Jagdleiter die Parole bekannt. Weiters erinnerte er nachdrücklich auf die Einhaltung der Sicherheitsbestimmungen, zumal bei den gefrorenen Bodenverhältnissen. Unser „Zwergdackel" Alina, der erst ihre jagdliche Feuerprobe bevorstand, übersetzte gewissenhaft diesen ihr sicherlich völlig unverständlichen Text.

Als wir am frühen Morgen jenes 4. Jänner 1993 vor das großzügig angelegte Jagdhaus „Adam" hinaustraten, dämmerte ein wunderschöner, wenngleich klirrend kalter Wintertag herauf; es sollte ein denkwürdiges Datum meiner Saujagdkarriere werden. Draußen im Vorgarten erwarteten uns mit lebhaftem Palaver etwa 60 Treiber, lauter urige Gestalten voller Passion, jedoch bemerkenswerterweise keine Hunde. „Schweine sind zu gefährlich, machen Hunde tot!" lautete die Anwort des Jagdleiters auf meine erstaunte Frage. Mit ihren typischen Lammfellhauben bot die durchwegs freundliche Treiberschar ein überaus buntes Bild; die meisten waren mit einer langstieligen Waldaxt bewaffnet, bei uns im Alpenraum als „Zappel" bekannt. Der heutige erste Jagdtag fand im eigentlichen Revier „Draguseni", dem Zentrum des weitläufigen Protokolljagdgebietes, statt. Es sollten die ausgedehnten Laubwälder im weiteren Umkreis von „Adam" getrieben werden: eine abwechselnd mit Dickungen und Altholz bestockte Hügellandschaft, nicht unähnlich unserem heimatlichen Wienerwald.

Die Sonne schien bereits dunstverhangen vom blaßblauen Winterhimmel, doch das Thermometer zeigte nach wie vor minus 21 Grad Celsius, als wir bei gottlob völliger Windstille zu Fuß zum ersten Treiben marschierten. Es lag etwa ein Viertelmeter knallhart gefrorener Altschnee, welcher bei jedem Schritt einen leise singenden Knirschlaut von sich gab. Gesprochen wurde nichts mehr, die angestellten Berufsjäger postierten uns schweigend an den Hauptwechseln eines riesigen Dickungskomplexes.

Mein erster Stand befand sich auf der Triebinnenseite eines schmalen Forstweges. Dort bezog ich, hinter einem dicken Eichenstamm gut gedeckt, auf meinem Sitzstock Position, die Doppelbüchse schußbereit quer über den Knien. Ich lugte vorsichtig in den vor mir liegenden Jungwald: eine enge Sichtschneise sowie kleinere Blößen boten etwas Einblick und Schußfeld. Meine Nachbarschützen waren weit weg überriegelt und somit unsichtbar. Gemäß den Weisungen der Jagdleitung durfte sofort nach dem Anstellen geschossen werden. Dies natürlich unter Rücksichtnahme auf die Treiberwehr, also nur nach Maßgabe eines vorhandenen Kugelfanges. Es war streng untersagt, den Stand eigenmächtig zu verlassen; nach Triebende würde uns ein Berufsjäger wiederum an Ort und Stelle abholen. Trotz der strengen Kälte verharrte ich absolut bewegungslos auf meinem Sitz, mußte doch bei der herrschenden Stille das Wild jegliches Geräusch schon auf große Entfernung wahrnehmen. Aber nur die winterliche Vogelwelt und einige vorbeihoppelnde Hasen vertrieben mir die Zeit. Schließlich rückten die Treiber hörbar heran, und da kam auch schon mein rumänischer Betreuer. Er brachte gleich Robert mit,

der ebenfalls keinen Anlauf hatte. Gerade als wir uns auf den Rückweg zum Sammelplatz machten, fiel weit entfernt doch noch ein einzelner Büchsenschuß: Freund Richard hatte in gewohnt gekonnter Manier eine ihn anwechselnde nichtführende Bache spitz von vorne erlegt. Auf der Strecke bestaunten wir dann andächtig deren beachtliche Wildbretstärke von aufgebrochen sicherlich rund 140 Kilogramm. Ein Anfang war somit gemacht!

Mit zwei bereitgestellten Geländefahrzeugen ging es dann zum zweiten Treiben. Wiederum wurden je zwei Schützen einem Berufsjäger überantwortet, der uns anzustellen hatte; mein „Partner" war diesmal der bereits bruchgeschmückte Richard. Für uns unsichtbar, hatte sich die zahlreiche Treiberschar bereits zu Fuß in ihre neue Aufmarschposition begeben. Überhaupt staunte ich voller Anerkennung, wie wohltuend reibungslos und gut eingespielt diese Jagd ablief: da gab es kein lautes Wort oder gar einen Disput, jedermann kannte seine Aufgabe im Detail – eben der Stil einer Protokolljagd, ausgerichtet und geleitet von erfahrenen Profis!

Mein Stand im zweiten Treiben lag inmitten eines jüngeren Stangenholzes, triebeinwärts konnte ich einen diagonal verlaufenden Graben einsehen. Richard war etwa 500 Meter rechts oberhalb von mir postiert, wir hatten gerade noch Sichtkontakt und tauschten Winksignale aus. Zur linken Hand hatte ich keine Nachbarn zu berücksichtigen.

Der mehrfach gegabelte Stamm einer jungen Eiche bot mir nicht nur Deckung, sondern sogar gute Möglichkeit zum Auflegen bzw. Anstreichen der Büchse. Mittlerweile war es etwas wärmer geworden, und regungslos harrte ich stehend der Dinge, die da kommen, sollten.Tatsächlich erschien auch bald schräg von links eine mächtige Leitbache, gefolgt von einer Rotte starker Frischlinge, fünf oder sechs an der Zahl. Die Schwarzkittel hatten es gar nicht besonders eilig, sondern defilierten im gemächlichen Schweinetrott auf etwa 60 Meter breit an mir vorbei. „Schöner können sie dir gar nicht kommen!" dachte ich erfreut, fuhr angestrichen mit und hielt mit dem oberen Lauf aufs Blatt eines der etwa 50 Kilogramm schweren Kujels: Rumms – kein Zeichnen, also noch einmal: mit dem unteren Lauf, diesmal auf den letzten Frischling: wieder Rumms, wieder keine Wirkung, zwei Fahrkarten! Scheibenkleister! Ich stand da wie belämmert, wie konnte das passieren, war ich doch jedesmal gut abgekommen! Inzwischen wechselte die Rotte – begreiflicherweise nunmehr hochflüchtig – weit unterhalb Richards Stand aus dem Trieb. So eine Patzerei, das konnte ja heiter werden!

Nach kurzer Zeit – ich war noch ganz perplex – fielen weiter entfernt einige Schüsse; für mich nicht feststellbar, bei welchem meiner Kollegen.

Indes blieb mir nicht viel Zeit für weitere Selbstbeschimpfungen, denn aus dem Graben wechselte mich spitz von vorne – wiederum keineswegs eilig – stichgerade ein wahres „Klavier" von einem Keiler an, weiß blitzten seine Waffen im hellen Sonnenschein. Donnerwetter, das war ja ein Kaiserstand! Dieser Urian kommt näher und näher, die Distanz mag noch etwa 120 Meter betragen, längst habe ich die Büchse aufgelegt im Anschlag und fahre mit dem Zielstachel mit. Da dreht der Keiler langsam nach links, bietet mir so breit sein rechtes Blatt und bleibt fast stehen! Jetzt gilt es aber! Ruhig ziehe ich durch, und donnernd verläßt die schwere 9,3 den Lauf. Im Schuß bricht der Basse zunächst blitzartig zusammen, wird jedoch unter lautem Klagen sogleich wiederum auf

den Vorderhämmern hoch. Obwohl eigentlich gut abgekommen, befürchte ich einen Krellschuß und sende unverzüglich die Kugel aus dem zweiten Lauf nach. Keine sichtbare Wirkung! Was ist denn nun wiederum los? In fieberhafter Eile lade ich nach und die nächsten zwei Pillen 9,3 gehen auf die Reise. Das Bild bleibt unverändert: der Keiler klagt laut und wetzt bis zu mir herauf hörbar mit dem Gebrech. Auf die Vorderhämmer gestützt, versucht sich der wunde Basse fortzuschleppen, wogegen die Rückenpartie mit den Hinterhämmern anscheinend gelähmt ist. Zum Glück gelingt ihm dies nicht und er vollführt nur auf der Stelle kreisende Bewegungen. Die nächste Doppelsalve! Wieder kein Resultat, obwohl ich geradezu wie auf dem Schießstand präzise abgekommen bin. Es ist, als ob man mit Knallerbsen schmisse! Nach dieser wahren Fangschußorgie kann ich aber den Anblick nicht länger ertragen, zumal auch die Treiber sich schon hörbar nähern. Fernglas, Hut, Mantel sowie allen sonstigen Klimbim zurücklassend, laufe ich nur mit der wiedergeladenen Doppelbüchse direkt auf den wütenden Keiler zu, um den armen Kerl aus nächster Nähe endlich zu erlösen. Ganz außer Atem komme ich bis auf wenige Meter heran, zum Glück kann dieses echte Hauptschwein wirklich nicht mehr hochwerden. Schnell fahre ich auf – und glaube plötzlich den Verstand verloren zuhaben: kein Zielfernrohr mehr auf der Büchse!!! Für nähere Untersuchungen bleibt jetzt allerdings angesichts der rasenden Nachbarschaft keine Zeit, ich fasse mich wieder, und über die offene Visierung bereitet ein Schuß hinter den Teller dem Drama nun wirklich ein Ende. Glücklicherweise war sonst noch niemand hinzugekommen, denn ich muß in diesem Augenblick ein selten dummes Gesicht gemacht haben: Meine so verläßliche, hundertfach erprobte Ferlacherin präsentiert sich mir „oben ohne", das schöne und kostbare Zeiss-Zielfernrohr ist spurlos verschwunden, einfach weg! Ganz verdutzt wechselte ich auf meiner eigenen Fährte zurück und fand das gute Stück tatsächlich friedlich im Schnee liegend, etwa 10 Meter von meinem ursprünglichen Stand entfernt. Wie die spätere Untersuchung ergab, war die Lötstelle der Suhler Vierfuß-Einhakmontage an der Verbindung zwischen Zielfernrohr und oberem Sockel aufgegangen; ein eher seltener Defekt. Wann, wo und warum dies geschah, ließ sich nicht mehr mit Sicherheit rekonstruieren; ich führte die Schadensursache am ehesten auf die hohen Temperaturschwankungen bei Flugreisen zurück; in der Folge habe ich meine Zielfernrohre stets im Handgepäck verstaut. Jedenfalls waren mir schon im vorangegangenen Dezember, anläßlich einer Sautreibjagd im ungarischen Komitat Somogy, einige rätselhafte Fehlschüsse unterlaufen. Natürlich erklärte sich hieraus auch die heutige Patzerei auf die Frischlinge und das soeben erlebte Fangschußfiasko; es war purer Zufall, daß ich den Keiler überhaupt getroffen habe.

Jetzt allerdings rächte sich bitter das Fehlen eines Reservegewehres, denn an eine Reparatur an Ort und Stelle war natürlich nicht zu denken.

Doch zurück zu meinem Keiler. Dieser erwies sich bei näherer Betrachtung wirklich als kapital und hatte herrliche Waffen; nach der Schlifffläche der sehr breiten Gewehre schätzten wir sein Alter auf etwa 7 Jahre. Auffallend waren auch die überaus starken Haderer mit knapp 9 cm Basisumfang. Das Wilbretgewicht betrug aufgebrochen rund 170 Kilogramm. Der erste Schuß war übrigens kein Krellschuß, sondern saß sehr hoch mitten auf dem Wildkörper und hatte noch die Wirbelsäule gefaßt; daher auch die

Lähmungswirkung. Nun herrschte natürlich „eitler Sonnenschein". Die Treiber kamen heran und gerieten beim Anblick des starken Bassen sowie der im Schnee rot leuchtenden, beachtlichen Schweißmenge ganz aus dem Häuschen. Stürmische Gratulationen! Von den Kameraden langte als erster Richard am Tatort ein. „Was ist los, hast du den Dritten Weltkrieg eröffnet? Mein Weidmannsheil zum Kapitalkeiler, aber brauchte der wirklich so viele Schüsse?" fragte er in Anspielung auf mein Dauerfeuer. Als ich ihm die Ursache der Misere darlegte, schüttelte der studierte Techniker nur den Kopf: „Was es nicht alles gibt, auf der Jagd!" Richard selbst hat diesmal nichts erlegt. Dann kamen Robert und Willi, denen ich natürlich meine Erlebnisse nochmals schildern mußte. Auch Willi verzeichnete einen Fehlschuß; sein schmucker Blaser-Kipplaufstutzen war zwar sehr leicht und führig, aber es fehlte eben manchmal doch der schnelle zweite Schuß. Der selbstlose Robert bot mir großzügigerweise einen leihweisen Waffentausch gegen seine eigene Doppelbüchse im gleichen Kaliber 9,3 an, doch ich lehnte vorerst noch höflich ab; es sollte auch über Kimme und Korn gehen, unsere Vorväter hatten ebenfalls nichts anderes. Nach dem Fotografieren konnte ich zu meiner besonderen Freude noch miterleben, wie mein Keiler nach alter Sitte traditionsgemäß mit dem pferdebespannten Wildwagen geborgen wurde.

Dann meldete Maec, das Jagdfrühstück sei angerichtet. Es folgte die nächste Sensation: die rumänischen Gastgeber hatten mitten im Revier ein geradezu feudales Mittagessen vorbereitet! Auf tadellos gedeckten Tischen servierten sie ein fein abgestimmtes, rustikales Menü, begleitet von erlesenen Getränken – nicht einmal der abschließende Mokka aus der Thermoskanne fehlte. Die aufmerksame Bedienung ließ gleichfalls keinen Wunsch offen – hier erlebte unsere bescheidene Korona eben Flair und Ambiente eines Repräsentationsjagdrevieres! Wir sparten dann auch nicht mit anerkennenden Worten, die besonders den guten Maec sichtlich freuten.

Bei aller Gastfreundschaft drängte die Jagdleitung bald zum Aufbruch: Treiben Nummer 3 sollte ins „Herz des Revieres" führen, und die Rumänen erwarteten sich davon ein besonders gutes Ergebnis. Frisch gestärkt nahmen wir voller Erwartungsfreude dann den Fußmarsch zu unseren Ständen in Angriff. Getrieben wurde das Eichenhochholz einer langen, ziemlich steil ansteigenden Hanglehne mit vorgelagertem, tiefen Graben. Entlang der Kammlinie dieses stark kupierten Geländes wurden die Schützen weit voneinander entfernt so geschickt postiert, daß aufgrund der zahlreichen Quergräben keiner das Schußfeld des anderen beschränkte. Eine riesige Dickung erstreckte sich auf der gegenüberliegenden Grabenlehne; diesen offenkundigen Wildeinstand sollten die Treiber langsam auf uns zu durchdrücken. Als einzige Ausnahme des Tages gab es hier festausgebaute Stände: es waren dies aus Weidenzweigen kreisrund geflochtene, kralähnliche Schirme mit etwa brusthoher Rundumwehr. Im Geiste sah ich förmlich das Bild beleibter Staatsgrößen vergangener Tage vor mir, wie sie samt ihren Büchsenspannern in diesen kleinen Festungen vor den wilden Schweinen Deckung nahmen. Interessanterweise wurden diese Stände heute jedoch nicht besetzt.

Auf meine erstaunte Frage, warum dies so sei, antwortete der mich begleitende Berufsjäger: „Nix gut, Schweine schon kennen!" Offenbar hatte man früher hier zu oft

und vor allem zu schematisch gejagt, so daß die intelligenten Sauen den allerdings etwas monströsen Burgen bereits auswichen.

In diesem dritten Trieb besetzte ich die äußerste Flankenposition ganz weit oben auf der Lehne; der Ansteller wählte meinen Stand sichtlich wohlüberlegt auf einem kleinen Hügelkopf im Eichenaltholz, wo ich nicht nur Deckung, sondern auch rundum freies Schußfeld hatte. Er selbst sowie Maec, der aus Interesse mitgekommen war, stiegen noch weiter hinauf bis über die Hangschneide hinweg und bezogen dort Stellung als unbewaffnete Abwehrer. Zuvor hatten mir die beiden erfahrenen Profis kräftig „Weidmannsheil" gewünscht und gestenreich erklärt, dies sei der altbekannte, besonders aussichtsreiche „Exzellenzenstand" – extra für mich vorgesehen! Im stillen dachte ich bei mir: „Soviel Vertrauen ehrt, aber wahrscheinlich sagen die Schlaumeier dasselbe aus Höflichkeit zu jedem Gast." Tatsächlich habe ich meinen Betreuern jedoch damit bitter unrecht getan, denn dieser Trieb wurde für mich wirklich zum persönlichen Höhepunkt unserer Jagdreise.

Mangels Zielfernrohr eher für Nahschüsse ausgerüstet, richtete ich mich auf meinem kleinen „Feldherrenhügel" möglichst beweglich zur Rundumverteidigung ein. Der Stand war wirklich ausnehmend klug gewählt: Von meiner erhöhten Position aus hatte ich nach allen Seiten freies Blickfeld durch den lichten Eichenwald und vor allem auch in die diesen durchquerenden zahlreichen Gräben. Gerade letztere konnte ich mir sehr gut als Wildwechsel vorstellen. Hier im windgeschützten Hochholz lag auch weniger Schnee, stellenweise schimmerte sogar das rotbraune Eichenlaub durch. Es herrschte nach wie vor völlige Windstille, und die strahlende Nachmittagssonne verwöhnte mich mit angenehmer Wärme. Das soeben genossene opulente Mahl und natürlich der Keiler aus dem vorigen Trieb sorgten zusätzlich für behagliches Wohlgefühl im Inneren. Kurzum, ein herrlicher Jagdtag, ich war wirklich hochzufrieden; wenn jetzt sogar noch … – das wäre ja gar nicht auszudenken!

Von weit her vernahm ich, wie die gleichfalls frisch gestärkte Treiberwehr ihre neue Aufgabe lautstark in Angriff nahm. Nach einiger Zeit fielen links unter mir, wo für mich unsichtbar meine Freunde ihre Stände hatten, in rascher Folge etliche Schüsse.

Ich glaubte, verschiedene Kaliber und sogar Kugelschlag heraushören zu können. Tatsächlich hatten sich dort unten Richard und Robert mehrfach auf Sauen und Damwild gelöst, erfreulicherweise auch mit teilweise gutem Erfolg. Nur bei Willi, im Zentrum der Schützenkette postiert, herrschte nach wie vor Funkstille. Aber unser Senior war ja für seine oft nicht ganz verständliche Zurückhaltung bekannt.

Aus dieser akustischen Interpretation des nachbarlichen Geschehens riß mich jedoch plötzlich ein laut vernehmbares Brechen und Rauschen im frosttrockenen Bodenlaub: Jetzt wurde es bei mir lebendig! Dem Lärm nach zu schließen, ist schweres Wild im Anmarsch, und zwar ebenso nah wie schnell. Noch kann ich nichts erkennen, ein Grabenrücken verdeckt mir die Sicht. Aufrecht stehend verrenke ich mir fast den Hals, die schwere Doppelkugel bereits entsichert im Halbanschlag, wie eine Schrotflinte beim Fasanentreiben. Da prescht auch schon in voller Flucht ein Rudel Damwild aus dem vor mir liegenden Graben heraus. Voran ein mittlerer Schaufler, dahinter Tier, Kalb, Schmaltier sowie einige weitere Stücke, die anzusprechen ich aber im Augenblick

keine Zeit mehr finde, d e n n: mitten im Damwildrudel flüchtet noch eine ungeheure kohlschwarze Masse mit!

Das ist doch, nein das kann nicht sein, doch es ist wahr – kein Keiler, kein Klavier, der vielgerühmte „Bechsteinflügel" braust hier, groß wie eine Lokomotive, scheibenbreit auf 40 Meter an mir vorbei! Bei diesem Anblick verschlägt es mir den Atem, aber das nur für den Bruchteil einer Sekunde. Mit der schweren 9,3 Bockdoppelkugel fahre ich mit wie beim Fuchssprengen – eine treffenderer Bezeichnung fällt mir nicht ein –, halte etwa in Höhe der Teller mitten auf die riesige schwarze Kugel und feuere rasend schnell aus beiden Läufen. Mir ist, als hätte der Keiler durch ein leichtes Zusammenzucken kaum merklich gezeichnet, doch er verringert sein Tempo keineswegs, sondern hält weiterhin im hochflüchtigen Damwildrudel mit. Blitzschnell breche ich die Büchse – jetzt bewährt sich der Ejektor voll – und ebenso schnell lade ich eine neue Patrone in den oberen, ersten Lauf. Zu mehr bleibt auch nicht Zeit, denn schon beträgt die Entfernung gute hundert Meter. Jetzt oder nie! Baum, Sau, Baum, Sau – da kommt eine kleine Schluppe im Stangenholz – so gut es geht, schwinge ich über die offene Visierung mit, halte diesmal knapp hinter den Wurf und lasse fliegen. Das Wunder, anders kann man es gar nicht bezeichnen, geschieht: im Schuß steht der gewaltige Keiler aus voller Fahrt wie ein Hase kopf, überschlägt sich mehrmals – und bleibt blitzartig verendet im schneebedeckten Winterlaub liegen! Der Basse rührt keine Borste mehr. Jetzt muß ich mich zunächst einmal niedersetzen und tief durchatmen. Habe ich dieses aufregende Geschehen wirklich erlebt oder bloß geträumt? Nein, es ist Wirklichkeit, ich brauche gar nicht das Jagdglas, auch mit freiem Auge kann ich meinen Keiler dort unten als große schwarze Masse liegen sehen! Innerlich noch ganz aufgewühlt, greife ich als Beruhigung erst einmal zur Cognacflasche – nur ein Schluck, denn es wird für heute sicher nicht der letzte bleiben. Ein unglaubliches Glücksgefühl erfüllt mich und mir wird schlagartig bewußt: „Das hier ist eine der ganz großen Sternstunden deines Jägerlebens!" Nicht primär die Stärke meiner Beute oder der gute Schuß, nein, vor allem die unübertreffliche Dramatik des Ablaufes aus einer prachtvollen Stimmung heraus bestimmte den hohen Erlebniswert dieser urigen Jagd. Noch ganz ergriffen, packe ich meinen Rucksack, sammle sorgsam die ausgeworfenen drei leeren Patronenhülsen als wertvolle Erinnerungsstücke ein und mache mich langsam auf den Weg hinunter zum Keiler. An sich ist dies gar nicht erlaubt, aber ich möchte unbedingt allein die Stimmung ein bißchen auskosten; hier, bei dieser übersichtlichen Situation, kann ich meine Handlungsweise ausnahmsweise vertreten. Aus alter Vorsicht trete ich mit schußbereiter Büchse an den gestreckten Urian heran, doch dessen Lichter sind schon längst gebrochen. Die letzte Kugel aus der schweren 9,3 – in Wahrheit ein „Tausendguldenschuß" – traf zwischen Licht und Teller und bewirkte das schlagartige Verenden. Übrigens hatte auch einer meiner beiden ersten Schüsse sein Ziel gefunden und die Leber durchschlagen; wir fanden sogar das stark deformierte TUG-Projektil, es steckte gegenüber dem Einschuß unter der Schwarte.

Nun kamen auch Maec und der Berufsjäger von ihrer „luftigen" Höhe herunter. Die beiden hatten das Wild schon vor mir in Anblick bekommen und waren die paar Meter auf die Hangschneide geeilt, um mich durch Zeichen zu alarmieren. So wurden auch

sie zu Augenzeugen des dramatischen Geschehens. Am Stück angelangt, gratulierten meine tüchtigen Begleiter stürmisch als erste mit einem herzlichen „Weidmannsheil!". Dann überreichte der rumänische Jagdführer stilvoll Eichenbruch sowie letzten Bissen. Vor uns lag wieder ein wahres Hauptschwein, noch viel stärker als der Keiler vom zweiten Treiben. Wir schätzten sein Gewicht aufgebrochen auf knapp 200 kg; der alte Basse hatte zwar kaum noch Feist angesetzt, aber sein Wildkörper war dafür ungewöhnlich großrahmig.

Der linker Hauer des riesigen Keilers ist etwas abgekämpft. Diese Beschädigung sowie zahlreiche Narben auf der Schwarte zeugen von erbitterten Rivalenkämpfen während der etwa 9–10 Jahre seines gewiß abwechslungsreichen Lebens. Sehenswert sind auch die herrlich gefärbten, fast vollkreisförmigen Haderer mit ihrem gewaltigen Basisumfang von sage und schreibe 10 Zentimetern.

Die Bringung des Keilers zum Sammelplatz gestaltete sich zum Triumphzug: Voran der gute Maec, welcher in voller Begeisterung ständig sein Notizbuch schwenkte, dann als Wildwagen das Pferdefuhrwerk mit dem auf dürrem Eichenlaub feierlich gestreckten Kapitalkeiler, umringt von der wild gestikulierenden Schar der Treiber. Maec und mein Berufsjäger mußten immer wieder die aufregende Erlegungsgeschichte, vor allem aber die Schüsse über Kimme und Korn schildern; offenkundig wurde ihre Version zunehmend dramatischer. Natürlich verstand ich den Großteil davon nicht, aber Ausdrücke wie „John Wayne" oder „venator simpatico" drangen doch an mein Ohr. Mit einem Wort, ich war der Held des Tages – und wer hat das schon zuweilen nicht recht gerne! Auch die Jagdkameraden staunten sehr über meinen heutigen Anlauf; ihr aufrichtig und neidlos entbotenes Weidmannsheil schätzte ich besonders, denn geteilte Freude ist bekanntlich doppelte Freude.

Am liebsten wäre ich noch weiter bei meiner stolzen Beute geblieben und auf dem Pferdewagen mit zum Jagdhaus „Adam" gefahren, denn ich sorgte mich – Gott sei Dank, grundlos – um die pflegliche Behandlung der heiklen Keilerwaffen. Aber der Jagdleiter winkte sofort ab: Es stand noch ein Treiben auf dem Programm, und bei ohnehin nur vier Schützen war wirklich keiner von uns abkömmlich.

Als letzten Trieb des Tages bejagten wir den recht steilen Waldkomplex im Hinterland der „Cabana", wie die Rumänen das Jagdhaus „Adam" nannten. Der Aufmarsch erfolgte wieder zu Fuß und war so angelegt, daß wir nach Beendigung dieses Treibens nur einen verhältnismäßig kurzen Heimweg in unser Quartier hatten. Es war Eile geboten, denn der knappe Wintertag neigte sich bereits merklich seinem Ende zu.

Mit Einbruch der Dämmerung bekamen wir auch sofort wieder die erneut empfindliche Kälte zu spüren. Mein Stand befand sich diesmal auf einem alten Kahlschlag, der durch schüttere Naturverjüngung und mit diversen Sträuchern wieder dicht angewachsen war. Darin gab es aber zahlreiche Fehlstellen, die zumindest ein leidliches Schußfeld boten. Hinter einem alten Eichenstubben machte ich es mir auf meinem Sitzstock bequem. Ich sinnierte über den so ereignisreichen heutigen Jagdtag nach und war – eigentlich ohne weitere „böse Absichten" – mit mir und der Welt so richtig zufrieden. Schräg links ober mir stand als Nachbarschütze Robert, wie üblich überriegelt und daher für mich unsichtbar. Hoffentlich würde nun unser Gruppenführer zum Erfolg kommen; Diana

hatte ihm heute bislang noch kaum zugelächelt. Ob dies wohl damit zusammenhing, daß sich unser „Chef" – unübersehbar – besonders aufmerksam um den jungen „Zwergdackel" Alina kümmerte? Frauenzimmer sind da oft schnell eifersüchtig! Ein heftiges Gepolter riß mich aus meinen Betrachtungen: Die Treiber hatten ein riesiges Damwildrudel hochgemacht, welches jetzt ziemlich flott in guter Schußdistanz an mir vorbeiflüchtete. Mich passierten sicherlich gut 100 (!) Stück Damwild aller Altersklassen, sowohl männliches als auch weibliches Wild, dennoch blieb die Kugel im Lauf. Einerseits bestand bei dem eng aufgeschlossenen Rudel die erhebliche Gefahr eines Paketschusses, und andererseits hatte ich keine rechte Lust, nach all den erfolgreichen Höhepunkten dieses Tages nunmehr im Dämmerlicht mit einem eher ungewissen Kahlwildabschuß zu beginnen.

Dieses Rudel kam daraufhin Richard schußgerecht, der hegerichtig ein schwaches Schmaltier sauber erlegte. Später erzählte uns der Jagdleiter beim Abendessen, daß in Draguseni Damwild erstmals vor rund 15 Jahren unter Ceausescu neu ausgesetzt worden war. Obwohl nach kurzer Eingewöhnungszeit alsbald in die völlig freie Wildbahn entlassen, fand die erhoffte weiträumige Verbreitung dieser Wildart nicht statt; das Damwild hielt sich nach wie vor fast ausschließlich in seinem „Stammrevier" rund um das Jagdhaus „Adam" auf. Hier erreichte es schnell eine unerwünscht hohe Wilddichte, die bereits zu Degenerationserscheinungen führte; daher rührte auch die freizügige Abschußfreigabe von Damkahlwild.

Es dunkelte schon deutlich, als mich daraufhin von links vorne – gegen den hellen Schnee noch gut sichtbar – eine einzelne Sau mittlerer Stärke anwechselte. Ich sprach sie als Dreijährigen oder sehr starken Überläuferkeiler an und ließ das Schwein passieren, zumal es seine Richtung ideal hin zum Stand des bisher glücklosen Robert nahm. Aus einer halben Kopfdrehung nach hinten sah ich das Stück verschwinden. Eben dachte ich bei mir: „Jetzt könnte es aber bei Robert langsam feierlich werden!". Da krachte auch schon dessen Schuß. Unser Kärntner Boß hatte seine heute erste Sau sauber auf die Schwarte gelegt. Unwillkürlich lüftete ich leicht meine Pelzkappe und wünschte dem Freund in Gedanken kräftig Weidmannsheil. Als ich mich wieder zum Trieb hin umwandte, glaubte ich, mich trifft der Schlag: Auf später abgeschrittene 15 Meter steht spitz vor mir die womöglich noch stärkere Zwillingsausgabe des vorerwähnten „Bechsteinflügel" und äugt mich regungslos, aber sichtlich bereits mißtrauisch geworden, direkt an. Ohne auch nur das geringste Geräusch war dieser gewitzigte Riesenkeiler vor den Treibern auf mich zugewechselt. Zwar reiße ich sofort die auf meinen Knien schußbereit ruhende Doppelkugel in den Anschlag hoch, aber diesmal bleibe ich doch Zweiter. Völlig ansatzlos, wie ein gutausgebildeter Jagdflieger, stürzt sich das Hauptschwein Numero 3 mit einer gewaltigen Flucht nach links den steilen Hang hinunter; meine beiden noch aus der Drehung nachgesandten Kugeln gehen einwandfrei fehl. Der zweifellos alterfahrene Bursche wußte sofort genau, was es geschlagen hatte; ohne sein rasendes Fluchttempo zu verlangsamen, durchquerte er den angrenzenden Wald und wurde – bereits weit außer Schußdistanz – auf der schneebedeckten Talwiese wiederum sichtbar. Ich habe diesem „Überkeiler" in dem offenen Terrain bestimmt noch einen Kilometer weit mit dem Fernglas nachgesehen, erst dann entschwand er in der

nächsten Dickung. „Jetzt hättest du wirklich berühmt werden können!" ging es mir zwar durch den Kopf, aber ich war auch so hochzufrieden; zwei wirklich kapitale Goldmedaillenkeiler an einem Treibjagdtag, noch dazu in völlig freier Wildbahn – wann gab es das schon!

Gerade als ich in fortgeschrittener Dunkelheit bereits entladen wollte und vor mir auch schon die Treiber herankommen hörte, da schnürte doch wirklich linker Hand noch ein halberwachsener Fuchs auf einem kleinen freien Schneeflecken vorbei. „Na warte!" dachte ich, nach wie vor etwas verstimmt ob der eben verpaßten Riesenchance auf den Keiler, mäuselte Jungreineke kurz an – und nahm Maß. Es klingt wie die Ironie des Schicksals, aber aus demselben Lauf, mit welchem ich kurz zuvor das Hauptschwein, groß wie eine Kommode, auf nur 15 Meter glatt gefehlt hatte, traf ich nunmehr im Halbfinstern, auf die gut doppelte Entfernung und ebenfalls über Kimme und Korn, das Füchslein exakt auf den Stich – ein knapp bierdeckelgroßes Ziel!

Jetzt war aber für heute endgültig „Jagd vorbei!", und bei all dem Gesprächsstoff wurde uns Freunden der nächtliche Heimweg zum Jagdhaus wirklich nicht lang.

Die „Cabana Adam" erwartete uns hellerleuchtet und wohlig beheizt, aus der Küche strömten zudem schon verführerische Düfte. Doch zunächst legten wir die schwere Winterkleidung ab und versorgten unsere Gewehre, ehe wir uns – selbst auch frisch geputzt – im legeren „Hüttendreß" um den gemütlichen Kachelofen scharten. Äußerst zufrieden über den heutigen Jagdverlauf, erhoben wir mit unseren neuen rumänischen Freunden zunächst die Gläser zu einem, nein mehreren kräftigen „Weidmannsheil!". In der Folge ließen wir nochmals die Ereignisse dieses denkwürdigen Tages Revue passieren. Ein wahrhaft babylonisches Sprachengewirr setzte ein. Konfrontiert mit den aufgeregten Schilderungen zahlreicher Saujäger, die ihre Erlebnisse dem jeweiligen Gegenüber unbedingt im Detail erzählen mußten, war die gute Alina total überfordert. So stellte sie ihre anfänglichen Bemühungen, simultan zu dolmetschen, bald als aussichtslos ein und übersetzte fortan nur noch jeweils einzelne Gespräche. Dies tat jedoch der unterhaltsamen Konversation keinen Abbruch, denn bekanntlich verstehen gleichgesinnte Jägerseelen einander weltweit auch ohne fremde Hilfe. Apropos Alina: Um der Wahrheit die Ehre zu geben, unser „stichelhaariger Zwergdackel" – ein echtes Stadtkind – hat sich in dem ihr bislang völlig fremden Metier tapfer gehalten; dies sowohl bei der Jagd als auch in der Cabana.

Dann verschaffte sich der rumänische Jagdleiter Aufmerksamkeit und bat vor's Haus zur heutigen Strecke. Angesichts der herrschenden Kälte schlüpften wir schnell wieder in Mäntel, Stiefel sowie Pelzkappen und traten in die Nacht hinaus.

Uns erwartete ein ungewohntes, aber dennoch durchaus stimmungsvolles Bild:

In Anpassung an die örtlichen Witterungsverhältnisse und vor allem die enormen Wildbretgewichte sah man von einer Streckenlegung im herkömmlichen Sinne, also am Boden, ab; die händische Drapierung der Wildkörper wäre zu mühsam gewesen. Dafür befanden sich im Vorgarten des Jagdhauses fix montierte, trapezförmige Gerüste aus massiver Eiche, nicht unähnlich überdimensionalen Wäschestangen. Deren tragende Querhölzer verliefen rund zweieinhalb Meter über dem Boden. Nach dem sauberen Aufbrechen wurden nun – so berichtete man uns – die bis zur Drossel aufgeschärften

Sauen mit dem Wurf nach oben an diesen Horizontalstangen aufrecht aufgehängt. Dies mittels stabiler S-Haken unter Zuhilfenahme eines Frontladers. So konnten die Wildschweine gänzlich ausschweißen, und es unterblieb auch jede Verunreinigung des Wildbrets. Klingt durchaus plausibel, wenn man bedenkt, daß ein starker Keiler aus den Ostkarpaten aufgebrochen schon mal an die 200 kg, ja in seltenen Ausnahmefällen sogar über 300 Kilogramm wiegt. Derartige Kolosse lassen sich eben nicht händisch bewegen bzw. zum Ausschweißen einfach an den Hinterläufen hochheben wie ein heimischer Frischling oder Rehbock!

Bei der herrschenden Kälte von schätzungsweise minus 20 Grad Celsius war die ordentlich gereihte Strecke des heutigen Tages natürlich längst bocksteif gefroren. Zwei brennende Holzscheiterhaufen sowie fest installierte Scheinwerfer beleuchteten die Szene einfach, aber praktisch. Immerhin konnte ich mit Freude und stillem Stolz feststellen, daß meine beiden Kapitalkeiler offenbar sogar das ortsübliche Gardemaß erheblich überschritten: Sie standen nämlich mit den Hinterhämmern deutlich eingeknickt am Boden auf – für diesen Fall waren die Horizontalstangen noch zu nieder montiert. Auch auf den Streckenfotos wird die Größenrelation gut sichtbar: Angetan mit Moonboots und Pelzkappe messe ich sicher um die 2 Meter, Freund Richard noch etliche Zentimeter mehr. Dennoch überragen uns die beiden Keiler beträchtlich; ihre Körperlänge muß demzufolge mehr als zweieinhalb Meter betragen haben.

Der Jagdleiter ließ seine Beamten – die Treiber waren bei der klirrenden Kälte verständlicherweise schon längst an den heimischen Herd zurückgekehrt – ordentlich antreten, und wir Schützen nahmen ihm gegenüber Aufstellung.

Dann verkündete er mit sichtlichem Stolz: „Ich melde die heutige Strecke: 2 grobe Keiler, 1 mittlerer Keiler, 2 Bachen und 1 Überläufer; weiters 1 Damtier sowie 2 Füchse. Angeschweißt und nicht zustandegebracht wurde kein Stück.

Ich danke unseren Gästen für ihre Jagddisziplin sowie die gute Schußleistung. Weidmannsheil!" Robert, als Sprecher unserer Jagdgruppe, antwortete routiniert mit knappen, jedoch von Herzen kommenden Worten. Dann reichte jeder Schütze jedem rumänischen Berufsjäger, Maec natürlich eingeschlossen, die Hand. Hiemit war die schlichte, aber vielleicht gerade deshalb dem äußeren Rahmen stilvoll angepaßte Zeremonie der Streckenlegung vorbei, und auch wir strebten zurück in die warme „Cabana Adam". Allerdings möchte ich nicht verschweigen, daß ich im Laufe des folgenden Abends noch viermal in den dann nur mehr vom Firmament beleuchteten Vorgarten hinausging, zu meinen beiden Keilern …

Nach diesem offiziellen Teil folgte das wirklich ausgezeichnete Abendessen im gemütlichen Kreis aller an der heutigen Jagd beteiligten Jäger. Dabei gab es viel Amüsantes, aber auch Lehrreiches, aus den hiesigen Jagdgründen zu erfahren. So beispielsweise die mir sehr vernünftig erscheinende Regelung, daß damals in weiten Teilen Rumäniens die Sauen, und zwar ausnahmslos alle, in der Zeit von Februar bis Juli Vollschonung genossen. Eine einfache, für jedermann klare Regelung, die faule Irrtümer oder Ausreden von vornherein ausschließt. Sicherlich konnte man die dortigen Jagdverhältnisse nicht unmittelbar etwa auf das extrem dichtbesiedelte Deutschland übertragen, und es gab auch keine Seuchenzüge. Aber reife Keiler wachsen nun einmal

nicht in wenigen Tagen heran wie Gewürzgurken, und mutterlos im Revier umherirrende Frischlinge sind auch kein erfreulicher Anblick, soviel steht fest!

Im Anschluß an das Festmahl im Jagdhaus „Adam" zogen sich die rumänischen Jäger nach und nach langsam zurück, es stand noch ihre interne Dienstbesprechung für den kommenden Jagdtag bevor. Auch harrten die Waffen und Haken unserer heutigen Sauen schon ihrer sorgsamen Präparation und Vermessung, wollten wir sie doch bei unserer Abfahrt nach Calarasi morgen abend unbedingt gleich mitnehmen. Zuvor hatte der Jagdleiter noch die – zeitmäßig martialische – Parole ausgegeben: „Morgen jagen wir im Revier „Suceveni", direkt am Prut, dem Grenzfluß zu Moldavien! Da heißt es zeitig aufstehen: Frühstück schon um Viertel nach sechs Uhr, Abfahrt mit dem Bus pünktlich um sieben Uhr. Ich wünsche den Herren eine angenehme Nachtruhe!" – mit diesen Worten verschwand der große Meister.

Wir vier österreichischen Saujäger waren aber noch zu aufgekratzt, um jetzt schon schlafen zu gehen; dies trotz der gefährlich früh klingenden morgigen Tagwache.

„Na, und was könnten wir jetzt noch machen?" lautete in vorgerückter Stimmung meine Frage an die Freunde. Postwendend kam Richards Antwort: „Wir spielen Schweinelotto!" Schweinelotto – der Begriff war uns neu, wie geht denn das? „Ganz einfach!" erläuterte unser Technikus, „Jeder von uns setzt 50 Mark und schreibt auf einen Zettel seinen Namen sowie die Gesamtzahl der Sauen, die wir morgen erlegen und auch auf der Strecke haben werden; angeschweißte gelten nicht. Derjenige mit dem richtigen Tip bekommt den ganzen Einsatz, bei mehreren richtigen Tips wird geteilt. Errät keiner die Strecke, dann gibt's einen Jackpot für übermorgen." Eine tolle Idee! Alle machten begeistert mit, und Richard holte schon Papier samt Schreibgerät hervor.

Natürlich ging es uns nicht sosehr ums Geld, sondern in erster Linie um die jägerisch richtige Prognose – schließlich hielten wir uns doch alle für große Saujagdexperten!

„Wenn man bloß wüßte, wie es dort am Prut überhaupt aussieht" spekulierte ich fieberhaft, „Rein gar nichts ist mir von dieser Gegend bekannt – und die Landkarte gibt kaum etwas her." Schließlich lautete mein Tip „7" – eine Sau mehr als heute, wobei ich das Fernrohrfiasko mit ins Kalkül zog. Willi versuchte es mit Psychologie: „Wenn wir dorthin schon so weit fahren, so sollte dies auch einen Grund haben. Außerdem behält man sich das Sahnehäubchen meist für den Schluß auf!" Unser Senior verstieg sich auf „9" – ein Optimist. „Oder die Rumänen gehen auf Nummer sicher und haben uns schon heute ans Eingemachte gelassen." Richard, der Erfinder des Schweinelotto, machte in Pessimismus – sein Tip war eine bescheidene „3". Unser Robert hingegen mußte verdächtig plötzlich „einmal verschwinden" – komisch, sonst hatte er doch eine besonders ausdauernde Blase! Aber der Schlaukopf suchte gar kein stilles Örtchen auf, besorgte sich bei den Rumänen rasch die Wettervorhersage: „Burschen, morgen stürmt und schneit es ganz dick; das ist gut im Wald und schlecht im Freien. Der Haken dabei ist nur: Nicht einmal unsere Rumänen wissen, wo genau wir morgen wirklich jagen werden, das entscheiden die örtlichen Kapazunder!" Der Chef war für Kontinuität und setzte eine abermalige „6". Noch geraume Weile erörterten wir eifrig Pro und Kontra der einzelnen Erwägungen – in Wahrheit sollten wir uns dann allesamt gewaltig täuschen!

Dienstag, 5. Jänner 1993, 5 Uhr 30, stockdunkle Nacht, Jagdhaus „Adam" bei Draguseni, rumänische Ostkarpaten: Meine wie üblich laut tönende Meldung „Tagwache!" war heute überflüssig; seit Stunden heulte und tobte draußen ein massiver Schneesturm, so daß an Schlaf gar nicht mehr zu denken war. Eisige Zugluft wehte durch unsere Schlafzimmer, dagegen kamen die erkaltenden Kachelöfen nicht mehr an. „Statt wegen a paar Schweinderl nach Sibirien hätte ich doch auf die Seychellen fahren sollen!" ertönte aus der Finsternis mißmutig Richards sonore Stimme. „Geh wo, so wirst du wenigstens Lottokönig!" konnte ich mir die Anspielung auf seinen gestrigen Tip nicht verkneifen. Gruppenführer Robert rief zur Ordnung: „Auf geht's Kinder, alles, was nicht tötet, macht hart!" Senior Willi lästerte nur lakonisch: „Es ist schon was dran, wenn die Leute sagen, alle Jaga ham an Vogel!" Aber letztlich kam doch Bewegung in die Truppe, was blieb uns denn auch schon anderes übrig. Kältebedingt heute nur minimalste Katzenwäsche, dann liefen die üblichen Vorbereitungen an: Jeder von uns brachte die wärmste Kleidung zum Einsatz, die er mit hatte, dazu noch eine Doppelration Brennstäbe für die Taschenöfen und Leukoplast auf die Büchsenläufe. Unter meinem knöchellangen Daunenmantel vertraute ich wattierten Hosen sowie dem pelzartigen Fallschirmspringerpullover des heimischen Bundesheeres. Am Kopf die Zobelpelzkappe „Modell Breschnjew" – Schmuggelgut einer früheren Jagdreise nach Kamchatka – und im Bedarfsfall käme darunter noch die Roger-Staub-Mütze als Gesichtsschutz. Meine Füße steckten in den bewährten grünen Moonboots. Die Kameraden erschienen ähnlich ausstaffiert. In unseren Bewegungen glichen wir eher Tiefseetauchern als forschen Wildschweinjägern, hoffentlich waren am Prut nicht längere Marschpartien bergauf vorgesehen. Als einziger brauchte ich wenigstens nicht Sorge zu haben, daß mir das Zielfernrohr beschlägt oder vom Schnee zugeweht würde …

Beim Frühstück kam gleich die erste Hiobsbotschaft: „Der Bus springt nicht an!" Offenbar hatte grimmige Kälte die Batterie liquidiert, oder die Lichtmaschine lud nicht, oder? – Auch der Chauffeur konnte die Ursache bloß mutmaßen.

„Entweder das Biest brennt, oder es ist gleich verkühlt!" Richards bissiger Kommentar ließ an unserem Museumsstück kein gutes Haar. Nach Rücksprache mit dem Jagdleiter trat Maec in Aktion: „Gentlemen, es handelt sich um kein wirkliches Problem. Wir werden uns mit dem Frühstück etwas beeilen und den Bus eben anschieben. Auf der Fahrt zum Prut kommen wir bei der Werkstatt der örtlichen Kolchose vorbei, und dort wird der Schaden gleich behoben." – Wahrlich, der geborene Diplomat! „Das wäre das erste Mal, gleichsam ein historischer Augenblick, daß in einer Kolchose etwas repariert wird!" Willi hatte noch den Krieg und die Russenzeit miterlebt; er hielt nicht eben viel vom kommunistischen Wirtschaftssystem. So schlangen wir denn unser Restfrühstück hastig hinunter und wankten schwer bepackt ins Freie. Im Osten dämmerte nur schwach das erste Tageslicht herauf, dafür blies der Schneesturm nach wie vor mit unverminderter Stärke.

Unsere Siebensachen wurden rasch im naturgemäß eiskalten Businneren deponiert, und dann schoben wir mit vereinten Kräften das vermaledeite Monstrum an, bis der Motor sich endlich keuchend in Gang setzte. Während wir schleunigst unser Gefährt enterten, brüllte Richard aus verständlicher Abneigung gegen eine Wiederholung der

eben erfolgreich durchgeführten Kraftübung dauernd: „Zwischengas! Zwischengas!" sowie – als die ohnedies schon verschreckte Alina zu Dolmetschversuchen ansetzte – „Moch mir den Fahrer net irr, der vasteht mi a so!" Diesem ur-oberösterreichischen Idiom konnte wiederum der „stichelhaarige Zwergdackel" nicht folgen, geschweige denn, es übersetzen. Endlich saßen wir alle erschöpft im Bus und steuerten die vielgepriesene Kolchose an – wenigstens war uns jetzt nicht mehr kalt! Der sogenannte Werkhof dieser kollektivwirtschaftlichen Einrichtung bot ein Bild für Götter: Fein säuberlich in Reih und Glied zur ewigen Ruhe aufgestellt, erblickten wir dort exakt 24 funkelnagelneue, rotlackierte Mähdrescher der forsch in weißer Farbe aufgepinselten Type „Fortschritt" – offenbar eine Hilfslieferung des ostdeutschen Bruderstaates. Die guten Dinger hatten – wie Maec uns nun doch leicht grinsend erläuterte – lediglich einen kleinen Mangel: aufgrund irgendeiner Fehlkonstruktion konnten diese Maschinen allesamt nie auch nur eine Minute in Betrieb gehen – und dabei würde es künftighin für immer bleiben! Zum Glück war unserem Bus ein günstigeres Schicksal beschieden. Mit den Verhältnissen des Landes wohlvertraut, machte sich der praktisch veranlagte Chauffeur sogleich selbständig auf den Weg zum „Ersatzteillager". Tatsächlich fand er in dem unbeschreiblichen Wirrwarr jenen rohrähnlichen Bestandteil, welcher für die Reparatur unseres fahrbaren Untersatzes offenbar benötigt und mittels des ebenfalls requirierten Werkzeuges auch unverzüglich eingebaut wurde.

Mit einiger Verspätung im Hinblick auf den Zeitplan konnte man endlich weiterfahren. Bei immer noch heftigem Schneetreiben gelangten wir auf eine ausgedehnte Feldebene von kaum zu übertreffender Öde. Wir passierten einige schrecklich triste Dörfer, welche – gleich unserem Ausgangsort Draguseni vulgo „Draculacity" – zu dieser Jahreszeit total „eingemottet" wirkten. Die wenigen verfallenen Gehöfte waren straßenseitig mit Holzläden komplett verbarrikadiert; dünnen Rauchfahnen nach zu schließen, verbrachten ihre weitgehend unsichtbaren Bewohner den Winter in einem einzigen, hofseitigen Wohn-, Eß-, Schlaf- und wohl auch Stallraum. Lediglich in den winzigen Gärten zeigte sich hie und da etwas Leben: Dickvermummte alte Bauern mit mürrischen Gesichtern bedienten ebenso altertümliche Ziehbrunnen. Aufgestapeltes Maisstroh und gelbe Kukuruzkolben dienten offenbar der Versorgung von Mensch wie Vieh – mittelalterliche Verhältnisse an der Schwelle zum 21. Jahrhundert!

Insgesamt bestätigte sich auch hier jenes Bild der ländlichen Verhältnisse des damaligen Rumänien, welches ich schon zuvor anläßlich frühsommerlicher Rehbock-jagden in der Dolj vorgefunden und oft als Kuriosum fotografiert hatte: Aufgrund der katastrophalen Versorgungslage in den Städten – auch ultraqualifizierte Fachkräfte bekamen keinen Lohn mehr ausbezahlt oder konnten sich hierfür zumindest nichts zum Essen kaufen – waren viele, speziell arbeitsame und initiative Menschen in die Dörfer ihrer Väter zurückgezogen. Dort betrieben sie wieder Landwirtschaft wie in vergangenen Jahrhunderten: Ackerbau mittels eines einscharigen Handpflugs und Zugrinds, mit einem Mastschwein sowie einigen Gänsen und Stallhasen – zum Überleben reichte es schon.

Wahrend ich so vor mich hin sinnierte, hatte der wiedererstarkte Bus unterdessen schon das Ziel dieses Tages erreicht. Sehr einladend sah selbiges allerdings nicht gerade aus.

Der bereits mehrfach erwähnte und an diesem Jagdtag total zugefrorene Prut bildet, genau in Nord-Süd-Richtung fließend, die Grenze zwischen Rumänien im Westen und Moldawien im Osten; er mündet östlich von Galati in die Donau. Aufgrund völkischer Animositäten, territorialer und politischer Auseinandersetzungen sowie unzähliger anderer Streitpunkte zwischen den benachbarten Staaten galt die langgestreckte Flußebene des Prut seit jeher als heißes Krisengebiet; daran hat sich auch bis in unsere Tage nichts geändert. Das Revier Suceveni, etwas nördlich von Tecuci, hart am Prut gelegen, präsentierte sich uns als brettebene Agrarsteppe mit vereinzelt eingestreuten Mischwaldinseln. Offenbar hier sollten wir an diesem Tage Sautreibjagd halten.

Schon das Begrüßungskomitee der örtlichen Jäger unterschied sich deutlichst von dem so eleganten und kompetenten Jagdpersonal in „Adam-Draguseni". Leider setzte sich dieser negative Eindruck auch generell während der gesamten Jagd fort. Dies hier war mit Sicherheit niemals ein Protokollrevier des Conducatore und seiner Gäste gewesen, bestenfalls eine „Dependance für die zweite oder dritte Liga"!

Die „Jagdleitung" amtierte in Räuberzivil, ihre nicht allzu zahlreichen Helfer erschienen noch eine Nuance ärmlicher adjustiert; manche hatten nicht einmal Schuhe, sondern trugen handgefertigte Opanken – bei dieser Wetterlage!

Ein eisiger Wind trieb mit unverminderter Heftigkeit feine Schneekristalle über die trostlosen abgeernteten Felder, als wir zum ersten Trieb des Tages schritten. Die ganze Szene erinnerte mich unwillkürlich an Napoleon und seine „verlorene Armee" oder die armen deutschen Landser im letzten Rußlandfeldzug – immerhin war ja das Gebiet der ehemaligen Sowjetunion in Sichtweite. Mein Stand im ersten Treiben befand sich in einem eher lichten, jüngeren Eichenwald; es handelte sich lediglich um ein etwa quadratmetergroßes Holzschild, hinter welchem ich auf meinem Sitzstock Sichtdeckung finden sollte. Um es kurz zu machen: Mir kamen zwar Rehe und Hasen in hellen Scharen – bei diesem unwirtlichen Wetter waren sie offensichtlich vom freien Feld in den windgeschützten Wald geflüchtet –, aber keine einzige Sau. Offenkundig erging es meinen Jagdgefährten ähnlich: alle Läufe blieben blank. Also Stellungswechsel zur nächsten Waldinsel – ein Fußmarsch von gut zwei Kilometern quer über steinhart gefrorene Sturzäcker. Trieb Numero zwei brachte denselben Mißerfolg.

Zwar phantasierten die einheimischen Jäger etwas von einer starken Saurotte, die angeblich ausgewechselt war, aber diese Behauptung konnte niemand nachprüfen – wir jedenfalls sahen im Schnee keine Fährten. Allgemein lange Gesichter und betretenes Schweigen prägten unserer Korona beim Marsch zum Frühstücksplatz.

Der arme Maec hielt sich auffallend „bedeckt", ihm war die Situation sichtlich peinlich.

Auch der nun folgende mittägliche Schüsseltrieb ließ sich keinesfalls mit dem gebotenen Luxus vom Vortag vergleichen. Im Windschatten einiger alter Überhälter konnten wir uns jedoch wenigstens am Lagerfeuer etwas aufwärmen und eine ziemlich undefinierbare Würstelsuppe genießen. Köstliche Gelegenheit zu umfangreichen Charakterstudien bot hingegen die buntgewürfelte Treiberschar: darunter befanden sich einige schon mehr als „urige" Originale. Aber schließlich waren wir hierhergekommen, um Sauen zu jagen, und damit lag es schwer im argen. Wieder einmal war es unser Richard, der die Dinge drastisch beim Namen nannte: „Du Robert, sag deiner lieben

Valentina, so eine ausgeschossene Bauernjagd braucht's uns net no amol auf's Aug druckn!" war sein absolut zutreffender Kommentar.

Nach dieser mageren Mittagsrast führte uns das dritte Treiben in eine etwas kupierte Kieferndickung; hier kamen – heute erstmals – tatsächlich Wildschweine in Anblick. Aber wie dem schon so ist, ein einmal schlecht begonnener Tag endet auch vertrackt: Ein dreijährige Keiler wechselte mich eigentlich sehr bequem an, doch ich fehlte ihn wenig ruhmreich doppelrohrig über Kimme und Korn. Meine Kollegen hatten nicht viel mehr Erfolg, nur Robert erlegte eine einzelne starke Bache. Damit lag aber auch schon unsere gesamte heutige Ausbeute an Wildsauen auf der Strecke, denn der vierte und letzte Trieb verlief wieder ergebnislos. Mit etwas säuerlicher Miene verabschiedeten wir uns von unseren Gastgebern, lange Diskussionen ob des Warum und Weshalb wären auch sinnlos gewesen: offensichtlich hatte die örtliche Jägerschaft bereits in mehrfachen Aktionen zunächst die heimischen Fleischtöpfe kräftig aufgefüllt, bevor diese Schlitzohren dann der „Silvexim" noch einen Jagdtag gegen harte Devisen andrehten. Apropos Geld: Lottokönig wurde somit keiner von uns, und der Jackpot für den nächsten Tag war fällig.

Auf der Rückfahrt nach Adam ertönten dann im Bus, je nach Temperament, wenig euphorische Kommentare der österreichischen Prutschweinejäger: „Sag ma, es wor nix! Ein echter Flop! So eine Lollypartie! Alles orientalische Ganoven!"

Im gemütlichen Jagdhaus erwartete uns dafür noch ein ausgezeichnetes frühes Abendessen, und wir langten kräftig zu, waren wir doch tagsüber auch kulinarisch recht kurzgehalten worden. Überdies stand ja noch die lange Nachtfahrt nach Calarasi bevor. Während Gruppenführer Robert reibungslos die Abrechnung erledigte, packten wir schnell die umfangreiche Ausrüstung in den Bus. Dann kam ein herzlicher Abschied von unseren so tüchtigen rumänischen Gastgebern im schönen „Adam – Draguseni". Zuvor hatte der Jagdleiter uns noch die wirklich tadellos präparierten Sauwaffen feierlich überreicht. Wir versprachen ein frohes Wiedersehen im nächsten Jahr; dann allerdings ohne Exkursion zur „Dependance am Prut", dafür mit zwei Anschlußtagen in einem anderen Staatsjagdrevier, etwa Lepsa oder Soveja im Vranceagebiet.

Erneut stand mit dem altersschwachen Bus eine lange Nachtfahrt von mehr als 300 Kilometern bevor, dies zudem bei höchst fragwürdigen Straßenverhältnissen. Schon in Adam hatten uns nämlich beunruhigende Fernsehmeldungen über ein anhaltendes Schneechaos in Südrumänien erreicht. Zwar wurde es dann nicht ganz so schlimm, aber die beiden allzu langen nächtlichen Überstellungsfahrten blieben doch der einzige Lapsus, welchen wir an Roberts ansonsten umsichtiger Planung zu bemängeln hatten. Solche Strapazen drücken auf Stimmung und Schußleistung. Es ist zweifelslos besser, man verbleibt an sämtlichen Jagdtagen zumindest im Großraum des Standquartiers. Falls allerdings ein Revierwechsel über lange Distanz wirklich unvermeidbar erscheint, so sollte hiefür ein Ruhetag eingeschoben werden – soviel Zeit muß ganz einfach sein.

Übrigens habe ich in früheren Jahren bei meinen Ungarnjagden, gedrängt von der angeblichen Zeitnot meiner Gäste, exakt den gleichen Fehler selbst begangen und mir geschworen, derlei Gewalttouren künftighin zu unterlassen.

Also starteten wir – leider wieder erst nach 19 Uhr – von Adam in Richtung Calarasi.

Die erste Etappe sollte diesmal im Konvoi zurückgelegt werden: Der Jagd- und Forstdirektor von Galati war zu Besuch gekommen und wollte uns mit seinem Dienstwagen ein nächtliches Geleit bis in seine Heimatstadt geben. Leider entwickelten sich die Dinge dann etwas anders. Zunächst lieferten wir unseren eleganten „Jagdbutler und Zeremonienmeister" Maec noch ganz plangemäß mit einem herzlichen Dankeschön in Tecuci ab. Dann folgte unser museales Gefährt brav im Blindflug dem „Aro" des Direktors über die verschneiten, menschenleeren Landstraßen des nächtlichen Rumänien. Wie gewohnt, hatte ich mich eben auf der hinteren Sitzbank zu einem gemütlichen Nickerchen eingerichtet, als der Bus plötzlich auf freier Strecke zum Stillstand kam. Doch diesmal waren weder Brand noch Strauchritter die Ursache des außerplanmäßigen Stopps: Nein, zur Abwechslung streikte der direktorale „Aro"!

Soviel sich der beamtete Chauffeur und sogar sein hoher Chef auch bemühten, es half alles nichts, das Wunderwerk rumänischen Fahrzeugbaus hatte, obwohl noch fast neu, endgültig seinen Geist aufgegeben. Unser leidgeprüfter Busfahrer mischte sich da gar nicht erst ein, sondern erklärte nur lakonisch: „Noch mehr als 50 Kilometer bis Galati!" Und schon ertönte Richard aus dem finsteren Businneren: „De zwa Helden solln jetzt kane langen Fisamadenden mochen, sondern den Kübel am Straßenrand abstellen und bei uns einsteigen; sagt's ihnen, sie kriegen auch was G'scheites zu trinken!" Alina übersetzte – mit unserer Hilfe – sogleich beflissen diese Aufforderung.

Allein, die Schalmeien unseres oberösterreichischen Pragmatikers waren vergebens: Kategorisch erklärten die Rumänen sogleich unisono, der „Aro" dürfe keinesfalls hier zurückgelassen werden, denn andernfalls fände man nämlich am nächsten Tag unweigerlich nur mehr ein abgewracktes Torso ohne Räder vor! Feine Zustände herrschten hier! Also blieb uns gar nichts anderes übrig, als die kaputte Mühle – ich vermutete insgeheim bloß einen leeren Tank, der Sprit geklaut oder schlichtweg vergessen – bis Galati abzuschleppen. Natürlich ging dies nur mit zahlreichen Unterbrechungen vonstatten, weil das zwirnsdünne Abschleppseil ständig riß oder der durchfrorene Fahrer infolge toter Elektrik die Windschutzscheibe händisch vom Schnee säubern mußte. So erreichten wir nur mühsam und mit Pausen den Garagenhof der Forstdirektion im Zentrum von Galati. Dort verschwand zunächst der Amtschauffeur blitzartig, während wir seinen Chef auf dessen Ersuchen hin bis zur nächsten Straßenbahnhaltestelle mitnehmen sollten. Aber bitte sehr, keine Ursache, Herr Forstdirektor! Allerdings waren wir dann doch leicht vergrämt, als uns der Herrscher über Wald und Wild schließlich noch bat, gemeinsam mit ihm das Erscheinen der Tramway abzuwarten; er fürchte sich nämlich sonst so ganz allein im zwar nächtlichen, jedoch hellerleuchteten Stationswartehäuschen!

Nach einer weiteren halben Stunde kam dann endlich die schrottreife Zugsgarnitur, der rumänische Forstheld stieg ein – wir konnten weiterfahren. Mittlerweile war es schon gegen 22 Uhr, und vor uns lagen noch gut 180 Kilometer Winterfahrt durch die verschneiten Donauniederungen. Nach der Karte passierten wir die gewiß reizvollen Städte Braila, Slobozia und Calarasi sowie die dortigen Erdölfelder, doch kann ich hierüber leider gar nichts berichten, weil ich nämlich bis zu unserer Ankunft im Jagdhaus des Jagdreviers bei Calarasi tief und fest schlief.

Bei unserem Eintreffen lange nach Mitternacht fanden wir kein so hocherrschaftliches Empfangskomitee wie in Adam vor, und auch die Räumlichkeiten schienen uns weit weniger feudal zu sein; aber im warmen Speisezimmer wartete immerhin noch der Jagdleiter mit einem kleinen Imbiß und erklärte auch den geplanten Jagdablauf für die kommenden Tage.

Die Industriestadt Calarasi liegt etwa 140 Kilometer südöstlich von Bukarest, hart am Unterlauf der Donau, welche hier als schon sehr breiter Strom die Grenze zu Bulgarien bildet. Dort erstreckt sich eine äußerst fruchtbare Tiefebene, durchzogen von zahlreichen Flüssen sowie Seen, Teichen und überdies künstlichen Kanälen. Derart optimal bewässert, wird die Region großflächig und intensiv landwirtschaftlich genutzt, vorherrschend ist der Maisanbau. Kleinere und größere Waldinseln lockern die ansonsten eher öde Kultursteppe auf. Zwei dieser vorwiegend Laubholzforste, nämlich die Reviere „Dorobantu" und „Minastirea", sollten wir im Verlaufe der nächsten beiden Tage auf Sauen bejagen. An sich handelt es sich um ein geradezu ideales Wildschweinbiotop, wenn da nicht die Nähe der Millionenstadt Bukarest und weiterer Industriezentren wäre. So jedoch herrscht ein starker Bevölkerungsdruck, und es wurde in der damaligen Zeit auch mit Sicherheit massiv gewildert. Überhaupt machte sich der urbane Einfluß auf Land und Leute allenthalben negativ bemerkbar: Die Mentalität der Treiber und sogar des Jagdpersonals schien mir weit weniger begeisterungsfähig, geradlinig und offen zu sein, als wir es eben bei den noch unverdorbenen Bewohnern der Karpatengebiete rund um Adam erlebt hatten.

Wie angekündigt, konnte der Jagdleiter bereits am ersten Abend mit einem dicken Stapel „spanischer" Streckenfotos aufwarten, auf denen wir tatsächlich hochkapitale Keiler von enormer Wildbretstärke andächtig bestaunten. „Ja, das sind wirklich schwere Koffer, alle Achtung!" war dann auch der Tenor unserer Gruppe. Indes – um es gleich vorwegzunehmen –, die allgemeine Euphorie hielt nicht lange an, sondern machte schon am ersten Jagdtag betroffener Enttäuschung Platz: Die besagten Fotos stammten nämlich aus den noch „fetten" Jahren 1990 bis 1991, und die Waffen der darauf abgebildeten Keiler hingen sämtliche schon längst an irgendwelchen Wänden zwischen Madrid und Barcelona; ihre einstmaligen Träger hinterließen allerdings keine entsprechenden Nachfolger mehr. Ausgangs ihres Weidwerkens in den hiesigen Gefilden hatten die zweifellos schußtüchtigen spanischen Jagdgenossen ganz entschieden „Weiße Wochen" veranstaltet; reife Keiler waren demzufolge „gut, aber aus!" Mit dieser bitteren Erkenntnis mußten wir uns während unserer gesamten Treibjagd hier abfinden. Zwei volle Jagdtage lang kam nicht ein einziger (!) älterer Keiler in Anblick, geschweige denn zur Strecke. Man konnte die Dinge drehen und wenden, wie man wollte, es blieb bei der betrüblichen Tatsache rücksichtslos ausgeschossener Reviere. Diese komplette „tabula rasa" war sicher dadurch begünstigt worden, daß sich die Sauen nach der Maisernte notgedrungenermaßen in der einzig verbliebenen Deckung der Waldinseln massiert hatten. Hier wurden sie allzu leicht Opfer von Pulver und Blei. Uns blieben somit nur die „kleineren Schweinderln" vorbehalten, und auch diese nur sehr vereinzelt. Durch die überstarke Bejagung war auch die empfindliche Sozialstruktur des Schwarzwildes schwer geschädigt, es kamen kaum komplette Rotten in Anblick. So

„klapperten" wir diese weitgehend wildleeren Wälder zwei Tage lang ziemlich lustlos ab; die Strecke blieb bescheiden. Ich selbst hatte nun doch das großzügige Tauschangebot des selbstlosen Robert angenommen und führte dessen Bockdoppelkugel mit Zielfernrohr. Damit erlegte ich dann auch zwei vereinsamte Bachen, darunter eine sehr starke.

Obwohl diese einzelgehende Bache – um der Wahrheit die Ehre zu geben: im verfilzten Unterwuchs hatte ich sie als Keiler geschossen – keine Frischlinge führte, war um sie natürlich schade. Die Stammutter früherer Schweinegenerationen hat sich allerdings auf ihre Art an mir gerächt: Der Rückstoß aus Roberts für mich ungewohnter, viel zu kurz geschäfteter Doppelkugel im Kaliber 9,3 fügte mir ein massives Cut zu, welches mich noch Tage später als das bekannte „Weatherby-Monokel" zierte. Dennoch schoß ich mit diesem Gewehr schließlich noch einen Kugelfuchs. Ein besonderes Kabinettstück bravouröser Schießkunst bot Richard: Ich konnte selbst beobachten, wie er aus seiner FN-Selbstladebüchse im Kaliber .300 Winchester Magnum mit einem einzigen, locker hingeworfenen Schuß einen hoch und schnell abstreichenden Bussard (!) erlegte; mir blieb vor Staunen der Mund offen! Der Jagdleiter hatte zuvor ersucht, diese Greife nach Möglichkeit zu schießen, da sich in dem betreffenden Wald eine Fasanenvoliere befand. Im übrigen weist – entsprechende Selbstdisziplin vorausgesetzt – der vielgeschmähte „Vollernter" bei Sautreibjagden durchaus auch seine Vorzüge auf; so beispielsweise den schnellen dritten Schuß auf angeschweißtes Wild. Dem erhobenen Zeigefinger aller Jagdpäpste zum Trotz: Unweidmännisch kann immer nur der Schütze selbst, niemals aber das Gewehr als solches sein! Mich persönlich stört allerdings an den Halbautomaten – gleich, ob Schrot oder Kugel – ihre meist nicht optimale Balance sowie das mechanische „Scheppern" beim Repetieren; ich bevorzuge den trocken-harten „kick" der Bockwaffen. Doch das sind rein subjektive Empfindungen bzw. Vorlieben.

Leider blieb dem guten Willi trotz aller Bemühungen auch in Calarasi ein Beuteerfolg versagt. Obwohl er ein erfahrener, weidgerechter Jäger und obendrein herzensguter Kamerad war so, fiel es eben unserem Senior oft gar zu schwer, am Stand bewegungslos ruhig zu verharren. Gerade bei gefrorenem Schneeboden und Windstille ist dies aber ein unbedingtes „Muß": man glaubt oft gar nicht, auf welch weite Distanz speziell die empfindlichen Wildschweine auch nur die kleinste Bewegung des angestellten Schützen wahrnehmen. Im lichten Stangenholz habe ich als Willis Nachbar mehrmals mit angesehen, wie vorerst stichgerade anwechselnde Sauen plötzlich verhofften und sogleich auswichen. Überhaupt schien Diana ihrem ältesten Jünger unserer Gruppe diesmal gar nicht hold zu sein: Als ihm am letzten Tage ein einsamer Überläufer geradezu ideal kam und er diesen auch traf – da entfleuchte Willi die schon sicher geglaubte Beute schlußendlich doch noch! Ich habe das Drama „live" miterlebt: Ausnahmsweise verhielt sich mein Nachbar Willi auf seinem Sitzstock einmal wirklich ruhig. Im Schnee, bei hellem Sonneschein, kam die Sau langsam halbschräg auf ihn zu und fiel im scharfen Knall aus Willis Blaser-Kipplaufbüchse einfach um. „Sieh mal einer an, wie die schlanke 7 mm Rem. Mag. doch wirkt!" leistete ich der von mir oft geschmähten „Stricknadel" im stillen Abbitte. Willi lud bedächtig nach und lehnte dann das gesicherte Gewehr neben sich an den Baumstamm. Zufrieden betrachtete er seine Beute durch das Fernglas. Dies

erwies sich allerdings als fataler Fehler, denn der offenbar gekrellte Überläufer erwachte wieder zum Leben, kam blitzschnell auf die Läufe und suchte hochflüchtig das Weite. Am Anschuß wurde dann meine Befürchtung zur Gewißheit; eine spätere Nachsuche blieb natürlich ohne Erfolg. Hier rächte sich wieder einmal die bekannte Scheu gerade der „Altjäger", in fraglichen Fällen sicherheitshalber immer noch eine zweite Kugel nachzusenden. Viele begründen dies mit „unnötiger Wildbretzerstörung" oder so ähnlich. Ich bin da – speziell in östlichen Jagdgefilden – weit weniger heikel: besser haben als hätten …

Willi zeigte sich deutlich geknickt und tat mir aufrichtig leid; mein Hinweis, daß die Sau bei der kalten Witterung den Kratzer sicherlich ausheilen würde, war ihm wohl nur ein schwacher Trost.

Eine gewisse Belebung der „Wandertage von Calarasi" brachten die riesigen Wildgänsescharen, die auch tagsüber praktisch ohne Unterbrechung – wenngleich meist unerreichbar hoch – über die Stätte unserer Bemühungen zogen. Es herrschte ein reger Flugverkehr zwischen offenbar noch eisfreien Strömungsrinnen der nahen Donau und den oft weit entfernten Äsungsplätzen. Wildgänse üben seit jeher auf mich einen besonders faszinierenden Reiz aus. Daher faßte ich für den kommenden November sogleich den Plan einer Gänsejagdexpedition ins Auge: „Wir müssen bloß rechtzeitig hierherkommen, bevor die kleineren Seen und Altwässer noch zufrieren, dann sind die Chancen besser!" versuchte ich auch meine Gefährten zu begeistern, aber die waren leider im Gegensatz zu mir nicht so sehr auf Flugwild erpicht. Im stillen disponierte ich daher gleich um, auf eine Unternehmung in ganz kleinem Rahmen, am besten mit einem guten Freund oder notfalls auch ganz allein. Leider kam mir dann etwas dazwischen, und somit wurde dieses an sich sehr verlockende Vorhaben schließlich doch nicht in die Tat umgesetzt.

Insgesamt blieb die Saujagd in Calarasi eher eine Enttäuschung, besonders wenn man von den ursprünglich hochgesteckten Erwartungen ausging. Aber die „Saujagdzeiten der Spanier" waren wohl auch für diese Region endgültig vorbei: Intensiv betriebene Landwirtschaft nach marktwirtschaftlichen Gesichtspunkten, das damals in Rumänien neu entdeckte Thema „Wildschaden" sowie letztlich auch der gesellschaftliche Wandel verhinderten in der großstadtnahen Kulturlandschaft bereits das Heranwachsen wirklich reifer Keiler. Einzelne Ausnahmen bestätigten nur die Regel.

Und so verblieben uns passionierten Saujägern auf Sicht eben auch in Rumänien nur noch die entlegenen Bergtäler der wilden Karpaten als letztes Refugium für uriges Weidwerk auf echte Hauptschweine. Dort fanden wir und unser geliebtes Schwarzwild noch ein ungestörtes ShangriLa.

Derartige Überlegungen gingen mir durch den Kopf, als wir – nach stundenlanger Busfahrt und unschönen Szenen um angebliches Übergepäck am tristen Flughafen Otopeni – wieder im Flugzeug nach Wien saßen. Doch für diesmal lohnte sich die lange Reise samt allen Strapazen fraglos: Diana hat ihr Füllhorn wirklich großzügig über mich „unverbesserlichen Jagdnarren" ausgeschüttet. Heimlich greife ich unter den Sitz ins Handgepäck, wo im Rucksack, sorgsam in Watte gehüllt, die prächtigen Keilerwaffen aus Adam-Draguseni mitfliegen. Und meine Gedanken schweifen zurück zu jenem

wundervollen Jagdtag, als mir in diesem herrlichen Revier zwei – nein, eigentlich drei – kapitale Bassen die Ehre gaben. Dort unten, zwischen Karpaten und Prut, wo in den Bergen um Draculacity der „Winter pur" Regie führte und wir frohen Weidgenossen abends „Schweinelotto" spielten …

Praktische Jagdreisetips
für Rumänienfahrer

Na also, das mußte ja so kommen: Zuerst lästert der Autor ständig über die „Jagdpäpste", aber jetzt kann er es doch nicht lassen und verkündet sein eigenes Evangelium! Keine Angst, lieber Leser, Sie werden von mir sicher keine Patentrezepte hören, denn solche gibt es für das Weidwerk schlechthin gar nicht. Von meinen zahlreichen Jagdfahrten ins Land am Karpatenbogen, noch mehr jedoch aus oftmals entrichtetem Lehrgeld, stammen einige praktische Erfahrungswerte, deren Beachtung Ihnen vielleicht helfen kann, mancherlei Pannen zu vermeiden. Die nachfolgenden Gedankenanstöße sollen somit ausschließlich zum Erfolg Ihrer künftigen eigenen Unternehmungen beitragen und die Erlebnisfreude daran möglichst ungetrübt halten.

Rumänien war und ist kein Einsteigerland für Jungjäger und auch kaum die geeignete Destination für kurzfristig angesetzte Jagdausflüge „auf die schnelle Tour"; derlei Ambitionen lassen sich anderswo bequemer und wesentlich billiger pflegen.

Der volle Erlebniswert des herrlichen Weidwerks in noch weitgehend ursprünglichen Jagdgefilden wird in der Regel nur demjenigen beschieden sein, der sich schon vorab umfassend über die Rahmenbedingungen am Ziel seiner Jagdreise erkundigt. Diese alte Binsenweisheit gilt in gesteigertem Maße für Rumänien mit seiner in jeglicher Hinsicht reizvollen Vielfalt. Es lohnt sich wirklich, schon im Vorfeld der Reise das in Aussicht genommene Jagdgebiet anhand der alten Klassiker der Karpatenliteratur – meist aus der Zeit vor 1939 – in Verbindung mit modernen Landkarten zu studieren. Ein ganz besonderes „Schmankerl" ist in diesem Zusammenhang die jüngst im Fachverlag Freytag & Berndt neuaufgelegte Monarchiekarte Österreich–Ungarn 1890 mit ihren alten topographischen Bezeichnungen. Schließlich starten Sie nicht ins Nirwana, sondern bereisen vielmehr ein traditionelles Kulturland mit einem ebenso interessanten wie abwechslungsreichen geschichtlichen Hintergrund. So werden auch die oft unvermeidbar langen Überlandfahrten für den vorinformierten Besucher zu folkloristisch wie kulturhistorisch bemerkenswerten Exkursionen.

Apropos Autofahrten: Heutzutage ist das rumänische Straßen- sowie Tankstellennetz gut ausgebaut, und auch Lebensmittel sind überall erhältlich; für illegal rollende Benzinbomben oder fahrbare Kolonialwarenläden besteht somit kein Anlaß mehr. Das allgegenwärtige Handy hat die seinerzeit oft erheblichen Kommunikationsprobleme ins Reich der Geschichte verbannt. Hingegen empfiehlt sich immer noch die Mitnahme aktuellen Kartenmaterials, und auch ein guter Reiseführer sollte nicht fehlen.

Womit wir bereits bei der Ausrüstung angelangt sind: Wo auch immer Ihr rumänisches Gastrevier liegen mag, Sie fahren weder zum Himalaja noch in die Regenurwälder des Amazonas oder die Kalahariwüste. Bei aller vielgerühmten Rauhheit der Jagdgefilde

des Grafen Dracula und seiner Hintersassen, im Prinzip entsprechen Landschaft sowie Klima durchaus jenen Verhältnissen, wie sie etwa in den österreichischen Alpen oder rund um den ungarischen Plattensee anzutreffen sind. Hiermit ist zum Thema Bekleidung einschließlich Schuhwerk eigentlich schon alles Erforderliche gesagt, extreme High-Tech-Ausrüstung ist keinesfalls vonnöten.

Bedenken Sie allerdings, daß – anders als in Mitteleuropa – sich in der Regel für fehlende oder schadhaft gewordene Artikel eben nicht im nächstgelegenen Dorf Ersatz beschaffen läßt.

In den meisten Fällen steht auch keine Ansitzjagd von der überdachten und wohlisolierten Kanzel auf dem Programm – hierzu hätten Sie wohl kaum bis in die Karpatenregion reisen müssen –, so daß der Rumänienjäger schon mal auch tüchtig naß wird. Schnelltrocknende Klamotten, möglichst mit Membran à la Goretex, leisten hier ebenso gute Dienste wie eine robuste Sitzunterlage im Rucksack. Sehr brauchbar ist da ein Kniekissen aus Hartschaum, wie es für Fliesenleger in jedem Baumarkt billig zu kaufen gibt. Aus demselben Grund gehören auch wasserfestes Leukoplast als Laufmündungsschutz sowie einige stabile Plastiksäckchen unbedingt zur Ausrüstung eines jeden Rumänienfahrers; darin wird nässeempfindliches Material wie Filme, Batterien, Dokumente etc. verstaut. Apropos Batterien: Bei Flugreisen gehören diese auf jeden Fall ins Handgepäck, empfindliche Knopfbatterien für elektronische Geräte am besten sogar in einen kleinen Umhängebeutel, der direkt am Körper getragen wird. Ich habe nicht bloß einmal verzweifelte Jagdgäste erlebt, deren Leuchtpunktvisier auf der Drückjagdbüchse oder ein sündteurer Fotoapparat im ungeeignetsten Moment total ausfielen, weil die dazugehörigen Kraftspender unterwegs schlechthin erfroren waren. Tückischerweise pflegen derlei Mißgeschicke stets dann aufzutreten, wenn gerade ein Hauptschwein gemütlich anwechselt oder es gilt, den gestreckten Lebenshirsch bildlich zu verewigen. Da die Hersteller der betreffenden technischen Wunderwerke aus unerfindlicher Perfidie meist auch eigene Batterietypen kreieren, können nur in den seltensten Fällen die Jagdkameraden aushelfen, von rumänischen Dorfkrämern ganz zu schweigen. Was das Reisegepäck anbelangt, so sollte man neben dem unvermeidlichen Rucksack tunlichst wasserfeste, versperrbare Seesäcke oder robuste Reisetaschen verwenden, nicht jedoch Hartschalenkoffer. Letztere passen nur schlecht in die meist ohnehin engen rumänischen Geländewagen und sind zudem händisch oder per Packpferd nur höchst unpraktisch zu transportieren; überdies wirkt schon ihr Erscheinungsbild vor Ort kaum stilgerecht bis leicht lächerlich. Ein überaus wichtiges, universell verwendbares Utensil ist der massive Bergstock aus nicht zu zierlich dimensioniertem Haselnußholz; an dem einen Ende mit stabiler Stahlzwinge, am anderen mit einem Krückengummi versehen. Mein bevorzugtes Modell hat mittig ein Abschraubgewinde und paßt so bequem in jeden Gewehrkoffer. Auch wenn der supermoderne Jäger heutzutage oft zu einem oder gar zwei Schistöckchen greift und damit auch auf der Bergjagd wie ein Minensucher graziös (?) einherstelzt, ich bleibe beim althergebrachten „Haselstecken", und das aus gutem Grund: Nicht nur als parate Anstreichhilfe beim Schießen oder beim Abwärtsrutschen etwa auf dem schneenassen Almgras einer steilen Poiana, nein, auch bei unzähligen anderen Gelegenheiten gibt es einfach nichts

Zweckmäßigeres. Es muß gar nicht die selten, aber eben doch manchmal auftauchende Giftschlange oder der suspekte Strauchdieb sein, auch ein zudringlicher Hirtenhund und lästige Rindviecher lassen sich per beherzt geschwungenem Bergstock viel eher vertreiben als mit dem grammleichten Hochalpingerät aus Titanlegierung!

Auf Flugreisen kommt die Waffe – ohne Munition, Verschluß sowie tunlichst auch ohne Zielfernrohr – in einen stabilen, versperrbaren Gewehrkoffer, welcher zudem noch staubdicht und zugriffshemmend mehrfach mit gutklebendem Schwergutband umwickelt wird.

Ein noch so raffiniertes Digitalschloß läßt sich mittels eines starken Schraubenziehers oder einer Brechstange in Sekundenschnelle öffnen, mit einem professionellen Speditionsklebeband aus beschichtetem Gewebe hat jeder Dieb zeitraubende Mühe und läßt seine Langfinger viel eher davon. Ein übliches Gewehrfutteral mit Trageriemen habe ich als praktische Polsterung möglichst gleich mit in den Waffenkoffer gepackt, denn am Zielort bleibt letzterer im Standquartier. Dieses Gewehrfutteral hingegen sollte genügend Platz für das bereits aufgesetzte Zielfernrohr sowie Taschen für Munition und handliches Putzzeug aufweisen. Auch hier geht Funktionalität vor Schönheit: Ein wasserfestes Kunststoffexemplar mit schützendem Innenfutter wird in Rumänien seinen Zweck viel besser erfüllen als der Gewehrschinken aus edlem Kalbsleder. Man denke bloß an einen mehrtägigen Aufstieg zur Gamsjagd bei herbstlichem Schlackschneegestöber. All dies sind Kleinigkeiten, die keineswegs ich selbst erfunden habe, deren Nichtbeachtung aber viel Ärger bereiten kann – und diesen wollen wir von Ihrer rumänischen Jagdreise ja möglichst fernhalten!

Alle Ratschläge des Autors klingen ja ganz nett, mag sich der geneigte Leser – hoffentlich! – denken, doch wo bleibt das Gewehr? Es läßt sich nicht bestreiten, um dieses natürlich zentrale Thema schleiche ich wie die Katze um den heißen Brei. Die Frage nach der idealen Kugelwaffe für diesen oder jenen Jagdzweck hat schon in der Vergangenheit Hekatomben von Papier verschlungen, und daran wird sich auch künftighin nichts ändern. Wie kaum in einem anderen Punkt der „Sache mit der Jagd" prallen hier apodiktische Meinungen sowie Patentrezepte aufeinander – ein weiterer Beitrag ähnlicher Art meinerseits erscheint somit durchaus entbehrlich. Dennoch bliebe meine kleine Sammlung praktischer Tips für künftige Rumänienjäger ohne Rückgriff auch auf meine diesbezüglichen Erfahrungen grob unvollständig. Betrachten wir die Dinge einmal aus einer unorthodoxen, rein praxisbezogenen Blickrichtung: Für jeden Weidgenossen, der sich hoffnungsfroh anschickt, nach Rumänien zur Jagd zu fahren, ist unschlagbar diejenige Büchse die allerbeste, welche er gewohnt ist und mit der er erfahrungsgemäß am besten zurechtkommt – soferne Kaliber und Ausstattung nur halbwegs den abzusehenden Anforderungen der bevorstehenden Jagdreise entsprechen. Die langjährig altvertraute Waffe, deren Handhabung ihrem Besitzer auch unter erschwerten äußeren sowie mentalen Bedingungen sozusagen im Schlafe geläufig ist, läßt sich durch keine noch so gefinkelt ausgewählte Neuanschaffung auch nur annähernd ersetzen! Manch einer aus der ehrenwerten Gilde der Jagdausstatter mag über meinen Standpunkt nicht erfreut sein, aber die leider oft gehörte und vom Fachhandel verständlicherweise emsig geförderte Überlegung: „Wenn ich schon so eine aufwendige

Auslandsjagd unternehme, dann besorge ich mir zu diesem Zweck vorher schnell noch die ideale Waffe, darauf darf es jetzt auch nicht mehr ankommen!" ist grundfalsch! In den meisten Fällen rächt sich solcher Nonsens dann vor Ort bitter. Gerade unter den oft erschwerten, manchmal dramatischen Bedingungen der ursprünglichen rumänischen Jagd ist für die Rekapitulation einer noch so anschaulichen Gebrauchsanleitung zum neuen Prunkstück ganz sicherlich nicht der richtige Anlaß und auch keine Zeit. Zurück bleiben zumindest eine meist unwiderruflich vertane Chance und ein schaler Nachgeschmack von der gesamten Unternehmung, an ärgere Unglücksfälle wollen wir hier gar nicht denken. Daher sollte jeder künftige Rumänienjäger im Vorfeld seiner geplanten Jagdreise zuallererst überdenken, ob nicht bereits eine geeignete Büchse in seinem Schrank steht.

In der überwiegenden Mehrzahl aller Fälle trifft dies zu; notfalls lassen sich ja auch noch kleinere Adaptierungen – wie etwa Umschießen auf eine andere Laborierung oder Anschaffung eines neuen bzw. zusätzlichen Zielfernrohres – bewerkstelligen.

Aber was ist nunmehr – im breiten Spektrum „ideal" bis allenfalls „gerade noch" – eine für die rumänischen Jagdverhältnisse „geeignete" Büchse? Naturgemäß hängt die Beantwortung dieser Frage untrennbar von der Wahl der zu bejagenden Wildarten ab, und davon gibt es speziell in Rumänien eine erfreuliche Vielfalt. Dennoch möchte ich für praktisch alle Situationen dem klassischen Repetierer den Vorzug geben. Einfache Handhabung, Robustheit, Präzision und nicht zuletzt der schnelle zweite oder dritte Schuß ergeben insgesamt den wohl idealen Waffentyp. Nicht umsonst rühmen Berufsjäger in aller Welt die Verläßlichkeit des Mausersystems mit dem langen Auszieher – und das nach mehr als hundertjähriger Produktionszeit. Aber auch andere Fabrikate „konventioneller" Bauart sind ganz hervorragend „geeignet"; ich will hier bewußt keine Markennamen nennen – chacun a son gout! Vor Exoten jeglicher Art sei ausdrücklich abgeraten; ob und inwieweit der Geradezugverschluß bereits hierunter fällt, bleibt dahingestellt. Lediglich für den besonderen Spezialzweck der Sautreibjagd ist wohl die Doppelbüchse dem Repetierer vorzuziehen, aber auch dies nur dann, wenn beide Läufe auf die Einsatzdistanz wirklich zusammenschießen – sei es nun aufgrund optimaler Garnierung oder weil die Waffe eine moderne Justierbarkeit aufweist. Allerdings habe ich nicht selten erlebt, daß erfahrene Schützen mit ihrem gewohnten Repetierer – versehen mit einer speziellen Visiereinrichtung zum Flüchtigschießen – auch auf getriebene Sauen ganz exzellente Ergebnisse erzielten, sogar auf recht „engen" Ständen. In diesem Zusammenhang ein Wort zum Drilling in der Standardversion, nämlich zwei Schrotläufe plus ein Kugellauf. Die oft geäußerte Argumentation, hier stünden bei Verwendung von Flintenlaufgeschossen ebenfalls mehrere schalenwild-taugliche Schüsse in brauchbar rascher Folge zur Verfügung, ist ein Trugschluß. Die höchst unterschiedlichen Fluggeschwindigkeiten von Kugel gegenüber Brenneke &. Co erfordern nämlich sehr unterschiedliche Vorhaltemaße und bewirken solcherart ein erhebliches Handikap. Wie dem auch sei, wenn nur ein Kugelgewehr mit auf die Reise kommt, so ist jedenfalls der klassische Repetierer für Rumänien die erste Wahl. Entgegen dem jüngsten Trend sollte die Waffe – für Notfälle – sehr wohl auch über eine offene Visierung verfügen und deren Treffpunktlage bekannt sein. Ich habe einen der stärksten

Keiler meines Lebens notgedrungenermaßen über Kimme und Korn erlegt, nachdem sich das Zielfernrohr meiner Büchse im Zuge einer Sautreibjagd überraschend „verabschiedet" hatte. An sich stellt ein fein justierbarer Flintenabzug à la Timney das Optimum dar; wer hingegen langjährig seinen Stecherabzug gewohnt ist, der soll jedoch um Himmels willen auch unbedingt dabei bleiben. Zahllose Unglücksfälle sind eindeutig ausschließlich darauf zurückzuführen, daß der betreffende Schütze eine Waffe mit einer für ihn fremdartigen Abzugsfunktion führte. Sinngemäß Gleiches gilt im übrigen auch für die Sicherungseinrichtung der Büchse.

Es ist weitgehend eine persönliche Geschmackssache, welche Visiereinrichtung man bevorzugt. Sicher ist, daß rein optische Geräte ohne Elektronik und Leuchtpunkt etc. niemals nur deshalb ausfallen können, weil die Stromquelle versiegt. Auch wird in Rumänien vorwiegend tagsüber gejagt, von Spezialfällen wie dem nächtlichen Ansitz beim Luder wiederum abgesehen. Die universellste Lösung stellt wohl ein variables Zielfernrohr mittlerer Größe wie beispielsweise das 2,5–10 x 48 von Zeiss dar, womit man für praktisch alle Jagdsituationen optimal ausgerüstet ist.

Aber auch Zielgläser mit konstanter Vergrößerung, etwa der Klassen 6 x 42 oder 8 x 56, sind völlig ausreichend – benützen Sie ruhig Ihre gewohnte Zieloptik, hiedurch werden auch Mystifikationen beim Ansprechen am ehesten vermieden.

Wenn Sie ein und dieselbe Waffe sowohl für Pirschjagd und Ansitz als auch für Bewegungsjagden auf Schalenwild verwenden wollen – und dafür spricht manches – so ist es eine feine Lösung, zwei verschiedenartige Zielfernrohre für die betreffende Büchse fertig eingeschossen mitzuführen; allenfalls können hierbei sogar verschiedene Laborierungen Verwendung finden. Allerdings ist für aufwendige, kompatible Zielfernrohrmontagen – wie etwa die gute alte Suhler Vierfußmontage – entsprechend hochwertige Büchsenmacherarbeit erforderlich, um den angestrebten Zweck verläßlich zu erfüllen. Bei Verwendung verschiedener Laborierungen muß außerdem der Lauf beide Varianten innenballistisch gut vertragen. Um nur ein Beispiel zu nennen, ein Repetierer im Kaliber .300 Weatherby Mag. wird folgendermaßen bestückt und eingeschossen: Erstens mit dem Zeiss Diavari ZM/Z 2,5–10 x 48 MC, Munition Original Weatherby Nosler oder Teilmantel von jeweils 9,72 g sowie zweitens mit dem Zeiss Diavari ZM/Z 1,25–4 x 24 MC, Munition Original Weatherby Teilmantel 14,26 g. So armiert, ist der Rumänienjäger für wirklich alle Eventualitäten bestens ausgestattet. Aber auch bei Patronen mit weniger breitem Laborierungsspektrum – wie etwa der 8 x 68 S oder der 9,3 x 64 – bewähren sich zwei verschiedenartige Zielfernrohre ausgezeichnet. Dann wird eben bei beiden Alternativen die gleiche Munition verschossen, was wiederum den Vorteil hat, daß man sich über verschiedene Haltpunkte keine Gedanken zu machen braucht. Mir persönlich ist eine derartige Lösung, speziell unter osteuropäischen Jagdbedingungen, jedenfalls viel sympathischer als die vielgepriesene Herumschrauberei an Wechselläufen mit den zwangsläufig anfallenden Kontrollschußorgien. Natürlich macht der ganze Zauber nur dann Sinn, wenn wirklich grundverschiedene Jagdarten – etwa Gamspirsch und Sautreibjagd – vorgesehen sind. Andernfalls vergessen Sie bitte diese ballistische Gedankenakrobatik wiederum ganz schnell, holen Ihre gewohnte Büchse stärkeren Kalibers aus dem Schrank und schießen diese auf 200 Meter Fleck

ein. Gehen Sie damit in Rumänien seelisch unbelastet zur Jagd und Sie werden erfolgreich zufrieden heimkehren!

Womit wir endgültig beim ewigen Dauerbrenner „Kaliberdiskussion" angelangt sind. Hier ist mein Standpunkt klar und eindeutig. Für jegliche Rumänienjagd gilt uneingeschränkt der kluge Leitsatz des seligen Heinz Guderian: „Klotzen – nicht kleckern!" Alle Argumente von wegen Wildbretzerstörung oder starker Rückstoß sind im Land am Karpatenbogen absolut kein Thema. Aus Erfahrung bestehe ich in diesem einzigen Punkt ausnahmsweise wirklich auf einer apodiktischen Feststellung! Der eventuell etwas größere Ausschuß oder meinetwegen auch ein Flächenhämatom sind eindeutig zu vernachlässigende Größen, wenn als Alternative der Totalverlust des beschossenen Wildes droht; vom jagdethischen Gesichtspunkt des elenden Siechtums angeschweißter Tiere einmal ganz abgesehen. Tatsächlich hat der an die parkähnlichen Revierverhältnisse der mitteleuropäischen Kulturlandschaft gewöhnte Weidmann keine rechte Vorstellung davon, welche Katastrophe schlechthin eine Nachsuche in der schier unendlichen Wildnis rumänischer Jagdgefilde bedeutet. Diesbezüglich bleibt es sich gleich, ob der Ort des Geschehens ein Maisfeld von 1.000 Hektar ist oder sich in einem undurchforsteten Waldkomplex bzw. einer Latschendickung gleicher Größenordnung befindet. Sämtliche derartigen Miseren führen im Regelfall zu folgender simplen Erkenntnis: Was nicht am Anschuß oder in dessen unmittelbarem Nahbereich liegt, geht meistens verloren: Entweder unauffindbar verklüftet, gestohlen oder von Großraubwild gerissen und verschleppt. Punktum, Drama beendet. Brauchbare Schweißhunde sind in der Regel nicht vorhanden.

Daher trachtet jeder verantwortungsbewußte Weidmann in Rumänien noch mehr als anderswo danach, daß ein beschossenes Stück möglichst im Feuer liegt. Diesem obersten Postulat haben sich alle anderen Überlegungen völlig unterzuordnen. Die eingesetzte Munition muß sohin unbedingt hinreichende Leistungsreserven für den Fall aufweisen, daß die Kugel – aus welchen mißlichen Gründen auch immer – einmal eben nicht dort trifft, wo sie eigentlich hingehört. Wer den „Rückstoßkick" einer mittelstarken Patrone nicht ertragen kann oder will, ist in rumänischen Revieren ohnedies am falschen Platz, zumal wirklich schwere Tropenkaliber ja gar nicht zur Diskussion stehen. Meine ausgeprägte Vorliebe für reichlich wirkungsstarke Patronen wurde zwar im Freundeskreis bisweilen als „overkill" belächelt, aber selbst keiner der lästernden Weidgenossen konnte je einen Fall berichten, wo Wild wegen zu starker Patronenwirkung – nicht zu verwechseln mit Projektilhärte! – verlorenging. Andererseits mußte ich leider allzu oft miterleben, daß die Leistung „moderater" Patronen im Ernstfall dann eben doch nicht ausreichte. Um derartige Tragödien von vornherein zu vermeiden, habe ich als Untergrenze der für die Rumänienjagd empfehlenswerten Patronen stets die 6,5 x 68 angesehen. Jedoch auch dieses ausgezeichnete Kaliber nur für Reh und Gams sowie mit der Einschränkung, daß im speziellen Fall – aufgrund der Revierverhältnisse oder geltenden Schonzeit – die Bejagung von Hirsch, Sau oder Bär gar nicht in Betracht kam. Meistens verhält es sich allerdings so, daß bei zufälligem Zusammentreffen mit den vorgenannten Wildarten diese über Wunsch ebenfalls erlegt werden dürfen. Letztere jagdliche Ausgangssituation überwiegt somit bei weitem und dafür beginnt die Palette der „geeigneten" Kaliber meines Erachtens erst bei der 7 mm Rem. Magnum. Sie reicht dann über die zahlreichen .300er sowie der .338 Win. Mag., weiters der altbewährten, universell verwendbaren 8 x 57 IS und der wiederentdeckten 8 x 64 S zur generell fast idealen 8 x 68 S, um nach oben hin beim Trio der 9,3er (9,3 x 62 bzw. 9,3 x 74 R sowie 9,3 x 64) zu enden. Gelegentliche Afrikajäger sind mit der .375 H&H Mag. auch in Rumänien bestens bewaffnet – deren Leistung ist mit jener der 9,3 x 64 praktisch ident.

Die genannten Standardpatronen stecken nur den Rahmen ab, innerhalb dessen natürlich noch die diversen „Exoten" ihren Platz finden. Soweit meine persönliche Einschätzung, bei welcher zugegebenermaßen mein Faible für leistungsstarke Kugelmunition durchscheint. Man sollte allerdings bedenken, daß beispielsweise bei der Gamsjagd sogar in erstaunlichen Höhenlagen der Südkarpaten plötzlich ein Kapitalkeiler von gut 300 Kilogramm Lebendgewicht auftauchen kann. Dann ist es wohl jammerschade, wenn Sie Ihre vielleicht Lebenschance auf einen derartigen „Bechsteinflügel" deshalb nicht gut wahrnehmen können, weil die mitgeführte .243 bzw. ein vergleichbares „Kügelchen" hierfür doch nicht geeignet erscheinen. Noch weit prekärer wird das Desaster dann, wenn der mit solch unzureichender Munition leichtsinnigerweise angeschweißte Basse annimmt oder auf Nimmerwiedersehen in ein Latschenfeld entschwindet. Im Vergleich zu derlei echten Katastrophen läßt es sich durchaus verschmerzen, daß 14,5 g KS aus der 8 x 68 S oder 19,0 g TUG aus der 9,3 x 64 bei einem Gamsbock allenfalls geringfügig mehr Wildbret verunstalten, als an sich erforderlich wäre. Fazit all dieser Erwägungen: siehe oben!

Trotz des nicht unerheblichen Mehrgepäcks sollte der Rumänienfahrer stets ein zweites Gewehr mit auf die Reise nehmen, bei Jagdgruppen reicht normalerweise eine gemeinsame Reservewaffe für alle Teilnehmer. Der Technikteufel schläft nie: Es braucht gar kein böser Sturz über eine Geröllhalde zu sein, schon ein bloßer Federbruch oder dergleichen kann andernfalls dem gesamten Jagdunternehmen ein jähes Ende bereiten, denn in der Regel sind in Reviernähe weder Ersatzteile noch Spezialwerkzeug verfügbar.

Ein hochwertiges Tagfernglas mit etwa 7- bis 10facher Vergrößerung sowie einem Objektivdurchmesser um die 40 mm ist für Rumänien die geeignete Wahl. In Anbetracht der klimatischen Verhältnisse muß dieses allerdings hunderprozentig feuchtigkeitsdicht sein und darf auch bei plötzlichen Temperaturschwankungen keinesfalls beschlagen. Billige Fernostprodukte werden den rauhen Anforderungen kaum gerecht. Anders als bei der Waffe ist es – im Bedarfsfall – durchaus sinnvoll, wenn Sie aus Anlaß Ihrer bevorstehenden Jagdreise das Qualitätsglas erwerben, mit dem Sie schon die längste Zeit geliebäugelt haben; schließlich handelt es sich bei pfleglicher Behandlung um eine Anschaffung fürs Leben. Sehr zu empfehlen ist die Mitnahme eines lichtstarken, möglichst gummiarmierten Spektivs; nicht nur bei der Gamsjagd erscheint es mir zum Ansprechen schlechthin unverzichtbar. Ich habe mein Spektiv meistens dem unmittelbar nächsten Begleiter griffbereit zum Tragen übergeben und bin mit dieser Regelung immer gut gefahren. Ein heutzutage oft angepriesenes Stativ braucht man in Rumänien nicht wirklich. Sehr gute Dienste leistet hingegen ein handlicher Laser-Entfernungsmesser mit digitaler Anzeige, welcher zudem auch das Auffinden der Anschußstelle mittels simpler

Kontrollmessung ungemein erleichtert. Bitte denken Sie aber an den Kälteschutz der hierfür erforderlichen Batterien!

Bei allen Jagdfahrten wurden wir von unseren freundlichen Gastgebern ausnahmslos erstklassig verpflegt. Die lokale rumänische Kost mundet ausgezeichnet und ist auch durchaus verträglich, so daß sich die Mitnahme von Nahrungsmitteln erübrigt. Natürlich freuen sich Ihre örtlichen Begleitjäger, wenn Sie zur Brotzeit einen heimischen Speck oder dergleichen als besondere Delikatesse anbieten; solche Gesten sind der gerade in der Wildnis so wichtigen kameradschaftlichen Jagdatmosphäre recht förderlich. Überhaupt sollten Sie stets bedenken, daß es sich beim führenden Jagdpersonal um keine halbwilden „Ex-Sklaven", sondern um die stolzen und selbstbewußten Abkömmlinge eines alten Kulturvolkes handelt, welche zudem auf eine hochstehende Jagdtradition zurückblicken können. Wer als Jagdgast eine völlig unangebrachte Überheblichkeit an den Tag legt und von der lokalen Jägerschaft servile Unterwürfigkeit erwartet, dem kann es speziell in Rumänien leicht passieren, daß ihn die Gastgeber jagdfachlich „dumm sterben lassen". Der arrogante Ankömmling wird zwar selbst in diesem Fall korrekt behandelt, aber damit hat es sich auch schon – großartige Jagderfolge sind kaum zu erwarten. Die cleveren sowie durchwegs hochqualifizierten rumänischen Berufsjäger realisieren sehr schnell, wessen Geistes Kind sie – jagdlich und menschlich – vor sich haben. Demgemäß gestaltet sich dann auch die Atmosphäre während Ihres Jagdaufenthaltes: von frostig bis überaus freundschaftlich.

Ich selbst habe – ob als Einzeljäger oder Führer einer Jagdgruppe – nach der Ankunft im neuen Revier immer in einer Art Stabsbesprechung mit ruhigen Worten höflich klargestellt, welche jagdlichen Ziele uns hier eigentlich vorschweben, wo die Prioritäten liegen sowie welchen Einsatz wir unsererseits beitragen können und wollen.

Anschließend ersuchte ich stets postwendend um eine ungeschminkte Darstellung der aktuellen Situation aus der Sicht der Jagdleitung und betonte unser Vertrauen auf deren Kompetenz sowie guten Willen. So konnte noch vor Beginn der eigentlichen Jagd oft manches Mißverständnis ausgeräumt und eigentlich überall eine gute „Startatmosphäre" geschaffen werden. Ich schätze die meist sehr offene und ehrliche Mentalität der rumänischen Jäger sehr und habe dort viele wertvolle neue Jagdfreundschaften gewonnen. Im Gegensatz zu anderen Jagdländern kam es eigentlich nie zu wirklich ernsthaften Zwistigkeiten – Meinungsverschiedenheiten können gelegentlich immer und überall auftreten.

Für Hochgebirgsjagden empfiehlt sich in Anbetracht der zu erwartenden Strapazen die Mitnahme von einigen handlichen Dosen Isogetränk, Müsliriegeln, Schokolade und – Rosinen! Gerade letztere stabilisieren vorzüglich den so wichtigen Blutzuckerspiegel und helfen überdies gut gegen Durst. Eine wohlsortierte kleine Reiseapotheke gehört weltweit ins Gepäck eines jeden Auslandsjägers. Besondere Gesundheitsprophylaxen sind für Rumänienfahrten nicht erforderlich, der Impfschutz gegen Tetanus sowie Zeckenbiß sollte jedoch aktuell aufgefrischt sein. Gleiches gilt für den Tollwutschutz des allenfalls mitreisenden Jagdhundes.

Als Abschluß der Ausrüstungstips noch einige Worte zum Thema Behandlung und Transport der hoffentlich erbeuteten Trophäen. Während mehr als drei Jahrzehnten

Auslandsjagd habe ich ausnahmslos stets hartnäckig darauf bestanden, unsere Trophäen auf der Heimreise gleich persönlich mitzunehmen. Egal ob im benachbarten Ungarn, in Rumänien oder dem fernen Ostsibirien – die „Beute" gab ich nicht mehr aus der Hand, selbst wenn die letzte Nacht vor dem Rückreisetag dem Auskochen und der Endverrechnung geopfert werden mußte. Ich kann diese Vorsicht auch dem geneigten Leser nur wärmstens empfehlen; Wirnisse aller Arten können überall unvermutet auftreten und „Haben ist allemal besser als hätten"! Gilt es den Schwarzkitteln, so sollte ein großes Paket Baumwollwatte mitgenommen werden; dieses wiegt fast nichts und garantiert heiklen Keilerwaffen einen sicheren Heimtransport. Zur Rehbock- und Gamsjagd befanden sich in meinem Reisegepäck – von den Jagdfreuden oft belächelt, seitens der Berufsjäger meist bestaunt – eine Patentschneidlehre samt Säge sowie Gummihandschuhe und ein gutverschlossenes Plastikfläschchen mit hochprozentigem Wasserstoffperoxyd. Zunächst ist es dem Ansehen des Jagdgastes höchst förderlich, wenn dieser seine erlegten Trophäen erkennbar achtet und bei deren Präparation selbst mit Hand anlegt. Weiters kann man so auch auf den entlegensten Hütten eine tadellose Behandlung der Trophäen sicherstellen und erspart sich gerade heutzutage späteren Ärger mit pingeligen Zöllnern an der EU-Außengrenze. Als beachtlichen Nebeneffekt habe ich speziell bei starken Rehkronen natürlich schon dafür gesorgt, daß diese möglichst kurz gekappt wurden – wo doch im Oberbereich jedes Gramm Gehörngewicht horrend teuer zu Buche schlägt! Apropos Abschußtaxen: Bekanntlich wird das Verrechnungsgewicht der Hirsche mit ganzem Schädel – samt Oberkiefer – ermittelt, und zwar exakt 24 Stunden nach dem Auskochen. Je nach den äußeren Witterungsverhältnissen differiert der Gewichtsverlust während dieser Trocknungsphase jedoch gewaltig. Nicht immer steht praller Sonnenschein zur Verfügung, und so manches Geweih wurde etwa bei herbstlichem Regenwetter ebenso pitschnaß gewogen, wie es tags zuvor aus dem Kochtopf kam. Nun sieht es auch die freundlichste Forstverwaltung nicht gerne, wenn Sie Ihr erlegtes Kapitalgeweih in die Bratröhre – so überhaupt vorhanden! – stecken, und unauffällig läßt sich dies schon gar nicht bewerkstelligen.

Ganz anders stellen sich die Dinge jedoch dar, wenn Sie sich vor lauter Erlegerfreude von Ihrer Trophäe gar nicht trennen können und diese in der fraglichen Nacht sogar mit ins Quartier nehmen – hierfür hat jedermann augenzwinkernd Verständnis. Daß dort schon die vorsorglich mitgeführte 100-Watt-Glühbirne samt Fassung, Kabel und Adapterstecker warten, steht auf einem anderen Blatt. Ein bis zwei Stunden Betriebszeit reichen völlig: Am nächsten Morgen ist ihr Prachtstück sintertrocken, längst wieder abgekühlt und wiegt garantiert ein gutes Kilogramm weniger – werfen Sie doch einmal einen Blick auf die Preisliste, welche Progression dort so ab 10 oder 12 Kilogramm wartet!

Übrigens habe ich in noch keinem Jagdvertrag einen Passus darüber gefunden, wie denn die Trocknung der Geweihe oder Gehörne zu erfolgen hat – also dann …

Der berühmte ungarische Jagdschriftsteller und Großwildjäger Graf Zsigmond Szechenyi hat einmal auf die Frage, welches jagdbare Wild er denn für das gefährlichste der Welt halte, ebenso prompt wie überraschend geantwortet: den ungarischen Rehbock!

Natürlich bezog der legendäre Afrika- und Alaskajäger seine originelle Aussage auf die astronomischen Abschußtaxen für wirkliche Kapitalböcke.

Da auch die rumänische Tarifgestaltung dem kaum nachsteht, sollte man wissen, daß eine frisch abgekochte Rehkrone nirgends so schnell, nachhaltig und unauffällig trocknet wie auf der Hutablage eines in der prallen Sonne geparkten Pkws, dessen Fenster dicht geschlossen sind. Jetzt schließe ich aber wirklich rasch die Trickkiste mit den bösen Kniffen, sonst wirft man mir womöglich noch pure Schlechtigkeit vor!

Ein Thema für sich sind Trinkgelder, speziell das sogenannte Schußgeld. Damit kommen der Dank des Jagdgastes sowie auch die Anerkennung für die vorangegangenen Leistungen seines Führers zum Ausdruck. Hier sollten Sie weder knausern noch protzen, demnach ist Ihr Fingerspitzengefühl gefragt. Im Zweifelsfalls erkundigen Sie sich vorab bei Ihrem Vermittler über die ortsüblich erwartete „Maut".

Aber Geld ist nicht alles: Verläuft die Jagd erfolgreich und kommt es zu den obligaten Streckenfotos, so stellen Sie Ihren Gastgebern, in erster Linie natürlich dem Pirschführer, die Zusendung von Abzügen in Aussicht – halten Sie dann aber dieses Versprechen auch ein! Ein netter Brief mit nochmaligem Dankeschön, dem einige gutgelungene Aufnahmen – die beste allenfalls vergrößert sowie einfach, aber geschmackvoll gerahmt – beigelegt sind, ist immer eine noble Geste, die Sie in gutem Andenken erhält. Damit bekommt der verdienstvolle Berufsjäger zur Erinnerung an die erfolgreiche Jagd auch eine Art Trophäe, die er im Kollegenkreis oder bei anderen Jagdgästen stolz präsentieren kann. Für wenig Geld bereiten Sie so nicht nur meist große Freude, sondern sichern sich überdies ein erstklassiges „Entrée" für Ihren nächsten Besuch in diesem Revier.

Kehren wir nochmals zum Ausgangspunkt Ihrer geplanten Rumänienjagd zurück.

Aufgrund Ihrer jagdlichen Wunschvorstellungen haben Sie sich nach reiflicher Überlegung und entsprechender Korrespondenz für ein bestimmtes Revier entschieden, der Termin steht fest, und auch die Ausrüstung scheint komplett zu sein.

Bleibt noch die ebenso wichtige wie heikle Frage, in welcher personellen Besetzung denn diese Unternehmung stattfinden soll. Allein zu reisen ist in der Regel ebenso unpraktisch wie öde, noch dazu über relativ weite Strecken und in ein Land, wo selbst heute noch mancherlei Abenteuer locken. Unterhaltsame Geselligkeit erhöht fraglos auch den Erlebniswert einer Jagdfahrt, und geteilte Freude ist bekanntlich doppelte Freude. Andererseits kann ein einziger unleidlicher Teilnehmer die gesamte Veranstaltung vermiesen, ja sogar zum Alptraum werden lassen – und dies ist ganz sicher nicht der „Zweck der Übung".

Ich glaube, es war Fürst Bismarck, welcher den weisen Ausspruch tat, daß „der Charakter eines Menschen nirgendwo besser und schneller deutlich wird als auf der Jagd"; wie recht der „Eiserne Kanzler" doch damit hatte! Mir persönlich war das große Glück beschieden, mehrere Jahrzehnte lang einer Gemeinschaft eingeschworener Jagdfreunde anzugehören, welche in abwechselnder Zusammensetzung an unseren diversen Jagdfahrten teilnahmen. Leider wurde so mancher aus dieser harmonischen Korona bereits in die ewigen Jagdgründe abberufen. Außerdem fand ich in meiner lieben Ehefrau eine zwar nicht selbst jagende, doch nicht minder hochpassionierte Gefährtin,

die mich – verständnisvoll und nervenstark sowie stets kompetent in allen Lebenslagen – auf vielen Reisen begleitete.

Eine derart günstige Konstellation besteht indes nur selten. Wie findet die fidele und verträgliche Jagdmannschaft Ihrer geplanten Rumänienfahrt ansonsten zueinander? Für die im Grunde gute Idee einer Leserreise eignet sich die rumänische Jagdstruktur nur sehr bedingt. Sieht man vom Spezialfall der Sautreibjagd ab, stehen meistens Einzelaktionen auf Schalenwild, Bär oder Auerhahn auf dem Progamm, und hier limitieren Wilddichte, Quartier sowie sonstige Reviereinrichtungen die sinnvolle Teilnehmerzahl von vornherein eng. Die Idealbesetzung einer harmonischen Rumänienjagd auf Hirsch, Rehbock, Gams & Co. sind wohl zwei erprobte Jagdfreunde in Begleitung deren – jagender oder nichtjagender – Lebenspartner. Ein geräumiger Geländewagen bietet einer solchen Fahrgemeinschaft samt Gepäck bequem Platz, und auch der wohlerzogene Jagdhund kann noch mit auf die Reise kommen. Mich jedenfalls plagt ein schlechtes Gewissen und die Vorfreude ist schon getrübt, wenn mein treuer Deutschkurzhaarrüde enttäuscht zu Hause zurückbleiben muß, während sich sein „Leithund" eine Auslandsjagd gönnt. Weiß das kluge Tier doch schon angesichts der Vorbereitungen ganz genau, was ansteht – und möchte unbedingt mitkommen, mitjagen und bei Bedarf helfend einspringen! Hierzu besteht – sieht man von Flugreisen einmal ab – in den rumänischen Jagdgefilden auch durchaus die Möglichkeit. Ein manierlicher Vollgebrauchshund fällt erfahrungsgemäß niemals zur Last, sondern ist vielmehr die wertvolle Bereicherung einer jeden Jagdgesellschaft. Im Fall der Fälle kann seine auf Schweiß erprobte Nase die Situation auch dann noch retten, wenn wir menschlichen Jäger mit unserem Latein am Ende sind. „Ohne Hund fühle ich mich nackt!" erklärte einstmals ein lieber Jagdfreund, und dem ist eigentlich nichts hinzuzufügen. Natürlich muß auch der vierläufige Jagdhelfer fit und geimpft sein; auch für ihn benötigt man vollständige Dokumente.

Leider kann der oft isolierte Stadtbewohner unserer Tage nur selten auf ein derart optimales Begleitteam zur Jagd zurückgreifen. Ist „Not am Mann – oder der Frau", so sprechen Sie rechtzeitig mit Ihrem erfahrenen Jagdreisevermittler über dieses Problem; oftmals bestehen dieselben Sorgen spiegelbildlich bei einem bislang unbekannten Jagdkollegen, und es kann beiden geholfen werden. Unerläßliche Voraussetzung für diese Lösung ist allerdings ein umfassendes Kennenlernen vorab, tunlichst unter urlaubsähnlichen Rahmenbedingungen. Unternehmen Sie doch – möglichst unter Miteinbeziehung der jeweiligen Partner – gemeinsam eine Wochenendreise, etwa zu einer Jagdmesse oder Schießveranstaltung. Dabei läßt sich am besten herausfinden, ob „die Chemie stimmt" und das Wagnis einer erstmaligen gemeinsamen Auslandsjagdreise vertretbar erscheint, denn ein solches bleibt die Unternehmung allemal – siehe obenstehend Fürst Bismarck. Allerdings kann auf diese Weise auch eine wertvolle Freundschaft fürs ganze Leben begründet werden.

Überhaupt sollten Sie im Vorfeld der Rumänienjagd mit Ihrem renommierten Jagdvermittler möglichst oft und ausführlich persönlich sprechen. Hier muß ein absolutes, beiderseitiges Vertrauensverhältnis bestehen; ein guter Vermittler ist jagdlicher Consigliere, Hausarzt und Beichtvater in einer Person – seine Dienste sind schlechthin

unverzichtbar. Gerade in Sachen Rumänienjagd sollten Sie sich keinesfalls von billigen Direktkontakten zu Dumpingpreisen verlocken lassen; ein enttäuschender Flop ist da in der Regel schon vorprogrammiert, und im günstigsten Fall jagen Sie als „Gast Zweiter oder Dritter Klasse". „Was nix kost', is auch nix!" lautet ein urwüchsiges Sprichwort aus Oberösterreich; bezogen auf die Jagd im Karpatenland kann ich dies nur bestätigen. Ein seriöser Jagdvermittler stellt nicht bloß die Kontakte her, sondern bereist und besucht auch vor jeder Saison persönlich Reviere wie Behörden, zumal sich die jeweilige Situation von Jahr zu Jahr grundlegend ändern kann. Er ist in Krisenfällen jeglicher Art als rettender Engel zu Stelle und übernimmt für Sie auch die unangenehme Rolle des „Wauwau", wenn einmal begründete Reklamationen anstehen. Es versteht sich von selbst, daß dieser notwendige Service nicht kostenlos erfolgen kann. Ich selbst habe meinem langjährigen Jagd- und Vermittlerfreund Robert nicht nur fairerweise, sondern überdies aus gutem Grund auch dann weiterhin die Treue gehalten, als ich längst selbst laufend in direktem Kontakt mit den betreffenden Revierleitungen sowie der „Silvexim"-Zentrale in Bukarest stand. Meine Jagdkameraden taten desgleichen, und das Ergebnis gab uns allen recht.

Abschließend noch ein gutgemeinter Ratschlag zu einem etwas delikaten Thema: Liebe ist etwas rundum Schönes, und dies gilt fraglos auch im Jagdurlaub. Auf Ihre geplante Jagdfahrt nach Rumänien sollten Sie – egal ob männlich oder weiblich – aber besser Ihren bewährten Partner mitnehmen. Örtlich ad hoc inszenierte Liebesabenteuer können teuflisch ins Auge gehen, zumindest stören sie aber den Jagdverlauf empfindlich. Ich habe über dreißig Jahre lang in aller Welt Jagdgruppen geführt oder begleitet und bin bestimmt nicht prüde; glauben Sie mir, ich weiß, wovon ich spreche! Auch in Rumänien lauern, und dies nicht nur in den Großstädten, auf den devisenträchtigen Jagdgast räuberische Nachtschnepfen ebenso wie brandgefährliche Gigolos. Allzugut ist mir noch der Fall eines prominenten Jagdfreundes in Erinnerung, welcher mich um vier Uhr morgens verzweifelt aus Bukarest telefonisch um Hilfe rief. Dieser – natürlich verheiratete – Unglücksrabe war soeben im Zimmer seines Nobelhotels splitternackt aus einem Betäubungsschlaf erwacht: Geld, Paß, Kreditkarte, sämtliche Bekleidung und sogar der Autoschlüssel seines am Wiener Flughafen geparkten Wagens waren verschwunden, zum Glück lag wenigstens das Jagdgewehr im Hotelsafe. Es bedurfte schon etlicher Mühe und diplomatischer Akrobatik sowie all meiner anwaltlichen Behördenkontakte, um die Situation diskret und ohne Familientragödie zu bereinigen. Besorgen Sie einmal auf mehr als tausend Kilometern Distanz eine komplette Ersatzgarnitur fremder (!) Unterwäsche, die so verwechslungsgerecht ist, daß sie auch Ehefrau und Hauspersonal nicht als Plagiat auffällt! Solche dramatischen Komplikationen müssen nicht sein.

Nun bin ich aber endgültig am Schlußpunkt meiner zwanglos gereihten Ratschläge angelangt. Bitte verstehen Sie meine vorangegangene Plauderei nicht als umfassende Gebrauchsanleitung für künftige Rumänienjagdreisen; eine solche kann und will dieses Buch nicht bieten. Ich habe ganz bewußt keine konkreten Reviere, Jagdfirmen oder sonstigen Institutionen empfohlen, denn derlei Daten ändern sich oft über Nacht und wären sicherlich schon längst überholt, wenn diese Zeilen in Druck gehen.

Sollte der eine oder andere Gedankenanstoß aus meiner persönlichen Jagdpraxis mithelfen, Ihre jagdlichen Träume im traditionellen Jagdland am Karpatenbogen zu erfüllen, so wird mich dies aufrichtig freuen. Jedenfalls wünsche ich Ihnen und Ihren Jagdfreunden aus ganzem Herzen ein kräftiges Weidmannsheil im wunderschönen Rumänien. Mögen Sie mit Gottes und St. Huberti Hilfe glücklich, beutebeladen sowie um spannende Jagderlebnisse bereichert, gesund wiederum nach Hause zurückkehren!

Ewald Fechter

Batzenhäuselweg 35
69151 Neckargemünd